中华传世藏书

【图文珍藏版】

欽定古今圖書集成

[清] 陈梦雷 蒋廷锡·原著 刘宇庚·主编

精华本

第二册

线装书局

第十六章　术数汇考十六

《太乙人道命法》六

三神同官格

五福　君基　臣基

谓之舜禹一堂。

五福　君基　文昌

> 五福申位是科名，
> 最喜君星与共明。
> 天目一星又临照，
> 必然平步到公卿。

在丑，侯伯之贵。在申、酉，主早发位公卿。
如福华盖文失位，主为事难遂，宜为僧道。

五福　君基　计神

> 荣华富贵度平生，
> 五福君基共计神。
> 何事不曾沾寸禄，

只因飞伐又临身。

主仕途显赫。如福辰君子计申，主立乾坤。

五福　君基　小游

五福君基小游同，

三吉星临势转雄。

年少声名腾海内，

前呼后拥作三公。

主三公之贵。

五福　君基　主大

五福君基主大高，

巍巍科甲必英豪。

更逢申酉同宫位，

横发亦须入甄陶。

大贵。

五福　君基　客大

客大子位一品贵，在辰亦主宪台两府。

喜日生，忌夜生。

五福　君基　主参

主参在亥，主科名。日生贵，夜生夭折。

五福　君基　客参

同四水，或木命生人见之，作贵格论。

五福　君基　始击

始击君基难共居，

功成名遂果何如。

只因五福来相救，

变祸为祥福有余。

《经》云：乌府论列，而两行侍从。主公卿富贵见伐，主终身劳苦。

五福　君基　飞符

飞符戌上名利成。

又云：因而殃。

五福　君基　四神

主聪敏颖达，丙辛人水数旺，为水职。五福在申为丹客。

有杂星，为九流。不犯杂，清贵受福。

五福　君基　地乙

旺为守土官。君基忌寅、卯。

五福　臣基　民基

立陷，主有禄无位，文秀之命。

五福　臣基　主大

五福臣基主大高，

巍巍科甲必英豪。

更逢申酉同宫位，

横发亦须入甄陶。

在申、酉、辰，主科甲。

五福　臣基　始击

无五福，不善终。

五福　臣基　飞符

主事贵而富。无福星，主法死。

五福　民基　计神

五福民基计神来，

家业丰盈万贯财。

若在陷宫同一处，

财不丰盈却少灾。

计民会五福，百万贯，充塞宇宙。申位，主富官禄宫，有君基主贵。

五福　民基　天乙

如天乙民基在申，即五福在寅，亦不忌主富。

五福　文昌　计神

五福本天禄，那更并文昌。

再得计神助，终为馆阁郎。

五福　文昌　小游

福文游位共居辰，

定作皇朝享福人。

一点帝星来子位，

此生必定掌丝纶。

亥辰一位福文游，

三神一处复何忧。

当年若值同科甲，

不作公卿定作侯。

五福　文昌　客大

化将帅星。

五福　小游　始击

小游在子、午，为晦退，九流命也。福伐临之，又作军中教头。

五福　主大　客大

皇华绣衣而一道观风。

五福　主大　始击

五子生人遇之，虽有厄终不凶夭。

五福　主大　飞符

主大旺，贵为边帅，剪除祸乱人也。

五福　主大　四神

喜水，主统兵权。

五福　主大　天乙

喜四金天乙旺地，即三合主大亦贵，主大得金数大贵，忌巳午位贫凶。

五福　始击　天乙

主幼年流离。

五福　飞符　四神

飞福同卯，主行法，三合四神，医不效符效。

君基　臣基　文昌

君在未，主贵。君午臣戌文寅，主大贵。如君基三合见而华，盖空亡遇贵者，缁黄也。

如主大在官禄，主名魁金榜，位列三台。

君基　臣基　计神

君臣庆会本为稀，

五福奇星喜辅之。

更有计神同此位，

明王千载觏昌期。

君基　臣基　主大

主大贵。

君基　臣基　客大

《经》云：君臣辅合帝王师。

君基　民基　始击

主偏方割据不成事。

又云：主五破。

君基　文昌　计神

君基计神与文昌，
旺地逢之不可量。
须要身命临此宿，
才兼文武寿元长。

《经》云：才兼文武寿元长。

君基　文昌　小游

君基小游与文昌，
旺位逢之福异常。
若值日时身命上，
能文能武福高强。
君基小游值生时，
馆阁清华世所稀。
更将文昌同旺地，
腰悬金印掌兵机。
小游君宿与文昌，
旺地相逢不易量。
若得临身并临命，
以文以武福舒长。

公侯之贵。

君基　文昌　主大

君在申，主入相。
又云：威镇华夷。

君基 计神 小游

君基小游主文章，
计神相会愈加昌。
若得临身并临命，
非文即武福须彰。

大贵主将相。

君基 计神 天乙

金位为台谏。

君基 小游 地乙

在寅、卯，主贱或乞丐。

君基 主大 客大

君基同主客，文宿更居身。
未论三公贵，先看五马荣。

君基 主大 始击

君向阳明位，主在申、酉，始在寅为台臣。又身在八杀始官禄，主武贵，主威名。

君基 主大 天乙

金位主威权万里。

君基 客大 主参

看二数和不和，以分衰旺祸福，乃应运人也。

君基　客大　四神

君基客大会四神，

出世真仙无意名。

挂冠高尚侯难友，

天子虽尊岂得臣。

君基　始击　飞符

主弑逆。

君基　始击　四神

主富贵。

君基　始击　天乙

午位主法死。或废疾。缁黄不忌。

君基　飞符　地乙

巳酉最无气，君何临此位。

若逢地与符，顽愚凶恶辈。

在巳、酉，主顽愚凶恶。

君基　四神　天乙

君王何事喜神仙，

意在蓬莱万万年。

无奈四神居福德，

清高天乙又同躔。

在福德宫，主修仙。

臣基　文昌　计神

臣基亦是贵人星，

旺位须教一点明。

臣后君前文计会，

便看垂手取功名。

在亥、子，必大贵。

臣基　文昌　小游

主早年公卿。臣巳游亥文，在官禄同。

在申、酉恶绝地，主残疾，目口有伤。如福德宫有君基，主有名位。

臣基　文昌　主大

臣基文昌居馆阁，

主将貔貅共沙漠。

若逢福德落空亡，

无成典吏多贪薄。

主武贵。福德空，主无成贫薄。

臣基　文昌　客大

三星夹持，身近天位，时戍亥，主为帝王师。

臣基　文昌　飞符

伎俩多端占九流，

符文二宿好追求。

臣基不合同居退，

汩汩劳生不自由。

臣君退，主困苦。

臣基　文昌　四神

主富贵。

臣基　文昌　地乙

臣为禄主，文昌亥、子，主大贵。

臣基　计神　小游

见小游破格，主不秀。

臣基　主大　四神

臣基在申，主武贵边职。

臣基　主大　天乙

喜申，酉、戌，主王侯之贵，有商音人扶发福，入巳、午、寅主贱。

臣基　始击　飞符

臣基在未，主清孤，克子，会吉，亦有功名。三方持刃向身宫，主不善终。
臣基客小以下三星合，凶多吉少，不复详列，惟此最凶者，故特表出。

民基　文昌　计神

喜四季。主科甲贵。大游禄马同会主高中。

民基　文昌　地乙

逢四季，主富，更主承荫。忌寅卯。

民基　计神　客大

喜辰位主富。官禄宫有文昌，主少年甲第，入田宅，宜纳粟求名。三合见同。

民基　计神　始击

主聚散无常为贫。

民基　计神　飞符

化巡检星。五破。

民基　小游　客大

霸者流。

民基　小游　四神

职方守土便身亡，

身命之宫木宿强。

三合四神光又现，

必然消渴致膏肓。

民基　主大　始击

民在旺，主大亥、子，始带贵在身，主奉使要荒。

民基　始击　飞符

始击禄主符持羊刃，武职不善终。

民基　飞符　地乙

有德临身，主食武禄。

民基　四神　天乙

助以贵。

文昌　计神　小游

居寅，翰林。申酉位，主伶仃。

又云：见游为克名利空。遇五凶皆凶。文在子，游在午，计在身机匠。

文昌　计神　主大

主极贵。遇孤虚华盖，乃僧道术士寒儒。

文昌　计神　四神

入翰林。四神居戌困科场。计神在福宫，乃丹青。

文昌　小游　客参

文昌忌小游，主贱。带官符主犯法。

文昌　小游　始击

如飞伐持飞刃，官符在身命，主刑宪囚徒，更脾胃病。

文昌　小游　四神

主性顽愚，不秀。又主犯法。

文昌　主大　客大

客大禄主，主奉使巡边。

文昌　主大始击

文昌退晦交亏，必主瘄疾伤生。

文昌　主大　四神

主大禄主可小贵。

> 四神文昌同失位，
> 医卜羽流并技艺。
> 当生主将是禄元，
> 薄有财名须遇贵。

计神　小游　主大

禄主在酉，主升坛为将。如主在酉，计游在辰，乃御史提刑之职。

计神　小游　始击

在酉主消渴早亡。如计神持刃，主作天元主，又主战伐受封。

计神　小游　四神

主贫穷病废。

计神　始击　飞符

主克六亲。

计神　四神　天乙

计晦伏，主盲聋哑。

计神　天乙　地乙

天乙地乙计神同，
武断乡方气概雄。
若有君文来救助，
诗书亦肯作新功。

主刚雄。

小游　主大　始击

主大在午，主殒兵锋。

小游　主大　天乙

如天乙在申、酉，必损面目，颠狂残疾，如限数逢十格三才无算，必犯法。

小游　客大　主参

主为台谏。

小游　客参　天乙

旺宫可言财，否则依人。

小游　始击　飞符

在身宫，主瘟黄不令终。

小游　始击　天乙

主幼失父，或螟蛉庶出。主妻子亦受刑。

小游　始击　地乙

在寅、卯主贫。

小游　飞符　天乙

在申、酉为陷，主瘫痪疯狂。天乙在南，又主损目。小游酉上莫遭逢天乙飞符，更煽凶伐宿对，蹉尤可畏，肺痨常带血光终。

主大　客大　始击

旺主，奉使必小游为禄主，在子坐官禄官者应。

主大　客大　飞符

身无进地。

主大　客大　四神

主僧道高尚。

主大　始击　飞符

在巳午官，居身命日时官，主死军阵。又早年贫贱法死。

客大　主参　始击

旺主巡边职。

客大　始击　飞符

在申、子、辰，主孤立及狱中亡，寅位死非命，限逢大凶暴卒，轻则残疾。

客大　始击　四神

立旺处乖张。戊癸生人在四火武贵余主病废。

客大　飞符　四神

孤独倚人，为活平生蹇滞无成。

主参　始击　飞符

在丑为败，绝不利于官。

主参　飞符　四神

主贼徒。

客参　始击　飞符

主贱飘流无定。

客参　飞符　四神

化乞丐星，主贱为乞丐。

始击　飞符　四神

日时居，主克妻伐为禄主，又主更名姓，获田庄劳心失利，行年孝服。

始击　飞符　天乙

巳、午，主犯法，寅夭，卯败，流年到，主缞孝服，离乡。

始击　飞符　地乙

残疾或贫困。

飞符　四神　地乙

主败路亡。

始击　飞符　四神

行年孝服更离乡，

飞伐俱来致不祥。

击星若还同禄主，

更名易姓得田庄。

始击　飞符　天乙

天乙飞符始击同，

火金相战主凶终。

游年更有凶星到，

梁上高悬一定逢。

游年凶到，主缢言凶终也。天乙巳、午主犯法，天乙寅主夭，天乙卯主败。又
云：主孝服离乡，言限到也。

五福　君基　臣基　文昌

临丑化三台星大贵。

五福　君基　臣基　计神

主大贵。

五福　　君基　　臣基　　主大

福在父宫，君当头立有世禄。

五福　　君基　　臣基　　计神

主贵。

五福　　君基　　文昌　　小游

主文贵。

五福　　君基　　文昌　　主大

有将相之荣，建功立业人也。

五福　　君基　　文昌　　飞符

为台谏。

五福　　君基　　主大　　客大

主上贵。

五福　　君基　　主大　　四神

主兵权统众。

五福　　君基　　始击　　飞符

君基亥、子，身在天位，伐前福，东时为德，乱世英雄。

五福　　臣基　　民基　　文昌

主大贵，无文昌，乃有禄无位人。

五福　臣基　文昌　小游

主科甲贵，陷空功名不顺。

五福　民基　计神　始击

如行年辰、亥文游会，主登科。计易飞符。

五福　文昌　计神　地乙

主大贵。忌寅、卯。

五福　文昌　主大　天乙

主高隐。

五福　计神　主参　飞符

作市廛小经纪。

君基　臣基　文昌　计神

在身命化三台，如君前臣后功名易得。

君基　臣基　文昌　小游

主贵。君福德小游在命名位假手。

君基　臣基　文昌　主大

位三台。三合见主大在官禄同。

君午臣申文在子，两府兼兵。

君基　臣基　文昌　飞符

喜巳、午、戌大贵封侯。

君基　民基　文昌　主大

易主大为始击应运，人君民文亥伐午。

君基　民基　客大　四神

乃汉客星也。

君基　文昌　计神　小游

亥上旺翰林。

君基　文昌　计神　地乙

边塞官。

君基　文昌　小游　天乙

主大贵。见天乙等凶破格，因贵成名。

君基　文昌　主参　客参

巡抚贵。

君基　文昌　飞符　地乙

主武职。

君基　计神　主大　客大

主贵。主大天乙同。

　　　　　　君基　　小游　　始击　　飞符

主弑逆。

　　　　　　君基　　主大　　客大　　飞符

如亥、子，主阵死或法死。

　　　　　　君基　　主大　　始击　　飞符

主武贵。

　　　　　　君基　　客大　　飞符　　四神

主荣华，有吉助，平地富贵。

　　　　　　君基　　始击　　飞符　　四神

主法死。四神易地乙同。

　　　　　　君基　　始击　　天乙　　地乙

主犯法。

　　　　　　臣基　　文昌　　计神　　小游

四季位主贵。

　　　　　　臣基　　文昌　　计神　　主大

　　　　　　文昌主大计臣同，

　　　　　　四柱临之在旺宫。

　　　　　　更逢客大真为贵，

身列公侯将相中。

臣基　文昌　计神　四神

亥子位见，主羽音人扶富贵。文昌三合见亦贵。

臣基　计神　始击　飞符

同在辰、戌化。

臣基　小游　始击　飞符

主贵犯法。

臣基　四神　天乙　地乙

主减贵倾荣。

民基　主大　客大　始击

主客皆在亥临身贵。主流年奉使。

民基　始击　飞符　天乙

喜四金位。金人利，主富。若天在午宫，主兵亡狱死。

文昌　客大　四神　天乙

主破荡刑伤。

文昌　小游　始击　飞符

主难贵，虽贵不佳。

计神　始击　飞符　四神

三方合照，主凶少利名。

小游　客大　主参　始击

主巡边。

小游　始击　飞符　天乙

主肺痨，血光终。

主大　主参　飞符　始击

飞始亥方，临阵身死沙场。

始击　飞符　天乙　地乙

主恶死。飞始在亥、子，地在田宅，天在官禄，命身陷，主妄生。

五神合拱断

五福　君基　文昌　计神　伐星

主文武两全。

五福　君基　文昌　计神　地乙

在四季，主三台贵。

五福　君基　计神　飞符　始击

主无禄。

五福　民基　文昌　主大　客大

> 五福土星福最多，
> 民基主大亦巍峨。
> 文昌客大临身命当作功名第一科。

五福　飞符　四神　天乙　地乙

> 五福符四天地乙，
> 僧道医卜并艺术。
> 疾宫更有伐星来，
> 水底游魂何处觅。

君基　臣基　文昌　计神　主大

> 君臣文计主，身命三合逢。
> 更得居旺地，必是夺魁名。

君基　文昌　计神　小游　四神

主贵。君四在亥、子，主智慧。

君基　文昌　计神　主大　客大

主公卿。

君基　文昌　计神　天乙　地乙

诗书亦肯作新功。

君基　文昌　小游　始击　飞符

主落职。

君基　客大　主参　始击　飞符

主死沙场，或犯法。

臣基　文昌　计神　主大　客大

主大贵公侯将相。

臣基　主大　客大　主参　客参

主武贵。

主大　天乙　地乙　飞符　始击

天地乙俱在子，飞始前后夹持，主阵亡或法死。

六神合拱断

五福　君基　民基

文昌　主大　客大

入相。

小游　始击　飞符

四神　天乙　地乙

主形不全。或颠狂心病。

客大　始击　飞符

四福　天乙　地乙

行年凶。到水亡。

　　　　客参　　始击　　飞符

　　　　四神　　天乙　　地乙

同衰乞丐也。

　　　　五福　　臣基　　主大

　　　　客大　　主参　　客参

主武贵权重。

　　　　民基　　文昌　　计神

　　　　主大　　飞符　　始击

飞伐混作常人。

三基合拱断

　　　　五福　　三基　　文昌

五福辰，文昌亥，必公卿。丙辛生人尤贵显。

五福　　三基　　文昌　　计神　　主大

会福德官禄化贵星，主名利无初有终，三合见，无主大亦同。

五福　　三基　　文昌　　计神

　　　　客大　　飞符　　地乙

在官禄化帝座皇后星。

五福　　三基　　文昌　　主大

丑、辰位利主贵。

五福　三基　文昌　主大　客大

主食禄。五福在丑、辰利。

五福　三基　主大　客参

三基陷下贱。主旺吉，客旺凶。

五福　三基　客大

丙辛人贵，主安险立功勋。

五福　三基　主参

子宫主科甲，见凶主武贵。

五福　三基　始击　飞符

主名利通。

五福　三基　四神　始击　飞符

主螟蛉，不则夭。

五福　三基　天乙

主贵人成就，功名财禄。

五福　三基　四神

四神在子贵。丙辛生人尤贵，加客参同宫，化奴婢星。

三基　文昌

主隐士奇品。

三基 文昌 飞符

主大贵。

三基 飞符

旺主贵。

三基 地乙

主贵忌寅卯。

诸神在十二宫吉凶断

命宫

五福居旺，有福寿主贵显，享五福之造化，若会凶及临空亡陷地，乃九流僧道，清福孤高。　会吉曜，主贵极人臣。五福包藏，财帛冠世，当四季之位，身多福寿。

天元属水，命居东那，更枭符卯宫，守言在卯宫，无寿也。　又云：福曜不喜孤临。　君基临命乘旺位，得吉曜相扶，乃一品之贵，宽德多仁，不狡诈。

君基尊重，福禄资生，为人惜言语，尊重。　在女，则少春风。　臣基有吉星侍从，有辅佐之才，处已纯正，位极人臣。　若见始击，必贪财利己，多无厌之求。主专任按法，为执古之人，为人本分谨言多犹豫。　巳上见，主目亏或血疾，至老心身不宁，依享他人之福。　民基逢吉星临旺，主富禄，金玉满堂，名闻朝野。主好德去灾，享悠长之福。　在辰，吉福德宫有福星，六戊生人，主远涉发福大富。　文昌与君福相会，馆阁之贵，临陷会凶，为吏书或僧道。　主仁识义理，在时元，化词馆星。　如在福，伐在官禄身居。　天干水，主艰于仕进。　计神主计较多端，百事成就，若在陷宫，贪财利己，没仁义。若立旺会吉星，为馆阁之贵，或监司武臣。　　主仓库之职任。　　小游立旺会吉，主科甲一品之贵，天资出众，处己高迈。　　善于记识，在身命，则诚伪莫摇。　　主大立旺，必高贵有权，更逢君福，主公侯之贵，逢凶立陷，多为僧道，或身似蛇形，多贪财利己。　　秉性清奇，为人清秀。　　又云：立陷身空带马，主为军兵。

客大立旺会吉，主君王待之以礼，官高极品，化达诸邦，或挂冠乐道修真，为应运真仙。　　主性华丽，喜宾朋，近贵，利官高显。　　会民，主盖世英雄。主参主依人成事，假贵人之力而发福，会吉星，主有权，只贪人财物，若会凶星，多下贱之流。　　好洁净风流。　　在申利。　　忌小游及五凶同宫，皆下贱也。

客参逢吉星，主近贵发福，遇凶则漂流。旺则为商。好洁净风流。始击若在旺乡，戊癸人遇之，贵极人臣。居陷亦为边帅。　　主大恶，为人胆小怯众。　　在时元，主幼年离父母，在身命日时立陷，恶死非刑。　　飞符临命，主聪明伶俐，慷慨成性，喜符法炉火。陷则孤贫困苦。如身居德时遇吉，主大贵。　　又云：主偃蹇。　　一云：因何富中破产，飞符之来命元。　　又云：离祖伤妻，身至孤，命宫多应带飞符。　　四神主孤独，疏六亲，背父母，刑妻克子。逢旺会吉，主得鱼盐酒水之利，或舟船桥闸之任。逢凶值陷，则飘蓬四方，九流也。　　主为人清秀，女人秉性贞洁。合臣基，有贤节之名。　　主清贫。　　天乙主为人刚介平心，逢三基五福更立旺乡，多边帅武职。　　主为人性刚富贵不淫，与人寡合。

遇三刑六害主横亡。　　号孤星。　　地乙逢旺会吉，主守土边隅食禄。　　主为人性刚，富贵不淫，与人寡合。　　在午上，主愁困。如岁中飞刃相逢，主颠狂身苦。　　命宫空，主虚花诈伪，困懒磨陀，欺诳浮泛，恍惚无心，守静安乐。

兄弟宫

五福在兄弟宫，反为不美，此宫名极闲宫，兄弟富贵，我必卑微，将我福禄分减也。　　此官若逢关囚迫格，必因兄弟致祸丧家。　　身必占长。

君基立旺，主棠棣生华，外合内差，盖兄弟贵，我定微弱，夺我福禄，分我财产。

按：占卜家亦以兄弟上卦，为分我之财，大忌之。真皆衰世之论，不可为训也。

臣基必有姊而无兄，或姊妹多兄弟少。

民基主兄弟成家，合德合心。亦是外房富庶。

文昌主文秀才美，兄弟联芳。临陷，舞文刀笔。

计神主兄弟两母无益。

小游主长上多修仁德，兄弟和睦，亦主晚年弟众。

主大必居长难言兄弟。立陷，分房不义。

客大主两苗异母，不相和睦，多主嫉妒。

主参主原和睦，有隔脉两苗之手足。

客参主隔苗异穗，两母重出。

始击主妨兄弟，各自离散，孤兄独弟，不得力也。

飞符主两苗隔脉，异居不义，或多刑克，或二姓。

四神主离异不睦，或主兄弟沉沦。

天乙主兄弟寿不长，苗裔停脉，长兄刑克。

地乙主过房隔脉，孤立成人，于长不利，或自占长。

兄弟宫空，主刑害奸恶，兄弟各居酒友花朋游荡流走，克薄不义。

妻妾宫

五福主得妻力内助成家，更得外家财产资助。

君基临之，德隆位尊，有人君之象。若是阀阅之家，乃极贵之妻，方应此星。不然定克首妻。　　如有四神同宫临，贵妻之本命，主妻性洁净，好道奉佛，心慈乐善。臣基主能内治，必夺夫权，家业充实。　　在陷宫，主克妻。　　民基主善治家，有蓄积得外家财。　　民基男女不相妨。　　又云：少阴居旺妻财盛，只恐妻家名不称。

文昌若在号孤星，男则无伤女有刑，若在陷宫还不碍，恐临丑未与申辰。文昌要与计神齐，若到妻宫妻早宜。　　主内治材美，婚诗礼之门。　　女命虽在陷宫，夫亦为文士。　　计神主能内治，多才德，积蓄财物，亦妨中道伤克。

小游主妻性爱清洁尊贵，立陷必妨克。　　又云：小游女子多清洁，一生处世多狂惑。

主大必擅夫权，立旺主谐老，失陷逢凶苦重克。

客大主赘婿他门，不然重婚离散。

主参乘旺，必纳宠扶正掌家。　　会吉星因妻财致富，陷主克妻，两三妻方不克，又必须小配方美，亦主入赘。《经》云：主参参客两三次。旺宫无克亦无收。

客参主入赘，或纳宠妻妾二人，旺宫无克。

始击主妨三四妻。又云：始击守妻宫，飞符却更会。不奴须是婢，缱绻起淫风，吉星不临照，知是不善终。

始击飞符会四凶，不相和顺又贫穷。三夫克尽为重配，三室俱亡还是凶。又曰：始击在妻宫主好色。

飞符主初婚，刑克年长，方谐白首，亦主不相和睦。

四神主清洁，德性沉静必克。不宜会水星，亦主流荡好淫，又主妨三五妻，或有妓尼之妻。　　又云：四神临之，一生寡若，更逢凶，三五妻。

天乙主中道刑妻，外家衰败，但善能持家，可谓中馈得人，有贞烈之风。年长则不克。　　天乙金神与地乙，琴瑟不和长戚戚，不然残疾亦相伤，妻若年高方配敌。

又云：枢从天地三合见，停了妻时再娶妻。　　地乙到妻宫，为人必有凶。不妨三两个，不与己身同。　　地乙女良男有克，说与人间会者知。　　主宜长配，不然有病，刑伤二三妻。见吉则不克，如不克则不和。

子孙宫

五福主子孙贵显，晚景安乐，在日时有二子。

君基止一子，主极贵，若有三四个，则秀气散，反不能贵。　　更会凶得子艰。

又云：得儿虽早长须刑。

臣基主女多男少，女长男小方宜。失陷逢凶，则子难育。

民基主子孙富厚，勤俭成家，逢旺有三子。　　又云：如落陷宫中道危。又云：民基子愚。

文昌主子孙博文，荣贵显达，逢旺有四子。　　又云：文昌在女号孤星，巳亥之间立外房。

计神主才学出众，二子多能。若立旺宫，必子息蕃衍。　　又云：隔脉。

小游主一子为贵。　　又云：小游主大，一子富贵，多者不秀。在巳、午、子宫，中道相抛。小游主大非同宫。

主大主男女精神，立旺主得五子，不旺只一子，一子必贵。

客大主寄养过房庶出，宜先育螟蛉，方存佳儿，旺则撑门顶户，陷必败业破家。

又云：主生逆子，不然身是过房子。　　又云：客大两苗方保。

主客二参如合寀，两苗三姓可谐和，不是重时难得力，多生二子是无讹，若非妻有前夫子，也是前妻儿子多。

主参主二子良贵。有两苗之儿，隔脉之子。或长大而幼小，或庶出偏生，然晚年亦多子。

客参主庶出迟生，两苗隔脉。　　又云：可得二子，或过房。

始击主克子，犹可召义男。主克子息无数。　　又云：克一二方保。

飞符来并亦堪忧。　　言同五福三基相并，初得子而后丧之也。　　又云：主男女早年刑克，或一子必女多富贵。　　又云：主绝后。

四神申子一儿安，不在儿宫子也难。　　主早生难育，后得方保平安，仍是长子必克。　　又云：克三方保。

天乙主长子不利，寄名释道方保。

地乙主多灾，早生难育。　　地乙陷时子癃残。　　又云：四中保一。

子孙宫空主伤、夭、庶出、过房，残疾疯癫，不肖不仁，假名走闪，无依无靠。

财帛宫

五福逢旺有吉星辅佐，金玉满堂，粟陈贯朽。

君基主食，君禄得贵人恩惠，财帛作富翁。

臣基主财物丰盛，多得阴人之利，或外家之财。

民基主资财丰盛，粟陈贯朽，称大富翁。

文昌主因文字发财，书写获利，近贵成家，逢吉星则贵。

计神主财帛充实，善能计度生财利。

小游主财帛丰盛，只愁日用不足，此为隔年愁星也。立陷主成败。

主大主财发如涌泉，乃锦上添花也。

客大主游商得外财，经营得厚利，或伙计生财。

主参主外郡人扶持，得财因人成事，假力获利。

客参主得外人财，因人成事，或因贸易而获利。

始击必多是财帛，聚散无常。见飞符当慎盗贼，若居旺宫，又主骤然而发，亦主蓄积不久长，盖火星有始无终也。

飞符主蓄财，聚散不常，会始击，防贼盗之咎，旺又骤发。

四神主成败，聚散不常，立旺主财帛丰盈。

天乙主成败无常，虚而不实，先散后聚。此星名为隔年愁星。《经》云：富足饶余，只愁日用不足。立旺地亦多积蓄。

地乙主得田园之利，多成败，先散后聚。

财帛宫室，主家计萧索，财帛失丧，贼盗劫掠，走闪拐带，非横破败六畜伤损。

身在财帛宫，有五福，或化或不化，皆主财帛丰盈，见飞符则多聚多散。

田宅宫

五福祖业光荣，父母厚产，安享久逸。

君基更有吉星相辅，主良田万顷，大厦高堂，最怕空亡。

臣基必宽大，资产基业壮茂，宜朝北房宅最利。

民基主财富田多，若公凶主成败，主大第高门之宅。　　又云：安身若有客星来，不受祖宗立锥地。

文昌必因读书起家，或因文物书画立业。

计神主宅舍华丽美观，资业兴隆。如在陷宫，多暗计无成无败，福来稀。

小游立旺，主家业田茂地盛。值陷先盛后萧条。

主大主基业高耸，焕然日新，田宅得利，如涌泉之发。

客大主迁移更改，离祖成家，逢旺产业兴隆，有外人主家。　　陷则因人破产。

主参主基业壮盛，或依附祖父豪贵事业。

客参主离祖移家，依人享福。

始击主破祖业，而遭水火之厄。立旺地则无碍。

飞符主祖业更迁，应遭火厄，或有徙产之咎。

四神主近水歪曲不平，更改门户，离祖成家，享天厨之乐。

天乙主祖业消散，更立成家，生涯萧索，若立旺宫，必近山林，得五金之利。

地乙立旺主事业悠久。祖孙相继。陷则更迁。

田宅宫空，主借贷，赁房店，舍旅邸，荒门草舍，篱斜壁倒，火烧水溺，争夺废弃。

官禄宫

五福主官禄崇高，一生无惊惧若居，陷禄利难成亦多，困厄名轻禄薄。

君基主功名早发，科甲联登，亦要立旺吉星相辅，女人身元逢之，主金冠凤珮早光荣也。

臣基会吉星，必主大贵，逢陷多阴人是非聒絮。

民基会吉星，主纳粟求名，同凶星，则百无一成，喜辰、巳、申、酉宫。

文昌主文章冠世，朝野闻名，临陷因名败身。

计神为图计之职，与民兴利除害，名高位显，主早年声名。

小游在旺，一路功名到白头，喜生春夏，秋冬蹭蹬。

主大主清显，节大名高，朝野闻名，擢简第一。早年必发。

客大主游宦发福，或历边隅之任，或封王外国。同民贵不可言。

主参主得贵人提挈，成就功名，然要在旺乡，陷则不能自立。

客参旺主依贵食禄，事业须傍贵而成。陷则夭亡。同游而乘旺，反居僚佐。

始击文士休逞名，为灾为祸信非轻，火局旺宫官节制，英雄韬略镇边城。主文士不宜，而武弁最喜，亦要立于旺乡方吉。

飞符逢旺会吉，主功名骤发，立陷必因名破家，此星名剥官煞，人士大忌，文名难就，惟利武途。

四神逢吉星，功名悠久，逢凶不利，庶人凶夭。

天乙凶星忌在官，如逢旺位吉多般，更得奇星在五马，仁看诏命下朝端。主武强文弱，傲上不和。

地乙主禄位悠长，但不得大显。必文武双全。

官禄宫空，主狐假虎威，羊质虎皮，停罢宫观，私通求干巧言，歇灭除减远缺。

奴仆宫

五福最不相宜，主兄弟朋友奴仆有福，已身却无福矣。若临身日时旺乡，又主奴仆忠良，甚得力也。

君基必因仆人致祸败家，以尊星落贱宫故也。若得吉曜，又是白屋变成朱户。

臣基多遭亲友陷害，小人欺凌，因仆人致祸，败家。

民基主亲友扶持，得外郡人财。

文昌主亲友辅佐，文章成就，奴仆得力，临陷遭败。

计神主扶助家长，百计出众，在外相成。

小游立旺主作事威猛，有利主人，陷宫招非破败。

主大主得亲友扶助，奴婢自服，不敢外心，伙计得利生财，因外人成事，权气高豪强。

客大主得仆人之力，在外经营获利。

主参临旺主得力，立陷主愚蠢。

客参主得仆人之力，亲友扶持，交相助益。

始击主因奴破财，仆马有伤，亲友交情不长，多是非。

飞符主因亲友破财，或仆人生祸受害，仆马有伤。

四神主招亲友口舌是非，奴仆逃亡。

天乙主亲友寡情，施恩多怨，平生不负人，反多累己。

旺位得他人扶持，立陷宫仆人多狼籍。

地乙主操心劳力不和顺，而有损伤。立旺得他人扶持。

奴仆宫空，主病亡衰败。奸诈侵欺，出尖祸头，为非作歹，走闪转变。

疾厄宫

五福主一生疾厄最少，即有疾亦无大害，逢难有救，亦多安乐。

君基主一生安康，灾除疾去，逢难即解。

臣基主阴盛阳衰，下元虚冷，胃中有火。

民基主五谷伤食，不成大患，逢灾有解。

文昌主有预防之备，灾不近身。立陷有心胃之疾。

计神主心性多思，多虑生灾，或因酒色厚味作疾。

小游慎目疾，立陷防木石所伤，肺肝之患。

主大主肺经受患，大肠之疾，因气作恼成病。

客大必因酒色，成下元虚损之咎。

主参主有气疾偏疝，下元虚冷，或因酒色成痨。

客参主肝家受伤，患眼目之疾，或因在外染病。

始击慎血光之厄，或心肺疯疾，瘫痪之咎，老来多病。

飞符主眼目有伤残，或痰嗽痨瘵，手足有损。

四神主下元虚冷，逢火星逢陷，眼目不明，血疾之患。

多主小人拮据，一生困滞，形影孤单，亦多脾胃及疯疥之疾。

天乙主肝经之疾，眼目不明，血虚及疯瘫之咎。见臣基于午位，耳聋自闭，为殃尤甚。立于子位，主脚疾头风，不可当也。飞符同宫，主大肠痔患及癣疥汤火之厄。

地乙主有脾胃之患，风疾之咎。

疾厄宫空，主虚狂磨难，口眼㖞斜，手足跛躄，麻瘫龟背，疯哑聋痴，瘫痪蛊癫，六指唇缺。

福德宫

五福主五福兼全，晚年荣贵，立陷宫空地，亦主平安有福。

君基主平生康泰，子孙贵显，老景荣华，而无惊扰。

臣基主子贵孙贤，晚景清幽，福寿高强。

民基主一生操持劳碌，至老不得安闲，若会吉星必享富贵之福，而晚景荣华。

文昌主文章富贵，享福悠久，上人见喜，子孝孙贤。

计神主心中常不足，性多贪逸。

小游主享福清幽，名擅史籍，德冠乡间。

主大主享用无穷，晚景刚正发福，而气雄威。

客大主享福，因人身心操持，亦因更改获福，喜怒不常，又得义子之力而享福。

主参主福寿，依贵人之荫庇，立陷则福薄，主飘泊东西。

客参主相随游宦发福，或在外获利。

始击主男不孝，一生操持到老不闲。立旺宫稍高强。

飞符主出身微弱，劳力劳心，终身操持，灾福并行。

四神主孤独无靠，至老不得安闲，非僧道即九流。

天乙主孤高耿介，寡合清净，不染是非，能果断。若居辰、戌位，将来离祖自立规模。

地乙立旺，主祖业相承不移。立陷宫必孤单自处。

福德宫空，主僧尼道家，医术游谒，寒儒荡士，隐居闲散，逍遥清虚，淡泊浮禄，游艺歧路，倚贵托富。

相貌宫

五福主容貌威仪，春风和气，清奇雄伟。

君基相貌魁伟，秉性尊严服众，逢陷则面长而麻。

臣基主身体厚重，宽洪大量，而不俗，或面有麻。

民基主威仪重厚，立心勤俭。

文昌必清华文秀，高尚不俗。

计神主体相淳厚，喜爱洁净新鲜，度量宽大。

小游（阙）。

主大主体正刚烈，魁伟威仪服众，容貌尊严，非俗格。

客大主威严清秀，作事口直心慈，常招小人嫉妒，色亦常变。

主参主清奇自重，斯文之象。

客参主骨格清奇，言辞利便，通人肺腑，启人幽深。

始击主相貌赤色，性急躁，立陷主五岳有刑伤。

飞符主性急躁，尘俗愚蒙，立陷身体手足有伤。

四神主清奇风流，临陷会凶，主头面下元有伤。

天乙主清白方面，骨格清奇，旺相主白色，立陷带黑色，头面有伤，而重浊。见客大主黑色口大，眉清目秀。

地乙主纯厚，简言语，面带黑黄，立陷则相貌有伤。

天乙飞符入陷宫，更兼地乙与相同。驼腰龟背皆因此，旺相相逢乃不凶。

相貌宫空，主谈虚说空，形容破陋，肌体尪羸，短舟小楫，孤行独走，多忧多屈，偃蹇平生。

父母宫

五福主双亲遐算三代一门，得父母厚产，立陷地又是有名而无实，或得而自费。

君基主祖业兴隆，得父母遗产，最忌空亡。

臣基主母德高贤，家道严肃。

民基主得父母财产厚业，逢空陷则不实。

文昌主三代文华诗书，根本宗派声名。

计神主得父母财，或外家财物，若陷克母离祖。

小游主祖业悠久，父母厚荫，在旺相主祖孙相继，立陷家业漂流，入土位，父先伤。

主大立旺主寿永福全，家业丰盛；值子年月，三代名家；人身命日时立旺，必主力大而武勇过人。

客大主过房庶出，或两姓成人。又云：客大来父母。

飞伐更相逢生时，必是离乡井，四野纷纷兵火中。

主参主重拜父母，或过房庶出，

客参主主重拜父母。

始击主父母不利，若立旺，父母不善终。

飞符主父母早年离别，或不得荫庇。

四神主少失父母，或庶出过房，及有异母之别。

天乙主过房庶出，或先克母。

地乙主父母贤德，教子有方，或重母，或庶出。一云：先克父。

父母宫空主伤克，不利六亲，过房异姓，抛弃分离，诈冒邪伪，隐匿不明。

十六神临女人身命日时断

五福临身命在旺位，或与三基文计诸吉同宫，及三合拱照。

> 五福时元或在申，
>
> 更居夫位有芳名。
>
> 吉星相辅尤为美，
>
> 金阙荣封号淑人。
>
> 闺门多福非小比，
>
> 财积丰盈端可拟。
>
> 女命福星福德居，
>
> 三从四德加无已。
>
> 女命禄元逢五福，

初年莫叹多劳碌。

夫荣子贵在中年，

此身必处黄金屋。

五福临命福最多，

闺门得遇贵如何。

不惟寿考还安逸，

紫诰荣封一品科。

临身命二宫或夫位

身命或夫位，得之有大名。

吉神如辅佐，荣号有封称。

不因夫命显，子贵定非轻。

飞符同临照，侍贵在金门。

少须承祖荫，殃败失夫情。

又云：在四土位，及亥、子位，主将来守寡。

五福若乘旺，初年受苦辛。

中末却安逸，终为福寿人。

最忌凶星杂，五福临卯寅。

何须问反覆，聊以保终身。

君基

君宿清高与四神，

女人最喜在当生。

若教伐宿来临犯，

未免无夫倚贵人。

只说君基是贵妻，

如何却又是师尼。

四神不合先临照，

孤寡空亡坐日时。

女命临旺乃沉静有德，聪敏智慧，治内之贤人。若福宫逢吉，享福悠长，不惟作贵人妻抑，且作贵人母。

君基临夫位在旺宫主贵。

一云：将来淫乱。

臣基

女命臣基亥未申，

承坤母后贵无伦。

君星即不临夫位，

也是荣封花诰人。

女命见臣基最佳，若临戌、亥、申、未在身命日时，贵不可言。臣基有承顺之德，臣道之正，戌、亥属乾，为天门，未、申属坤为母道，有坤顺之德，所以极贵。若凶星交会临恶绝之地，或为妾为婢，断法须活看，不可执泥。

民基

民基女命逢之，必主有权能执持，禄元相会坤道之隆。若独立会吉星，必多财富，而善操持。若落陷宫逢凶曜，必有花魁之号若，更临奴位遇恶星，必为柳陌之人。

文昌

文昌女子临身命，

宦门才德定超群。

治家有法无私曲，

夫荣子贵寿绵龄。

主生宦门，有文秀之才，贤德超群，定作贵人妻，又为贵人母。又主智巧心灵。

计神

计神入女命，主性躁，多是非，却有好子孙到老喜。劳碌不爱安闲。

小游

女命何须遇此星，
欺夫克子一无情。
天元若见乙庚命，
困苦艰难度此生。

主性躁而不好华。

主大将

主大将女命值之，主机巧助夫，而擅夫权，若在陷必患咳嗽。或会凶星，主产厄或投河自缢，以金神流入火，重叠加临，故作灾也。

客大将

客大入女命临旺，主性慧多智，巧夫必荣贵。若居陷会凶，非青楼之女，即是僧尼，须在家持素好佛。

主小将

主参立旺为侧室掌权持家。会吉星必扶正，或填房。
见凶星必作婢子仆妇，作妾亦不正。
会禄马福神，主富而安享。

客小将

临女命主为妾或侧室，及填房。逢旺会吉，则在富贵之家享福，或从偏房扶正掌家，而有权。若立陷宫，主为婢女仆妇，见飞始为青楼之女，或主他乡远配。

始击

女命花街中立身，

不应伐宿旺宫行。

咸池主大临夫位，

送往迎来不暂停。

如何始击便妨夫，

盖为夫宫己带孤。

若是贵人小游合，

偏方邂逅雪肌肤。

生逢飞始妨夫主，

定是于夫必有伤。

往往与人为别室，

看来此命本非良。

女人飞始如逢墓，

倚傍他人立身苦。

羊刃相逢杀带针，

丑貌恶形终失所。

伐宿临夫福有余，

小池会养化龙鱼。

盖缘戊癸生人见，

又有文昌子位居。

飞符

亥子卯酉呼天极，

切忌身命日时临。

损子克夫犹祸浅，

更防血气损妊娠。

女命飞符乙四临，

少年辛苦困春心。

倘教向道寻因果，

华盖空亡认纳音。

若立旺宫会吉星，主少年辛苦，或侍贵金门，晚年方享厚福。一云：临夫位主侧室不良。

四神

女命当生遇四神，

文昌一宿又同行。

君居福德身逢贵，

花诰中间列姓名。

四神地乙本为凶，

女命身宫却喜逢。

若遇福宫逢五福，

夫荣子贵喜重重。

四神星在陷宫居，

落在风尘度日时。

三合小游文主大，

看来只是主生离。

四神主守已寡合，女命得之，清洁贤淑。

天乙

天乙临于女命位，

填房入舍每因偷。

旺宫亦可丰财禄，

否则依人不是由。

女人得之，主刚烈自处。立陷官，刑克六亲，至老孤立。

地乙

地乙女命见之，主性尊严沉重，好专权柄，亦富足，但恐寿不长。

若同君基、臣基、飞符为最佳，盖女以安静守己为德，见君臣、飞地，此四位同宫，或三合或散在身命日时，乃沉静谨守有德之女。一云：女命好颜色，善歌舞。

流年诸飞星吉凶断

三合关照，皆为飞吊。遇吉则吉，逢凶则凶。

《五福赋》云：流年随宫分发达，大游依岁数升腾。

官吏加职，庶民发财，谋望得利。

君基：官吏加职，士登科庶，人发财。

臣基：官吏进职，庶人进财。

民基：主吉庆进财，帛事事顺。

文昌：官吏受恩加职，士发科甲，庶人发财，得文书交易之利。

计神：主发福，商民发财。

小游：旺位发福发财，士登科，官吏加职。

主大：官吏受恩加职，士登科甲，庶人发财。

客大：出入谋望吉庆，商民发财。

主小：贵人扶持出入近贵。

客小：进人口喜庆，谋望得财，遇凶无成。

始击：主血光肿毒，或风气疾及官非破财之事，四火则利。

飞符：主眼目之患，腰足寒热，火光之厄。

四神：主孝服哭泣，及脾胃之咎，或泻痢，气疾水肿。

天乙：主官非刑狱血光，破财及眼目昏花之疾。

地乙：主刑克上下，脾胃之患，疟疾之咎，痘疹痧麻之事。

第十七章　术数汇考十七

《奇门遁甲》一

烟波钓叟歌句解上

阴阳逆顺妙难穷,

夫阴阳者,太极静而生阴,动而生阳。《易》曰:无极之前,阴含阳也;有象之后,阳含阴也。所以孟子曰:"天时不如地利,地利不如人和。"天时谓时日、支干、孤虚、王相之属也。甲子旬,戌亥为孤,辰巳为虚,是以空亡为孤也,对宫为虚也。王相如东方木旺于卯之类。春属木,甲乙木生,丙丁火相。金到这里衰,所以孤。孤者,无辅助之意。今说四废。然水为母,木为子,子实则母虚,水到此,所以虚。此兵家用时日,有天德、月德、方位法也。唐李靖用兵,精风角孤虚是也。其用非一。兵家八门遁甲,逐时分休、生、伤、杜、景、死、惊、开方向。立太乙局,逐日分主客胜负,又出城布阵,逐时占斗柄。所指之方乃向天罡,而背鹤神也。又如六壬遁甲,以支加支,范蠡占岁、占兵,皆其属也。如周武王犯岁星以伐商,魏太祖以甲子日破慕容之类是也。战阵之法,背孤击虚则吉。此则好谋而图成,则有周悉万全之计。天地终始,一十二万九千六百年为一元之数。分为十二宫,每宫有一万八百年为一会之数。天开于子,地辟于丑,人生于寅,闭物于戌。天数到戌,则不复有人;天数到亥,则周十二会,以为大数,而天地混矣。终则复始,循环无穷。天地再造,故先有阴,而后有阳也。逆顺者,吕望曰:"冬至已后,阳爻升进,用阳遁顺行其生气;夏至已后,阴爻起发,用阴遁逆行其杀气。"元妙微深,难穷其理也。

二至还乡一九宫。

二至者，冬至、夏至是也。一者坎宫，九者离宫也。冬至一阳生于子，故冬至节居一宫也；夏至一阴生于午，故夏至节居九宫也。《天文志》云：天形南高北下，日出高故见，入下故不见。大若张盖，四边垂下，半覆地上，半在地下，日月旁行绕之。日近而见为昼，日远而不见为夜。冬日行地中深，故夜长而昼短；夏日行地中浅，故夜短而昼长。六阴极盛，一阳来复，谓之冬至；六阳剥尽，一阴始生，谓之夏至。

图静动阳阴	图乡还至二	邵子曰
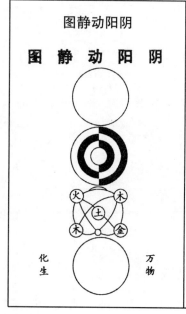 化生　　万物	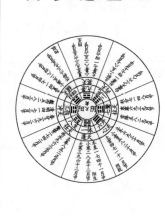	冬至子之半， 天心无改移。 一阳初动处， 万物未生时。 元酒味初谈， 大音声正希。 此言如不信， 更请问疱牺。

阳遁歌

冬至惊蛰一七四，小寒二八五同推。

春分大寒三九六，芒种六三九是真。

谷雨小满五二八，立春八五二相随。

立夏清明四一七，九六三从雨水期。

阴遁歌

夏至白露九三六，小暑八二五重逢。

秋分大暑七一四，立秋二五八流通。

霜降小雪五八二，大雪四七一相同。

处暑排来一四七，立冬寒露六九三。

冬至			夏至		
阳遁式	上候	一　局图	阴遁式	上候	九　局图
	中候	七　局图		中候	三　局图
	下候	四　局图		下候	六　局图

若能了达阴阳理，天地都来一掌中。

理者，朱文公曰："未有天地之先，先有此理。"能明遁法，一理、二气、三才、四象、五行、六甲、七曜、八门、九星，皆在于掌握之中起也。

轩辕黄帝战蚩尤，

黄帝姓公孙，又曰姬姓，讳轩辕。有熊国君，少典子也。母见电光绕枢星，感而生帝于轩辕之丘，因名轩辕。阴阳激曜曰电。枢星，北斗第一星也。帝生而神灵，弱而能言，幼而徇齐，长而敦敏，成而聪明。是时神农氏世衰，诸侯相侵伐。炎帝榆罔弗能征。于是轩辕习用干戈，以征不享，诸侯咸来宾从。炎帝榆罔侵陵，诸侯益叛之。轩辕修德治兵，与炎帝榆罔，战于阪泉之野，克之。

涿鹿经今苦未休。

涿鹿乃郡名，属北平，今涿州也。蚩尤姜姓，炎帝之裔也。好兵喜乱，作刀戟大弩，以暴虐天下。蚩尤铜铁额，其额坚如铜铁也。谙阴阳，能起昏雾迷军士。雾，乃阴阳蒙冒之气。轩辕作指南车，上有楼，四角刻木为龙，又刻仙人于上，车虽回转，手常指南。用子午盘针，以定四方，与蚩尤战于涿鹿。遂擒蚩尤，戮于中冀，曰绝辔之野。于是诸侯咸归轩辕，遂推代神农氏为天子，是为黄帝。

偶梦天神授符诀，登坛致祭谨虔修。

黄帝梦大风，吹天下之尘垢皆去。又梦人执千钧之弩，驱羊万群。帝寤而叹曰："风为号令，力政者也。土去而后在也。天下岂有风姓后名者哉？夫千钧之弩，异力也。马牛数万群，牧民为善者也。天下岂有姓力名牧者哉！"《龙甲书》云："黄帝致祭于天，有感。夜三更时分，忽见轩辕丘上，神光缭绕，天鼓大震。当召纪官，同往视之。乃彩凤自天降，衔玉匣一端，长九寸按九宫，阔八寸按八卦。黄帝启匣视之，中有天篆文册，龙甲神章，一十八籍，命容神明正其字。乃知是除奸绝邪，灭叛安邦之书，帝遂喜。得天时以立丘山为土德王，命羲和占日，尚仪占月，车区占风，大探深五行之情，占斗纲所建。于是始作甲子，容成造历，隶首算数，苍颉制字，伶伦制律，吕车区占星气，容成兼而总之。"

神龙负图出洛水，彩凤衔书碧云里。

彩凤衔书，即上文龙甲神章也。龙负图者，乃伏羲时龙马负图。龙马者，天地之精，其为形也。马身龙鳞，故谓之龙。马高八尺五寸，长颈，骼上有翼，蹈水不没，圣人在位，负图出于孟河也。洛水者，乃洛书出于神。禹治水时，神龟负文呈瑞而于背，九数。《春秋纬》乃云："河以通乾出天苞，洛以流坤吐地符。河龙图发，洛龟书感。河图有九篇，洛书有六篇。"轩辕之时，未有此事。今云神龙负图出洛水者，总河图洛书而言也。洛虽未出书，而风后演教，与之暗合也。解下文。

黄帝龙图之命，遣风后演之而为遁甲，造式三层，以法三才。上层象天而置九星，中层象人以开八门，下层象地以分八卦，以镇八方。随冬夏二至，立阴阳二遁，一顺一逆，以布三奇六仪。风后因伏羲先天之卦。乾起于南，以序而生三子；坤起于北，以序而生三女。《系辞》曰："天尊地卑，乾坤定矣。"盖乾南坤北，天地自然之定位。故乾父居南，阳气以生以降而生物。故乾一索而生长男震，在东北；再索而生中男坎，居正西；三索而生少男艮，居西北。阳老归息于中宫也。坤母居北，阴气以升而生物。故坤一索而生长女巽，在西南；再索而生中女离，居正东；三索而生少女兑，居东南。阴老而归息于中宫也。天数以阳出阴入。出者，自数多而出于数少也。入者，自数少而入于数多也。盖天开于子，为天地之原。夫万物从微至著，始发于子上，为一。以生序行于西南巽上，而为二。行于正东离上，而为三。行至东南兑上，而为四。既而息于中宫，而为五。此阴数，自少顺行至多，而为入也。夫阴极则阳生，既而生自于中宫。逆西北艮上而为六，逆行正西坎上而为七，逆行东北震上而为八，逆行正南乾上而为九。天数以九八七六为顺，地数以一二三四为逆。今阳顺则阴逆，阳而成九宫，正合后天洛书之数也。

夫万法莫不出于河图。河图之数，天一生水，地六成之，居北；地二生火，天七成之，居南；天三生木，地八成之，居东；地四生金，天九成之，居西；天五生土，地十成之，居中。生数不可移，成数可移。天一之水，天三之木，天五之土，皆阳动所生，不待作为。故天一即居正北，合洛书之坎一。天三即居正东，合洛书之震三。天五即居中央，合洛书之中五也。地二之火，地四之金，乃阴静之生也。阴者，女人之象，不能自立，必从夫而立焉。地二必偶天一而成三。火有形而无质，其气虚，必加数补之。三三而得九，处于南方，而合离九之数也。故地四必偶天三而成七，金有形有质矣，不须重之，即七数居西方，而合洛书兑七之数焉。生数不可移，但可以配偶而各居于本方也。成数可移，天道左旋，折河图南方成数天七，补东南隅之空，加七七四十九数，以除五九四十五，止为四数，合洛书之巽四，故居东南焉。以河图北方之成数地六，补西北隅之空，加六六三十六数，合洛书之乾六，故居西北焉。以河图东方之成数地八，补东北维之空，加上八八六十四数，除六十不论，止用四数，加一倍，再加四算，乃二四数得八，合洛书艮八之数，故艮居东北也。以河图西方之成数天九，补西南维之空，加算九九八十一数，除八十不论，止用一数，加一倍，算得二数，合洛书坤二之数，故坤居西南也。然而东西方之成数，用加一倍算，南北不用加倍者，亦以东西之气，与南北之气不同。盖南极、北极为天地之枢纽。天与七政，昼夜行而不息。此针之所以指南，有以见东西之气常动而实，南北之气少动而虚也。盖指南北之气抵极旋轴，不若东西气之升降轮转。南北之数不用加倍者，盖南北之有极也。关子明曰"河图、洛书相为表里，八卦、九章相为经纬"是也。又谓"河图合洛书，先天合后天"者，此也。

图河

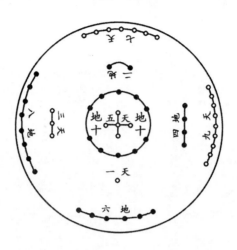

书洛

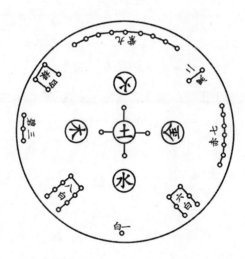

龙马出于孟河，高八尺五寸，长颈，骼上有翼，旁有垂尾。圣人在位，天不爱道，地不爱宝，龙马出焉。

尧沉璧于洛，元龟负书出焉，背上赤文朱字。

天锡禹书，神龟负文而出，列于背，有数，皆九。

因命风后演成文，遁甲奇门从此始。

帝得风后于海隅，登以为相；得力牧于大泽，进以为将。风后作《兵法》十三篇，《孤虚法》十二卷，始立遁甲一千八十局。遁者，隐也。幽隐之道。甲者，仪也。递为直符，谓六甲六仪也。天乙之贵神也。常隐于六戊之下，盖取用兵机微之理，通于神明之德。故以遁甲为名也。奇者，乙、丙、丁为三奇也。门者，休、生、伤、杜、景、死、惊、开之八门。详见下文。

一千八十当时制。

刘朴庵："太元作用，三元六甲，名台吉奇。"书云："四千三百二十条，神仙节冗归简。"盖节四千三百二十之繁，而归于一千八十之简也。

论古法，黄帝始创奇门，有四千三百二十条，乃一节管三元；每元管六十局。三元计一百八十局。一岁二十四节，计四千三百二十局。夫一岁二十四节，一节管三元，乃十五日，一百八十时，十节一千八百时，二十节乃三千六百时，其四节又该七百二十时，是一岁二十四节，共得四千三百二十时。故有四千三百二十局也。风后又制奇门，为一千八十局，乃一节三元，为四十五局。风后约冗归于简也。夫一节管三元，一元十五局，管一百八十时，三元四十五局，此一节四十五局，二十节得九百局，其四节又得一百八十局，是共该一千八十局，一千八十个时也。由是观之，是风后又总黄帝四局，一局也。

四个一千八十，共是四千三百二十局也。夫一岁三百六十日，每日一十二时，一百日该一千二百时，三百日则该三千六百个时，其六十日又该七百二十个时。以七百二十，总前三千六百个时，共得四千三百二十时。此硬例也。风后奇门，以八卦管八节，一节管三气，一气管三候，分天地人元，一候五日，七十二候共三百六十。乃撮四候，而共看六十时成一局，七十二候，共三百六十日，共成一十八局，共一千八十时，故立一千八十局。

太公删成七十二。

至周时，有吕尚者，东海上人，穷困年老，渔钓至周。西伯将猎，卜之，曰："非龙、非彨、非熊、非罴、非虎、非貔，所获霸王之辅。"果遇吕尚于渭水之阳。太公谙兵法，善布奇门，删成一节三元，乃是一个节气分天地人三元，节三候也。如冬至上元阳一局，冬至中元阳七局，冬至下元是阳四局。余仿此。此一节分三元，二十四节分得七十二元，故立七十二活局，立太公为军师，助周伐纣也。

逮于汉代张子房，一十八局为精艺。

张良字子房。彼有黄石公，知秦亡，汉之将兴。故以书授子房于邳圮，扶高祖得天下，封子房为留侯。子房删捷，冬至十二节为阳九局，夏至十二节为阴九局，一岁计之一十八局。此活局，又捷径也。夫十八局，七十二局，皆不能越一千八十局矣。作硬局，则该一千八十局；作活局，则有七十二局。然一十八局之图，虽简而时则仍有一千八十也。是乃风后之法则，万世不易也。先论风后，一节管三元，四十五局难看。解释：予尝考之，四千三百二十者，乃一节管三元，六十时，三元乃三百八十时，此硬数也。风后一千八十局，一节三元四十五，乃折算之，一元六十三元，该一百八十也。此一元四之一，该十五，四个十五乃六十也。三元该四十五也。乃是算数之说，夫一元该六十时。今止云十五时为局，则是撤去四十五时，焉有此理，其实乃是合取四节之元，而看十八局之一局也。如冬至上，惊蛰上，清明中，立夏中，此四候共看阳遁一局也。

先须掌上排九宫，

坎一、坤二、震三、巽四、中五、乾六、兑七、艮八、离九，乃九宫也。天有九星以镇九宫，地有九宫以应九州，其式托以灵龟洛书之数，戴九履一，左三右七，二四为肩，六八为足，五十中宫者，土火之子，金之母，所寄理于西南坤位也。坎一白水居正北，坤二黑土居西南，震三碧木居正东，巽四绿木居东南，中五黄土居中宫，乾六白金居西北，兑七赤金居正西，艮八白土居东北，离九紫火居正南。

起例诗曰：

坎居一位是蓬休，内死坤宫第二流。

更有冲伤并辅杜，震三巽四总为头。

禽星死五开心六，惊柱常从七兑游。

更有生任居艮八，九寻英景问离求。

纵横十五在其中。

洛书之数，东三、南九、北一、西七、中五。

东直三宫，巽四、震三、艮八，共得十五数。

南北中三宫，离九、中五、坎一，共得十五数。

西直三宫，坤二、兑七、乾六，共得十五数。

南横三宫，巽四、离九、坤二，共得十五数。

东西中三宫，震三、中五、兑七，共得十五数。

北横三宫，艮八、坎一、乾六，共得十五数。

东北中西南三宫，艮八、中五、坤二，共得十五数。

东南中西北纵三宫，巽四、中五、乾六，共得十五数。

直过合十五，纵过合十五，横过合十五，对过合十五，乃天地万世不易之数。

图数背龟灵	图之节八卦八	朱子曰
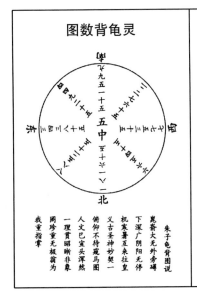		吾观阴阳化，
		升降八纮中。
		前瞻既无始，
		后际那有终。
		至理谅斯存，
		万世与今同。
		谁云混沌死，
		幻语惊盲聋。

朱子龟背图说

崑崙大无外旁礴
下深广阴阳无侔
机缄暮互来往皇
又古圣神妙契一
俯仰不待藏马图
人文已宣头浑然
一理贯昭晰非象
罔珍重无极翁为
我重指掌

立春艮上青山色
春分震位好详推
立夏巽宫寻本位
夏至离火焰当时
立秋坤上丛头数
秋分兑位定无移
立冬但向乾宫取
冬至坎宫还顺飞

次将八卦论八节，

天有八风，以直八卦。地有八方，以应八节。节有三气，气有三候。如是八节，以因之成二十四气。更乘之，七十二候备焉。

冬至一宫坎卦	立春八宫艮卦
春分三宫震卦	立夏四宫巽卦
夏至九宫离卦	立秋二宫坤卦
秋分七宫兑卦	立冬六宫乾卦

十一月建子，乃冬至气，阴极阳生也。子为天正，周以为岁首也，配地雷复卦。十二月建丑为地正，商以为岁首也，配地泽临卦。正月建寅为人正，夏以为岁首也，配地天泰卦，乃三阳开泰也。自汉武帝以来，并用夏正建寅之月为岁首也。

八节：立春、惊蛰、清明、立夏、芒种、小暑、立秋、白露、寒露、立冬、大雪、小寒也。

一气统三为正宗。

气者中气，雨水、春分、谷雨、小满、夏至、大暑、处暑、秋分、霜降、小雪、冬至、大寒也。《经》云："冬至小寒及大寒，天地人元一二三。立春雨水并惊蛰，依艮顺增八九一。春分清明并谷雨，但起震宫三四五。立夏小满芒种气，四五六兮列成列。夏至小暑及大暑，九八七兮还退数。立秋处暑并白露，从二却行于一九。秋分寒露及霜降，七六五兮依此向。立冬小雪并大雪，六五四兮依此诀。"

统三者，一节分三元，即三候。又曰：三者三甲也。上局仲甲，谓甲己之日，夜半子时，乃甲子时。丙辛之日，日中甲午时是也。此时关格刑德在门，用兵先举者败，不可出入，利以逃亡，主客并凶。

中局孟甲，谓戊癸之日，平旦甲寅时，乙庚之日，晡时甲申是也。此时阳气在内，阴气在外，利藏兵固守，不可出师，利主不利客。

下局季甲，谓丁壬之日，食时甲辰、甲己之日。黄昏甲戌，此时阳气在外，阴气在内，利出兵动众，百事吉，利客不利主。

又云：六甲之日，夜半子二甲皆合，谓今日是甲直符，与时皆是甲，故名三甲合也。

阴阳二遁分顺逆，一气三元人莫测。

冬至后用阳遁，顺飞于坎一宫起，如冬至上元阳一局顺遁，甲子戊起一宫，甲戌己二宫，甲申庚三宫，甲午辛四宫，甲辰壬五宫，甲寅癸六宫，丁奇七宫，丙奇八宫，乙奇九宫，乃仪顺奇逆也。夏至后用阴遁，逆飞于离九宫起，如夏至上元，阴九局逆遁，甲子戊起于九宫，甲戌己八宫，甲申庚七宫，甲午辛六宫，甲辰壬五宫，甲寅癸四宫，丁奇三宫，丙奇二宫，乙奇一宫，乃逆仪顺奇也。九星为直符，八门为直使，有顺阳使逆行阴，经术不显，隐伏之事也。

一节分三元，子、午、卯、酉为上元，寅、申、巳、亥为中元，辰、戌、丑、未为下元。若不明三元，用奇不准，主有不测也。

起例诗曰：

甲己庚辛壬癸顺，阳仪丁丙乙逆行。

休门随君顺数去，甲子起时当仔细。

阴转六仪当逆推，乙丙丁奇顺而随。

门随始时同逆起，休门排位顺风吹。

五日都来换一元，

甲子至戊辰五日，为上元。己巳至癸酉五日，为中元。甲戌至戊寅五日，为下元。己卯至癸未五日，为上元。甲申至戊子五日，为中元。己丑至癸巳五日，为下元。甲午至戊戌五日，为上元。己亥至癸卯五日，为中元。甲辰至戊申五日，为下元。己酉至癸丑五日，为上元。甲寅至戊午五日，为中元。己未至癸亥五日，为下元。

接气超神为准的。

超者，越过也。神者，进神也。甲子、己卯、甲午、己酉乃进神，为符头。接，迎接也。气者，节气也。超神者，谓节气未到，而甲子、己卯之符头先到，为之超。接气者，谓甲子、己卯之符头未到，而节气先至，为之接。

引证：如淳祐六年丙午，前四月十三日壬申，交立夏节，而本月初五日是甲子已到，即以立夏节用，立夏前九月矣，则合前初五日起超在先，借用立夏上局奇，自初十日己巳，为立夏中局奇，自甲戌五日，用立夏下局奇。乃先得奇，后交节，为速，谓之超神，速者也。

又如淳祐七年丁未二月二十三日，虽交清明节上局奇，然二十五日方是己酉，方用清明上局奇，此乃先交节而后得奇，为接，故谓接气迟。至二十四日戊申，仍用春分下局。此是已交本节，而奇星尚用前节也。

又如其年六月二十八日己酉，交立秋节，正直节与日辰同到，其日即是立秋上局，谓之正授奇。凡换奇，皆甲子时换也。

须知闰奇之法，方能超接得真也。

积日以成闰月，积时以成闰奇。超接正授闰有法，分金定刻难明局。以五日一换，遇一节气，通换六局。凡一月节气，必三十日零五时二刻，以三十日分六局，以余五时二刻置闰，超神不过十日。遇芒种、大雪，超过九日，即置闰也。假如丙戌年五月初一日己卯，至初九日丁亥巳刻，过九日于置闰，即用初一日己卯作芒种上超局，初六日甲申作芒种中局，十一日己丑作芒种下局。毕于此重用一局，作三奇闰法，以十六日甲午作芒种闰奇，此超神置闰之法也。二十四已交夏至，是谓置闰，借夏至七日，其五月小尽，至六月初二日己酉，方作夏至。上局初七日甲寅作夏至中局，十二日己未作夏至下局，以为接气奇也。闰奇之法，每遇芒种、大雪二节内，如是超过九日，即合置闰以归，每节气所余五时二刻也。盖奇以冬、夏二至，分顺逆。故于二至之前，置闰以均其气，无不应也。但近世俗师不知超接正闰之法，止接成局，以择奇门日时，盖缘上局，反作下局，颠倒错乱，俱无应验。一旦以为不足信，则是起例不明，置闰无法，非局之不验真，择焉不精故也。

认取九宫为九星，

天蓬贪狼主坎一宫属水。

天内巨门主坤二宫属土。

天冲禄存主震三宫属木。

天辅文曲主巽四宫属木。

天禽廉贞主五中宫属土。

天心武曲主乾六宫属金。

天柱破军主兑七宫属金。

天任佐辅主艮八宫属土。

天英右弼主离九宫属火。

八门又逐九宫行。

九宫配八门永定例：

坎宫蓬星休门，艮宫任星生门。震宫冲星伤门，巽宫辅星杜门。

坤宫内星死门，附中宫禽星坤。离宫英星景门，兑宫柱星惊门，乾宫心星开门。九宫逢甲为直符，八门直使自分明。

如阳遁一局，甲子时起坎一宫，即以坎宫天蓬为直符，休门为直使。甲戌时起坤二宫，即以天内为直符，死门为直使。甲申时起震三宫，即以天冲为直符，伤门为直使。甲午时起巽四宫，即以天辅为直符，杜门为直使。甲辰时起中五宫，即以天禽为直符，配以死门为直使。甲寅时起乾六宫，即以天心为直符，开门为直使。余例仿此。

符上之门为直使，十时一位堪凭据。

遁取时旬甲头为直符，如阳遁一局，甲子在坎宫，天蓬为甲子时直符，则休门即为直使，管至癸酉十时住。甲戌在坤宫，天内为本时直符，则死门即为直使，管至癸未十时住。又换甲申符头在震，天冲为本时直符，则伤门即为直使，管至癸巳十时住。又易甲午在巽，天辅为直符，则杜门为直使，管至癸卯十时住。又换甲辰在中宫，天禽为直符，则死门为直使，管至癸丑十时住。又易甲寅在乾宫，天心为直符，则开门为直使，管至癸亥十时住。阳一局六十时足，而又他局。余局仿此。阴遁同例，以逆推。

直符常遣加时干，

九星，蓬、任、冲、辅、英、内、柱、心、禽也。为直符常随时干。

假如冬至上元，阳遁一局，图内乙庚日、丙子时，其图地甲申泊三宫，天冲管事，乙庚日申时乃甲申时也，就是冲三直符，故此直符，常遣加时干也。

《奇仪总要歌》云："星符每逐时干转，直使常随天乙奔。"同此意也。永定阳遁顺仪逆奇，阴遁逆仪顺奇，皆主论也。

直使逆顺遁宫去。

八门：休、生、伤、杜、景、死、惊、开，为直使也。原天盘上休在坎，生在艮，伤在震，乃三宫之定位也。假如冬至上元阳一局，图内乙庚日申时，就以伤门为直使，乃时干甲申居三宫也。阳遁顺飞，阴遁逆飞，故云"直使逆顺遁宫去"。

六甲元号六仪名，

《符应经》云："六甲者，天之贵神也。常隐于六仪之下。六仪者，戊、己、庚、辛、壬、癸也。"甲子同六戊，甲戌同六己，甲申同六庚，甲午同六辛，甲辰同六壬，甲寅同六癸。

三奇即是乙丙丁。

三奇者，按《经》云："日乃木之华，阳之精所成，乙木为日奇也。"本理按：《经》云："正月日出于乙，故以乙为日奇。"丁火，南方离明之象，老人星，凡形见于丁位，故以丁为星奇。月照交到丙而下明，故以丙为月奇也。六乙属太阳，六丙属太阴，六丁属星曜，乃三光也。

遁甲之法，以甲乃太乙人君之象，为十干之首，常隐六仪之下，故谓之遁甲。所畏者，庚金能克甲木，庚为七煞之仇也。乙乃甲之妹，甲以乙妹妻庚，乙庚合而能救甲，故乙为一奇。丙乃甲之子，丙火能克庚金而救甲，故丙为二奇。丁乃甲之女，丁火亦能克庚金而救甲，故丁为三奇。

《经》云"天上三奇乙丙丁"者，出于贵人之干，德游行十二支辰。以阳贵人顺行，先天坤卦起子，则乙德在丑，丙德在寅，丁德在卯。三干之德相联，而无间断，以阴贵人逆行。后天坤卦起甲，则乙德在未，丙德在午，丁德在巳，三干之德相联，亦无间断。余六仪贵人所涉，或间天空，或间罗网，皆不相联。盖三奇能制凶煞者，以其出于贵人之干，德为吉也。贵取坤卦者，以"黄中通理"也。

甲位既尊，戊位同甲，乙、丙、丁三干无间，而为三奇，取其德明，故以日、月、星为号，以其德能照临者也。故甲、乙、丙、丁、戊五阳时，善神治事为吉也。

阳遁顺仪奇逆布，阴遁逆仪奇顺行。

冬至后十二节，惟用阳遁顺布六仪，逆布三奇，星符亦随时干行。

假如冬至阳一局，图内坎上起甲子戊，坤上甲戌己，震上甲申庚，巽上甲午辛，五中宫甲辰壬，乾上甲寅癸，兑上丁奇，艮上丙奇，离上乙奇，乃仪顺去奇逆行也。夏至后十二节，惟用阴遁逆布，六仪顺布，三奇星符亦随时干行。假如夏至阴九局，图内离九宫起甲子戊，艮上甲戌己，兑上甲申庚，乾上甲午辛，五中宫甲辰壬，巽上甲寅癸，震上丁奇，坤上丙奇，坎上乙奇，乃仪逆奇顺行也。

吉门偶尔合三奇，值此虽云百事宜。

开、休、生，即北方之三白，为最吉，乃三吉门，合乙、丙、丁三奇。其中合得一位，共临之方，乃三奇之妙。此时宜出兵征讨，发号施令，修造、埋葬、婚娶、安社稷、化人民，百事大吉之兆。《五总龟》云："大抵要得开、休、生三门，则用事为吉，更有三奇临之，可用无疑。如得门不得奇，亦可用。得奇不得门，终非吉。奇门俱不得，即凶。当以其大小轻重程等而用之。"

更合从傍加检点，余宫不可有微疵。

如得开、休、生三吉门，又合上下盘三奇是也。此时此宫有奇门，虽吉，然须检点，三盘上所加，余七宫，凶星所在，未可以此即为全吉。

如合天、地、人三遁，鸟跌穴，龙反首，知三、天辅，玉女守门，三奇所及，游六仪、义和，制伏欢、怡等，故为吉也。

如合火入金，金入火，虎猖狂，龙逃走，雀入江，蛇夭矫，避五，击刑，制损明，入墓，反伏吟，格勃飞，天乙，天网，门迫之类，则为凶也。

三奇得使诚堪使，

葛洪曰："若得三奇得使，尤宜其良。"谓在六甲之上，自得所使之奇。甲戌、甲午乙为使，甲子、甲申丙为使，甲辰、甲寅丁为使。

假如阳遁三局，乙庚之日丁亥时，此时六乙日奇，下临九宫甲午，是为乙行得使。

假如阴遁三局，丙辛日壬辰时，此时六乙日奇，下临九宫甲午，是为乙奇得使。又如阳遁五局，丙辛之日己亥时，此时丁奇下临四宫，合甲辰为丁奇得使也。

三奇得使，其法以天上甲子起，中间一宫而行，则乙奇到甲戌，丙奇到甲子，丁奇到甲寅。地下甲子起戌，地者，妇人之道，不能自立，必假夫而立。故甲戌假对宫坤辰上起甲，则乙奇在甲午，丙奇在甲申，丁奇在甲戌，取对冲，故奇甲辰也。

图使得奇三

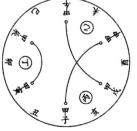

乙奇加甲戌甲
午丙奇加甲子
甲申丁奇加甲
辰甲寅是谓三
奇得使最为吉
也

又例：甲为君位，三奇乃宰辅，避旺地，只居生库宫，为自得所使也。自午起甲，顺行，则乙奇到未，术库宫也。自戌起甲，顺行，则乙奇到亥，长生宫也。自子起甲，顺行，则丙奇到寅，火生宫也。自申起甲，顺行，则丙奇到戌，乃火库也。丁奇亦属火，又属金。丙既居生库宫，则丁火金之临官宫也。

六甲遇之非小补。

《经》曰："时加六甲，一开一合，上下交接。"又曰："能知三甲，一开一合；不知三甲，六甲尽合。"六甲者，甲子、甲戌、甲申、甲午、甲辰、甲寅也。阳星加时为开。阳星：天蓬、天任、天冲、天辅、天禽。阴星加时为合。阴星：天英、天内、天柱、天心。六甲之时，合时百事凶，开时宜战斗，往来百事吉。又曰："甲为青龙，利以远行。将兵客胜，闻忧无，闻喜有。宜谒尊上，见贵人有喜。移徙、嫁娶百事吉。不可行遣怒及鞭杖事。"假如阳遁九局，甲己之日，黄昏得天任阳星，加时为开，百事吉。若无奇门，合得此局，亦得次吉，乃小补云。

乙马逢犬丙鼠猴，六丁玉女骑龙虎。

乙奇加甲午为马，加甲戌逢犬也。丙奇加甲子为鼠，加甲申为猴。丁奇加甲辰为龙，加甲寅为虎。谓三奇得使，最为吉也。

《经》曰："时加六乙，往来恍惚，与神俱出。"谓六乙为日奇，宜从天上六乙出。既随日奇，恍惚如神，人无见者，将兵客胜，闻忧无，闻喜有。行逢饮馔，移徙入官，市贾嫁娶吉，不可行遣怒、鞭杖、嗔责事。

假令冬至上元阳一局，甲己之日，天蓬为直符，至乙丑时，六丁在九宫，以直符加时干。此时天上六乙下临一宫，出北方吉。

"时加六丙，莫兵莫往。"此时候主厌伏兵灾。将兵闻忧无，闻喜有。入官得仙，市贾有利。丙为日奇，又为天威，丙火以销金，精兵不起。若攻伐者，从天上六丙出，既挟月奇，又乘天威，丙火相随，故曰"厌伏兵灾"。假令冬至下元阳四局，甲己之日，平旦平寅，此时六丙下临六宫，宜出西北方吉。

六丁为三奇之灵，凡出入用兵，战斗皆吉。故曰："能知六丁，出幽入冥，至老不刑。刀虽临颈，犹安不惊。"六丁者，六甲之阴神，丁卯之神，字文伯。丁丑之神，字文孙。丁亥之神，字文公。丁酉之神，字文通。丁未之神，字文卿。丁巳之神，字巨卿。凡斗争出入行来，六丁之神常呼其名，所谓三奇之灵。六丁者，丁卯为甲子之阴，故也。丁奇入宫，会甲辰、甲寅，乃六丁骑龙虎也。天盘六丁，加地盘甲寅、甲辰是也。

又曰：时加六丁，出幽入冥，又六丁为太阴，可以藏形，人皆不见，敌人不敢侵将兵，主胜，闻忧喜各半，可以请谒，利嫁娶及阴私事，入官商贾吉。

假令立夏下元，阳遁二局，甲己之日，夜半甲子时，日出丁卯时。此时六丁在东北，直符天内，加时干，即六甲下临二宫，出西南方吉。

又有三奇游六仪，号为玉女守门扉。

三奇游六仪者，乃天上三奇乙丙丁，地下三奇甲戊庚，游于甲子戊，甲戌己，甲申庚，甲午辛，甲辰壬，甲寅癸，此六仪也。《三元经》曰："三奇游六仪，利以宫建宴会喜乐之事。"

玉女守门者，谓丁为玉女，而会天乙直使之门也。如阳遁一局，顺仪逆奇，地盘丁在兑，而以天乙直使休门，加之甲子时休门起坎，乙丑时休门到坤，丙寅时休门到震，丁卯时休门到巽，戊辰时休门到中，己巳时休门到乾，庚午时休门到兑，地盘丁奇兑上。故甲子旬庚午时，为玉女守门也。

又接前数，辛未时休门到艮，壬申休门到离，癸酉休门到坎，直使十时一易，甲戌时以死门到坤，为直使，乙亥时死门在震，丙子时死门在巽，丁丑时死门在中宫，戊寅时死门在乾，己卯时死门到兑，地盘丁奇兑上。故甲戌旬己卯时，为玉女守门也。

甲申时以伤门直使震宫，乙酉时伤门到巽，丙戌时伤门到中，丁亥时伤门到乾，戊子时伤门直使到兑，地盘丁奇兑上。故甲申旬戊子时，为玉女守门也。

又累累数至甲午时，以杜门直使在巽，乙未时杜门到五，丙申时杜门到乾，丁酉时杜门直使到兑，地盘丁奇兑上。故甲午旬以丁酉时，为玉女守门时也。又累累数去，到甲辰时，以死门直使到中宫，乙巳时死门到乾，丙午时死门直使到兑，地盘丁奇兑上。故甲辰旬丙午时，为玉女守门时也。

又累累数去到甲寅时，开门直使到乾，乙卯时开门直使到兑宫，地盘丁奇兑上。故甲寅旬乙卯时，为玉女守门时也。

甲子用庚午	甲戌用己卯	甲申用戊子
甲午用丁酉	甲辰用丙午	甲寅用乙卯

甲子用庚午者，甲子同六戊，用五子元遁，戊癸逢壬子，起壬子七数而见戊字。故甲子用七数庚午也。

甲戌用己卯者，甲戌同六己，用五子元遁，甲己还加甲，起甲子六数而见己字，故甲戌用六数己卯也。

甲申用戊子者，甲申同六庚，用五子元遁，乙庚丙作初，起丙子五数而见庚字，故甲申用五数戊子也。

甲午用丁酉者，甲午同六辛，用五子元遁，丙辛生戊子，起戊子四数而见辛字，故甲午用四数丁酉也。

甲辰用丙午者，甲辰同六壬，用五子元遁，丁壬庚子居，起庚子三数而见壬字，故甲辰用三数丙午也。

甲寅用乙卯者，甲寅同六癸，用五子元遁，戊癸逢壬子，起壬子二数而见癸字，故甲寅用二数乙卯也。

若作阴私和合事，请君但向此中推。

四户以月建加本时，却随除危定，开在何处，即是地四户。若与天三门同官，尤吉。

天罡辰	太乙巳	胜光午	小吉未
传送申	从魁酉	河魁戌	登明亥
神后子	大吉丑	功曹寅	太冲卯

图之门三天

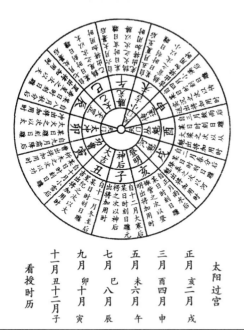

太阳过宫

正月 亥 二月 戌

三月 酉 四月 申

五月 未 六月 午

七月 巳 八月 辰

九月 卯 十月 寅

十一月 丑 十二月 子

看授时历

《入式歌》云：天乙会合女阴私。所谓天乙会合，和阴私之事。要在三奇临六仪，与三奇吉门，合太阴太冲从魁小吉，加地四户，是谓福食，远行出入皆吉。地四户者，除定危开也。

假如正月建寅，卯上除，午上定，酉上危，子上开，更得三奇临之大吉。二月则从卯上起建也，凡阴谋事，用太阴太冲小吉，从魁加地四户而去，解见下文。

天三门兮地四户，问君此法如何处。太冲小吉与从魁，此是天门私出路。地户除危定与开，举事皆从此中去。

图之户四地

年月日时同

加寻地四户

天门有三，乃从魁、小吉、太冲三位也。起法以月将加本时，即寻从魁、小吉、太冲三位，为天三门也。起月将法，以授时历看，审订太阳过宫，方可选用。如去年十二月大寒节，某日时刻日躔元枵之次，太阳在子，以神后出将加用时。世俗但知登明为正月将，却不知登明是亥，犹待雨水节后，某日时刻，日躔娵訾之次，太阳方过亥宫，以登明天月将方可用。

六合太阴太常君，三辰元是地私门，更得奇门相照耀，出门百事总欣欣。

阳时利击，阴时宜陕，阳先举，阴后交。凡欲击者，为破而击之。陕者，密而去之。其败军宜向六合下走得出也。　假如以六合、太阴、太常为三辰，依图推之，看在何方。　日支自亥至辰为阳，用阳贵人，阳贵人用上一字，自巳至戌为阴，用阴贵人，阴贵人用下一字。　假如丁亥日，亥为阳日，丙丁猪鸡位，则亥猪为阳日贵人，须用贵人加亥上，顺数去，却看六合、太阴在何处，即是地私门。此只论日，不论时，然须得奇门，方可用。　一例审太阳过宫，以月将加用时，顺寻本日贵人，起星求地私门。

图之行顺人贵阳门私地

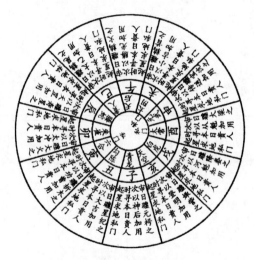

图之行逆人贵阴门私地

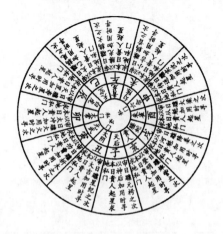

太冲天马最为贵，卒然有难难逃避。但当乘取天马行，剑戟如山不足畏。

天马即太冲也，审月审过宫，即以月将加用时，顺寻看太冲在何方，即天马方也。

言遇紧急危难，仓卒之间，难得奇门，但乘取天马而去，则虽剑戟如林，亦能避其祸也。

天月将

正月亥	二月戌	三月酉	四月申	五月未	六月午
七月巳	八月辰	九月卯	十月寅	十一月丑	十二月子

地月将

正月寅	二月卯	三月辰	四月巳	五月午	六月未
七月申	八月酉	九月戌	十月亥	十一月子	十二月丑

天马方吉时定局于后

以授时历看审订太阳过宫方可选用。太冲天马方	子时	丑时	寅时	卯时	辰时	巳时	午时	未时	申时	酉时	戌时	亥时
正月 明登将太冲天马方	辰	巳	午	未	申	酉	戌	亥	子	丑	寅	卯
二月 魁河将太冲天马方	巳	午	未	申	酉	戌	亥	子	丑	寅	卯	辰
三月 魁从将太冲天马方	午	未	申	酉	戌	亥	子	丑	寅	卯	辰	巳
四月 送传将太冲天马方	未	申	酉	戌	亥	子	丑	寅	卯	辰	巳	午
五月 吉小将太冲天马方	申	酉	戌	亥	子	丑	寅	卯	辰	巳	午	未
六月 光胜将太冲天马方	酉	戌	亥	子	丑	寅	卯	辰	巳	午	未	申
七月 乙太将太冲天马方	戌	亥	子	丑	寅	卯	辰	巳	午	未	申	酉
八月 罡天将太冲天马方	亥	子	丑	寅	卯	辰	巳	午	未	申	酉	戌
九月 冲太将太冲天马方	子	丑	寅	卯	辰	巳	午	未	申	酉	戌	亥
十月 曹功将太冲天马方	丑	寅	卯	辰	巳	午	未	申	酉	戌	亥	子
十一月 吉大将太冲天马方	寅	卯	辰	巳	午	未	申	酉	戌	亥	子	丑
十二月 后神将太冲天马方	卯	辰	巳	午	未	申	酉	戌	亥	子	丑	寅

总论太阳过宫法：天三门，地四户，地私门，太冲天马同例。

第十八章　术数汇考十八

《奇门遁甲》二

烟波钓叟歌句解下

天气将

正月雨水壬	二月春分乾	三月谷雨辛	四月小满庚
五月夏至坤	六月大暑丁	七月处暑丙	八月秋分巽
九月霜降乙	十月小雪甲	十一月冬至艮	十二月大寒癸

地气将

正月立春子	二月惊蛰亥	三月清明戌	四月立夏酉
五月芒种申	六月小暑未	七月立秋午	八月白露巳
九月寒露辰	十月立冬卯	十一月大雪寅	十二月小寒丑

天符经

正月娵訾亥	二月降娄戌	三月大梁酉	四月实沈申
五月鹑首未	六月鹑火午	七月鹑尾巳	八月寿星辰
九月大火卯	十月析木寅	十一月星纪丑	十二月元枵子

三为生气五为死，胜在三兮衰在五。能识游三避五时，造化真机须记取。

《三元经》曰："天道不远，三五反复。知三避五，恢然独处。"三为生气，故游三也。五为害气，故避五也。三为威，五为武。盛于三，衰于五。匹马双轮，无有返期。

假令冬至上元，阳遁一局，甲己之日夜半生，甲子至平旦丙寅时得三，此时生气，宜举百事，至食时，戊辰时得五，此时害气凶，百事不宜，故避五也。阴遁仿此。

一本云：直使加震宫，三为生宜向之；直使加中宫，寄二宫为死，宜避之。

又云：重阳有重吉，谓大将在三宫，重阴有重凶，谓大将在七宫也。三乃数吉也。七乃位凶也。

就中伏吟为最凶，天蓬加着地天蓬。

九星伏吟：上盘天蓬，加地盘天蓬，乃九星仍在本宫不动，谓之伏吟。孝服，损人口。直符伏吟：上盘甲子，加地盘甲子。六仪准此。

汤谓云："甲子来加甲子为伏吟，不宜用兵，惟宜收敛货财。"凡六甲之时，门符皆是伏吟。

一本云："天盘天蓬，加地盘天蓬，为伏吟。最凶。余不与。"

假令冬至上元阳遁一局，甲己之日，夜半生，甲子时，天蓬直符加临一宫，时干在一宫，此名门符皆伏吟也。

天蓬若到天英上，须知即是反吟宫。

九星反吟者，天盘一宫上蓬星，加地盘九宫英星上，为反吟。余八宫同此。直符反吟，谓上盘甲子加下盘甲午，上盘甲戌加下盘甲辰。遇奇门盖之，不见凶害，不然灾祸立至。

汤谓曰："子来加午为反吟，此时不利举兵动众，惟宜散恤仓库之事。"凡星符对冲，皆反吟。

假令冬至上元阳遁一局，甲己日乙丑时，六乙在九宫，以天上天蓬直符，加临时干在九宫，即是直符反吟。

八门反复皆如此，生在生兮死在死。假令吉宿得奇门，万事皆凶不堪使。

生门在八宫，门不离宫，谓之伏吟。若生门移在对宫，谓之反吟。门若遇此，虽得奇不可用。

假令冬至上元阳遁一局，甲己之日，以日晡申时，休门在九宫，直死休门加之，即是直门反复也。

六仪击刑何大凶，甲子直符愁向东。戌刑在未申刑虎，寅巳辰辰午刑午。

六甲地支相刑与自刑也。如：甲子见卯，甲戌见未，甲申见寅，甲寅见巳，为相刑。甲辰见甲辰，甲午见甲午，为自刑。

葛洪曰："六仪击刑者，谓六甲直符，加所刑之地也。"甲子直符加卯，卯刑子也。甲戌直符加未，戌刑未也。甲申直符加寅，申刑寅也。甲午直符加午，午自刑也。甲辰直符加辰，辰自刑也。甲寅直符加巳，寅刑巳也。

郭璞论三合之刑："金刚火强，各刑本方。水流趋东，木落返本。"

王璋曰："甲子直符加三宫，甲戌直符加二宫，甲申直符加八宫，甲午直符加九宫，甲辰直符加四宫，甲寅直符加四宫，皆为六仪击刑。"

假令冬至上元阳遁一局，甲己之日夜半生，甲子为直符，至日出卯时，是六仪击刑也。至庚午时，以甲子直符，加六庚于三宫。即六仪击刑时也。其时极凶，不可用事。

三奇人墓好思推，甲日那堪见未宫。丙奇属火火墓戌，此时诸事不须为。更兼天乙来临二，月奇临六亦同论。

此乃乙丙奇临，六宫在戌，谓之入墓，不但奇临之，遇丙日见戌字亦是。

王璋曰："三奇入墓者，谓六乙日奇下临六宫，六丙月奇下临六宫，六丁星奇下临八宫。乙奇下临二月，亦是。是谓三奇入墓也。"

又云：傍人入墓也。

假如阴遁四局，丙辛日平旦庚寅时，六丙月奇，下临六宫，是谓月奇入墓。凡遇三奇入墓，纵有奇门，不可举兵，百事皆凶。

《经》云："三奇入墓何时辰，丙奇乾上乙临坤。或遇乙奇居戌上，还加丁向丑中存。"丁乃阴火，死在寅，墓在丑也。王璋曰："丙丁奇入一宫，乃火入水池；乙奇入六宫，乃木入金乡。三奇受制，万事不可举也。"

本理按：五行生旺，论阳生阴死，丙火生于寅，丁火生于酉，阳顺阴逆。丁火生酉逆行，沐浴申，冠带未，临官午，帝旺巳，衰辰，病卯，死寅，墓丑，绝子，胎亥，养戌。逢禄为临官，丙禄巳，巳乃丙火之临官。丁禄在午，午乃丁火之临官。丁墓在丑，艮八宫是墓。丁奇临艮八宫，是丁奇入墓。戌非也。此乃论阴阳之正理。又如甲木生于亥，未为库，乙木生于午，沐浴巳，冠带辰，临官卯，帝旺寅，衰丑，病子，死亥，墓戌，阴库不在未，在戌也。所以削去雷取之讹也。

又有时干入墓宫，课中时下忌相逢。戊戌壬辰兼丙戌，癸未丁丑一同凶。

葛洪曰："三奇者，谓丙戌时为月奇入墓之时。"又曰："凡遇乙庚日丁丑时，为丁奇入墓，黄昏是丙戌，故为月奇入墓。"

《三奇渊源》云："六丁本火之精，化而成金，在震最明，生于丑，没于辰，前世名晓星者是也。"

又朱子断曰："启明金星在西日，出则东见，即太白是也。"故丁丑时亦为星奇入墓。

丙戌时丙属阳火，火墓在戌。

壬辰时壬属阳水，水墓在辰。

丁丑时丁属阴火，火墓在丑。

癸未时癸属阴水，水墓在未。

戊戌时戊属阳土，土墓在戌。

己丑时己属阴土，土墓在丑。

故戊己中央之土，赖母而生，所以戊同丙火生于寅，己同丁火生于酉。己上六时，干辰入墓，亦不可用。

五不遇时龙不精，号为日月损光明。时干来克日干上，甲日须知时忌庚。

葛洪曰："五不遇时者，谓刚柔日相克，而损其明，纵有奇门，不可行，百事凶。"

甲日庚午时	乙日辛巳时	丙日壬辰时	丁日癸卯时	戊日甲寅时
己日乙丑时	庚日丙子时	辛日丁酉时	壬日戊申时	癸日己未时

此乃时干克日干，名为本主不和，极凶。旧选择书内差，载时支克日干，所以不准。今本理校正历府通书，悉皆改正刊行。

截例诗曰：

时干克日有灾危，甲日从午逆数之。

若到戌亥便越过，百事不宜莫用之。

又起例曰：

甲日怕庚己怕乙，乙辛庚丙最为殃。

丙壬丁怕癸时恶，辛丁壬愁戊不良。

戊畏甲兮君莫用，癸应嫌己莫相当。

五不遇时者，即时干克日干，阳干克阳干，阴干克阴干也。

奇与门兮共太阴，三般难得总加临。若还得二亦为吉，举措行藏必遂心。

阳遁直符前二宫，为太阴。阴遁直符后二宫，为太阴。谓奇门与太阴，三者不能皆同。若得二者，亦吉，遇之可伏兵也。古经云："择门，凡欲经求万事，宜休、开、生不合乙、丙、丁，即吉。"又取阴门相助，谓之三诈。凡太阴六合九地宫，助奇者，全备用之，有十分之利。若三门合三奇，无诈宫，谓之有奇无阴，得七分之利。若三门无奇，谓之有阴无奇，犯者不利。若三门合三奇，下临太阴宫，名曰真诈。若三门合三奇，下临九地宫，名曰重诈。若三门合三奇，下临六合宫，名曰休诈。

已上诈门，嫁娶、远行、商贾，大吉利也。真诈：宜施恩便，隐遁求仙。重诈：宜进人口，取财拜官授爵。休诈：宜合药治疫，祛邪祈禳之事并吉。若杜门合丁己癸，下临九地，名曰地假，宜潜伏。此三时加杜门者，可以藏形。若杜门合丁己癸，下临太阴宫，利遣人间谍、探事。若杜门合丁己癸，下临六合宫，利逃亡。若景门合乙、丙、丁，临九天，名曰天假，乙为威德，丙为威武，丁为太阴。三奇之灵，宜陈利便进谒干求。若伤门合丁己癸，下临九池，名曰神假，利葬埋。

若惊门合六合，下临九天宫，名曰人假，利捕逃亡。若太白入荧惑，已在其下，必获已上，五假各取其，宜随事用之。

更得直符直使利，兵家用事最为贵。常从此地击其冲，百战百胜君须记。

王璋曰："亭亭者，天之贵神，背而击其冲为胜。推之法，常以月将加时，神后下为亭亭所居也。"

假令五月用寅时将，小吉加寅，即神后临未，为亭亭之在未也。白奸者，天之奸神，合于亥巳格，于寅申当合之时，俱背之当格，与不格。合与不合者，背亭亭向白奸。推之法，以月将加用时，寅午戌上见孟神，即是白奸之位。常行寅申巳亥四孟位也。

假令正月将，登明加午时，则孟神临午，即白奸之在午也。

又如四月用巳时，以月将加巳，则孟神临寅，即白奸之在寅也。他仿此。

昔者曹操行兵，用此法，百战百胜。孟神者，即寅、申、巳、亥也。

天乙之神所在宫，大将宜居击对冲。假令直符居离九，天英坐取击天蓬。

汤谓曰："第一胜天乙宫，天上直符乘天乙宫，上将居之，用兵击其冲，百胜也。"按《万一诀》云："若在阳遁，即用天上直符所居宫；若在阴遁，即用地下直符所居宫。上将居之，而击其冲，胜。"

第二胜九天宫。阳遁天上直符后一为九天，阴遁地下直符前一为九天。我军立九天之上，而击其冲，则敌人不敢当我之锋。

第三胜生门宫，谓生门合三奇之吉宫。上将引兵从生门击死门，百战百胜。

又曰：背亭亭向天门一胜，背月建二胜，背生击死三胜，大同小异也。

假令大寒上元阳三局，甲己日丁卯时，天上直符乘六丁，临九宫，正南为天乙宫，为第一胜也。九天四宫东南第二胜也。生门与丁奇合七宫正西第三胜也。

假令阴八局，甲己之日平旦时，地下直符在八宫东北，天乙宫为第一胜也。九天在三宫正东，第二胜，生门临六宫西北第三胜也。

有五不可击。

汤谓曰："第一不击天乙宫，二不击九天宫，三不击生门宫，四不击九地宫，五不击直使宫。"已上皆不可击。

假令阳八局，丙辛日辛卯时，天乙在坤二宫西南，生门在三宫正东，九地在四宫东南，直使在八宫东北，已上并不可击，我军居之，必雄胜。

假令阴七局，甲己之日丙寅时，天上直符临九宫正南，九天在二宫西南，生门在一宫正北，九地在七宫正西，直使在五宫寄二宫西南，已上不可击，我军居之，必雄胜。

注云：上将居之，引兵而击其冲，百战百胜。按《万一诀》云："若在阳遁，即用天上直符所居之宫；若在阴遁，即用地下直符所至之宫，而击其冲，则百战百胜也。"

甲乙丙丁戊阳时，神居天上要君知。坐击须凭天上奇，阴时地下亦如之。

《三元经》曰："五阳时利以为客。当为客之时，利先举兵，高旗鸣鼓，耀武扬兵，以决胜。谓时下得甲、乙、丙、丁、戊五干善神治事，可以出军征伐、远行、求财、立邦国、化人民、临武事、入官、移徙、嫁娶、起造，百事皆吉。此时逃亡者，不可得。"故《经》云："直使之行，一时一易，行阳时利以为客。"故曰"得阳者飞而不止"。阳五干在子午之东部，生气也，故为利客先举。

假令甲己之日夜半生甲子时，自甲子时至戊辰时，得甲、乙、丙、丁、戊，是五阳时利，为客先举，不拘阴阳二遁，如此例也。

又云："阳时神在天，宜用天盘；若在地，宜用地盘，上奇。"

又云："五阳时在天上，即居天上直符之宫，而击其冲。"

又《经》云："天盘星克地盘星，在四时旺相，日时有本色，云气在其方，来助客胜。地盘星克天盘星，在四时旺相，日时有各方本色，云气在其方，来助主胜。"

若见三奇在五阳，偏宜为客自高强。忽然逢著五阴位，又宜为主好裁详。

己、庚、辛、壬、癸、午，阴时。

汤谓曰："五阴时，利以为主之时，利后举兵，低旗衔枚，待敌而后动，以决胜。"谓时下己、庚、辛、壬、癸五干,恶神治事,不可拜官、移徙、婚姻、出行、兴造、举百事。逃亡可得。宜画策密谋,集武备、祷祀、祈福。《经》云:"直使之行,一时一易,行阴利以为主。"故曰"得阴者伏而不起"。阴五干,阴在子午之西部杀气也。故利主后动。

假令甲己之日夜半生甲子,自巳至酉时,得己、庚、辛、壬、癸,是五阴时,利以为主,宜后举,不拘阴阳二遁,皆如此例。

直符前三六合位,太阴之神在前二。后一宫中为九天,后二之神为九地。

太阴起例,布星随本时,直符宫,直符、螣蛇、太阴六合白虎、元武、九地、九天。阳遁,直符宫所到之宫,加活局,直符顺布星。阴遁,直符宫所到之宫,加活局,直符逆布星。

图局活符直遁阳 　　行顺

图局活符直遁阴 　　行逆

本理曰:

九天九地秘通神,
太阴六合定乾坤。
能知此诀备于我,
肯把三门别立根。
出向奇门分造化,
人于心上起经纶,
守攻城负凭于此,
道不虚行只在人。

九天之上好扬兵,九地潜藏可立营。伏兵但向太阴位,若逢六合利逃形。

本理按:《孙子本义》云:九地者,幽隐之至深也。九天者,刚健之至极也。藏于九地,言守之至深动于九天,言攻之至极也。九天乃天之杀伐之气,运在此方,亦可借此气,扬兵威武。九地乃地之蒙晦之气,运在此方,亦可以借此气,遮藏形迹。太阴之中,可以逃亡。冬至后阳遁顺天上直符所临之宫,后一为九天,后二为九地,前二太阴,前三六合;夏至后阴遁逆天上直符所临之宫,前一九天,前二九地,后二太阴,后三六合。

假令阳遁上元一局，甲己之日丙寅时，天上直符临八宫，后一九天临一宫，后二九地临六宫，前二太阴临四宫，前三六合临九宫。

假令阴遁上元九局，甲己之日丙寅时，此时天上直符临二宫，即前一九天临七宫，前二九地临六宫，后二太阴四宫，后三六合三宫。其法甲上加直符，以二、三、六、七为吉，一、四、八、九、五宫为凶。

天地人分三遁名，天遁月精华盖临。地遁日精紫云蔽，人遁当知是太阴。

上盘六丙，中盘生门，下盘六丁，谓之月华之蔽。

上盘六乙，中盘开门，下盘六己，谓之日精之蔽。

上盘六丁，中盘休门，下盘太阴，谓之星精之蔽。

生门六丙合六丁，此为天遁自分明。

《经》曰：天遁者，生门合六丙月奇，下临六丁，为天遁。此时得月华之所蔽故也。假令阳遁四局，乙庚之日，日入为乙酉时，天心为直符，加时干六乙，开门为直使，加时干七宫，即生门与丙月奇合，下临六丁于一宫，是天遁也。

假令阴遁六局，戊癸之日晡时，天蓬为直符，加时干六庚，休门为直使，加时干四宫，即生门与丙月奇合，临六丁于九宫，为天遁。

开门六乙合六己，地遁如斯而已矣。

《经》曰："地遁者，开门与六乙日奇合，临地下六己，为地遁。"此时得日精之蔽。

假如阳遁一局，丙辛之日，日出时辛卯时，天冲为直符，加时干六辛，伤门直使临一宫，日奇临六己，于二宫是地遁也。

休门六丁共太阴，欲求人遁无过此。

《经》曰：人遁者，休门与六丁星奇合，前二太阴为人遁。此时得星精之蔽。

假令阳遁七局，乙庚之日夜半丙子时，天任直符，加时干六丙，生门加一宫，即休门与六丁星奇合，前二太阴六宫，为人遁也。

要知三遁何所宜，藏形遁迹斯为美。

已上三遁，最宜隐遁，人莫能窥。盖三遁上盘，既挟日、月、星精之蔽庇佑而天遁；下盘合丁，乃三奇之灵；又为六甲之阴，谓奇门相合，有如华盖之覆体也。

地遁下盘临六己，为六合之私门，又为地户。谓奇相临，有如紫云之盖体也。

人遁下盘临太阴者，阴暗之象。孙子云"难知阴"，盖阴晦不能观万象。谓奇门阴宫相合，有如阴云之障蔽也。

右三遁之时，凡用事、兴兵、施为、出入、修营、宫室，万事吉利。

云遁者，天上六乙合地下六辛，临开、休、生三吉门，为云遁也。

风遁者，天上六乙合开、休、生三门于巽宫，为风遁也。

龙遁者，乙奇合三吉开、休、生门于坎宫，为龙遁也。一云：乙奇合休门坎。

虎遁者，天上六乙合地下六辛，临休门到艮宫，为虎遁也。

神遁者，天上六丙合九天生门也。

鬼遁者，六乙合九地于杜门也。

已上合天地人名九遁用奇者，不可不知。

庚为太白丙荧惑，庚丙相加谁会得。

庚金生于巳，得禄临宫于申，旺于酉，乃西方金星，号太白星。丙火生于寅，得禄巳，旺于午，南方火德，号为荧惑星。"谁"字即指庚内而言，谓或上盘之庚，加会下盘之丙，或上盘之丙，加会下盘之庚也。

六庚加丙白入荧，

天庚加地丙，乃金入火乡，而受克，凶乃对敌，宜防贼。

赤松子曰："太白入荧，白五可破，南北恐有大祸。"

汤谓曰："此时宜防贼来。"假令清明上元，用阳遁四局，甲己之日，日晡时为壬申时，此时六壬在八宫，得天心直符，为六庚加临六丙于二宫，即太白入荧惑也。

六丙加庚荧入白。

天丙加地庚，火入金乡，此时闻贼当退避。赤松子云：荧入白，太白上下相击，内往外灭，以诱贼陷。汤谓曰：此时贼退。又曰：二星相入，凶气横任，得奇门慎勿行此星若也，移方去金火之神，是恶神上盘丙加下盘庚也。假令小满上元，用阳遁五局，丙辛之日黄昏时为戊戌时，此六戊在五宫，得天冲直符，为六丙下临六庚于七宫，即荧惑入太白也。《奇门大全》云："丙加下庚也。此时战，宜回避，不宜冲击。占贼来，信必虚诈。"

白入荧兮贼即来，

汤谓曰："庚为太白，丙为荧惑，若此时对敌，宜防贼来。"上盘六庚加下盘六丙是也。诗曰："天上六庚加六丙，太白入荧贼欲来。"天庚加地丙，乃金入火乡而受克，凶。乃对敌，宜防贼来。

赤松子曰："太白入荧，白五可破，南北亦有大祸。"

汤谓曰："此时防贼来。"假令夏至中元阴遁三局，乙庚之日平旦戊寅时，此时六庚在一宫，以天内直符，加时干于三宫，即六庚下临六丙于二宫，即太白入荧惑，又天心天柱到离宫，亦是金入火乡也。

荧入自兮贼须灭。

赤松子云："荧入太白，上下相击，内往外灭，以谗贼陷。"

汤谓曰："此时贼退。"

又曰："二星相入，凶气横任，得奇门，慎勿行。此星若也移方去金火之神，是恶神，此时战斗，贼自恐必退也。"天盘六丙加地盘庚是也。

又曰："六丙及来加庚上，真贼逃避不为灾。"

假令阴遁六局，甲己之日丙寅时，六丙在八宫，以天心直符加时干，即六丙下临六庚于四宫，此为荧惑入太白，占贼不来，天英、景门到七六宫，亦是火入金乡。

丙为勃兮庚为格，格则不通勃乱逆。

天丙加地庚为勃，天庚加地癸为格。

汤谓曰："六丙所加，皆名勃。勃者，乱也。谓天上六丙临年、月、日、时之干，直符类同，六丙所加之义。凡举百事用兵遇勃，主纲纪紊乱，凶也。"《经》曰："丙丁值为勃，火星焚大屋。移室且安然，独自闻愁哭。"又云："庚加年、月、日、时干，假尔为客，不宜争，统兵领众避。此时唯用固守，不宜行。百事遇之，凶莫测。"

丙加天乙为直符，天乙加丙为飞勃。

汤谓曰："天上六丙，加地下当年、月、日、时干者，勃。勃者，乱也。天上六丙，临年、月、日、时干，直符类同，六丙所加之义也。凡举事用兵遇勃，主纲纪紊乱也。"

假令冬至中元阳遁七局，丁壬之日，日昳丁未时，此时六丙在五宫，寄在二宫，以直符天内加时干六丁于四宫，即六丙临六丁于四宫，此名时勃也。右凡遇六丙、六庚之为，直符加时干，则十时皆为勃格，四时审而用之。

庚加日干为伏干，

天乙伏干格。《三元经》曰："六庚为太白，加日干，即为伏干格。此是主客斗伤，皆不利。"又曰："日干若遇六庚，临此名伏干格，相侵若是斗战，须不利大都，为主必遭擒。"

假如小满上元阳遁五局，甲己之日壬申时，六壬在九宫，即天柱为六庚，下临九宫，见今日甲午为天柱，六庚所加也，此为天乙伏干格。

日干加庚飞干格。

日干及临庚，飞干格偏明；争战还不利，为客最平平。

《经》曰："今日之干，加六庚飞干格，此时战斗，主客两伤。"

假如小满上元阳五局，甲己日庚午时，此时甲子五宫寄二宫，以直符天禽，加时干六庚于七宫，即得六甲，下临六庚于七宫，此名飞干格也。

加一宫兮战在野，同一宫兮战于国。

庚加日干，日加庚俱不利。如庚加一宫，或天盘庚，或地盘庚，同一宫，皆主战不利。

天乙格，六庚加天乙，凶战于野。六庚加天乙者，谓临天乙所居之宫也。

天乙太白格，谓天乙与六庚同宫，战于国凶，天乙与六庚同宫者，谓天乙、直符与六庚同行，加时与太白格，利野斗。若直符加六庚，宜固守伏藏。凡通诸格之时，用兵主客俱不利，占人在否，格则不在，占人来否，格则不来。

庚加直符天乙伏，

庚加直符宫，伏干格为宗，交锋多不利，为客以成功。

《三元经》曰："六庚加直符，名为天乙伏宫格。此时主客皆不利，战斗交兵气自衰。占见人不在，占来人不来。"

《奇门大全》曰："上庚加下直符，此时主客皆不利。六庚加天乙直符，本宫为伏宫，此时不利用兵，宜野迎敌。"

假令立春下元阳二局，甲己日壬申时，此时六壬在六宫，以天上天内为直符，加时干六壬于六宫，即得天辅为六庚，下临直符天内于二宫，此名天乙伏宫格也。

直符加庚天乙飞。

飞宫是何星，直符加六庚；两敌不堪争，为主似还赢。

《三元经》曰："直符加六庚，名天乙飞宫格。此时主客皆不利。"

《奇门大全》云："上盘直符加下庚，此时同前，遇天乙直符加六庚之上，此时固守，出则大将遭擒。"

假令春分中元阳遁九局，甲己之日，日中庚午时，此时六庚在二宫，天英为直符，以天上直符，加时干庚于二宫，即得天英为直符，下临二宫见六庚，此名天乙飞宫格。

庚加癸兮为大格，

太白庚加癸，图谋未可通；求人终不见，端坐即还营。

汤谓曰："六庚加癸，名曰大格时也。谓天上六庚，临地下六癸，此时不可用，百事凶。遗亡亦不可得，求人即不在，反招其咎。"

大格不宜远行，车破马死，造作人财破散。

假令秋分下元阴遁四局，甲己日丙寅时，此时六庚在二宫，以直符天辅，加时干六丙于六宫，即得天内六庚，下临六癸于八宫，此名大格也。

加己为刑最不宜。

六庚加六己，赤地须千里；远行车马堕，军兵半路止。

汤谓曰："六庚加六己为刑格，谓天上六庚，加地下六己，此时出军，车破马伤，中道而止，士卒逃亡，慎勿追之，返招凶咎。"

《奇门大全》云："六庚加六己，求谋主失名，破财、疾病。"

假令大寒上元阳遁三局，甲己日丙寅时，此时六庚在五宫，寄二宫，以直符天冲加时干六丙于一宫，即得天禽，为六庚，下临六己于四宫，此名刑格。

加壬之时为上格，又嫌岁月日时逢。

六庚加六壬，谓之上格。一云：伏格，当此之时，并不宜行师。

《经》云："六庚，当年太岁之干名，曰岁格，此时用事凶。"

《奇门大全》云："六庚加今岁干，如甲子年，庚加甲子也，大凶。六庚加年、月、日、时干，动有凶格，闻客先败，占家，年为父母，月为兄弟，日为己身，时为妻。男占遗失，随其日、月应兆获。"

假令辛丑年立春中元阳遁五局，岁干在辛，以甲己之日，日入癸酉时，六庚在七宫，以直符天禽，加六癸于一宫，即见天柱六庚，下临六辛岁干于八宫，此名为岁格也。

论月格。《三元经》曰："六庚加月朔格，为凶时也。"

假令立春上元阳遁八局，月朔干在甲己，甲己日丁卯时，此时六庚在一宫，以直符天任，加六丁于五宫，即得天蓬为六辛，下临月朔干六己于九宫，此名月朔格也。

论日格。《经》曰："六庚加当日日干名，曰日干格，此时大凶。"

假令小暑下元阴五局，日干在甲己，己日丙寅时，以天禽为直符。加时干六丙于七宫，即六庚在三宫，下临日干己于四宫，此名日干格。

时格。《经》曰："六庚加本时干者，为时格，亦名伏吟格。此时六庚在四宫，以直符天辅加时，不可举兵用事，大凶。"

假令小寒上元阳遁二局，丙辛日己丑时，六庚在四宫，以直符天辅，加时干六己于三宫，此为时格也。凡六庚为直符，其十时皆为时干格也。

更有一般奇格者，六庚谨勿加三奇。此时若也行兵去，匹马只轮无返期。

六庚加丙丁奇，天英景为下克上，先举者凶，无返期。六庚加乙奇，冲辅伤杜上克下，先举者胜。匹马只轮，能敌万人。

六癸加丁蛇夭矫，

六癸加六丁，天矫迷路程；忧惶难进步，端坐却不营。

六癸加六丁，六癸在天盘，六丁在地盘，为蛇首，反为雀，谓癸属水，为北方，元武龟蛇，丁属火，故癸加丁为螣蛇夭矫。

王璋曰："天上六癸，加地下六丁，名螣蛇夭矫，此时百事不利。"

假如冬至下元阳遁四局，丙辛之日半夜生戊子时，此时六癸在九宫，以直符天心，加时干六戊于四宫，即得天英为六癸，下临六丁于一宫，是为螣蛇天矫也。虽有奇门临之，亦主虚惊不宁。

六丁加癸雀入江。

丁属火，为朱雀，癸属水，故丁加癸为朱雀入江。

《奇门大全》云："丁加癸，主文书牵连，或失脱文书，占家有惊恐，怪异梦，用兵防奸。"

王璋曰："灭上六丁，加地下六癸，名朱雀投江。此时百事皆凶。"

六丁加六癸，朱雀入水流。口舌犹未罢，官事使人愁。

又曰："或有诉讼，自陷刑狱。或闻火起，不必往救。"

假令夏至中元阴遁三局，甲己日壬申时，此时六丁在六宫，以直符天冲，加时干六壬于八宫，即六丁，下临六癸于七宫，是为朱雀投江也。

六乙加辛龙逃走，

金为太白，乃白虎，木为青龙，金克木，为龙虎相战，凶。青龙乙加辛，金木不相亲。神龙方也遁，乐云不求嗔。盖乙属木为青龙，故乙加辛为青龙逃走。

王璋曰："六乙加六辛，名青龙逃走。此时不宜举兵，主客反伤，用百事凶。"

《奇门大全》云："六乙加辛，此时举兵动众，主失财、遗亡、破败。"

又云："六乙加庚亦是。"

假如立秋上元阴遁二局，丙辛之日己亥时，六乙在二宫，以直符天任，加时干六己于一宫，即六乙，下临六辛于八宫，此是青龙逃走。

六辛加乙虎猖狂。

赤松子云："刀逢暗磨，疑如之何。彼欲见害，了阴可和。"六辛加六乙，白虎也悲哀，若与干钱财，自己须防灾。华盖属金，为白虎。故辛加乙，为白虎猖狂。

王璋曰："天上六辛，加地下六乙，名曰白虎猖狂，此时不宜举事，主客两伤。婚姻、修造，大凶。"

《奇门大全》云："举动出入战斗，必有惊诈。"

假令小暑中元阴遁二局，甲己之日壬申时，此时天内直符，加天盘六辛，下临于三宫，原乙在三宫，是为白虎猖狂也。

请观四者是凶神，百事逢之莫措手。

夫天干阴阳和则吉，不和则凶。如阳干克阴干为合，如甲克己，即甲与己合。阴干克阳干为官星，如甲受辛克，即以辛为官。阳遇阳克，阴受阴克，皆为不和。乙辛丁癸四干，皆属阴克，其祸不救，故不可用也。

丙加甲兮鸟跌穴，

天盘丙加地盘甲子，乃飞鸟跌穴大吉。

赤松子曰："进飞得地，云龙聚会，君臣燕喜，举动皆利。"

王璋曰："此时从生而击死，百战百胜定无疑。"

葛洪曰："六丙加六甲，名飞鸟跌穴。阴阳二遁，此时为百事利。出兵、行营、举造、葬埋，大吉。"

假令大寒阳遁九局，甲己之日辛未时，此时六丙在七宫，以直符天英，加时干六辛于王宫，即六丙，下临六甲于九宫，此名飞鸟跌穴。解曰：丙加六甲，在门上是也。利远行、出兵，百事吉，大人、君子利，小人凶，从生击死，一敌万人。

甲加丙兮龙返首。

天上甲子加地丙，名青龙返首。

葛洪曰："此局吉，宜举百事，虽无吉门卦局，亦可用事。"

阴阳二遁，此时可以出兵行营，举造利为，百事皆吉。若合奇，最为良也。

假令冬至上元阳一局，甲己之日丙寅时，六丙在八宫，以天上甲子天蓬直符，加时干六丙于八宫，得天蓬为六甲六丙在八宫之上。此名青龙返首。解曰：六甲加丙，在门上是也。利见大人、求名、举兵，利客，扬威万里，出入利此时，从生击死，一敌万人。

只此二者是吉神，为事如意十八九。

言前二局，飞鸟跌穴，青龙返首，之大吉也。若得奇门，行兵出战大胜，求名遂意，求财利益，造葬嫁娶，百事如意也。

六丁加六甲三奇吉，六丁加六乙天运气吉。

六甲加六乙二龙相争凶，六甲加六戊青龙受困凶，六壬加六庚群虎入穴凶。

八门若遇开休生，诸事逢之总称情。伤宜捕猎终须获，杜好邀遮及隐形。

开门，宜远征讨，见君求名，所向通达。

休门，宜和进万事，治兵习业，百事皆吉。

生门，宜见人营造，求财获宝。

伤门，宜渔猎讨捕，行逢盗贼。

杜门，宜邀遮隐伏，诛伐凶逆，凡出去迷闷。

景上投书并破阵，惊能擒讼有声名。若问死门何所主，只宜吊死与行刑。

景门，宜上书遣使，突阵破围。

死门，宜行刑诛戮，吊死送丧，行者遇病。

惊门，宜掩捕斗讼，攻击惊恐。已上八门，内有开、休、生三门吉，宜出其下。

若更合三奇吉宿，为上吉。五凶门不可出其下，宜避之。

蓬任冲辅禽阳星，英内柱心阴宿名。

昔黄帝命风后作太乙雷公式九宫法，以灵龟洛书之数，而错一位，以一居乾，以八居坎，以三居艮，以四居震，以九居巽，以二居离，以七居坤，以六居兑，以八、三、四、九为阳宫，故蓬任冲辅配此四宫，而属阳也。以二、七、六、一为阴位，故英内柱心配此四宫，而属阴也。盖以艮燥、坤湿、巽暑、乾寒、震阳、兑阴、离火、坎水而分阴阳也。

释九星所主：天蓬、天任、天冲、天辅、天禽五星属阳。天英、天内、天柱、天心四星属阴。

《太乙书》谓："太乙在阳宫，辽东不用兵。"正以坎、艮、震、巽为阳宫，辽东艮地也。"太乙在阴宫，蜀汉可全身。"离、坤、兑、乾，为阴宫，蜀与汉正中，在西南及西方之地也。

辅禽心星为上吉，冲任小吉未全亨。大凶蓬内不堪使，小凶英柱不精明。

大益枢京，天辅武曲纪星。执庆刚昱，天禽廉贞纲星。总承符允，天心文曲纽星。已上三位，乃北斗武曲、廉贞、文曲三吉星，为大吉也。

疑华好化天冲，破军关星。英明集华，天任星。已上二星，乃北斗破军英明星，为次吉宿也。

阴袭大衍，天蓬隐光右弼星。阳琮孚庆，天内洞明左辅星。乃左辅右弼星，为恶曜大凶之宿。若得奇门，亦不可用。

照冲动令，天英贪狼太星。通元须变，天柱禄存真星。乃贪狼禄存二宿，半凶之星，得奇门亦可用。宗庙、洪范、五行、水城，专言贪狼为上吉，却不知贪狼为凶星也。《地理大全》论云："狼，狼虎也，所以扫去宗庙不准。"

大凶无气变为吉，小凶无气一同之。

《三元经》云："刚下得天辅、天禽、天心星为大吉，时下得天任、天冲为次吉，得天蓬、天内为大凶，得天柱为小凶。天英亦为小凶。"更以五行旺相言之。若大凶之星，得旺相之气则小凶，若小凶星，得旺相之气则中正。

吉宿更能逢旺相，万举万全功必成。若遇休囚并废没，劝君不必进前程。

凡吉宿，亦要遇旺相，若遇休囚、废没，亦不可用。《经》曰："若上吉次吉星，无旺相气则中平，乘旺相气则大吉，乘死休气则为凶，详审用之。"

假令冬至时得天任吉宿，又乘旺气，则上吉也。

要识九星配五行，各随八卦考羲经。坎蓬星水离英火，中宫坤艮土为营。乾兑为金震巽木，旺相休囚看重轻。

此以九星配五行，又随伏羲《周易》后天文王八卦而推之。《金函宝鉴》云："大哉乾坤交合，体父母生成之道；阴阳品配，定男女方位之居。银河转运乾坤定，上下交合，遂生六子。乾父交于坤母，一交而得长男震，二交而得长女巽，再交而得中女离，三交而得少女兑。以震、兑为主，坎、离为用，乾、坤、艮、巽寄于四维故乾位西北坤位西南，艮司东北，巽司东南，震南兑西，离南坎北，乾刚兑柔为二金，震阳巽阴为二木，坤湿艮燥为二土，坎润下离炎上，不可二也，夫金木形也，水火气也，形有差别气无精粗，此或一或二之所以分也，凡在显者则阳包阴，在晦者则阴包阳也。"

论九星吉凶所主

天蓬宜安抚边境，修筑城池。春夏左将大胜，秋冬凶，亡其士卒，利主不利客，嫁娶凶，移徙失火，斗争见血，入官逢盗贼，修营宫室、商贾皆凶。

天柱宜屯兵自固，隐迹埋形，将兵，车破马伤，士卒败亡，不宜移徙、入官市贾，宜嫁娶、修造、祭祀。

天心宜疗病合药，将兵秋冬胜，得地千里，春夏不利嫁娶、入官、筑室、祠祀、商贾。秋冬吉，春夏凶，利见君子，不利小人。

天冲宜出报仇，春夏左将胜，秋冬无功，不宜嫁娶、移徙、入官、筑室、祠祀、市贾。

天辅宜蕴身守道，设教修理，将兵春夏胜，得地千里，嫁娶多子孙，移徙、市贾、入官、修营，春夏有喜。

天任宜请渴通财，将兵四时吉，万神助之，敌人自降，嫁娶多子孙，入官吉；移徙、筑室凶。

天内宜崇尚受道，交纳朋侪，受业师长吉，不可用兵，嫁娶、争讼、移徙、筑室，秋冬吉，春夏凶。

天禽宜祭祀求福，断灭群凶，将兵四时吉，百福助之，不战用谋，敌人畏服，赏功封爵，移徙、入官、祠祀、商贾、嫁娶吉。

天英宜出入远行，饮宴作乐，利嫁娶，不宜出兵、移徙、入官、筑室、祠祀、商贾。假令冬至上元阳遁一局，甲己之日半夜生甲子起一宫，顺行至丙寅时，在三宫，时下得天冲宿值，宜出师报仇，春夏乘旺也。假如夏至阴遁，大暑中元，阴遁一局，甲己之日壬申时，以甲子时起一宫，顺布三奇，逆布六仪，则壬申时到乾得天心宿值，宜疗病合药，将兵乘金旺气胜，掠地千里，春夏不利，秋吉，宜见君子，不利小人。

图之综错玑璇运转河天

诗诀：

十道单兮四角双，

惟将五数在中央。

任他戊已存乎内，

五气行兮自发扬。

五气，乃五行也。

与我同行即为相，我生之月诚为旺。废于父母休于财，因于鬼兮真不妄。

《三元经》曰：九星休旺者，谓九星各旺于我生之月，相为同类之月，死于生我之月，因于官鬼之月，休于妻才之月。

九星所属：天蓬水宿，天内土宿，天冲木宿，天辅木宿，天禽土宿，天心金宿，天柱金宿，天任土宿，天英火宿。

假令水宿号天蓬，相在初冬与仲冬。旺于正二休四五，其余仿此自研究。

天蓬 水宿	相于亥子月同类也，俱属水。旺于寅卯月我生也，水生木。废于申酉月生我也，金生水。休于巳午月我克也，水克火。因于辰、戌、丑、未月克我也。土克水。
天英 火宿	相于巳，午月同类也，俱属火。旺于辰、戌、丑、未月我生也，火生土。废于寅、卯月生我也，木生火。休于申、酉月我克也，火克金。因于亥、子月克我也。水克火。
天冲 天辅 木宿	相于寅、卯月同类也，水见木。旺于巳、午月我生也，木生火。废于亥、子月生我也，水生木。休于辰、戌、丑、未月我克也，木克土。因于申、酉月克我也。金克木。
天柱 天心 金宿	相于申、酉月同类也，金见金。旺于亥、子月我生也，金生水。废于辰、戌、丑、未月生我也，土生金。休于寅、卯月我克也，金克木。因于巳、午月克我也。火克金。
天内 天任 天禽 土宿	相于辰、戌、丑、未月同类也，土见土。旺于申、酉月我生也，土生金。废于巳、午月生我也，火生土。休于亥、子月我克也，土克水。因于寅、卯月克我也。木克土。

巳上十二支所属，亥、子水，寅、卯木，巳、午火，申、酉金，辰、戌、丑、未土。此五行也。

急则从神缓从门，三五反覆天道亨。

《三元经》曰：谓有事不暇择时，并三奇吉门，当天乙所在宫，及直符之神宫而去，谓之从神，自然获吉，盖直符甲子，常从六戊，是为天门，事急，则从天上六戊下去，事缓，则可待时三奇吉门而去。

假令冬至阳遁一局，甲己之日丙寅时，此时天乙加六丙于八宫，直符在一宫，若有急事，可向东北天乙下，及正北直符六戊下去皆吉也。

又曰：神谓如甲子蓬星日，丙寅时，甲子六仪头，以甲子天蓬星，休加地盘六丙上，即从奇下出去。如事急，欲出路，或在军阵，中门又不通，只寻吉神下去。事缓，可以就吉门，奇而往也。三者，三奇也。五星吉，英、任、冲、辅、心也。或门凶无奇，又无吉星，反伏无处吉，事又急迫，须向北斗下，默念三奇咒。云言不得三吉奇门，但从三奇所临方出，百事吉。所谓吉则从神也。

阴阳二遁有闭塞，八方皆无门可出，即依玉女法，凡甲子时、甲午时，在内利主，甲申时在门两损，甲辰、甲戌，在外利客。

《符应经》："若无奇门出，紧即依张良以筹加出天门地户而出也，吉利。"

十干加伏若加错，入库休囚吉事危。

时加六戊，乘龙万里，莫敢呵止。六戊为天门，又为天武，宜以远行万里，百事吉。戊为天门，凶恶不起，当从天上六戊出，挟入天门，故曰："乘龙万里"。凶恶不敢害，鸡不鸣，犬不吠，将兵客胜，闻忧无，闻喜有，利以远行、市贾，小人惊走亡命。

假令立春中元阳五局，甲己之日戊辰时，此时六戊在五宫寄坤二，以直符加时干，即六戊临二宫出西南吉。时加六己，如神所使，不知六己出被凶咎，己为六合，此时宜为阴谋秘密之事，当从天上六己出，不宜市贾，为显扬之事，隐匿如神所使，不知六己者，谓为显赫，必逢休咎，又为地户，独出独入，无有见者，将兵闻喜无闻忧，有利以出官、嫁娶。小人利亡命惊走。若占人，有逃亡、阴私之事。

时加六庚，抱木而行；强有出者，必见斗争。谓庚为天狱，此时凶强，有出者，必遇刑罪。故曰："能知六庚，不被五木；不知六庚，误使入狱。"或被凌辱，将兵主胜，不利客，利屯营固守。闻忧有，闻喜无。市贾道死，物伤无利，入官嫁娶凶。六庚之时，惟宜固守，能知六庚之时，谓此时已下至六癸时，不宜出动。

时加六辛，行遇死人；强有出者，罪罚缠身。此时行来出入并凶。强有出入，斧钻在前，行为在累。故曰："能知六辛，所往行来；不知六辛，多被杻械。"又辛为天庭，罪网自缠，将兵主胜，不利客，可行刑，决罪人，不宜嫁娶，入官、市贾、问疾。

时加六壬，为吏所禁；强出入者，飞祸将临。此时不可远行出入，百事凶，强出必有牢狱。壬为天牢，怨仇所稽，将兵主胜，利伏藏邀遮，不宜入官、移徙、嫁娶、逃亡。病者，进退不死。

时加六癸，众人莫视；不知六癸，出门见死。此时凶，不利，出入皆凶。宜隐遁求仙，亡命绝迹。当从天上六癸下，出入不见。故曰"众人莫视"。又癸为天藏，利以伏匿、逃亡，将兵主胜。闻忧有，闻喜无。不宜出官、市贾、嫁娶、移徙、入室凶，疾病者重，遗亡不得。

三奇嫌入，墓门嫌泊；墓官三位，有消停门。克下官为障隔，时干克日干为损明。六仪受刑，天干日支神犯上，更忌支辰及伏吟，出兵发令恐紧急，加错三奇，入墓休囚，及犯十干伏吟等项，须吉返凶也。

十精为使用为贵，起宫天乙用无遗。

葛洪曰："逾出于五土，归于九一者，为十也。"要精于九一之谓。阳遁阳使，起一终于九；阴遁阴使，起九终于一。天乙直使起宫异，所谓值门相冲也。阴阳二遁，各有二使。

假令冬至后，阳使起休门，阴使起景门，阳使起休门。故曰：直门相冲，今知用遁，自冬至后一百八十二日六十二分半，历子午之东部，阳气用事，惟阳遁阳使。夏至后一百八十二日六十二分半，历子午之西部，阴气用事，惟阴遁阴使。

古经云："冬至后用阴使，夏至后用阳使，经述不显，隐伏之事也。"是穷天地侔造化，以通神明，以类万物之情。三光之回旋，四季之往复，一消一息，或升或降，而运之于无形，布之于无象。有所不见，以候后人。若能谙此理，用之为贵也。

天目为客地为主，六甲推兮无差理。观君莫失此元机，洞彻九宫扶明主。

卯为天目，酉为地耳，又有六甲旬中，天目地耳推者，出兵日也。宝日为上吉，谓干生支也。如甲午日，甲木生丙火是也。义日次吉，谓支生干也。如甲子日之类，甲木子水，水生木也。和日为次吉，谓干支比和也。如壬子日之类，壬水子水和同也。制日为中平，谓干克支也，如甲戌日之类，甲木戌土，木克土也。伐日为极凶，谓支克干也。如甲申日之类，甲木生金，金克木也。

《素经》云："潜居抱道，以待其时。"若能通于遁法，君不圣明，不能进扶直言；其国衰败，事不能行其政；隐身闲居，躲避衰乱之亡；抱养道德，以待兴盛之时。扶佐明主，名香万古。此乃时至而成功。不遇明君，隐迹埋名，守分闲居。若是强行，必受其累，亦无功成也。

宫制其门不为迫，门制其宫是迫雄

《经》曰："吉门被迫，则吉事不成；凶门被迫，则凶事尤甚。"

宫制其门是凶迫，门制其宫是吉迫。门生宫为和，宫生门为义。

假令开门临三宫，休门临九宫，生门临一宫，景门临七、六宫为吉，门被迫则事

假令伤门、杜门临二宫，八宫死门临一宫，惊门临三四宫为凶，门被迫，则为凶尤甚。

天网四张无路走，一二网低有路踪。三至四宫行人墓，八九高强任西东。

《三元经》曰："天网四张，万物尽伤，此时不可举兵，为百事凶。"又曰："神有高下，必须知之。"谓时得六癸之神，必有高下也。又曰："但将天乙居何地，尺寸低而匍匐之。"谓得癸时神符高下。天乙在三四宫，谓之尺高，遇之不可出，出必伤。若被客围，却从卯、未、酉三宫看，合何门。奇可破，出无妨。

假令天乙在一宫，其神去地一尺，在二宫，去地二尺，皆天上六癸之下，即天乙所加之宫也。当此时必须匍匐，而以右手肩两而前行，遇过十步吉。若天网高三尺以上，可以消息避之，为天网过人。故准此。如天上六癸加一宫，即为一尺高也。五尺以上无碍矣。《万一诀》曰：天网四张时，谓时下得六癸也。癸酉、癸未、

癸巳、癸卯、癸丑、癸亥，是为天网有高低者，若有急事，有此时不得不行，当以高行而出。

假令大暑下元用阴遁四局，乙庚之日，日出时为己卯，此时天上六癸在八宫，以天内直符加于二宫，得天任为六癸，下临八宫，即天网高八尺矣。阳遁此例。

《奇门大全》云："天网四张，动众出兵，忌逢。若急事避难作法，一人独出，追兵至此，即自反伤。"

天网者，天上六癸之下是也。其神有高下，在坎高一尺，在坤二尺，震三尺，巽四尺。逾此者，本高不可出也。

如天上六癸直符，加地上一、二、三、四宫，为尺寸低，人即可扬声而去。若临六、七、八、九宫，为尺寸高，天网四张，不用也。时下得此，百事凶，天网四张，此时万事不宜，须合奇门吉，宿亦不宜用。

如破阵，欲取道出，宜两臂横负刀，则呼天辅之名，匍匐而出，则天网自败，无所伤矣。临六、七、八、九宫，其尺寸过人，犹不可用。将兵虽当隐伏，若敌人来攻，当自溃败。

天网四张不可当，此时用事有灾殃。若是有人强出者，立便身躯见血光。虫禽尚自避于网，事忙匍匐出门墙。假令立分丙辛日，时用禺中另四张。禺中，即癸巳时也。

节气推移时候定，阴阳顺逆要精通。三元积数成六纪，天地未成有一理。

一年分四季、八节、二十四气、七十二候。

三元例：乃冬至小寒及大寒，天地人元，一，二，三已载前。一节统三为正宗，下纪乃天支一周十二数，六纪是地支六周得七十二数。以一卦流三节为三元，则共成二十四气。以一节十五日分三候为三元，则共成七十二候。故云"三元积数成六纪"。六纪，乃七十二候之数也。凡一月，节有三候，气有二候。如正月立春节十五日，则东风解冻，蛰虫始振，鱼涉负冰，为三候也。雨水气十五日，则獭祭鱼，候雁北，草木萌动，为三候也。

《奇门总要歌》云"三元超遁游六甲"，亦同此意。所以天地造化，乃一定之理数也。

请观歌里精微诀，非是贤人莫传与。

此歌中之语，句句如神，字字有妙，非是贤者，不可妄传，恐有小辈得诀，入诱小人，为害不浅。遁甲之文，黄帝之师风后，留传太公，至于子房。晋朝盗乱，发子房冢，于木枕中，得此秘文。上有誓诫，曰：不许传于不仁之人。若非其人，必受其殃。得其人而不传，亦受其殃。晋尚书郭璞撰《青囊经》，亦编入《遁甲星奇》一篇于内。此文乃济世之宝，藏之如珍也。弘治乙卯解至丁巳春月重解，至正德戊辰年春方注解类编成册。章贡后学池本理书。

第十九章　术数汇考十九

《奇门遁甲》三

景祐遁甲符应经纂

直符加时干之所在，直事天乙之游宫是也。然后以直符加时干，谓所用之时干也。如甲子为六戊，甲戌为六己，甲申为六庚，甲午为六辛，甲辰为六壬，甲寅为六癸是也。以直事临得宫，以所用之时为头，看阴阳逆顺数之。如庚子时至庚子住，辛丑时至辛丑住，即知八门所在。三奇所临，更有天上之星加地下之宿，如此则伏刑格，反跌击墓相入之事，吉凶之方皆可见矣。

甲加丙，为青龙反首，万事吉利。丙加甲，为飞鸟跌穴，万事吉利。乙加辛，为青龙逃走，万事大凶。辛加乙，为白虎猖狂，万事皆凶。丁加癸，为朱雀投江，行兵溃散，万事皆凶。癸加丁，为螣蛇夭矫，万事凶恶。丙加庚，为荧惑入太白，万事大凶。庚加丙，为太白入荧惑，万事大恶。戊加子，为伏吟。八门，六甲不动也。子加午，为反吟，不可用，大凶。以直符加庚，为飞宫格。庚加日干，为飞干格。以直符加刑，为击刑。直符加刑上，为刑格。乙奇加坤，为入墓。三奇入墓为凶时，时干贼日亦凶。

天乙直符所临，为天网时，下得癸，不宜举事。若临一、二、三、四、五宫，为天网，低走者、不远逃者，被获。若临六、七、八、九宫，为天网，高走者、远逃者，不获。

加甲门合吉，甲加乙吉，加丙吉，加丁吉，加戊吉，加己吉，加庚吉，加辛吉，加壬吉，加癸吉。

加甲门合吉宜财。乙加甲凶，加丙吉，加丁半吉，加戊吉，加己半，加庚凶，加辛凶，加壬吉，加癸半。

加乙门合吉，丙加甲吉，加乙吉，加丁吉，加己凶，加庚凶，加辛吉，加壬凶，加癸凶。

加丙门合争法，不合刑色。丁加甲吉，加乙吉，加丙半，加己庚凶，加辛凶，加壬吉，加癸凶。

加丁门合，宜文字，不合凶。己加甲吉，加乙半，加丙丁半，加庚凶，加辛半，加壬凶，加癸凶。

加戊己门合，宜远望，不合凶。庚加甲吉，加乙半，加丙凶，加丁己凶，加辛凶，加壬癸凶，加庚凶。

加庚门不合凶，辛加甲半，加乙凶，加丙吉，加丁凶，加己吉，加庚凶，加辛凶，加癸半。

加辛门不合凶，壬加甲吉，加乙吉，加丙凶，加丁吉，加己凶，加庚辛凶，加癸半。

加壬门合才理，不合天理，癸加甲吉，加乙丙吉，加丁凶，加己半，加庚凶，加辛凶，加壬凶，加癸门合文字制。

释求天正冬至日辰

置距所求，积年自演纪。上元甲子距今，大宋景祐元年甲戌，岁积一千一十五万四千九百五十算外。上考往古，每年减一算；下验将来，每年加一算。以岁实三百八十三万五千六十八乘之，为炁积。分满日法，一万五百余之，为积日，不满为小余。其积满纪法，六十去不尽，为大余。命起甲子，算外即所求。天正冬至日辰，若求诸气大小余者，置冬至大小余，每炁加一一十五日，小余二千二百九十四分半。小余满一万五百从大余，大余满纪去之。命甲子算外，即诸炁日辰及小余数终。

释诸求发敛加时

置其气小余，加中星辰法四百三十七分半，乃以辰法八百七十五除之，为辰数不满。以刻法一百五除之，为刻又不满。为分其辰数，命起子初，算外即得其气，发敛加时辰刻及分。

释求天正十一月经朔日辰

置天正冬至朵，积分满朔，实三十一万七十一秒，二十四去之不尽。减朵积，分满日法，一万五百余之，为积日，不满为小余。其积日满纪法，六十去之不尽，为大余。命起甲子，算外即天正十一月，经朔日辰及小余。若求诸朔日者，以朔策二十九日，小余五千五百七十一秒，二十四气累加之。秒满百，从小余；小余满一万五百余日，从日分。满纪法去之，命甲子，算外其朔日辰及余其有进退者，但命日辰为定也。

释天乙直使起宫异门

王璋曰："天乙直使起宫异门者，谓门相冲也。"阴阳二遁各有二使，假令冬至后阳使起一宫，阴使起九宫，夏至后阴使起一宫，阳使起九宫。故曰："起宫异门相冲"。冬至已后，阳使初起，休门直事，阴使，起景门；夏至已后，阴使起景门，阳使起休门，故曰"直门相冲"。

今之用遁者，自冬至已后一百八十二者，六十二分半，历子午之东部，阳气用事，惟用阳；使夏至过后一百八十二者，六十二分半，历子午之西部，阴气用事，惟用阴使。古经云："冬至后用阴使，夏至后用阳使，则不显鬼神隐伏之事。"故也。

释一顺一逆时应节变

葛洪云："冬至朵应阳使顺行，阴使逆行；夏至朵应阴使顺行，阳使逆行。"时应节变者，全用算法，各求二至加时气应，以明之毕。二十四气各求加时，朵用遁起，超神接气，得精微之要。使吉凶有凭，用之无误矣。

释二遁直符合于中宫

葛洪曰："合于中宫者，谓阳遁阳使，冬至上元甲己之日夜半生，甲子初辰起在一宫，历五时至戊辰在中宫，阴使起九宫逆行，历五时亦至戊辰，亦在中宫。阴遁阴使，夏至上元甲己之日夜半生甲子，初起九宫，历五时，戊辰在中宫，阳使起一宫，历五时，戊辰亦在中宫，故曰合也。"

释二遁出于四六

葛洪曰："出于四六者，谓子时至巳时，阳使出于六，阴使出于四，故曰出于四六也。"

释二遁逾于五七归于九一

葛洪曰："逾于五七归于九一者，谓阳遁阳使起于一，终于九，归于一；阴遁阴使起于九，终于一，归于九，故曰逾于五七归于九一也。"

释阴阳二遁

汤谓曰："阴阳二遁者，谓冬至以后，自一至五为阳遁，自五至九为阴遁；夏至以后，自九至五为阴遁，自五至一为阳遁，故五宫为阴阳共道。冬至后，五宫半南为阳道，半北为阴道。夏至后，五宫半北为阳道，半南为阴道。凡直使在五宫之时，利客不利主。"

释八门所主

开门宜远行征讨，所向通达；休门宜集万事，治兵习业；生门宜见贵人，营造百事；伤门宜渔猎捕讨，行逢盗贼；杜门宜邀遮隐伏，诛伐凶逆；景门宜上书遣士，突破阵围；死门宜行刑诛戮，吊死送葬；惊门宜掩捕斗讼，攻击惊恐。

以上八门，有开、休、生三门，宜出其下。若更合三奇吉宿，最为上吉。五凶门不可出其下，须避之可也。

释九星吉凶

《三元经》曰："时下得天辅、天禽、天心为上吉，天任、天冲为次吉，天蓬、天芮为大凶，天柱、天英为次凶。更以五行旺相言之，若大凶之星得旺相，即小凶；若小凶之星得旺相，及吉门吉星，无气则中平。"以意审之，假令冬至后时下得天任吉宿，乘相气为上吉也。忽乘死囚，又为中平矣。

释九星休旺

《三元经》曰："九星休旺，谓九星各旺于我生月，相于同类月，死于生我月，囚于官鬼月，休于财月。亥子水，寅卯木，巳午火，申酉金，辰戌丑未土。金、水、木、火、土，金、木、土、水、火。克我鬼，我克财，生我者父母，我生者子孙。"

假如天蓬星是水星，旺于寅、卯月，相于亥，子月，死于申、酉月，囚于辰、戌、丑、未月，休于巳、午月是也。

释九星所主

天蓬星名子禽，常主一坎水休门。

主杀人，惟利客。又曰：春夏用之，军大胜，秋冬用之有灾凶。

天芮星名子成，常主二坤土死门。

受道结交天芮星，行兵值此结其宗。半道相逢雷雨作，出军败将百无功。

天冲星名子翘，一云翅，常主三震木伤门。

宜报仇攻击。又曰：天冲之宿星之英，用时逢此主昌荣。更得三奇合此宿，折冲千里振天声。

天辅星名子卿，常主四巽木杜门。

天辅之时宜设礼，行军千里振天威。

天禽星名子公，常主五中央土。

上将功臣封爵禄，鞠旅陈师敌自亡。

天心星名子襄，常主六乾金开门。

上将提兵功百胜，不宜春夏恐凶临。

天柱星名子韦，又子由，常主七兑金惊门。

天柱藏形并固守，权兵挥武总无功。

天任星名子申，又子章，常主八艮土生门。

天任之时宜庆贺，主将提兵功奏凯。

天英星名子然，又子威，常主九离火景门。

天英出入事虚强，战斗之时大吉昌。

若欲远行出门者，皆从吉门向方，呼其星之名，而出行六十步，左回太阴中大吉。五阳时宜出行，若吉事从吉门，凶事从凶门，若生门宜见贵人，惊门宜掩捕是也。

释三甲合

上局仲甲，谓甲己之日夜半生甲子，丙辛之日日中甲午是也。此时关格刑德，俱在内用兵，若先举者败，不可以出入，利于逃亡，主客俱不利。

中局孟甲，谓戊癸之日平旦甲寅时，乙庚之晡时甲申是也。此时阳气在外，利藏兵固守，不可出，利主不利客。

下局季甲，谓丁壬之日入时甲辰，甲己之日黄昏甲戌是也。此时阳气在外，阴气在内，利出行动众，百事皆吉，利客不利主。

又六甲之夜半子时，三甲皆合，谓今日是直符并。时下是甲，故名之曰三甲合也。

释三奇得使

葛洪曰：若得三奇之使，尤益其良，谓在此六甲之上，自得所使之奇，甲戌、甲午，乙为使，甲子、甲申，丙为使，甲辰、甲寅，丁为使。

并用此局，丙辛之日食神是壬辰，六乙日奇，下临九宫，甲午是为乙奇得使。

假令阴三局 壬辰时夏至中 寒露下 立冬下

己癸丁
丙奇辛丙癸
乙戊壬

并用此局，乙庚之日人定为丁亥时也，此时六乙日，奇临九宫，甲午是为乙奇得使。

假令阳三局 丁亥时 大寒上 春分上 雨水下 芒种下

乙壬辛
乙奇丁庚丙
己戊癸

并用此局，丙辛之日，人定为己亥时，此时六丁星奇，下临四宫，甲辰是为星奇得使。

假令阳五局 己亥时 小寒下 谷雨下 立春中 小满上

丁庚己
丁奇壬戊癸
乙丙辛

并用此局，丁壬之日，日中为丙午，此时六丙月奇，下临一宫，甲子是为丙奇得使。

假令阳五局 丙午时 小寒下 谷雨下 立春中 小满上

丁庚己
丙奇壬戊癸
乙丙辛

并用此局，乙庚之日鸡鸣为丁丑时，此时六丙月奇，下临一宫，甲子是为丙奇得使。

假令阴六局 丁丑时夏至上 寒露上 白露下 立冬上

壬乙戊
丙奇丁己癸
庚辛丙

假令阴六局同。

并用此局，乙庚日禺中为辛巳时，此时六丁星奇，下临八宫，甲寅是为星奇得使。

释三奇之灵

葛洪曰："三奇之灵，宜以出行。"三奇者，六乙为日奇，六丙为月奇，六丁为星奇，与善神并开、休、生三吉门合，则为奇之灵也。三奇与三吉门，其中合共临之即是。吉道清灵，此时此方可以陈兵行营，征伐操练，扬兵耀武，发号施令，俱吉。又曰：宜求福、安社稷、化人民。

乙奇戊壬乙 癸丁己 丙庚辛 己未时	假令冬至下元阳四局，戊癸之日日中为戊午时，此时戊在四宫，以直符天英加时干六戊，即休门合六丁星奇，下临六宫，西北此方吉。

王璋曰："九天之上六甲子。"

谓六甲为直符，当战斗之时，士众背直符，所临之宫，而击对冲，无不胜。故《经》云"扬兵九天之上"。所以甲为九天之上者，谓阳称乾，乾主壬甲，乾为天道上升，则甲至壬为九，故六甲为九天。以六甲皆称甲子者，是六甲之始，支干之长，皆称甲子故也。

九地之下六癸酉。

谓"六癸酉"为九地之下者，《易》称坤之六乙、癸，又坤为地道下降，从乙逆数至癸，亦九，故六癸为九地之下。六癸皆称癸酉，乃是甲子之中，故凡逃亡绝迹者，宜从六癸之方，避敌亦然。出入无人见者，以癸者阴干之中，故为九地而言六癸酉也。

三奇之灵六丁卯，

谓六丁为三奇之灵，凡出入用兵，战斗皆从天上六丁所临之方而去者，百事皆吉。故《经》云："能知六丁，出幽入冥，至老不刑。刀虽临项，犹安不惊。"盖六丁者，六甲之阴神，各有名字："丁卯之神，字文伯；丁丑之神，字文翁；丁亥之神，字文公；丁酉之神，字文卿；丁未之神，字文通；丁巳之神，字庭卿。凡有用事，出入、六丁之时，宜合呼其神之字，当得庇佑。故云"三奇之灵"。六丁皆然，特举丁卯者，亦举甲子一旬，以明前甲子也。

六合之中六己巳。"

谓六己之位，皆为六合之中，凡为阴谋秘密之事，宜从天上所临六己之方而出入。故《经》云"六合为私门，出入无有见者，故以己巳为六合之中"者，谓从甲数至己，六甲与己合，故为六合。六己巳者，亦举甲子一旬之义也。

释九天九地太阴六合

张良曰："九天之上，利以扬兵；九地之下，利以伏藏；太阴六合之中，可以逃亡。冬至阳遁，天上直符，后一九天，后二九地，前二太阴，前三六合；夏至后阴遁，天上直符，前一九天，前二九地，后二太阴，后三六合。"

六合 ○○ 九九天地	假令阳遁上元一局甲己之日平旦丙寅，天上直符临八宫，即后一九天，临一宫，后二九地，临六宫，前二太阴临四宫，前三六合临九宫。	太阴 丙寅 六合 九天 ○○ 九地	假令阴遁上元九局甲己之日平旦，直符临二宫，即前一九天，临七宫前二九地，临六宫，后二太阴临四宫，后三六合临三宫。

释伏吟

汤谓曰："子来临子为伏吟，此时不宜用兵，惟宜敛财货。"凡六甲之时，直门符皆是伏吟。

假令冬至上元阳一局，甲己之日半夜生甲子，天蓬直符皆临一宫，时干在一宫，休门直事在一宫，此时门伏吟皆伏吟。

释反吟

汤谓曰："子来加午为反吟，此时不利举兵动众，惟利恤民散仓廪之事。"凡门符对冲对，皆是反吟。

壬 甲 乙 申 子 丑 辛 乙 己 庚 壬 丁 丙 戊 癸	假令冬至上元一局甲己之日鸡鸣为乙丑时，此时六一在九宫，以天蓬加时干，即是直符反吟。其日，日晡为壬申时，此时九宫以直事一宫，休门加之，即是直门反吟。

释遁甲利客

《经》曰：天蓬星水也加九宫火也，利于为客。若在秋冬之月，或壬癸亥子日，临战有黑云黑气从北来助战，大胜。

天心金、天柱金加三宫水、四宫木，利于为客。若在季夏并秋月，庚、辛、申、酉日临阵，有白色云气，从西北来助战，大胜。

天任土、天禽土、天芮土加一宫木，利于为客，吉。若在四季，戊、己、辰、戌、丑、未日，有黄色云气，从东北或西南来助战，大胜。

天辅木、天冲木二宫土，利于为客，吉。若在冬春之月甲、乙、寅、卯日，有青色云气，从东南来助战，大胜。

释遁甲利主

《经》曰：天英星火临一宫水，利于为主，吉。若在秋冬之月壬、癸、亥、子之日，有黑色云气从正北方来助战，大吉大胜。

天任土、天禽土、天芮土临三宫木、四宫木，利于为主，吉。如在冬春之月甲、乙、寅、卯日，有青色云气从东南来助战，大胜。

天辅木、天冲木星临六宫金、七宫金，利于为主，吉。如在季夏及秋月及庚、辛、申、酉日，有白色云气从西方来助战，大胜。

天蓬水临八宫土加二宫土，利于为主，吉。如在季月辰、戌、丑、未、戊、己日，有黄色云气从东北方或西南方来助战，大胜。

天柱金、天心金星如九宫火，利于为主，吉。如在春夏之月丙、丁、巳、午日，有赤色云气从南方来助战，大吉，大胜。

释门迫

《经》曰：宫制其门则不为迫，门制其宫则为迫。若吉门被迫则吉事不成，凶门被迫则灾尤甚。

假令开门金，临三宫木、四宫木，休门水临九宫火，生门土临一宫水，景门火临六宫金、七宫金，此为吉门被迫，则吉事不成。

假令伤门木临八宫土、二宫土，死门土临一宫水，惊门金临三宫木，此为凶门被迫，凶灾尤甚矣。

释天遁甲

天遁者，生门与六丙月奇合，临于六丁之上，为天遁。此时得月精之蔽。

乙酉时癸己丁 戊乙 壬生 丙辛 丙庚	假令阳遁四局，乙庚之日，日入为乙酉时，天心直符加时干六乙，开门直事加时七宫，即生门与六丙月奇临六丁于一宫，是为阳局之天遁也。	庚申时丙己癸 庚生 辛丙 丁壬 乙戊 丙	假令立夏下白露下、寒露下、立冬上，并用阴遁六局，戊癸之日晡时为庚申时，天蓬为直符，加时干六庚休门，直事加四宫，即生门与六丙月奇合，临六丁于九宫，是为阴局之天遁也。

释地遁甲

地遁者，开门与六乙日奇合临于六己之上，为地道。此时得日精之蔽。

辛卯时乙壬戊 伤己乙 丁癸 辛庚 丙	假令冬至上、惊蛰上、清明中、立夏中，并用阳一局，丙辛之日，日出时为辛卯时，天冲为直符，加时干六辛伤门，直事加二宫，即门与六乙日奇合，临六己于二宫，是为阳局之地遁也。	丙寅时戊壬乙 癸丁辛 开己乙	假令夏至上、白露上、寒露中、立冬中，并用阴遁九局，甲己之日平旦丙寅时，天英为直符，加时干六丙景门。直事加时七宫，即开门与六乙日奇合，临六己于八宫，是为阴局之地遁也。

释人遁甲

人遁者，休门与六丁星奇，合前二太阴，中为人遁，此时得星精之所蔽。

己巳时戊壬乙 癸丁己 丙庚 休辛丁	假令冬至中、惊蛰中、清明下、立夏下并用阳遁七，为乙庚之日夜半丙子时，天任为直符，加时干六己，景门直事加时四宫，即休门与六丁星奇合，后入阴中，临六宫是为阳局之人遁也。

凡得三遁之时，出奇门，百事大吉。

释三奇入墓

葛洪曰："三奇入墓者，谓乙未时为日奇入墓，乙为日奇，乙未墓在未，故为日奇入墓之时；丙戌时为月奇入墓，丙火墓在戌，故为月奇人墓之时也。丁奇亦丙火同。"

凡遇丙辛之日，日昳是为乙未日奇入墓之时。遇乙庚之日黄昏丙戌，是月奇入墓之时也。

王璋曰："经所谓三奇入墓者，谓六乙日奇临二宫，六丙月奇临六宫，六丁星奇临六宫，谓之三奇入墓也。"

乙己时乙壬戊　己丁癸　辛庚丙	假令冬至上、惊蛰上、清明中、立夏中并用阳一局，丁壬之日昳时乙巳，六乙日奇临二宫，为日奇入墓也。	丁丑时辛丙庚　己癸丁　乙戊壬	假令夏至中、白露中、寒露下，立冬下并用阴三局，乙庚之日鸡鸣丑时，六乙日奇临二宫，为日奇入墓也。
庚寅时壬乙辛　庚丁丙　戊己癸	假令大暑下、处暑中、秋分下、大雪上并用阴四局，丙辛之日平旦庚寅，六丙月奇临六宫，是为月奇入墓也。	辛卯时乙壬戊　己丁癸　辛亥丙	假令冬至上元阳一局，丙辛之日日出辛卯时，六丁星奇下临于六宫，是为星奇入墓也。

凡遇三奇入墓，纵得吉宿奇门，不可做事，百事皆凶。

释六仪击刑

葛洪曰：六仪击刑者，谓甲子直符时加卯，子刑卯，卯刑子也。

甲戌直符加未，戌刑未，未刑戌也。甲申直符加寅，寅刑巳，巳刑申也。甲午直符加午，午自刑也。甲辰直符加辰，辰自刑也。甲寅直符加巳，寅刑巳也。

王璋曰："甲子直符临三宫，甲戌直符临二宫，甲申直符临八宫，甲午直符临九宫，甲辰直符临四宫，甲寅直符临四宫。"

假令阳一局，甲己之日夜半甲子时，直符至日出卯时，是六仪击刑也。

假令至日昳未时，以直符甲子，加时干六辛于三宫，即是也。刑遁仿此。

释太白入荧惑

汤谓曰："庚为太白，丙为荧惑。若太白入荧惑对敌，宜防贼来。"

乙戊壬 辛丙 己癸丁庚	假令夏至中元阴三局，乙庚日平旦戊寅时，六庚在一宫，以直符天芮加时干于三宫，即六庚下临六丙于二宫，此太白入荧惑也。

释荧惑入太白

汤谓曰："丙为荧惑，庚为太白。若荧惑入太白斗，贼必两退还。"

庚壬 辛丁 丙己 壬戊癸	假令立冬上元阴六局，甲己之日平旦寅时，六丙在八宫，以直符天心加时干，即六丙下六庚临于四宫，此名荧惑入太白也。

释青龙反首

葛洪曰："六甲加六丙，名青龙反首。凡阴阳二遁，此时可造，百事吉。若更合奇门，利攻战。出行最为良。"

己 丁癸 辛庚乙壬戊 丙	假令冬至上元阳一局，甲已之日平旦为丙寅时，此时六甲在一宫，以甲子天蓬直符加时干六丙八宫，此名青龙反首也。

释飞鸟跌穴

葛洪曰："六丙加六甲，名飞鸟跌穴。阴阳二遁，此时利为事，出行大吉。营造起动，皆为良美。"

庚 戊丙丁 壬辛癸己 乙	假令中元阳九局，甲已之日日跌为辛未时，六丙在七宫，以直符天英加时干六辛于三宫，即六丙临六甲于九宫，此时名飞鸟跌穴也。

释天乙伏宫格

《三元经》曰："六庚加直符，名天乙伏宫格。此时主客俱不利也。"

戊庚癸壬 丙辛乙 庚己丁	假令下元阳二局，甲已之日日晡时为壬申时，此时六庚在四宫，以直符天芮加时干六壬于六宫，即六庚，即六痩下临六戊，直符二宫，此名天乙伏宫格。

释天乙飞宫格

《三元经》曰："直符加六庚，名天乙飞宫格。当此之时，主客俱不利。"

壬辛乙　戊癸己　庚丙丁英	假令春分中元阳九局，甲己之日日中为庚午时，此时直符在九宫，以直符天英加时干，即直符下临六庚于二宫，此名天乙飞宫格。

释天乙伏干格

《三元经》曰："六庚名太白所加为格，若加日干，则为伏干格，凡遇此格，主客战斗，俱各不利。"

己丙辛　壬戊癸　庚乙丁柱	假令小满上元阳五局，甲己之日日晡时为壬甲，此时六庚在七宫，以直符天禽加时干六壬于九宫，即六庚下临六甲，日干于二宫也。

释天乙飞干格

《三元经》曰："今日之干加六庚，为飞干格。此时战斗，主客两伤。"

<table>
<tr><td>丁　己
壬　庚
乙　戊
丙　　辛</td><td>假令小满上阳五局，甲己日日中时为庚午，此时日干加在五宫配坤二宫，以直符天禽加时干六庚七宫，即日干六甲下临六庚于七宫，此名飞干格。</td></tr>
</table>

释岁格

《三元经》曰："六庚加今太岁干，名岁格。此时大凶。"

<table>
<tr><td>辛　乙　丙
己　丁　庚
癸　壬　戊
丁　庚　己
壬　戊
乙　丙　禽癸
乙　丙　辛</td><td>假令立春上元阳五局，岁干在辛，以甲己之日日入为癸酉时，此时六庚在七宫，以直符天禽加六癸一宫，即六甲下临六辛于八宫也。</td></tr>
</table>

释月格

《三元经》曰："六庚加今月朔日，为凶时。"

<table>
<tr><td>己　丁　庚
辛　乙　丙
癸　壬　戊</td><td>假令立春上元阳八局，月朔干在己，以甲己之日日出为丁卯时，此时以直符天任加六丁，即六庚在二宫，下临月朔六己于九宫，此名月朔格。</td></tr>
</table>

释日格

《三元经》曰："六庚加今日日干，名曰日格。此时大凶。"

己冲庚 丁	癸戊壬 乙	辛丙 	假令小暑下元阴五局，日干在己四宫，甲己之日平旦为丙寅时，此时以天禽加时干六丙七宫，即六庚在三宫下临日干六己于四宫，此名为日格。

释时格

《三元经》曰："六庚加时干，名为时格，亦伏吟格。此时不可举事，用兵大凶也。"

庚己丁	丙辛乙	戊癸壬	假令小寒上元阳二局，丙辛日鸡鸣为乙丑时，此时六己在三宫，以直符天辅加时干，即六庚下临六己于三宫，此为时格。

凡六庚为直符，即十时皆格也。

释大格

汤谓曰："六庚加六癸，为大格。此时百事凶。谓天上六庚临地下六癸，此时不可举事，遗失不可求，不在。"

戊　壬　庚 己　乙　丁 丙癸　辛　丙	假令以直符天辅加时干六丙在六宫，即六庚下临六癸于八宫，此名大格。

释刑格

汤谓曰："凡六庚加六己，为刑格。谓天上六庚加地下六己，此时车破马伤，中道而止，士卒逃亡。凡所行，皆凶。"

己禽　乙辛 戊　丁　壬庚 癸　丙	假令大寒上元阳三局，甲己之日平旦为丙寅时，此时六庚五宫而寄理坤二宫，以直符天冲加时干六丙，即六庚下临六己于四宫，此名刑格。

释青龙逃走

王璋曰："六乙加六辛，名青龙逃走。此时不可造百事，凶。"

戊壬癸 丙　庚丁己 乙辛	假令立秋上元阴二局，丙辛之日人定为己亥时，此时六乙在三宫，以直符天任加六己于一宫，即六乙下临六辛于八宫，名青龙逃走。

释白虎猖狂

王璋曰："六辛加六乙，名曰白虎猖狂。此时不可举动百事，凶。"

丙 庚 戊 己 丁 壬丙 辛 己 癸	假令小暑中元阴二局，甲巳日壬申时，此时六辛在八宫，以直符天芮加时六壬七宫，即六辛下临六乙于三宫也。

释朱雀投江

王璋曰："六丁加六癸，名朱雀入江。此时忌为百事。"

乙 辛 巳心 戊 丙 癸癸 丁 壬 庚	假令夏至上元阴三局，甲巳日日晡为壬申时，此时六丁在六宫，直符天冲加时干六壬八宫，即六丁临六癸于七宫，此名朱雀入江也。

释螣蛇夭矫

王璋曰："六癸加六丁，名螣蛇夭矫。此时所为不利。"

戊 癸 丙 乙 巳 辛庚 壬 丁	假令冬至下元阳四局，丙辛之日夜半戊子时，此时六癸下临六丁于一宫，名螣蛇夭矫。

释时悖格

汤谓曰："六丙所加此，名时悖。悖者，乱也。为天上六丙，临年、月、日、时干。直符类同，六庚所加之义，凡举百事用兵，遇悖，主纪纲紊乱，凶也。"

假令冬至中元阳七局，丁壬之日日昳为丁未时，六丙在五宫寄坤二宫，以直符天芮加时干，即六丙下临六丁于四宫，此名时悖也。

凡遇六丙六庚之宫，为直符加时干，即此时皆为悖凶时，宜审之也。

释遁甲五阳所利

《三元经》曰："五阳利以为客，当为之时，即先举兵，高旗鸣鼓，耀武扬兵，以决胜。"谓时下得甲、乙、丙、丁、戊五干善神治事，可以出军、征伐、远行、求利、立国、建邑、安邦、立社稷、化人民、临武事、入官、移徙、嫁娶、造举百事，吉。逃亡者不可得。《经》曰："直使之行，一时一易，行阳，利以为客。"故曰："得阳者，飞而不止。"五干在子、午之东部，生气也。故利客先举。

假令甲己之日夜半时甲子，自子至辰时，得甲、乙、丙、丁、戊是五阳时，利为客，宜先举，不拘阴阳二遁，皆如此例也。

释遁甲五阴所主

《三元经》曰："五阴时利以为主，即后举兵，低旗衔枚待敌，时至而后动，以决胜。"谓时下己、庚、辛、壬、癸五干恶神治事，不可拜官、移徙、婚姻、远行、造举百事，大凶。逃亡者可得。宜为密谋筹策，集会武略，祷祠宜福。《经》曰："直使之行，一时一易，行阴，利以为主。"故曰："得阴者，伏而不起。"五干在子、午之西部，死气也。故利主后动也。

假令甲己之日夜半时甲子，自己至酉时，得己、庚、辛、壬、癸，是五阴时，利为主后动，不拘阴阳二遁，皆如此例也。

释之三避五

《三元经》曰："天道不遂，三、五返复之。三避五魁。"然独处三为生气，故之三也。五为害气，故避五也。三为威，五为武，盈于三，衰于五，匹马只轮，有反无顾。

假令冬至上元阳一局，甲己之日夜半为甲子时，至平旦为丙寅时，得此之三时为生气，利百事。故曰：之三至食时为戊辰时，此五时为害气，故凶。百事不可举，故避之也。

释德威之时

葛洪曰："六丙为威，六甲为德，利以为客，宜发号施令。入其国，犬不吠，马不鸣。回车止轮，折冲万里，不敢有声。兵来向者，还自灭形，贼必亡矣。天兵来助，敌人自恐。天兵扶行，敌人自惊。将兵征伐，为客大胜。若此时，不利为主，惟宜固守屯营，以待天时。"

释三奇游六仪即玉女守门时

《三元经》曰："三奇游六仪，利以宫庭燕会，喜乐之事。"六仪者，六甲也。三奇者，乙、丙、丁也。谓乙、丙、丁游六仪之上，甲子旬有庚午，甲戌旬有己卯，甲申旬有戊子，甲午旬有丁酉，甲辰旬有丙午，甲寅旬有乙卯，此时玉女守门之时也。

释天辅时

《三元经》曰："天辅之时，有罪无虞。斧锧在前，天犹赦之。"

谓甲己之日，时下得己、庚、乙、丙、辛、丁、壬、戊、癸、己时，下得甲故也。

假令甲己之日日中己巳，乙庚之日晡时甲申，丙辛之日日中甲午，丁壬之日食时，甲辰、戊癸之日平旦甲寅，是天辅时，此时有罪自释。

释天网四张

《三元经》曰："天网四张，万物皆伤。此时不可举用，万物皆凶。"又"神有高低，必须知之"，谓时下得癸之时，神有高低也。

假令天一在一宫，其神去地一尺，在二宫，高二尺，谓天上六癸之下，即天一所加宫也。当此之时，必须匍匐而去，左右肩刃而行，十步吉。若天高二尺，以上可以消息避之，为天网过人，故准此用之。

释四时所利

《三元经》曰："春夏之节，杀气潜藏俱下，阳气在上也。若战斗对敌，利居内平野之地。冬秋杀气飞腾，居上阳气在下也。若对敌，利居外丘陵之地。盖乘其杀气也。"

释亭亭白奸

王璋曰："亭亭者，天乙贵神也。背之而击其冲，大胜。其法以月将加时神，后不是。"

假令正月登明为月将，加午即神后，临未为亭亭所在。又一法，子日在巳，丑日在午，顺行十二辰背之吉。

"白奸者，天之奸人也。合于巳、亥格，于寅、申当合之时，俱背之当格之时，背亭亭向，白奸，其法以月将加时，寅、午、戌上见神，是白奸之位，常以寅、申、巳、亥为四孟。"

假令正月登明为月将，加午即登明临子，即白奸在亥。此类推之。又法：寅、午、戌日在亥，亥、卯、未、日在辰，申、子、辰日在巳，巳、酉、丑日在申，背之吉。

第二十章　术数汇考二十

《奇门遁甲》四

遁甲穿壬

　　详推六甲所由起，创置乃自于轩辕。得元女阴符之术，战蚩尤涿鹿之野。考星宿兮审方位，律天象兮奠山川。法混沌而立太极，

　　上律天宿之星象，下奠山川之方隅，以九宫合成一局。

　　分两仪而遁阴阳。

　　自冬至一阳生，为阳九局；夏至一阴生，为阴九局。

　　应四时而分四象，运八卦而周八方。总不外五行之理，爰发明动静之常。相摩相荡，为翕为张。布十干而奇仪听令于甲，

　　奇仪乃甲之使，是六甲符头，得三奇之使。

　　列九星而吉凶受命于符。

　　从符之五行，论其生克门宫，俱要生符。六壬在日干，奇门在时干。

　　镇中宫而八门环向，无往不利；

　　巡奇乃随局用也，非专用坤之死门。不但用宫要相生，更要所用之宫与门奇星符相生旺相。

　　守一甲而三奇得使，休咎先知。

　　如甲午直符，下临六乙，则看本日、本时乙上直某星，以月将加时。乙上系何神将，便知未来动静。此言甲午旬中当日之乙时也。要知休咎，必本中黄。

　　是故用局之法，变转无穷；六甲之除，二方相蒙。直符常加甲之止，直使常加

乙之宫。

甲之止，止于时干。中宫巡寄八门乃随局更使也。乙，终位也。道不空其终也，必有一门加其上也。

遇奇而符门分遁，

奇仪星符，俱阳顺阴逆，若八门则阴阳皆顺布，故曰分遁。

值戊而元首攸同。满十时而法遍，至六癸而数终。星随符而并制，

直符周遍六仪而止，吉凶悔吝，故皆以符头为主。

门异遁而同宫。

八门飞遁，生克亦随宫断，故伏吟则俱归本位。

毕五日而支干相续，尽三元而首尾交通。明拆补而归余闰，

每一节十五日二时零五刻，推拆归闰。上局闰于五日之后，中局闰于十日之后，下局闰于十五日之后。

审节中之所穷。详干支之起义，识伏遁之所从。

即春开冬阁之义。故万物化生于甲，孳息于子，茂盛于戊。

至消减而成一纪，故甲戌常随六己。

戊为灭，己为理，有条贯而成纪，则渐消灭。

坚甲于申而身形更实，故甲申常随六庚；

庚主秋金，万物至秋而实，凡事亦然。

长大于午而更体益新，

午为长大，辛为更新。

必怀妊而后振动，故甲辰常随六壬。律途穷而揆革，故甲寅常随六癸。

寅为律，癸为揆，由生物之律途引而达之，而萌芽始揆藏而发。

乙为盘屈而萌，丙为昭著而炳，丁为长养而强。东阳之极为日，

乙居东为日奇，以日之东升。

离火之精为月，

丙居南为月奇，离日而明。

积阴之著为星。

丁为太阴星奇。

分日月星而为三奇，周一局六甲为六仪。列八卦而运八节，列九星而分九宫。是故五行之德，以地承天。

天一生水，地六承之。地二生火，天七承之。天三生木，地八承之。地四生金，天九承之。天五生土，地十承之。此河图之数，五行之始，谓天行炁之象，犹妻承夫之义也。

镇于五方，

北方阴炁所积，水居北；南方阳炁盛动，火居南；东方阳炁所生，木居东；西方阴炁所禁，金居西；中央吐纳万物，故土居中。

列为五色，

青居东，象木。赤居南，象火。自居西，象金。黑居北，象水。黄居中，象土。此五行正色也。从金生水而一白居坎，水还于地而二黑居坤，以水生木而三碧居东，木坏金炁而四绿居巽，五为天地之中，故土黄无变，从而生金，则得金之正色，而邻于水，从而受丁火，则受火之赤色而归兑，纳丙火，则受阴之凝结而归艮。水居北方，与南为对。离为阴火，积阴之著，映带于水，故其色为紫。

发为五声，

官土，商金，角木，徵火，羽水。

酿为五性，

即仁、义、礼、智、信。

通为五味，

通于口者酸、苦、辛、咸、甘。

动为六情。

喜、怒、哀、乐、爱、恶。

喜居巳酉，

西方之情，喜行宽大。金生于巳，盛于酉，故巳酉得位而知喜。

怒征亥卯，

东方之情主怒，怒行阴贼。木生于亥，旺于卯，故亥卯见而征其怒。

哀占丑戌，

方之情主哀，哀行公正。戌为穷火，丑为穷金，金刚火强，各刑其下方，穷而无归则哀。火性主无私，金性方刚，则公正，故丑戌见而知哀。

乐归辰未，

上方之情主乐，乐行奸邪。阳气所萌，辰为穷水，未为穷木，木落返本，水流趋东，穷而傍出，奸邪生焉，故辰未见而知乐。

申子主好，

北方之情主好，好行贪狼。水生于申，盛于子，触地而皆行，触物而皆润，贪而无厌。故申子见而徵其好。

寅午主恶。

南方之情主恶，恶行廉正。火生于寅，盛于午，火性炎猛，无所容受，故寅午见而知恶。

杓指四方：东动，西齐，南任，北伏。

东主震动，故曰伤。西主洁齐，故曰惊。南主孕育，故曰景。北主潜伏，故曰休。以斗杓所指而定四方正位也。

隅开四门，阖辟相倚，生死相承。

天门在戌亥之间，秋冬相交之际，由阖而开。地户在辰巳之间，春夏之交，由开而杜。人门在申未之间，秋夏之交，既成而死。鬼户在丑寅之间，春冬之交，死而复生。此八门之定位。

八门以立，九星以定，禽星居中，相时而出，上应星宿，下占地灵，参为三才，号曰天禽。

从古英豪，必炼合禽星，始能号召符门，周游八极，若天禽无主，符门不灵。

佐以八星，逐队而轮。

趋五飞乾，正使符游八宫。

逢坎而休，

禽土入水而休美。

入坤而死。

禽见坤土而收藏。

冲震而伤，

禽土入木而震动。

顺风而藏。

禽土入巽而闭塞。

因天之心，

禽土顺天而开物。

立地之维。

禽土入兑，生金坚刚而砥触。

孕育生机，

禽入艮土，孕而生物。

映发万汇。

禽土入离，相火而英。

阳德则舒，阴刑则惨。

甲乙丙丁戊，为阳为德；己庚辛壬癸，为阴为刑。

天禽为主，变化八方。运于六甲，

星符随六甲而转。

闭于六戊。

其法取秸草七节，不拘长短，或暗室之内，或星光之下，取气吸星宿光芒。每一茎秸草行六十六步，放入怀中。其六戊反闭法，载《真人炼星篇》与《六甲六丁篇》内。

遁于六己。

凡金木水火土五遁之法，手掐地户，瞑目运地户之炁，收入尾闾。随符而遁也。外有符有咒。

测于六壬。

壬占休咎最验，故奇门用遁皆推之。

六庚为贼，六辛为刑，六癸为网。直符所加，以主制客。若加符门，以客刑主。

凡占贼之有无，视六庚所临之方，克符则有，无克则无。旺则多而衰则寡。六辛为刑狱，六癸为天网。四张值符头属主，飞符属客，审其所加而避之。

缓则择其门户，急则审符所值。

缓审门之吉凶为出入，急就直符之官，而用其生旺。

加八卦而考其时干，观变爻而趋避凶吉。卦则从门而加，

如休门居离，则为上坎下离。

爻因奇仪而易。

以奇仪所临之官，照甲己子午九歌内数目，逢六除之而测其变化。

干为主之先兆。

如甲子戊五爻变，则就本卦变爻而定我克应。

支为客之所及。

如甲子六乙之宫为丑，数八除六，则就二爻而定敌克应。

倘干支而或同爻，视衰旺而知所历。

如戊五、辰五，主客同爻，则当以体用审其衰旺。

如游行之八卦，穷九变而不一。

静卦为主，一变加盘，二变奇仪，三变从支，四变日干，五变日支，六变去上下二爻，七变时干，八变时支，九变则就主客之体用推之。

窥六壬之伏匿，神将岂容恍惚。或从方位而推，

就所临之方位而推之。

或审时支而测。

是指外三传言也。其法以支上壬千临支为初传，壬遁之干为中传，甲辰之上临支为三传也。

四课兮主客攸分，

干为主，阴为客。

三传兮内外并出。

更看神煞加临，自然休咎有准。

千八十兮元女所传，七百廿兮黄帝所立。汉代子房直符随乎时干，执一局而为则。

以直符加时干，只考验于一局。

一十八局兮错综乱变，审伏符兮考验于一。

但能考验伏吟之一星一门，而八门不能尽合。

分壬遁而二之，

从天乙而加飞宫，此受自黄石公者也。

用直符而代天乙，

局既错乱，则六壬贵神不能合式，以直符代之，则出于九天，潜于九地，而人自莫能御也。

皆一时使用之法，非门星之极则，佐以洛书之数，按八门而向北，直符即天乙宫。据三奇而符门分布，合六壬而来意皆同。审卦爻之克应，识支干之所从。考以主局之定格，

乃《烟波钓叟歌》并黄石公诸篇歌诀。

佐以壬课之吉凶。

以壬课诸书吉凶篇断。

每一时而宫九列，应四方八面以从容。或是壬申壬子日，对星步斗慎勿失。若是壬辰居中位，习炼天禽从此得。寅午戌日火星明，周遍八宫寻凶吉。天地大开此八门，名贤隐遁无踪迹。会得壬遁合羲文，七十二局神出没。八卦静应考图中，

静考所加，如乾父、坤母之类。

五行相属卦爻从。

动求变爻之应。

更就甲辰明感应，

即六壬也。

二十八宿逞威雄。奇门妙诀无过此，元女天机泄此中。

共一十二卷，外加奇门、阴符、元女诸书，而遁甲之用始全矣。

八卦静应章

乾位西北亥戌之间，天之象也。体属金，性刚健，为元首，为君父，为尊长，为寒冰，为龙马，为木果。初爻主在地之应，如变巽，乃木被金克，斫而成器。中爻主人物之应，如变离，乃金逢火锻。上爻主在天之应，如变兑，乃破坏之金。其时主秋冬之交，其色金，得水气而白。

坎位北，阴气积水，天一所生，地六所成。性柔顺，主中男，为雨泽，为江河溪涧，为水族鱼龙，为鹿豕，为蒺藜丛棘，为桎梏悲号。初爻主在地中之陷井，变兑乃酒器、水器破坏之物。中爻主在人，酒醴盗贼。上爻主在天雨泽，变坤乃五谷之类、土水之物。三爻变巽，乃舟楫之类。其时主冬，其色水，居润下，易黑而白。

艮位东北丑寅之间，山之象也。体属土，质凝峙，为峥嵘沉重，为山径丘陵，为狗鼠虎狼狐兔，为瓜果草食，为童男幼子。初爻主在地之应，变离为火，成土石之器，草虫之属。中爻主人物之应，变巽为锄犁之具，变坤为山田土石。其时冬春之间，其色土，藏金气而白。

震位东，阳气生，木触动，冒地而出，为长男，为雷，为竹、木，为龙蛇，为禾稼五谷。性主动，质坚刚。初爻为在地之应，变坤为枝叶，草木初萌。中爻为人物之应，变兑为刀斧有柄之物，为英雄，勇猛搏噬。上爻为在天之应，为雷电虹霓，变离为中虚而光。其时主春，其色木，伤金气，易青而碧。

巽位东南辰巳之间，质属木，为风，为长女，为云雾，为鸡鹳，为草叶，为文明道术，为花卉桃李。其性主顺，以柔从刚。初爻为在地之应，蔬圃园林，变乾为金刀削过之木。中爻为在人之应，纨扇工巧，变艮木槌，为土上之木器。上爻为在天之应，风云散布，变坎为雨露长养之物。其时春夏之交，其色木，受辛金而绿。

离位南，阳气盛动，火之象也。其性烈丽而明，阴丽于阳，为中女，为炉灶，为鸡雉鱼鳖，为赤色果实，为花卉艳丽，为内柔而外坚。初爻主在地之应，变艮为砚石瓦器。中爻主人物之应，变坎为水火锻炼。上爻主在天之应，变震为旌，号长

枪。其时主夏，其色火，映水气而紫。

坤位西南未申之间，地之象也。体属土，性凝重，顺以承天，归藏万汇。为母，为纯阴，为雾障，为圃，为牛马，为五谷蔬果。初爻为在地之应，土器瓦石，变震为锄犁陶冶之器。中爻为人物之应，变坎为水土相并之物。上爻为在天之应，障雾不明，变艮为砖瓦之类。其时夏秋之交，其色土，伤水气，易黄而黑。

兑位西，阴气所禁，体属金，刚中柔外。为少女，为口舌，为缺坏，为太阴星月，为雨泽井泉，为猿猴羊鹿，为时令果实。初爻为在地之应，金石毁折，变坎为酒器壶盏。中爻为人物之应，女妾妓巫，变震为乐器铜铁。上爻为在天之应，星月光灿，变乾乃整新贵器。其时主秋，其色金，受丁火，易白而赤。

门合八卦动应章

休主公事、秀才、僧道。生主谒贵、车马、衣锦，伤主争斗、血光、罗网、伐木、绳索、渔猎、死亡、失脱。杜主牛马、斗打、牵连、阻塞、迷路。景主五色、文人、道士、虎狼、盗贼、风雷、公事、死主、渔猎、葬埋、绳索、争斗、孝服、哭泣。惊主马死、桥断、雷震、官事、人牢、捕捉。开主贵人、车马、珍宝。

开在乾，为贵重之器，出遇金银铜物玉环，遇一马，见诸物首。

在坎，为晦沉沦，出见水晶珠玉，或零碎合成雨露、鸦雁。

在艮，为土中金石，出见铜铁、走兽、珠石。

在巽，为可食之物，刀斧有柄之物，出遇木果、锄犁、金矢、鹰雕。

在震，为有声之物，出遇钟鼓、鹰雕、桃李杏栗。

在离，为锻金，出遇瘠马、荔榴、红果，味辛辣，见书信。

在坤，为衣裳之类，出遇冠带、金玉、重物、谷豆。

在兑，为铜铁损坏之物，出见刀斧、镜环、肺肝、剥落有壳物。

休在坎，为隐伏物，刀斧、鱼、盐、酒、雨露、卑湿、江湖、舟贼水中物。

在艮，为土石润泽，出见珠玉、豕鱼、酒瓶缸坛之类。

在震，为水木相成，酒器、江楼，出见盆桶、香菜、木耳、梅杏、菱莲。

在巽，为水中物，出遇鱼豕、酒肉、核果、海中物、水草之食。

在离，为水火交结、鼎烹、殽核、菱梅、盐酱、羹汤。

在坤，为水土相成，出见土器盛水、酒缸、米面。

在兑，为刀斧带口水金物，出见酒缸、鱼鳖、菱杏、有壳水物。

在乾，为酒筵器具、公庭讼诉，出见酒器、金钟、盛席。

生在艮，为田园、坟墓、瓦器、瓷缸、刚硬土石、虎狗、上刚下柔物。

在震，为木带土器，出见狐蛇、瓜笋、树根、猪蹄、牛足之类。

在巽，为草木风吹落地之物，出见蛇蚓、瓜果、野味、怪异。

在离，为土石器，中虚火形圆空物，火土相成物，熟食、山味。

在坤，为玉石土中硬物，出见蛇、蚓、芋笋。

在兑，为土石破缺物，出见兔、鹿、鸡、鸭、黔喙、皮壳剥落之物。

在乾，为刚硬成器之物，出见云雾、山障、晴霁、山果、虎狗。

在坎，为上尖下大、下临水岸物，出见蛇、鼠、水物、马饮、牛浴。

伤在震，为鬼神中物，竹木冲地蕃鲜，震惊不宁，出见雷震，日曝虚惊，静，遇鼓食。

在巽，为工巧有声之具，出见乐器、龙蛇，食桃李山蔬。

在离，为文书、花叶有经纬之文，下尖而小，出遇驳马、赤果。

在坤，为萌芽初动，出见豆芽、蛇蚓、酸味。

在兑为金木相成有声物缺破，出遇乐器、饮金钟、伐木。

在乾，为茂林修竹，雷震雹动，出见鹰雕、老马奔途、蟹龟。

在坎，为水中木器，出见舟楫、盆桶、鱼矛、鳞甲。

在艮，为乔林木杵仰攀之物，出见乐器、声振、山蔬。

杜在巽，为山林草木园圃，出见布帛、文禽鸡雉。

在离，为飘扬丽色、坟墓、员灶，出见僧尼、秀士、灯火、食鱼蔬。

在坤，为土中生物，出见乘载之物，寡妇发秃。

在兑，为书信文书琢削物，出见绳槌、金石、权衡、工巧器具。

在乾，为钟鼓、刀剑金中木外物，出见鹅鹤从西北唳风舞。

在坎，为破缺不全物，出见舟车、弓矢，饮食。

在艮，闻山中竹木声，出见飞鸟、笔墨器具、石中声音。

在震，为有声竹木器，山蔬、禽鹤。

景在离，为炉冶、文书、刚燥中虚物，出见龟鳖、牝牛、师巫、灯笼。

在坤，为文书、碗碟、瓷器，出见土器。

在兑，为弧矢、炉冶窑灶，出见干焙煎炒。

在乾，为文书、甲胄、干燥物。晴天出见霞电虹霓。

在坎，为水火激剥、废坏食味，煮而烘炙，五谷碎而复成。

在艮，为瓦器、夜行之具，出见中空物、山禽、飞鸟。

在震，为甲胄、戈矛，出见槁木、蟹蚌之类干燥物。

在巽，为印信文书，出见炉冶、雉鸽燕雀、彩旗。

死在坤，为布帛、舆釜、瓦器、肥马、牛食、土中物。

在兑，为瓿瓶、舆釜，出见屠牛鸡之类。

在乾，为方圆重器，出见屠宰、拔苗。

在坎，为布帛丝棉、秽物。

在艮，为坚刚土石、山兽、田具、牛马。

在震，为文书、田契，出见鸦鹊鹰鹞搏噬。

在巽，为文书、农具，见飞鸟翱翔。

在离，为炉灶、并陷、屠宰牛马。

惊在兑，为刀斧铜铁器，喜悦，出见有角兽，鳞介之物，能鸣。

在乾，为雨泽、星日、辛辣，出见狗马羊鹿成群奔溃。

在坎，为鱼鳖、水草，出见废井、崩池、羊鹿。

在艮，为阴私聚合，出见野兽奔逃、金石废器。

在震，为枪戟、长柄之金缺物，出见硬壳物。

在巽，为棺木、箭之镞类、乐器，出见飞鸟奔溃。

在离，为玲珑物，出见歌妓、伶人、金钗首饰。

在坤，为辛辣、宿藏之物，出主拾遗。

奇仪主应章

甲，数之始，六仪之宰，革故鼎新，重谋别用。

乙，为太阳之精，到乾，有黄衣缠钱及麻衣人应，或百日内，或一年，主进财物。

到坎，有皂衣人鼓声应，或执金银器，后七日内主进人口、财物，或色衣人来，主大发。到艮，有双禽北来，或青衣人、水姓人送物应，或提铁器人，或渔人，或黑白禽，后一年内进财物，三年内大发。

到震，有渔猎人产妇应，或小儿三五成群，或武士持刀枪，或雷声、鼓声，三七日内进财帛，其东方有产难事，主大发。

到巽，有白衣人乘马，火惊，或小儿来，或树自枯死，或东方自缢，主大发，后一

年内生贵子，进田产。

到离，有患目人及骑牛、白禽、犬、猪，或患足人来，或小儿牵牛来，黑白禽从东南飞来，三七日内进猪、犬，后一年内大发。

到坤，有孝衣人、鸡、犬、牛、马，雷震，或患双目人，或雷伤西方牛马，大发，二七日内进猪、鸡物，六十日内进契书。

到兑，有女人及持铁器人破缺损坏物应，或三五女人来，或东方人家牛马自损，三七日内进商姓人田地或生气之物。

丙，为太阴之精，利明不利暗，到乾，有黑衣人，见双飞禽，或南方人家女子产死，百日内进女子、财物。

到坎，有执杖人、白禽东方来，西方惊散，或黄白飞禽从西北来，东方人家火惊，大发，后六十日或一百二十日内进田地契书。

到艮，有小儿及持铁器人，见牛马，或青衣贵人过，或小儿啼哭声，或渔人，三七日内进金银、青色物，百日内进田契，一年内进白马。

到震，见武士、持铁人，闻雷声、鼓乐，或渔猎人，或小儿成群来，三九日内进生气物，一年内生贵子。

到巽，有色衣人、贵人应，闻锣鼓曲声，或南方有惊慌事，或火惊，主大发，七

日内贵人到家，进色衣人财，进契书。

到离，黑黄二鸟应，田畔蚕丝见，七日内或六十日内进横财，一年内进田契，大发。

到坤，见皂衣人，闻东方鹊噪、鼓乐声，三七日内进女人、财物，一年内进绝户田地，大发。

到兑，有执杖人或抱小儿人，鼓声响，或艮、坤二方老人死，大发，七日内进财帛，百日进人口，一年内进田地。

丁，为玉女，得之者生，失之者死。若合壬遁发用更应丁加腾蛇，见马走丁加白虎，见孝服加太常，见术艺加太阴天后，见女人走加天空，见奴婢走加元武，见贼走加朱雀，见口舌斗争加勾陈，见兵戈动加青龙，见马奔腾加六合，见子孙远出加六庚，六辛为凶动。

到乾，执斧人、牵猪人应，三七日内进金银钱物，一百二十日或一年内进黑白生气物，大发。

到坎，见抱小儿人，西北黑风雨作，或西北方上有人自缢暴卒，大发，二七日内进黑色财物。

到艮，见小儿持青黄色器，或人持文书纸笔来，或小儿抱铁器，三七日内进青黄白色财物，一百二十日进人口契书。

到震，有人持牲酒来，南方禽应，或两女人从南来，又担酒至，七日主进黄白及牲畜物。

到巽，见小儿乘牛遇风雨，见人落水，三日内进人口，三七日内进横财。

到离，见赤衣人东方斫木，或青衣人至，或青鸟成群来，七日内有人送酒物，进人口，进财。

到坤，有黑禽飞，女人担水，或青衣人至，三七日内进水中物，此方水冲田破时发。

到兑，有人将纸笔，或张网人应，或黄鸟来，七日内进猪鸡，二七日进契书，艮、坤二方有人暴卒，火惊时发。

甲加六戊，见小童牧牛。

加六己，木见枯木、火灰。

加六庚，见刀斧铁器。

加六辛，见药杵、骡马。

加六壬，见鱼鳖相惊。

加六癸，见花果文兽。

支应章

子见坎，为鼠幅、水中物鱼蟹。

见艮，石灰、蚕丝、道术、孕妇、文人。

见震，邪奸、木炭、梯具、文墨、豆。

见巽，哭泣、文史、燕乐、蔬圃、绳索。

见离，文墨、衣裳、图画。

见坤，惊疑、僧道、邪私、珠玉、医、大豆、丝棉、布帛。

见兑，瓶盏、浴盆、螺鳖。

见乾，首饰、珠玉、师巫、僧尼。

丑见坎，珍珠、龟鳖。

见艮，牛、犀、象、土石器、车轮、表奏。

见震，枯物花榭、桑木。

见巽，荐席、车轮、鞋履。

见离，紫色物、皂色物。

见坤，饭食、六畜。

见兑，酒器、钩巨。

见乾，马驴、珍珠、宝石、首饰。

寅见坎，猫、葫芦。

见良，虎、猫、砧。

见震，文章、椅桌、丛木。

见巽，道人、茄果、稻席。

见离，五色火盆、神像。

见坤，风、医、僧、苗。

见兑，宝刀、剑器。

见乾，吏、火、长毛狗、四角物。

卯见坎，狐、水陆具、木勺。

见艮，竹木、米、砚、狐、貉、兔、术人。

见震，竹床、木栗。

见巽，鼓、笛、管籥、幡竿、花木。

见离，笙簧、椒炉、马，驴、骡。

见坤，术人、晚稻、米、果。

见兑，盘盒、刀俎、杻械。

见乾，雷电云雾。

辰见坎，布网、蛟龙、水族、大盗。

见艮，碾碓、药饵、象。

见震，花卉、枷杻、茴香。

见巽，花卉、黄草、瓶罍、牛腥。

见离，砖瓦、骨角、茴香、龙蛇、虾蟆。

见坤，土石、米麦。

见兑，破皮、骨角、碓碾、瓷器。

见乾，布盆、甲胄盔、骡、海水。

巳见坎，蛇蚓鳝、泥物。

见艮，砖瓦、珠、玉石。

见震，乐器、花果、豆、屈曲物。

见巽，管籥、纨扇、蜂蝶、飞虫、禽。

见离，火烛、萤虫、麻雀、炉冶、炙煿。

见坤，锅、釜、口齿病、黍米、豆。

见兑，钱、铁、铠、铫、弓弩、瓷器。

见乾，犬、泥、蜥蜴、蟾蜍、角器、石臼。

午见坎，厨柜、蚕丝、病马。

　　见艮，獐鹿、豆、失脱上尖物。

　　见震，果豆、衣架、飞鸟。

　　见巽，鸦雀、蚕丝、衣服。

　　见离，绣缎、蝗、火食。

　　见坤，厨果、小赤豆、马咬人。

　　见兑，柜、茧、鸦窠。

　　见乾，鹿、马、狮头、兽头。

未见坎，蝗、海味。

　　见艮，甘美、香、麻、茶果。

　　见震，鹰、雁、鸠、鸦、药饵、橘柚、麻。

　　见巽，燕雀、钩帘。

　　　见离_遗

　　见坤，钩巨、麻麦、肉面、甘味。

　　见兑，酒器、盘盏、筵席。

　　见乾，印绶、祭肉、馒首、蝗。

申见坎，猿猱、蚌蛤。

　　见艮，磁石、碓磨。

　　见震，斧刀、杵臼、狮子。

　　见巽，丝棉、姜蒜、鸡鹅。

　　见离，熨斗、猿猴、文史。

　　见坤，绢帛、荞麦。

　　见兑，酒器、盘盏、筵席、刀剑、锁、镜、竹。

　　见乾、簪钗、画像。

酉见坎，鹑鸽、酒、醋糟、玉。

　　见艮、钱、铜、铅、石柱、碑碣、碓磨。

见震，鸡雉、姜蒜、麦。

见巽，乐器、古钟、鸡鸭。

见离，针、镜、肉、鸡。

见坤，刀、杖、果、麦。

见兑，金银、剑鞘、铜铁、酒、醋。

见乾，钗钏、首饰、玉石。

戌见坎，葫芦、缸瓮。

见艮，官吏、豺狼、石灰、砧堆。

见震，枷杻、果。

见巽，鞋、石、数珠、鸟案。

见离，犬、驴、炉、窑冶。

见坤，五谷。

见兑，瓷盆、砖瓦、瓮、钟、剑、锁、錾、锄。

见乾，朝服、印绶、都官、僧道。

亥见坎，酒、盐、酱、醋、鱼、龟鳖、猪、酢。

见艮，珠玉、图书、哭泣。

见震，梳、檐、梅杏。

见巽，坑、管籥、梅花、绳索、伞盖、笠杖。

见离，心疼、笔墨、图书、灯台、帐幔。

见坤，足、稻、黑豆、猪。

见兑，锁匙、瓮缸。

见乾，幞头、伞盖、猪㺄。

八门应

休门：若面君谒贵，选将兴师，安坟立券，竖造修方，上官选举，婚娶求财，出行战阵，出此门一里或百步，见僧尼道冠。十里或五里，见蛇鼠水物。三十里，见贵人、武将，或阴人身著蓝黄青碧之衣。四十里，故人亲识邀请酒肉为应，若竖柱、埋葬、斩草之时，西北有贵人来，或小儿骑马，春夏有雷声，百日内进横财，或宫羽姓人田产物业，后主子孙繁衍富贵生官。休门为建章号然。

生门：凡事从此出者，八十步或八里，见贵人著紫皂衣。十五里，见公事官人、红巾色服、天使武将。六十里，见贵人车马，若竖柱、埋葬、斩草之时，闻鼓角歌笛声，西北一骑马人来，百日内因女人寄物不取，或西、南二方财物富贵两全，后主子孙繁衍，出明经、腰金衣紫之人。生门为仁德号成。

伤门：若采猎筌捕、讼讦、索债收财，出此门三十步或三里，见损伤之物。三十里，见斗打争讼血光之人，或凶人著皂衣。五十里，见盗贼、枷锁、囚犯免自咎，若嫁娶，主产死、移徙，见血光入官遭刑，行商被盗，上官失职，登科抹卷，求财不遂，谒见空回，若竖造、斩草、埋葬、立券，主兵刀伤人，损财失畜。官灾横祸，口舌产难，主百日内应。伤门为高阳号戕。

杜门：若掩捕逃亡、断绝奸谋、诛凶翦暴、判狱、填坑截路、避邪躲灾，出此门四百步或四里，见修筑、惊恐之事。二十里，男女身著碧皂绢褐之衣，相从而行。四十里，桥梁道路不通。六十里，见凶恶人，若竖柱、埋葬、立券、斩草、破土之时。牛羊在路旁，西南上有啾唧哭泣声，五杀小儿、长男妇，非横破财，失职降官，百日内应。杜门为耀武号拒。

景门：若上书献策干求，遣使招贤，谒贵承恩谢荐，出此门九十步。五六里，见祭赛鬼神事。九里，见遣亡失物，雨雪。二十八里，见惊忧事，或红衣人宴宾。三十里，见赤人大蛇。七十里，见水火失物事。若起造、埋葬、斩草、开门、嫁娶，主杀家长及小儿，官事逃亡败绝，商贾折本，远行、疾病、求财、争斗、出师、演武、征战俱不宜，主损兵折将。景门为赤帝号整。

死门：若采围渔猎、吊丧、行刑、决罪、起攒旧基，出此门三里或七里，见丧葬事。二里或二十里，见哭泣，疾病黄皂衣人，或枉械重囚、丧车，行师失律，交战折将，远行不归，上官失职，经商折本，嫁娶失偶，移徙伤人，竖造、埋葬、斩草、破土，有飞鸟乐部唱歌声，主百日内新妇少亡，家母死，人散财空。死门为审顺号止。

惊门：若捕盗、赌博、斗打、戏弄，出此门八十步，见惊怪事。十里，见阴人阻路，车伤马聚。三十里，见官杖，鸦鸣鹊噪，六畜抵触。四十里，见二人斗打则吉，如无自己应之，行师失律，战阵损兵，远行多病，求财有诈，移徒有怪异，嫁娶离散，上官招讼，科举空回，竖造、埋葬、斩草、破土，时有孝妇服、农夫、狂风雷电应。百日内主刑伤、非横失财、损离事。惊门为武雷号征。

开门：若谒贵面君，选将兴师，交战应举，上官赴任，出行嫁娶，求财开门，放水穿井，出此门六十步或六十里，见酒食欢悦、轿马二十里、贵人、武将、阴人乘马著紫衣。六十里，遇亲友邀请酒肉，行兵百战百胜，得地千里，竖造、埋葬、斩草、破土，主锣鼓旗枪，或妇人担伞，手执信物抱儿，后主子孙兴盛，富贵生官，百日内主进贵人、横财。开门为天启号辉。

九星应

凡天盘星受地盘克，利为主；如地盘星受天盘克，利为客。

天蓬属水，宜安抚边境，修筑城池，兴作土木，培垫堤防，屯兵固守，保障一方。秋冬亥子月日加九宫，利于客，可以捣巢破敌，掩其不备，若埋葬、立券、斩草，遇乙庚日时六乙日奇，加此星上，主雷电交横，大风一阵双鸟来，后主子孙兴旺，官禄不绝，其余须得奇门会合，方为全吉。天蓬即贪狼星。

天芮属土，宜屯兵固守，保障封疆，训练士卒，从师受道入山，兴作土木，利于悠久之事。四季申酉月日加一宫，利为客，加三四宫，利为主，若立券、埋葬、斩草、破土，遇甲己日时六丙月奇，加此星上，主二人乘马，或鹏鹤双来，后主子孙富贵，世代官禄，其余须得奇门会合方吉。天芮即巨门星。

天冲属木，宜选将出师，交战时宜鸣金击鼓，呐喊摇旗。春夏四五月日加二八宫，利为客，加六七宫，利为主，左将大胜。秋冬不得成功，止宜执仇捕捉，若嫁娶，离散；上官到任，文吏坠马；移徒，女人病死；竖造修方，三年不吉。惟离三山无祸。埋葬，主出少亡、残疾、痨瘵人。若会合奇门，则吉；不合，凶。天冲即禄存星。

天辅属木，最宜选将出师，交锋大战，捣巢破阵扫穴。春夏寅卯四五月日加二八宫，利为客；加六七宫，利为主。左右将俱大胜，得地千里。秋冬未得成功，嫁娶，多子孙；修造、埋葬，合巽离震坎四山，不出百日得横财；上官文迁武升，入官诉讼得理；有罪遇赦，斧钺在前，天犹赦之；应举高第，商贾出行得财。若得奇门会合，尤吉。天辅即文曲星。

天禽属土，最宜选将出师，交锋大战，鸣金击鼓，呐喊摇旗，四时皆吉。不战用谋，敌人自服。加一宫，利为客，加三四宫，利为主。又宜祭祀，驱疫遣祟，赏功受爵，拜将封侯，上官应举，远行，商贾，移徙，开门，求亲，谒贵，嫁娶，祀祷，入官，竖造中宫并二十四向，埋葬，立券交易，后主子孙世代登科。大吉。天禽即廉贞星。

天心属金，最宜选将出师，交锋大战，捣巢破敌，展土开边。秋冬得地千里，加三四宫，利为客，加九宫，利为主。左右皆大胜。又宜疗病合药，祈晴祷雨，逐邪驱祟，上官应举，受封袭爵，远行，商贾，开门，移徙，嫁娶，竖造、埋葬、斩草、破土，后主子孙繁衍，世登黄甲，官禄累代不绝，若合奇门，尤吉。天心即武曲星。

天柱属金，宜屯兵固守，训练士卒，坚壁筑垒养锐，待为客之时方可动也。秋冬亥子月日，加三四宫，利为客，加九宫，利为主。须合奇门方吉。妄动，主军破马伤，左右皆失利，宜藏隐蓄粮，其余纵得奇门，亦平吉也。天柱即破军星。

天任属土，宜立国邑，安社稷，化人民，纪大义，选将出师，交锋大战，四时皆吉，得地千里。春夏寅卯巳午月日加二八宫，利为客，加六七宫，利为主。若嫁娶，生贵子，上官速迁，应举中式，面君谒贵求财，一应俱吉。竖造、埋葬、斩草、破土，若与奇门会合，主子孙繁衍，世世科甲官禄，天任即左辅星。

天英属火，宜面君谒贵，上策干求，升迁应举，求财上官，嫁娶，若师用武。于四季巳午月日加六七宫，利为客，加一宫，利为主。惟竖造，主火光生产，主死，鬼神祭祀不享。诸凡合奇门者，化凶为吉，若埋葬、斩草、破土，合奇门者，主子孙超越寻常。天英即右弼星。

天干应

十甲以本日五子元遁推之。

六甲贵人为天福。阴日青衣妇女，阳日青衣男子应。三年内必得天禄。

六乙贵人为天蓬。阴日僧道九流星卜瞽目，阳日贵客高贤应。

六丙为天威。阴日贵人著青衣，骑赤马，阳日青衣、白马男子应。

六丁为玉女。阴日色衣美妇，阳日红衣美妇，坐车乘马应。二七日内，主得古器。

六戊为天武。阴日亲友歌乐宴会，阳日锣鼓旗枪应。半年内得武人财宝。

六己为明堂。阴日一男一女，白衣，阳日黄衣人应。半年内得贵人财帛。

六庚为天狱。阴日白衣孝子，阳日兵刑狱吏应。四十九日，得贵人文字。

六辛为天庭。阴日鸦鹊鸣叫，阳日白衣人应。一年内得财宝。

六壬为天牢。十里雷电雨雹。阴日皂衣人，阳日白衣女人抱瓶应。七十日内进人口。

六癸为天藏。又为天网。阴日孕妇，阳日渔父应。六十日内，得铜镜物。

地支应

子时，见女人吃食，或提担酒食、铜铁锡、瓷瓦器。

丑时，见皂衣人骑马，或贵人乘马，或公吏人。

寅时，见僧道，或公吏人担提棍杖。

卯时，见九流星卜，或皂衣人四人，手执杖。

辰时，见女子著青衣，手中必有所夸。

巳时，见渔人，或鱼鳖，或赤身赤脚人担提物。

午时，见提酒担食人，或女人合伴同行。

未时，见女人提担酒食果物。

申时，见带酒之人，或来送物，或问访，与人同行。

酉时，见女人相依说话。

戌时，见著青衣人或凶恶男女。

亥时，见青衣人，公讼人，或手持孝服之物，或寻物。

十干出门一里应

六甲，见孕妇手把青黄物。

六乙，见君子、术士、僧道、九流。

六丙，见拖牵生炁担物人。

六丁，见抱捧物人。

六戊，见挑担财物人。

六己，见叫唤口舌人。

六庚，见女人著孝衣，吉。

六辛，见小人买卖迟滞。

六壬，见空虚物。

六癸，见人持铁器出行，求财，吉。

门奇合应

乙会生门，路逢两鼠相斗，及孝衣人、百鸟、风云、微雨，车马来迎，破土埋葬，主子孙繁衍，科甲恩荣。

会休门，路逢牛马成群，或扛抬物具，埋葬、竖造，主子孙繁衍，世代官禄。

会开门，路逢执杖老人，或哭泣，红衣公吏，埋葬，竖造，主子孙富贵。

丙会生门，路逢患眼病脚人，或相斗打，埋葬、竖造，主子孙富贵。

会休门，五十里闻鼓乐声，埋葬、竖造，主子孙富贵。有乌鸟、风云、白鹤应。

会开门，路逢携杖老人，悲啼困苦，埋葬、竖造，主子孙富贵。

丁会生门，路逢鹰犬田猎，埋葬、竖造，主子孙繁盛，官禄不绝。

会休门，路逢皂衣人或女人，二十里应。埋葬、竖造，主子孙富贵。

会开门，路逢小儿执杖，戊癸时日与天英会。乌鸟、白鹤，雷鸣，主富贵。

壬奇合应

甲辰子，合贵人，出遇仆人解事，珍珠。合螣蛇、朱雀、见人溺水。合六合，见争竞。合勾陈，见淫妇。合青龙，见财。合太阴，见妻妾垂帘。合元武，见人散发。合太常，见布枷枨。合白虎，见猫。合天空，女子争竞。

甲寅戌，合螣蛇，见大讼。合朱雀，见公吏。合六合，见入狱。合勾陈，见斗讼。合青龙，见争财。合太阴，见婚嫁。合元武，遭囚。合太常，见印信。合白虎，见火。合天空，见奴婢。

甲子申，合天乙，见遗金。合朱雀，见公吏口舌。合六合，见媒妁、术士。合勾陈，见争竞失财。合青龙，见斗讼、诗客。合天后，闻生产、僧道。合元武，见盗贼。合太常，见开宴。合白虎，见穿井、斗讼。合天空，见孤寡哭泣。

甲戌午，合天乙，见执圭。合螣蛇，见妖鬼五色物。合朱雀，见官灾、飞鸟、驴。合六合，见媒妁。合勾陈，见公差。合青龙，见病人。合天后，见歌唱吟诗。合太阴，见披发。合太常，见筵会。合天空，见执笏、驴。

甲申辰，合螣蛇，见鱼龙。合朱雀，见人持服。合六合，见淫妇。合勾陈，见争讼。合青龙，见财惊。合天后，见啼哭。合太阴，见女人梳头。合元武，见争讼。合太常，见财喜或争斗。合天空，见哭泣。

甲午寅，合螣蛇，见角兽惊起。合朱雀，见文禽、官灾。合六合，见娉婷、术士。合勾陈，见酒醉、官讼。合青龙，见麻食。合天后，见女梳头、兵卒。合太阴，见阴人跣足。合元武，见披头。合太常，见恶人相争。合白虎，见病人。合天空，见哭泣、谎言、骂詈。

第二十一章　术数汇考二十一

《奇门遁甲》五

八门吉凶诗克应断

开门欲得临照来，

奴婢牛羊百日回。

财宝进时地户人，

兴隆宅舍有资财。

田园招得商音送，

己酉丑年绝户来。

印信子孙多拜受，

紫衣金带拜荣回。

开门大吉，出行四十里内，见猪马，逢酒食，若治政，私人谋起。

开门宜远行，所向通达。

开门与乙奇临己，得月精所蔽，为地遁，百事吉。

开门临三四宫，金克木也，凶。

休门最好足钱财，

牛马猪羊自送来。

外口婚姻南上应，

迁官职位坐京台。

定进羽音人产业，

术数篇

居家安稳永无灾。

休门宜修造、进取，并有所合。出五十里，见蛇鼠水物，吉。

休门宜和集万事。

休门与丁奇临太阴，得星精所蔽，为人遁，百事吉。

休门临九宫，水克火也，凶。

　　　　生门临著土星辰，

　　　　人旺孳牲每称情。

　　　　子丑年中三七日，

　　　　黄衣捧笏到门庭。

　　　　蚕丝谷帛皆丰足，

　　　　朱紫儿孙守帝廷。

　　　　南上商音田地进，

　　　　子孙禄位至公卿。

生门出行六十里，见贵人车马，吉。

生门宜见贵人，求事皆获。又宜婚姻，嫁娶上官吉。

生门宜见贵人，营造，百事吉。

生门与丙奇临戌，得日精所蔽，为天遁，百事吉。

生门临一宫，土克水也，凶。

　　　　伤门不可说，夫妇又遭迍。

　　　　疮疼行不得，折捐血财身。

　　　　天灾人枉死，经年有病人。

　　　　商音难得好，余事不堪闻。

伤门竖立、埋葬、上官、出行，俱不吉。只宜捕物、索债、博戏，吉。

伤门宜渔猎、捕捉盗贼，吉。

伤门临二八宫，木克土也，大凶。

　　　　杜门元属木，犯著灾损频。

　　　　亥卯未年月，遭官入狱迍。

生离并死别，六畜逐时瘟。

落树生脓血，祸来及子孙。

杜门出行六十里，见恶人，宜掩捕，断奸谋。如月奇临，主烽火。

日奇临，主弓弩。星奇临，主两女人身著青衫。此应三奇神也。

杜门宜邀遮、伏截、诛伐凶逆。

杜门临二八官，木克土也，大凶。

　　　　景门主血光，官符卖田庄。

　　　　非横多应有，儿孙受苦殃。

　　　　外亡并恶死，六畜也遭亡。

　　　　生离并死别，用者要提防。

景门小利，宜上书献策选士。如出行三十里外，见赤文大蛇。七十里，有水火失物。如起造、嫁娶，杀宅长及小口。

景门临七官，火克金也，凶。吉门被克，吉事不成。

死门之宿是凶星，修造逢之祸必侵。犯著年年田地退，更防人口损财凶。

死门宜行刑诛戮，吊死送葬，若射猎，出此门吉。远行、起造、嫁娶，主宅母死，新媳亡，大凶。

死门临一官，土克水也，大凶。

　　　　惊门不可论，瘟疫死人丁。

　　　　辰年并酉月，非横入门庭。

惊门宜博戏、捕捉、斗讼，吉。出行四十里，损伤道路，不通四十里，见二人争打则吉，如无，主惊恐，凶。

惊门临三四官，金克木也，大凶。

八门反吟

休门加地盘天英，

生门加地盘天内。

八门伏吟

上盘天蓬，加地盘天英。

上盘天芮，加地盘天任。

九星吉凶诗断

天蓬水星，字子禽，居一坎宫。

> 讼庭争竞遇天蓬，
>
> 胜捷威名万事同。
>
> 春夏用之皆大吉，
>
> 秋冬用此半为凶。
>
> 嫁娶远行应少利，
>
> 葬埋修造亦嫌空。
>
> 须得生门同丙乙，
>
> 用之万事得昌隆。

天蓬时不宜嫁娶、移徙、斗争、入室及修宫室。

天内土星，字子成，居二坤宫。

> 授道结交宜内星，
>
> 行方值此最难明。
>
> 出行用事当先退，
>
> 修造安坟发祸刑。
>
> 盗贼惊惶忧小口，
>
> 更宜因事被官嗔。
>
> 纵得奇门从此位，
>
> 求其吉事也虚名。

天内时宜授道结交，不可嫁娶言讼。

移徙筑室，秋冬吉，春夏凶。

天冲木星，字子翘，居三震宫。

　　　　　　　嫁娶安营产女惊，

　　　　　　　出行移徙遇灾迍。

　　　　　　　修造葬埋皆不利，

　　　　　　　万般作事且逡巡。

天冲时不宜嫁娶、移徙、入官、筑室、祠祀、市贾。

天辅木星，字子卿，居四巽宫。

　　　　　　　天辅之星远行良，

　　　　　　　葬埋起造福绵长。

　　　　　　　上官移徙皆吉利，

　　　　　　　喜溢人财万事昌。

天辅时宜请谒、通财，四时吉。嫁娶多子孙，入官、移徙、筑室，吉。

天禽土星，字子公，居五中宫，附二坤居。

　　　　　　　天禽远行偏宜利，

　　　　　　　坐贾行商俱称意。

　　　　　　　投谒贵人两益怀，

　　　　　　　更兼造葬皆丰遂。

天禽时宜远行、商贾、投谒、见贵、造葬，并吉。

天心金星，字子襄，居六乾宫。

　　　　　　　求仙合药见天心，

　　　　　　　商途旅福又还新。

　　　　　　　更将迁葬皆宜利，

　　　　　　　万事逢之福禄深。

　　天心时宜疗病合药，不宜嫁娶。入官、筑室、祠祀、商贾，秋冬吉，春夏凶。
利见君子，不利见小人。

　　天柱金星，字子申，居七兑宫。

　　　　　　　天柱藏形谨守宜，

不须远出及营为。

万种所谋皆不遂，

远行从此见凶危。

天柱时不宜入官、市贾，惟宜修造、嫁娶、祭祀。

天任土星，字子韦，居八艮宫。

天任吉宿事皆通，

祭祀求官嫁娶同。

断灭群凶移徙事，

商贾造葬喜重重。

天任时宜祭祀求福，断灭群凶，四时皆吉。又移徙、入官、祠祀，商贾、嫁娶，吉。

天英火星，字子威，居九离宫。

天英之星嫁娶凶，

远行移徙不宜逢。

上官文武皆宜去，

商贾求财总是空。

天英时宜蕴身守道，设教修礼。将兵，春夏胜。嫁娶，无子孙。移徙、上官、修营，皆吉，春夏用之，有喜。

九星反吟

上盘天蓬，加地盘天英。

上盘天内，加地盘天任。

九星伏吟

上盘同地盘。主孝服，损人口。

三奇六仪吉凶总断

乙、丙、丁三奇，与开、休、生三吉门，其中各一临之，方为三奇之灵。此时此方，百事皆吉。

三奇六仪，天地之机。

阴阳逆顺，至理元微。

三奇者，乙日、丙月、丁星也。六仪者，戊、己、庚、辛、壬、癸也。受甲者为仪，不受甲者为奇。

时加六甲，一开一阖，上下交接。

时下得甲申，为伏吟也。加阳星为开时，百事吉。加阴星为阖时，百事凶。

时加六乙，往来恍惚，与神俱出。

时下得乙巳，为日奇。凡攻击行来者、逃亡者，宜从天上六乙出，为与日奇相随，恍惚如神，人无见者，故曰"与神俱出"。六乙为蓬星，又为天德，百事宜利求利得闻喜。有移徙、入官、市贾、嫁娶，吉。若将兵，大胜，所向获功。人君宜施恩赏，不可谴怒，行鞭朴之事。

时加六丙，万兵莫往，王侯之象。

时下得丙，为月奇也。又为威火之象。火能灿烘，伏兵不起。凡攻伐，宜从天上六丙出，与月奇相遇。又挟威火，此类王侯。又丙为明堂，此时用事，逢忧不忧，闻言则喜。入官得迁，商贾有利，将兵大胜。又丙为天威，宜上号令。

时加六丁，出入幽冥，到老不刑。

时下得丁，为星奇。又为玉女，宜安葬、藏匿之事。若随星奇挟玉女，从天上六丁而兴，入太阴而藏，则敌人自不能见也。可请谒，利娶妇、入官、商贾，百事皆吉，无凶。若用兵，主大胜。六丁为三奇之灵，行来出入，宜从天上六丁所临之方出，百事吉利。

时加六戊，乘龙万里，莫敢呵止。

戊为天武，从天上六戊而出，挟天武，入天门，百事皆吉。逃走亡命，远行万里，无所拘止。又宜发施号令，诛恶伐罪，图远谋大事也。

时加六己，如神所使，出被凶咎。

己为地户，又为六合，宜隐谋私密之事，不可表暴彰露，强为之者，必获凶咎。入官、嫁娶、远行、造作、大段用事，皆凶。只宜市贾，将兵必弱。

时加六庚，抱木而行。

强有出者，必有斗争。

庚为天狱，出被凌辱，市贾无利，入官、嫁娶，百事皆凶。将兵，客死主胜。

时加六辛，行逢死人。

强有所作，殃罚缠身。

辛为天庭，不宜远行、诉讼、决刑狱、嫁娶、市贾、入官，不可问疾，诸事不利。将兵，主胜客死。

时加六壬，为吏所禁。

强有出入，非祸相临。

壬为天牢，不可远行、入官、问疾病者，进退、移徙、嫁娶、逃亡，百事皆凶。此时用事，必有仇怨，为吏所呵，不可举兵，只宜严刑狱，平诉讼。

时加六癸，众人莫视。

不知六癸，出门即死。

癸为天藏，宜求仙，远遁绝迹，从天上六癸而出，则众人莫见。不宜市贾、入官、迁除、嫁娶、移徙、入室，问疾病者重，又宜扬鞭朴之事。

三奇入墓

乙奇临二宫，木归未也。

丙丁临六宫，火归戌也。

乙奇未时，及坤上木入墓，丙丁戌时，及乾上火入墓，纵吉宿临门，不可举百事。

六丙悖格

天上六丙，加年月日时干，并直符，皆名悖，不可用事，主紊乱。

六甲总断

甲子、甲午为仲甲，不可出入，利逃亡。

甲辰、甲戌为季甲，百事吉。

甲寅、甲申为孟甲，宜守家，不可出入，凶。

今日是甲直符，与时皆是甲，名为三甲合吉。

甲戌、甲午，乙奇临之。甲子、甲申，丙奇临之。甲辰、甲寅，丁奇临之。亦名曰"三奇得使"。

直符总断

甲加丙，名青龙反首，造举百事，皆吉。若得奇门，则出行最良。

丙加甲，名飞鸟跌穴，利为百事。

六癸亦为九地之下逃亡绝迹，从天上六癸所临之方出入，无人见者。

直符以甲子临兰宫，子刑卯也。甲戌临二宫，戌刑未也。甲申临八宫，申刑寅也。甲午临九宫，午自刑也。甲辰临三宫，辰自刑也。甲寅临四宫，寅刑巳也。六仪击刑，皆凶。

庚加丙，名太白，入火位。丙加庚，名荧惑，入太白，百事凶。

乙加辛，名青龙逃走。辛加乙，名白虎猖狂。丁加癸，名朱雀入江。

癸加丁，名螣蛇夭矫。此时忌为百事。

庚加太岁之干，名岁格。加月建之干，名月格。加本日之干，名日格。加本时之干，名时格，亦名伏吟，百事不可用。

庚加直符，名伏宫格。直符加庚，名飞宫格，百事凶。庚加日干，名伏干格。日干加庚，名飞干格，凶。

庚加癸，名大格，不可举百事。加己，名刑格。时下得癸，名天网四张，不可造百事。

直符反吟

上盘甲子，加下盘甲午。上盘甲戌，加下盘甲辰。遇奇门盖之，不至凶害，不然灾祸立至。

直符伏吟

上盘甲子，加地盘甲子。六仪准此。

三遁

天遁：上盘六内，中盘生门，下盘六丁，宜求财。

地遁：上盘六乙，中盘开门，下盘六己，宜求财。

人遁：上盘六丁，中盘休门，下盘六丙，宜求财。

天辅时

《三元经》曰：天辅之时，有罪无疑。斧钻在前，天犹救之。

甲己之日己巳时，乙庚之日甲申时，丙辛之日甲午时，丁壬之日甲辰时，戊癸之日甲寅时，是天辅之时也。凡此之时，有罪皆能释。

五不遇时

六甲地丁之时，阳星加之为开，阴星加之为阖。此时移徙、嫁娶，不可行遣怒鞭朴之事。行人不来。日中利远行。以甲日午时为庚午时，乙日为辛巳，丙日壬辰，丁日癸卯，戊日甲寅，己日乙丑，庚口丙子，辛日丁亥，壬日戊申，癸日己未，皆时干克日干，下克时分损其明，名"五不遇时"。纵得奇门吉，不可做百事。

游三避五时

三为生气，利为百事，故曰"游三"。如甲己日用丙寅时之类。五为害气，百事皆凶，故曰"避五"。如甲己日用戊辰时之类。

时干入墓

乙未时，乙奇入墓。乙为木，木墓在未也。丙戌时，月奇入墓。丙为火，火墓在戌也。亦名三奇入墓，皆凶，不可举百事。

玉女守门时

庚午、己卯、戊子、丁酉、丙午、乙卯，三奇游六仪之上，名玉女守门时，利宫庭宴乐之事。

五阳时吉凶断

甲、乙、丙、丁、戊为五阳时，利为客，宜先举兵，扬旗鸣鼓，耀武扬威，以期决胜。五阳为喜神，治事可以出军征伐，远行求利，立国邑，安社稷，纪大义，临武事，入官、嫁娶、造举，百事吉。逃亡者不可得。

五阴时吉凶断

己、庚、辛、壬、癸为五阴时，利为主，宜后举兵，伏旗衔枚，待敌后动，以期决胜。五阴为恶神，治事不可张扬，凡拜官、移徙、婚姻、远行、造举，百事皆不可。宜为密谋筹策，祷祝求福。逃亡者可得。

十干人君所利时

甲为天福。此时人君宜行恩施惠，进有德，赏有功。

乙为蓬星。此时人君宜施恩赏德，敛恤无告。

丙为明堂。此时人君宜发号施令，以彰天威。

丁为太阴。此时人君宜安静居处，无使烦扰，不可行威怒谴谪事。

戊为天武。此时人君宜发号施令，行诛戮。

己为明堂。此时人君宜发明旧事，修封疆，理城郭。

庚为天狱。此时人君宜决断刑狱，诛戮奸邪。

辛为天庭。此时人君宜正刑法，奋怒制罪囚，不可为吉事。

壬为天牢。此时人君宜平诉讼，决刑狱，不可为吉事。

癸为天藏。此时人君宜扬威武，行责罚，积储藏，收敛吉。

六十甲子吉凶日

丁丑、丙戌、甲午、庚子、壬寅、癸卯、乙巳、丁未、戊申、己酉、辛亥、丙辰，皆干生支也，名宝日，上吉。

甲子、丙寅、丁卯、己巳、辛未、壬申、癸酉、乙亥、庚辰、辛丑、庚戌、戊午，皆支生干也，名义日，次吉。

戊辰、己丑、戊戌、丙午、壬子、甲寅、乙卯、丁巳、己未、庚申、辛酉、癸亥，皆干支同类也，名和日，次吉。

乙丑、甲戌、壬午、戊子、庚寅、辛卯、癸巳、乙未、丙申、丁酉、己亥、甲辰，皆干克支也，名制日，小凶。

庚午、丙子、戊寅、己卯、辛巳、癸未、甲申、乙酉、丁亥、壬辰、癸丑、壬戌，皆支克干也，名伐日，大凶。

四时通用八门捷法

凡每日出入用事，从开、休、生三门，大吉。

休门在乾

甲子　乙丑　丙寅　辛卯　壬辰　癸巳　戊午　己未　庚申

休门在离

丁卯　戊辰　己巳　甲午　乙未　丙申　辛酉　壬戌　癸亥

休门在艮

庚午　辛未　壬申　丁酉　戊戌　己亥　丙子　丁丑　戊寅

休门在震

癸酉　甲戌　乙亥　庚子　辛丑　壬寅　癸卯　甲辰　乙巳

休门在兑

己卯　庚辰　辛巳　丙午　丁未　戊申

休门在坤

壬午　癸未　甲申　己酉　庚戌　辛亥

休门在坎

乙酉　丙戌　丁亥　壬子　癸丑　甲寅

休门在巽

戊子　己丑　庚寅　乙卯　丙辰　丁巳

孤虚法

黄石公曰："背孤击虚，一女可敌十人法。法：十人用时孤，百人用日孤，千人用月孤，万人用年孤，惟有时孤最验。"今立成于后。

甲子旬	孤在戌亥	虚在辰巳
甲戌旬	孤在申酉	虚在寅卯
甲申旬	孤在午未	虚在子丑
甲午旬	孤在辰巳	虚在戌亥
甲辰旬	孤在寅卯	虚在申酉
甲寅旬	孤在子丑	虚在午未

旺气十倍，相气五倍，休气如数，囚气减少，死气减半也。

五帝旺气坐向方位

正、五、九月，正南方面北，大胜。二、六、十月，正东方面西，大胜。三、七、十一月，正北方面南，大胜。四、八、十二月，正西方面东，大胜。

月建属九星出行诗诀

建计除阴满罗睺，

平定水贪执水破。

破木危阳成是土，

收紫开金闭月孛。

建为青龙用为头，

除是明堂黄道游。

满为天刑平朱雀，

定为金匮吉神求。

执为大德直黄道，

破为白虎危玉堂。

成为天牢坚固守，

收为元武盗贼愁。

開臨司命为黄道,

勾陈为闭主亡流。

黄道出行为大吉,

行军斗战黑罢忧。

凡犯天刑者,出军必伤,主颠狂六畜死亡之事。

犯天牢者,人伤贼害,亡财失利。

犯元武者,亡财走失利息,奴婢遭劫,贼伤胎孕也。

犯青龙者,父母、兄弟、长妇死入狱出逃亡贼主凶恶事。

犯朱雀者,因死见血光,亡财于地。

犯白虎者,治明堂。

犯天牢者,治玉堂,即此厌彼处以灾消,大有功。

伍子胥曰:凡远行诸事,不得往天庭、天狱、天牢三神,大凶。常乘青龙,历蓬星,凡出行,百恶不敢起,大吉。

大金刚神直日百忌诗诀

奎娄角亢鬼牛星,

出军定是不还兵。

若还远行逢贼盗,

经求财利百无成。

发船定是遭沉溺,

买卖交关不称情。

穿井用工难见水,

拜职为官剥重名。

婚姻仍主刑损害,

出丧冲著损生灵。

欲识星辰吉凶处,

出在符天秘密经。

占贼方位

视元武所立神为来方，支临为去方。元武盗神乘天驿二马，盗贼从克方逾垣越屋而入，若无天驿二马，必穿穴而入。元武盗神与长绳元索煞并者，其贼跳屋，从天窗中缘绳索而下，元武盗立地方，从水窦中而入。

占何人为盗

元武属阳为男，属阴为女。有气为少，无气为老。次看何类为之：寅为吏人，卯为经纪人，辰、戌为凶恶军人，巳为手艺人、店舍炉冶人，丑、午为旅客，申为过犯人，未为熟识人，酉为匠及金银、赌博、酒客，亥、子多水族。吉神，并者豪纵；子凶神，并因外家儿。

占晴

天辅为风伯，天英为火神。天辅乘旺相落离九，或克下落的宫，或克日时二干，主风晴。天英乘旺相落三四宫，或克日时二干，亦晴。天冲直时，伤门乾巽，上见大吉、小吉。勾陈、天后主晴。大抵白虎主风，元武主雨，再以顶盘八贵神兼看，无不准验。其日期以落宫系何干定之。又阳星、阳干合于阳门之上，及有干元带合克日，晴阴星等克雨。

占雷占雪

太冲直时，伤临乾巽，上见蛇雀，从魁、太冲有雷。雪则乾、兑二宫主之，或天心乘壬癸干到兑，或天柱乘壬癸干到乾，皆主雪。各以落宫所得之干以定其期，或天蓬直时直使到巽，见天罡胜光日破，主雪中有雷。见后阴、元武、亥子、从魁，主大雪。朱雀、风伯、雨师有小雪，天蓬、六合、伤门为直使，同会震，主大雪久阴之象。

占升迁

开门加生旺宫，再有三奇德合吉格者，主升迁。再遇太岁月建乘吉神来生，高擢甚速。或吉格不旺相，或旺相无吉格，或旺相格各吉，太岁月建不来相生，亦为不利。

占征召

太岁为皇恩，月建为铨部，日干为自己，太岁、月建乘星同生。日干乘星、日干落宫得吉格局，主有皇恩庆应，反此不能。

占降罚

开到鬼废休囚之方，或上带击刑入墓，迫制无权，当有降罚之应。

占上官

依方所向，须细端详。如上官向东看东方所得宫神，各依向方宫神，以得吉格为主，得吉则必升迁，无吉格仪旺相责降其职。若无吉格星又休囚废没者，罢黜之象也。凡凶格、伏吟、返吟、飞勃、伏干、五不遇时、入墓等格，均为不利便，不必论其方向矣。

占官员历任归结

本官年干本命，地盘上乘吉星、吉门、吉格者，大利。若本方得吉格，余宫犯击刑、飞勃、伏格，及本干宫有劫杀丧门刑害者，不利。如无吉格，若得奇、得门、得星者荣归，不得者罢黜。乘凶格者，大不利。

占官员考绩

直符为天官，开门为官星，开门宫受直符宫克。又休囚废没、不得星得格者凶，旺相者罢职。得吉星者责降，不受直符宫克及相生者无事。

占新任地方远近内外安否

天禽落宫为畿，余为外地。各宫六仪上奇定其分野，遇甲戊同宫，阳日用甲，阴日用戊。开门落宫上有天蓬，则主盗贼。六庚向击，兵乱为荒。丙壬若遇水涝旱灾，不犯此者，自保安康。定州分野，各以本邦，或远或近，细审地方。

占新任官美恶并何处人

凡未有新官受治地方，欲预知为何处人，及人品美恶，以官星为主，上乘吉星为好人，乘凶星为恶人。

《灵禽经》曰：天辅文雅天任慈，天心忠厚正天禽。风离但凭冲到处，英星昏烈芮贪淫。奸诡天柱蓬大恶，九星飞布是精明。天干分野歌：甲蛮海外乙东夷，丙楚丁岱江淮离。戊己韩卫中河济，庚为秦地辛华期。壬为燕赵并魏兮，常山在癸不须疑。开门为官星。

占科名

凡占科名，以日干为士子，直符为主司，天乙为分司，景门为文章，直符宫克日干宫，天乙宫克日干宫，景门宫克日干宫，日干宫克门门宫及景门宫，休咎废没，俱主失意。如直符、天乙来生日干、景门，又得旺相者，必得科名，再遇三奇、吉门、吉宿于本人年干之上者，大利。

占殿试甲第

以太岁为天子，月建为主司，日干为士子，景门为策论，景落旺相之宫，上得三奇，并太岁、月建来生日干者，为鼎甲。不得三奇，而有太岁、月建来生者，为二甲。不生日干，又无三奇者，为三甲。

占小试

凡士子小试，以天辅为试官，日干为士子，六丁为文章，六丁得旺方，更兼天辅乘生，又得三奇及开、休、生。景四吉门者，为上吉。文星旺，试官生，不得三奇、吉门者，为大吉。文星虽旺，而试官不生，或试官生，而文星不旺，仅得中平。文星不旺，试官又克，幸有三奇、吉门者，为下。试官克害，文星不旺，日干又在休、囚宫，又无三奇、吉门，或得死门及诸凶格者，凶。

占考期

凡士子候考未知何期者，以天辅为试官，冬至自坎至巽为内，自离至乾为外，夏至自离至乾为内，自坎至巽为外。文星在内者，主上半年；在外者，主下半年。冬至后，以十一月至四月为上半年，夏至后，以五月至十月为下半年。更以所落宫分野以定日期，以十二支配八卦法决之。

占武试

占武试，以直符为试官，时干为士子，甲申庚为箭，甲午辛为红心，景门为策论，专以甲申庚落宫克甲午辛的宫，或相冲为箭中红心，再看景门得旺相，又与直符相生者，利。再有三奇、吉门、吉宿，加本人年干，大利。

占投武

天冲为武士，直符为帅主，直符宫生天冲宫，天冲宫生直符宫，主利；彼此相克，不利。天冲若作直符，大利；遇反伏吟，不利。

占称贷

直符为物主，天乙为称贷之人，各以所落的宫，分生克论之：直符生天乙，天乙克直符，必遂；直符克天乙，天乙生直符，不遂。

占合伙

地盘生门为财主。天盘生门落宫为伙计。地盘克天盘不成，天盘克地盘亦不利。天盘生地盘和美，利主，地盘生天盘全美。

占求财

须看生门落宫井，看上下二盘格局。《灵禽经》云："生门之上好求财，上下两盘仔细猜。吉格吉星求必遂，一有不吉所求乖。休囚死废全无用，生旺相和事事谐。"

占得财

地盘时干在内地，上得三奇、休生二门，天盘甲子戊亦在内地，会开门，此财甚速；不会三门，所得主迟。又以本宫所得何支定期限，若时干与甲子戊俱在外，或一内一外，俱主迟，伏吟亦然，空亡终不得。

占婚姻

凡男家求妇，女家求婚，或方议结婚，或将为娶嫁，以乙为女，庚为夫，两处落宫相生合则成，相刑克则不成。又以天六合为媒人，如六合生乙，向女家，生庚，向男家。庚宫克乙宫，乙宫克庚宫，彼此互克者，不成。乙宫带击刑，主女性凶恶；带德合，主性温良贞洁。庚带凶神，夫性暴烈；带德合，主浑厚。

占招赘

女招夫，须天盘六庚宫生地盘六乙宫，庚上得吉星，主夫性温良长久，反此，不利。男赘妇，须地盘六乙宫生天盘六庚宫，反此，不成。

占娶妇

乙为女，庚为婿，两宫相生比者，如期娶嫁，反此，有迁延。如丙庚加年月日时干，年月日时干加庚丙，不独迁延，更有他咎。

占交易

直符为买物之人，生门为所买之物。生门落宫为物，生门来生直符宫，其物得价有利。门与本符落宫相生为物，主相恋，其物难买，相克则已成交。直符宫得旺生生门宫，利卖者；生门宫生直符宫，利买者。凡欲买物，要卖主方得吉格者，有利；反此，不利。凡卖物，要买主之方得吉格者，利；凶格，不利。

占贸易

生门落宫旺相，再有吉星及三奇吉格，主买卖兴隆。如不合者，平常。若遇凶格，大不利。

经云：欲占春夏旺天冲，禽宿当权秋与冬。余星到处皆无利，若遇天蓬大有凶。

占利息

凡占贸易得利多少，须凭生门所临之宫。旺则多利，相则利平，休、囚利微，休囚有凶格，主消折。生门居旺相，再看甲子戊上乘何干，以决其数。

占放债

直符为财生，天乙为取财之人，生门为财神，各以生克旺相论之：直符克天乙，吉。天乙克直符，凶。天乙生直符，吉。直符生天乙，凶。生门与天乙同克直符，其财尽失；同生直符，子母俱全。生门与天乙有一生一克者，不全则迟。天乙财神得休囚气，虽生直符，终是无力，不全主迟。

占索债

伤门克天乙宫，去人实心任事。天乙宫克伤门，彼必争斗不服。伤门与天乙同生直符，子母全得；同来克直符者，不还。伤门生直符，克天乙，还；生天乙，克直符，不还。天乙旺相，克伤门，虽有不还；休囚，生伤门，虽有心还，无力量还，亦不全。若天乙乘庚辛，来克直符，有经官之事。直符克天乙，乘六丁，或景门加之四宫，亦有经官之事。甲子戊会开门，加内地时干，其债速还。

占争竞

凡财物争竞，符为争竞先动之人，为客；天乙为后动之人，为主。争钱财，青龙为主。争田产、五谷、衣物，生门为主。直符落宫旺相，六甲落宫与生门落宫交生直符，利客；天乙落宫与六甲生门又生天乙，利主。直符旺相，六甲生门生天乙，先动者得理，后动者得财。天乙旺相，六甲生门生直符，后动者得理，先动者得财。若财神不生两家，并两家来生财神，俱不得。

经云：来生两家各得半，旺相已生尚可多。

占词讼

直符为讼者，天乙为对者，开门为问官，惊门为讼神。开、惊二门俱克对者，则对者败；俱克讼者，则讼者败。一克动讼，一克对讼，则两败俱伤。开生讼者，惊克讼者，或开克惊生者，俱为不利，对者亦然。又直符、天乙旺相为胜，休囚为败。若直符生天乙，则讼者和；生直符，主对者求息，不必以二门定胜负矣。总以落宫决之。

经云：二门胜败已安排，景合奇星讼不乖。若是惊伤会凶宿，死门合一大凶该。

占官事催提缓急

时干为己身，直符为官长，六丁为公文，直使为差。直符宫克天乙宫，六丁临干内地，其提缓；若直使临干内地，其提急。再有击刑，来意至急；三奇，至善。若相生，公差与官长见喜，相克，见怒。又看六庚二为天狱，落休囚，易结旺相，则主缠绵。

经云：断狱须知庚上求，废干父母见才休。一逢旺相终难结，三奇至善可无忧。

占官事牵连否

本人日干为有事之人，庚为天狱，辛为天庭，壬为天牢。本人日干，以地盘为主，上三凶煞，以天盘定之。犯一星，与日干同害，定有牵连，再有击刑，定有责罚。得天网，仅枷锁临身，再有凶格等煞，连累甚重。若得三奇吉门、吉格，无碍。若不犯上庚辛壬癸，定不牵连。

经云：天牢天狱地藏神，犯此虽清系不清。

占文状牵连否

顶盘朱雀落宫克时干落宫者，主有牵连，反此，无事。朱雀旺相克时干，连累甚重，休囚则轻。时干被克旺相者不妨，休囚则重犯，凶格重且凶甚。

占刑杖轻重

本人年命日干宫上星旺门，吉。并有三奇、吉格者，官员责降庶人罪轻。星不旺相，有三奇、吉门并诸吉格，或无三奇得吉门，并诸吉格与星旺相，主罪轻法。若无吉门，得星旺相，临三奇吉格者，罪稍轻，及己身。本命有三奇、吉格，门不吉，星不旺相，或星旺相，得三奇及诸吉格而门不吉者，罪主减等。或得三奇、吉格，星不旺，门不利者，罪重。如门奇星仪全不得，大凶。若本命日干犯击刑，必有刑罚之苦。

兴讼

丁为朱雀，为讼神，雀落阳干之宫，又落宫与天狱相冲，或乘景门，其讼必兴。若落阴干之宫，或投江入墓，不兴之象也。又临旺相之宫者，其讼大起落；休囚者，易结局也。

占状词

开为官长，景为文状。开到宫生景门宫，吉。景到宫生开门宫，不吉。景门宫克开门宫，吉。开克景，则不吉。又景落宫旺相，则吉；休囚废没，不吉。旺相生开门，吉；休囚废没克开门，不吉。

占罪人开释

地盘六辛为罪人，上乘吉星、吉门、吉格，再克开落之宫，或与落宫相生，全者释罪，主速；不备者，少迟。若开落之宫克六辛宫，再得休囚者，牵缠难解。又天网低，难释；天网高，则主释罪。

歌曰：天网四张无路走，一二网低有路通。

罪人轻重

开为问官，六辛为罪人，六壬为天牢。若开克辛宫，辛上又乘六壬，防有牢狱。二者缺一，则不为害。

囚出狱

壬为牢狱，所加地盘干为罪人。壬不独甲辰然，凡六甲旬中六壬时皆是。如甲子旬，即申为天牢之类也。他仿此。必地盘干上克六壬所得之支，再得开、生二门出，自速；不得二门者，主出迟。以受克之日为出期又必得六丁时或六丁落宫生囚人之干方看开、休、生三门也。

讼狱

六丙为本主，六庚为被治之人。六丙落宫克六庚落宫，丙又得其旺相，开为官长落宫，亦克六庚落宫，六庚再犯死门、凶星、死神、死气、休囚废没，其人必置于死。

占行期

若出行，或被牵缠，不能摆脱，或被人节制，不能自由，或犹豫不定，须以时干为起行之人，日干为牵缠节制之人，开门为起行之期，若日干克制时干，不能行；时干克日干，即行。日干宫上下皆来克者，得行。若犹豫者，看时干在外为去，在内为不去。俱看开落宫下得何干，以定其期。

走失

时干为失主，八门物类为逃亡之物。上乘旺相、星宿，又乘六合，不可得。得休囚废没、星宿、九地、太阴，有人潜藏。九天，远走。元武，被盗。螣蛇，有人盘诘羁縻。朱雀，有信。勾陈，有内人相勾引而去。又看六庚，年格年，获。月格月，得。日、时亦同。又天网低，可获；高，不可获。

失财物

八门落宫得元武，有人盗去；不见元武，自己迷失。元武克八门物类宫，物类宫生元武宫，主人盗去。又看六甲旬中空亡，如落空亡，失迷或被盗，俱不能得。又在内四宫为宅中，外四宫失落甚远。地盘宫分论方向，地盘支干论日期。元武乘阳星，为男人；阴为女子，有气为少，无气则老。以武宫天地盘看，以干决衣服颜色。

渔猎

伤门为捕者，甲午辛为鹰，甲戌己为犬，甲寅癸为网。生克论得失，旺相休囚论多寡。天盘星克伤门宫，得物；伤门宫克天盘星，不得物。天盘生伤门宫，物主走脱；伤门宫生天盘，易得。上盘见甲戌，用犬；见甲午，用鹰；见甲寅，用网。地盘再休囚，上盘生旺，必多获，反此少捕鱼。专用甲寅落宫克伤门宫，易得；无克，寡得。

干谒

休门宫分为所见之人，时干宫为干谒之人。休门宫生时干宫，时干宫再有三奇，必主遂意。相克更无奇到，主不得见或不喜悦；彼此旺相，见；休囚，则不如意。所往之方得休门者，见；开、生二门，未能即见。余门不吉。

访友

凡访友寻人，以所往方地盘为主，天盘为客。要相生合，得吉门，去必相遇。若门凶，上下二盘相克，则不遇。庚逢年月日时为格者，主不遇。

访人

如所访者在东北，则看八宫所得地盘，主星生对冲宫乘星，反受对宫乘星克，皆主相遇。如东北、西南两方中有吉格，所求皆遂；凶格，不能。壬则相拒，丙则相见。

远人

直符为主，天乙为客，各看落宫相生者无关系，克直符者，主求有得。克天乙者，求主不遂，相比者可求。又甲落阳干为求财事，己落阳干为祈托事，景落阳干为文书事。

占寿

人以九十岁为率，每宫十年。天冲落宫与死门落宫远近，以定其数。天冲带旺相，一生无害。若休囚废没，常有坎坷。占者将已经过寿数除讫以所得余宫岁数论断，阳遁顺行九宫，阴遁逆行九宫，年至三旬得四数除三十有十年而已。余仿此。

占病

天芮为病神，生、死二门为愈败，本人年干落宫得生门，不死；得死门，难愈。若年命休囚废没，再有凶星、凶格，大凶。余六门亦主缠绵，以天芮废没之月为愈期。占父母病，得年干入墓；同类病，得月干入墓；儿女病，得时干入墓，皆主大凶。又凶星、凶门加病人年干，更无救神，不可救。若凶星加奇门上、下干相救，可死；中，得生。若三奇、吉门星，更天地相合，不药可愈。

眼疾

离为目，九宫上得吉门、星、格；愈速；凶，则痊迟。吉凶不分，主缠绵而不重。

六畜病

看八卦类神，上得吉星、门、格者，主无损伤，反此，不利。

胎孕

凡占胎孕男女及产育难易者，以坤卦为主；坤上所得门为胎，天盘为产室。产室克门，子不存坤；克上门，胎不安门。克坤宫，孕妇常病。天盘克地盘，胎妇不安，得门属阳为男，阴为女胎。如伏吟，为子恋母腹胎，主稳而产难。见白虎，为血光神，其产甚速。门到坤宫，若为入墓，必是死胎。天盘星为门、宫二者之墓，不吉；为坤之墓，不利。母为门之墓，不利子，若吉带三奇更妙。

分居

坎、离二宫，为阴阳分位之始。如自十一月至四月尽为阳，以坎艮震巽为内，离坤兑乾为外；五月至十月尽属阴，以离坤兑乾为内，坎艮震巽为外。以年为父母，月为兄弟，日为己身，时为子息。按本局中干支推之，如居两处为分居，一处为不分。以宫分支干照岁月日时以定日期，以旺相休囚定吉凶。

迁移

凡迁移，方上得奇门三吉再时，天禽四季日皆吉，天辅春夏大利，天心秋冬大吉，其余星俱不利。各以来占时看何星为天乙定之。

嘱托

天乙宫为求托之人，直符为所求之人，直使为转托之人。符克使，不利；生直使，利。使克符宫，彼必不悦。生直符，虽依其言，不甚快利。直使生天乙，克直符，不成。直使生直符，克天乙，不利。

符、使俱生天乙，或俱为天乙所克，其事济。有一不生，亦不济，各以落宫定之。

间谍

直使为主者，丙为自己，庚为仇人。以月将加本时，丙为直事所得及相冲，则动；不冲，不动。冲动则看庚与直使乘星，庚旺使囚无益，庚乘星克使星亦无益。相生无益，使乘星克庚乘星，方得。

行诈

六丙为己，六庚为敌，朱雀为谣。雀落旺地，六丙落宫克六庚落宫，或六庚落宫生六丙落宫，其术得行。若庚被丙克，在旺相之乡，或生六丙，不在休囚废没之地，主半疑半信。丙被庚克，或生六庚，不旺相者其术不行。如常人争讼私斗，亦欲行诈者，以日为自己，年为长辈，月为同类，时为晚辈，其占法同。

行人

以本人年命合当时局中干支为行人，以支宫为宅舍，左右为来人。迟速，如占东方人，得西方即来，北方不来，南方在路，其日期以地方远近旺相决之。如行人在甲子，生者在南方，若入坤、兑、乾，将来。过坎，即至。入艮震巽三方，又向他方，前遇克我之卦，半路有阻。再看吉凶神煞，以定安危。又天蓬、天芮俱主行人，千里外者看天蓬，千里内者看天芮。时下得蓬、芮为来，即以时干为来期。伏吟不来，反吟来。三奇吉门全于行人年干之上为便到。凶星干门，主有妨碍不来。

又年格年来，月格月来，日格日到，时格时回，远看年月，近审日时。

请人来否

请人方向地盘干克天盘干，地盘星干又转内界，或所往方得开门，必来。如下不克上及上克下，地盘在本方宫，不得开门，主不来。所请方不落空亡，得日干格者，来。

谁去谁不去

凡同为一事，两人协之。或两人各为一事，看两人年干原宫上得何干乘之，如乘阳干者，去；乘阴干者，不去。俱乘阳干或俱乘阴干，俱去、俱不去应。又乘旺相之星，去速；休囚，则缓。

在外占家中安否

日干为主，十干生处为家。如甲木生在亥，亥寄乾宫之类，看乾宫地盘中无凶星、凶格者，家中平安。若有凶门星等格者，看克害何干，即依干之六亲决之。年知父母，月知兄弟，时则为妻子有咎也。

在外人安否

看外方上下二盘，得三奇吉门及诸吉格者，无不安稳；反此，定咎之轻重。

远信

六丁落宫为信，时干落宫内外为迟速。临外信迟，内主速。丁奇受制休囚，轻则信迟，重则无信。朱雀投江，永无音信。螣蛇夭矫，迟滞难前。六丁带三奇德合而有吉信。击刑若见，凶信。生骇入墓，何能望信？庚格见而难期。《元枢经》云：本人居地景门临，北地南占信息真。

在外投宿店吉凶

时干落宫遇蓬、芮、英、柱，俱主恶人，余五星皆吉。落宫克时干，主有侵害。时干落宫遇三奇吉门、吉格者，虽有恶意而不敢害。无吉格，但乘旺相，亦无碍。若时干犯凶星、凶格及休囚废没者，当主侵害。

水路舟船善恶

震三宫为船，天盘所得之星为船户。辅、禽、心为上吉星，任、冲半吉，蓬、芮、英、柱，大凶。

道途吉凶

时干所落前一宫，得天蓬，为贼盗；如无，不遇。时干所加本宫，得三奇吉门、吉格及旺相者，道途安稳。即前一乘蓬亦无妨。

占约期

年为尊长，月为同类，时后辈，日为己身。在直符前者先至，在直符后者后至。所落宫相生，至；相克，不至。俱在前后者亦然。伏吟阳星不至，格勃亦然。

占未曾出门先定回期

阳局天蓬在内四宫，前半年回；在外四宫，后半年回。阴局同。以落宫十二支位定所得某支，即以某支为限。

占回乡

凡人久在他邦，欲回家乡，未知得回否，及何日能回，本人年命占入局中落内界，主回。以地盘支干定其日期，如年命落在外界，虽有回家之心，终有牵缠。上得吉门、吉星，回家平安；上得凶星、门，回家有事。

占路逢同伴善恶

凡出行在外，中途遇伴，不知善凶，看地盘时干为己身，上得何星以定同伴，如禽、心、冲、辅、任，为吉人；蓬、内、英、柱，为恶人。恶在得旺相时干居废没之地，主有侵害。如时干旺相、凶星废没，不敢害；俱旺俱废，亦不致害我也。如凶星害时干，得休、生、开并三奇吉格者，主被害。中有生意，时干旺相得刑格、凶格者，虽有侵，无妨。

占领文迟速

六丁与直使宫相生则速，相克则迟。又六丁在何宫相生，即以本宫支干定其日期。

占给假

直符为尊长，天乙为卑小。直符落宫克天乙落宫，天乙落宫生直符落宫，俱不准假。落直符宫生天乙宫，天乙宫克直符宫，准假。两宫相比者，不准。

应役

开为贵客，直使为己身。开门宫生直使宫，直使上又得三奇及旺相吉宿，大吉。与贵客官相克，并凶星休囚，主凶。

起解

银粮，开生二门主之，上不可见天蓬诸凶等煞，及再克直使者，不利。解罪天上，六辛主之，须休囚不克直使，使宜旺相，及克六辛宫，或辛生直使者，平安。若使生六辛，防其欺蔽。如不相克制者，可期无事。六辛若带合元，须防逃走。不犯恶星、凶格，终始无遗。

解罪人

本人年命上乘六辛落宫得阳干，再受开落宫之克制，其解无疑；反此则未然。至于课逢不备，尚在辗转耳。

和事

庚、丙为两家相构之人，甲子为和事之主。甲子落宫生两家或克两家，则和有准；一生一克者，不和之象也。若甲子在旺相客中，庚丙在休囚之分，亦当主和。

退役

如阳局，时干从乙丙丁三奇为退，若在六仪，时干主不能退。丙时该退，上见庚临，为之入荧，是主进而退亦不能。如阴局，时干得奇为进，得仪为退。或丙不临庚为入太白，凡事主退也。

公私归结

凡人事体缠绵、归结无期者，已到官为公事，未到官为私事，看时干落宫。时干在坎卦，生于子，为阳气始生之地，万物方动，事体不能归结；星旺门顺，方可归结。时干在坤卦，气乃土与地相连，阴阳交接，行不能行，止不能止。时干到震卦，生于卯，震厉成刚，震，振动也，事主大发。星旺门顺，可成。时干到巽，大往小来，始植者生荣，已萌者不长，新事不止，旧事渐消。时干到五，中央戊己之位，阳坤阴艮，复、姤接连，万物得之而生，理之而长，事不能结。时干在六卦，生于亥，阴气极也，纯阳初生，私事则消，公事则发。时干到七卦，生于酉，肃杀之令，万物老死。又兑者，说也，为口舌，为官讼，阴谋者事体当泄。又为天地赏善罚恶之地，万物至此而决，归结无疑。时干到艮，主进退无常。又艮者，止也，占人进退，不离其居。占事目前虽完，后必又发。时干到九卦，生于午，阳气分位，阴气生焉。刚处其外而能安居，阴柔在内而不能安分，主公事归结，私事将起，占人有不正之义也。

禾稼

天任落艮、震，主丰。再得青龙、六合、功曹、太冲，主四民乐业。若不落艮、震，主年歉。再以青神、月将分旱涝，如天任所在有蛇雀、巳午、天空、太乙，主旱；传送天后，主涝。又生门主麦，伤门主谷。看三奇、太常、功曹、贵人在生门宫，则收麦；在伤门宫，则收谷。

蚕

三奇吉门，吉宿全于金木之宫，为吉。须要下不克上宫及门，为良。若门吉星奇皆不至金木之宫，而更克上宫星及门，为无蚕。

捕盗

天蓬元武宫为贼盗，伤门宫为捕人，时干宫为物主。伤门落宫克天蓬元武官，易寻。时干宫再克天蓬元武官，易捕。若伤门宫生天蓬元武宫，不实捕捉。天蓬元武来克时干伤门，难获。伤门与天蓬元武同宫，时干再克，捕无不获。天蓬元武同宫，党羽必聚一处两处在四方，旺相难捕，休囚易获。乘六合，为大盗。天网低，可获；高，难捕。

捕亡

六合为逃人，伤门为捕人。六合宫生伤门宫，自归。克伤门宫，不可得。伤门宫克六合宫，易得；生六合宫，必有盗赂。伤门与六合同宫，有欺蔽。值年月日时格，则可获。天网在一、二、三、四宫，可获。在五、六、七、八、九宫，不可获。又人假合太白入荧同宫，必获。又阴时可获，阳时不可获。

捕罪人

开门为官长，直使为公人。罪人看年命，直使落宫空亡不得加临本人年命，其获速；一内一外，其获迟。空亡者不获，如甲子旬中空戌亥地盘，得甲戌己六合是也。

官长喜怒

开门为官长，时干为己身。开门宫克时干宫，被击刑。诸凶格者，责罚。有凶格不相克者，无碍。若占得六甲时名为天辅时或六丁时，虽有凶格及被克制，亦无碍，见尊长亦然。惟以年干为尊长。

蝗螟

死伤惊杜临日干，主来；反此，不来。

种植

冲为花神之主，辅为树木之乡，各宜落宫得旺，旺则主生，休囚主死。生则为活，克则为死。吉格为生，凶格为死。旺相来生，兼吉格，盛茂之征；休囚来制，有凶格，草木枯焦。若吉凶相半者，先活后死，或先枯而后生。要知必长，须求壬、癸、戊、己四干头来生，自活不生者终死无昌。又得三为生，五归死气。又时干入墓不遇时，庚丙格勃俱不利。若值伏吟，阳星为吉，阴则凶。

人谋害

庚为仇人，甲为己身。庚落宫而克甲，谋害多迍。甲落宫而克庚，不谋自信。害则甲落宫而受击刑，不害要逢旺相，虽击刑亦无迍。庚金上下之星皆火，及甲申庚作直符，俱不能害。

遇难避方

凡有危难逃避者不知何处可去，当看杜门六丁、六癸、六己或六合宫天上太冲及生门所临之方。又生本时时干，此数者合一件则吉，再遇星吉三奇，大吉；反此，不利。

逃避可否

避兵看六庚，避贼看天蓬，避克讼者看六辛。时干为己身，六庚克时干，不加内地，不必避；加内地，不克时干，亦不必避。克时干，不加时干，不必避；如时干不克时干者，亦不必避。克时干，临内地，加时干，俱为当避也。天蓬、六辛同此。避仇人，先动者为客，为阳，六丙主之；后动者为主，为阴，六庚主之。客占以六庚落宫克六丙落宫，又临内地，当避；或克不临内地，或临内地不克，俱不必避。若六庚乘休囚之宿，加内，不必避；乘旺相之宿，加内，当避。主占看六丙同，惟丙下临六庚，凡事当退，亦不必避。

求师传道

所往之方，上得天芮，可遇明师。来生时干，传道无疑；来克时干，必不投合。时干或生或克，天芮亦无用。天芮方上有三奇吉门及诸吉格者，方为明师。

设教

辅为师长之星，直符为主者，天芮为弟子。直符宫生天辅宫，辅宫再得三奇吉门、吉格者，必谐；其余皆不安也。又天芮在旺相之宫，子弟必多；在休囚，少。往方得吉者，吉凶难亲。

烧丹

凡炼大丹及一切炉火之事，坎为真铅，休门主之；震为真汞，伤门主之；离为真砂，景门主之；兑为真金，惊门主之。其余乾金、艮土、巽木俱为杂气。又月将加本时，子为真铅，午为真砂，卯为真汞，酉为真金。其寅申巳亥俱为杂气。贵六为真汞，朱雀为真砂，太阴为真金，元武为真铅，其余天后、白虎、螣蛇、青龙俱为杂气。天蓬为真铅，天冲为真汞，天英为真砂，天柱为真金，其余芮、辅、禽、心、任俱为杂气，凡此俱会中五中，地盘得丙丁二火，天盘壬癸二水，是可成内，有杂气不成。

求仙

地盘本身日干为主，上得心、芮二星生门并六仪、三奇俱生日干，占时又得六癸者可求，若无心、芮二星，是无明师；有心芮二星，不得生门并六仪、三奇来生日干者，不能。

祈祷

凡祈祷雨泽、祭祀禳福一切书符作法造进表词之类，俱看天禽所在，下得神、鬼、风、云、龙五遁，方得效验；反此，不验。

鸦鸣

凡遇鸦鸣，急视景门，在直符前一，切迫来临；前二，口舌；前三，婚姻不然，争讼哄讲门庭；前四斗殴、财利相争。直符后一，事涉女人。后二，欺蔽淫欲奸萌。后三，亡失衣物牺牲。更寻六丙下值何神，河魁则贵有灾，六畜有伤。从魁在下，寡妇传音，上逢吉将，酒食邀迎。传送在下，人来觅物。小吉在下，妇女喜成。胜光在下，征召欢忻。太乙在下，大吏相寻。天罡在下，争斗讼死。太冲在下，酒食邀迎。功曹在下，庆贺祥臻。大吉在下，亲戚得朋。神后在下，事主奸淫。登明在下，吏索公文。又须听声过何方隅，吉门则吉，凶门则凶。

雀噪

看朱雀所临之下得何奇何门，以决其事。开门盖奇，有亲朋至，或行人远归，或主酒食。休门盖奇，主有喜事、喜信及婚姻之事。生门盖奇，主得田宅、财物、头畜之事。若不得三门，及门迫奇墓，俱主无所系也。更看景门所临，吉格主有喜信，凶格则有忧信或小烦恼。

占怪异

怪异狗嚎、釜鸣、火灾、水灾、牝鸡晨鸣之类，以时干所加，下得三奇吉门、吉星、吉格者，平安。无奇门、吉星，犯凶格、凶星者，难无事。若吉多凶少，祸亦无妨；吉少凶多，岂能无碍？内为前半年，外生后半年，以八宫定其日期。

占梦

看地盘，梦时时干上门星俱凶，得三奇吉格或无三奇吉格星门俱吉者，皆非吉梦，然亦无凶。若得星门奇诸吉格，主大吉；反此，皆得诸凶者大凶，即吉梦亦当凶兆。若时值甲申，空亡即属幻景，无所关系也。

占动四体吉凶

眼属肝，为木，为震。耳属肾，为水，为坎。唇属土、坤。左臂属巽，右臂属坤。左足属艮，右足属乾。右胁属兑，左胁属震。背腹属中。以上本方得奇门吉格者，吉；不得者，平平；凶格者，凶。

又占病

悬系一法少人知，问人年甲病先知。男从坎上顺数起，女向离宫逆点推。数到病人年甲上，看他因病预先知。子午卯酉定是死，寅申巳亥不开眉。辰戌丑未恐霍乱，此是神仙病应机。震巽相逢手足麻，口中恶气眼生花。神天保愿来相助，若不相投气喘加。坤艮脾伤胸不开，心中结定滞凝怀。腹脐疼痛连腰腿，阴邪见怪有飞灾。乾兑多头痛，沉沉六脉微。冷积并冷气，其病在胸脾。坎离多呕逆，久治号难医。人虚常盗汗，饮食渐消除。

占阴宅

螣蛇为坟穴，为水口。勾陈为山，又为罗城。元武为明堂，又为水流来去。朱雀为对山，左砂青龙，右砂白虎。年庚岁月，即从时干起六神；祸福来情，皆从日干定六曜。内三爻，前三十年之过去；外三爻，后三十年之吉凶。

占功名

奇门临本命，养就瑚琏之器；勃格加行年，暂滞坑堑之论。芮、心、任、辅乔迁职，蓬、英、冲、柱纳奏名。英得三奇，位居南粤；蓬逢一白，贵主北京。柱、心为煞曜，剑锋耀日；冲、辅乃秀气，文光射斗。天禽合辅封节钺芮冲辅弼列陪臣。勃格生兮假名，威德克兮虚位。任居鬼户僧道之辈，心号天门医卜之流。有奇有门，名登虎榜；不迫不战，早步青云。左青龙，右白虎，休兼文武；景为文，开为武，心武辅文。星为求名之士，天盘为考官，为文章，如主克客，文合机，名易成；客生主，遇旧作文题，考官得意名首列。客克主，名难就。主生客，文失意，且虚费。若和合，名易就。得奇不得门，名不遇；得门不得奇，终必成名。遇凶格门，迫衰冲刑，因名败亡。凡占，以礼为主。占名要克体为官，占子孙要泄体。行人看前一宫，休息事看后一宫。直符乃类神之副，直使即体之副，类神在体上。

又占行人

反吟受克不来，伏吟受克来。又看运门也。余照前法断看。主前一门天盘星克门生门俱来，门克星生星俱未来。行人自外飞入内，出行自内飞出外。出外自下而上，入内自上而下。阳时飞而不止，阴时伏而不起。体门前一宫，主动生不动克，动夹克凶。阳时天为头，阴时地为头。足克则动，头克则凶。阳时天上宫克门来，阴时地下门克宫来，生比不来；如临四隅，速来。又庚加日干，即至；日干加庚。主迟有阻；凶格临墓，永不来。又蓬合奇门，加九锦衣归里。英同天地，加一赦命留都。辅、冲合壬、癸，难免风波；柱遇格勃主官讼。任逢干兮遭鬼祸，心得奇兮遇贵人。九天九地，动用和谐；天乙太乙，谋求亨通。午年冲合景，江湖风月归洞府，未年心临七身入图圉。酉年任勃二路逢劫贼，寅年辅格六途遭拐骗。心利医名，辅利竹木行舟，芮利牛马，蓬柱利猪羊。蓬得奇水泽鱼盐酒醋，芮合门布帛谷粟，英利文书，任利山林，柱利五金，冲利木植。酉日英加六旬日方至，辰月心八立地来。

占雨

杜为雨师，英为电闪，辅为风伯，冲为雷公，蓬为水神。云雾临坎、兑、震，乘壬、癸二干，或柱冲同蓬，此临宫分。又必英、辅所落天上宫克地下宫，方主风雷雨，看落宫得何干以定日期。与直符近则雨速，远则雨迟，临坤主密云不雨临，三一七不乘水神亦无雨。英临日干时干，主晴。英与冲合克日时干，主雷电，或直使临坤，天禽直符，上见太冲、白虎、青龙、天罡、登明、神后，旺相者，多雨。又天禽直时、直使在坤上，见太冲、白虎、日鬼，主雨中电。

占出行

看体门，门克地，地克门，则动；地生门，门生地，则恋而不动。若所临地盘生合主事之体门，则动有益；刑冲破，害无益。运门乃本身吉凶，前一门则地头吉凶。士庶并外官，俱以运门为主；惟在京官，以前一门为主。

奇门元览释义

遁甲者何？天干凡十，甲为之首，统领诸干，至尊至贵。其所畏者，独庚金耳。故须遁匿其甲，勿使受克于庚。然乙为甲妹，可以配之，使其情有所牵；丙丁为甲男女，可以制之，使其势不得肆，故以乙丙丁为三奇。又十干中戊、己、庚、辛、壬、癸，乙、丙、丁皆专制用事，而甲无专位，与六干同处。甲子同六戊，甲戌同六己，甲申同六庚，甲午同六辛，甲辰同六壬，甲寅同六癸。又以六十花甲子布于九宫，起宫为甲子，遁一位为甲戌，又遁一位为甲申之类，皆有遁甲之义。独余乙、丙、丁无与同者，亦三奇之义也。八门者，休、生、伤、杜、景、死、惊、开也。九星者，天蓬、天芮、天冲、天辅，天禽、天心、天柱、天任、天英也。九星八门，在地盘原有定位，如休门天蓬属坎之类，此一定不易者。其在天盘，则随直符、直使所指，与地盘参错相值，而吉凶生焉。乙为日奇，丙为月奇，丁为星奇。三奇若遇休、开、生三门，谓之奇，与门合。休一在坎属水；开六在乾，属金；生八在艮，属土，即历家所谓三白也。又八诈门者，直符、螣蛇、太阴、六合、勾陈、朱雀、九地、九天是也。此直符随九星直符所指，阳则顺旋，阴则逆转。其中九天、九地、六合、太阴为吉，若得奇、得门而又直此四位，是为全吉。然又有反吟、伏吟、休囚、旺相、击刑、迫制之类，不可不察。神而明之，变而通之，存乎其人耳。

第二十二章 术数汇考二十二

《奇门遁甲》六

凡例

一、夏至后阴遁用逆局，只在九宫上逆数，若移入八卦数方位，不拘阴、阳二局，皆当顺行。

一、九星在九宫者，其序天蓬、天芮、天冲、天辅、天禽、天心、天柱、天任、天英，以坎、坤、震、巽、中、乾、兑、艮、离为次。

一、九星在八卦数方位者，其序天蓬、天任、天冲、天辅、天英、天芮、天柱、天心，五宫天禽无位，寄在坤二宫，与天芮同处，以乾、坎、艮、震、巽、离、坤、兑为定。

一、六仪三奇皆在九宫掌上，照顺逆循次排布，待符使既定，然后移入八卦顺数方位也。

一、六仪甲子同六戊之类，六甲与六干只同一位，顺则俱顺，逆则俱逆，旧时分开两次排布，今制奇子，合而为一，极为省便。

口诀

先观二至，以分顺逆。

冬至后为阳遁，顺布六仪，逆布三奇。夏至后为阴遁，逆布六仪，顺布三奇。

次观节气，以定三元。

三元者，上、中、下三局也。五日为一候，三候为一气，一月有二气，一年有二十四气。此法以甲、己二将为符头，符头所临之支，如值子、午、卯、酉，则为上元；如值寅、申、巳、亥；则为中元；如值辰、戌、丑、未，则为下元。五日一换符头，故半月一气而三局周也。假如冬至节用事，按起例云：冬至一七四。是一为上元，七为中元，四为下元。本日符头是上元，用一字，则从坎宫起；是中元，用七字，则从兑宫起；是下元，用四字，则从巽宫起。余仿此。

次观旬首，以取符使。

旬首者，用事之时所管之六甲也。看本时旬首是何甲，即从应起之宫依阳顺阴逆数之。旬首所泊之宫，星即为直符，门即为直使。如在坎宫，则天蓬为直符，休门为直使。余仿此。

直符随时干，

看所用时干泊在地盘何宫，即以天盘直符移在此宫，却从八卦数之，则乙、丙、丁三奇所临之方见矣。

直使随时宫，

看所用时辰泊在地盘何宫，即以天盘直使移在此宫，却从八卦数之，则休、开、生所临之门见矣。

小直符加大直符。

以八诈门之直符加于九星直符所临之宫，阳顺阴逆，则六合、太阴、九天、九地之方见矣。

九宫次序

乾六　兑七　艮八　离九 中五 巽四　震三　坤二　坎一	上九宫者，八卦之用，所谓动则依次而行。

八卦方位

坤二　兑七　乾六 离九　中五　坎一 巽四　震三　艮八	右八卦者，九宫之体，所谓静则随方而定。

阳遁顺局

冬至 惊蛰	一七四	小寒	二八五	大寒 春分	三九六	立春	八五二
雨水	九六三	清明 立夏	四一七	谷雨 小满	五二八	芒种	六三九

阴遁逆局

夏至 白露	九三六	小暑	八二五	大暑 秋分	七一四	立秋	二五八
处暑	一七四	寒露 立冬	六九三	霜降 小雪	五八二	大雪	四七一

　　此为起宫要诀，旧载不明，令人茫然无下手处。今特为揭出，大抵以九宫分管二十四气，数法先认八节所属之卦，如立春艮、春分震之类。既已明显，然后遇冬至后则顺数节气而逆数吊宫，夏至后则逆数节气而顺数吊宫。宫者，即三合宫一七四之类也。但遇八节，当寻本位，其余挨次数之，庶不差耳。此法简便，指掌可见，不必苦记前诀也。

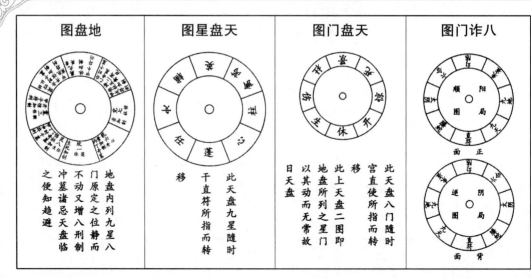

图盘地	图星盘天	图门盘天	图门诈八
地盘内列九星八门原定之位静而不动又增八刑制冲墓诸忌天盘临之便知趋避	此天盘九星随时移干直符所指而转	此上天盘二图即地盘所列之星门以其动而无常故曰天盘　此天盘八门随时移宫直使所指而转	顺阳局　逆阴局　正面　背面

此二图乃八诈门也。一盘而正背书之。冬至后顺行，用正面；夏至后逆行，用背面。以此直符加九星直符旋转。

右四图，乃张子房所遗之一十八局，至今用之。每一局为一图，共十八图。既拘泥而不能相通，且推布烦琐，故殚心精研，为日既久，豁然有悟，乃新制此图。规木为圆，大小凡四：其下大者为地盘，内列九星八门原定之位，又以己意增入刑、制、迫、墓等忌。其上差小为九星，又其上差小为八门，又其上最小为八诈门，皆推迁无定，故取天盘之义，而以六仪三奇制为奇子二副，用则按之气布之。其三奇与八门之休、开、生及八诈门之六合、太阴、九地、九天皆以朱书之，以别其为吉。奇子之六甲，一面书朱，一面书墨，遇直符则用朱面以别之。诚一按图而不假推算，不烦查核，了然在目，视旧所传，诚精而简，明而尽矣。

新制奇子体式

甲子戊 甲戌己 甲申庚 甲午辛 甲辰壬 甲寅癸 日奇乙 月奇丙 星奇丁

用象牙或嘉木，制一样二副，置一于地盘，置一于天盘，随应起之宫，依顺逆布排。

闰奇超神接气直指

奇门之法，有正授，有超神，有闰奇，有接气。正授之后，超神继之；超神之

后，闰奇继之；闰奇之后，接气继之；接气之后，复为正授。符头甲己正对节气，谓之正授，此后则符渐渐过节而为超神矣。超至九日及十余日，则当置闰，以其离后节气太远，故必有闰，然后可配气候，与历家闰法同。然置闰必在芒种、大雪之后，二至之前，其余节气虽遇超至九日之外，不可置也。此法乃用奇之关键，万一不悟，则差之毫厘，谬于千里矣。

假如万历己丑年正月初二庚戌日辛巳时用事，系冬至后阳遁顺局，符头系己酉管事，本月初六日交雨水节，上局乃超神也。从九宫起，顺布六仪，戊在离，己在坎，庚在坤，辛在震，壬在巽，癸在中宫；逆布三奇，乙在艮，是为任；乙、丙在兑，是为柱；丙、丁在乾，是为心。丁地盘艮、兑、乾三宫有奇。辛巳时，旬首系甲戌，泊在次宫，以天蓬为直符，休门为直使，辛时干泊在震，以天盘天蓬直符加在地盘震宫，顺数，任在巽，是天任星带艮之乙奇到巽。冲在离，辅在坤，英在兑，芮在乾，柱在坎，是天柱星带兑之丙奇到坎。心在艮，是天心星带乾之丁奇到艮。三奇在地盘者，今随天盘旋转而在巽、坎、艮三方矣。辛巳时宫泊在艮，以直使休门加地盘之艮，顺数，生在震，伤在巽，杜在离，景在坤，死在兑，惊在乾，开在坎，艮得丁奇而逢休门，谓之休，与星合；坎得丙奇而逢开门，谓之开，与月合，俱吉。独巽、离得乙奇而逢伤门，未为全吉。再以八诈门直符随九星直符在震宫顺数，则螣蛇在巽，太阴在离，六合在坤，勾陈在兑，朱雀在乾，九地在坎，九天在艮。坎、艮二宫既合奇门而又逢九地、九天，为全吉也。又天盘丙加地盘甲戌直符为鸟跌穴，尤为合格。假如万历己丑年十一月初六庚戌日戊寅时用事，本日符头是己酉，当用上局。查十月二十九癸卯日已交大雪节气，从十月二十日甲午为大雪超神，上局；二十五日己亥大雪，中局；三十日甲辰大雪，下局，三局已完。今十一月初五己酉以后，似当作冬至上局。不知符已超节九日，正当置闰，故自初五日己酉至初九日癸丑，不作冬至上局而为大雪闰奇上局，初十日甲寅至十四日戊午为大雪闰奇中局，十五日己未至十九日癸亥为大雪闰奇下局，直到二十日甲子方作冬至上局。然十四日戊午已交冬至节，则符在节后五日矣。此所谓接气也。今以初六日戊日戊寅时为例演之，系夏至后未交冬至，尚用阴遁逆局，从四宫巽起，六仪戊在巽，己在震，庚在坤，辛在坎，壬在离，癸在艮。乙奇在中宫寄坤，丙奇在乾，丁奇在兑。本时戊寅，其旬首系甲戌，泊在震宫，天冲为直符，伤门为直使，时干戊泊在巽，以天冲直符加巽，辅在离，英在坤，芮在兑，是天芮星带中宫之乙奇到兑。柱在乾，是天柱星带兑之丁奇到乾。心在坎，是天心星带乾之丙奇到坎。蓬在艮，任在震，时宫戊寅泊在艮宫以直使伤门加艮。杜在震，景在巽，死在离，惊在坤，开在兑，休在乾，生在坎。乙奇到兑逢开门，是谓开，与日合；丁奇到乾逢休门，是谓休，与星合；丙奇到坎逢生门，是谓生，与月合，俱吉。然生门属土，临坎宫，乃门制其宫，谓之迫，此未尽善也。又以八诈门之直符随九星直符在巽，逆行，螣蛇在震，太阴在艮，六合在坎，勾陈在乾，朱雀在兑，九地在坤，九天在离，则坎宫有奇门，又逢六合，正北方，大吉。余仿此。

用奇门法，惟超神、接气最难晓，今立假如二篇，前篇为超神之例，后篇为置闰接气之例，即此推之而正授不待言矣。

诸格

吉格

龙回首　甲直符加地盘丙奇。

鸟跌穴　丙奇加地盘甲直符。

天遁　生门与本奇临戊，又开门与六丙合。

地遁　开门与乙奇临己。

人遁　休门与丁奇临太阴。

神遁　生门与丙合九天。

鬼遁　生丁合艮逢九地。

风遁　休门生临巽合乙奇。

云遁　休开生与乙奇合辛。

龙遁　休门与乙奇合坎甲。

虎遁　休门与乙奇合坎辛。

三奇得使

乙奇加甲，丙奇加甲，丁奇加甲。

玉女守门

天盘使门加地丁，号为玉女守门亨。

若作阴私和合事，请君但向此方行。

三天门

本月将名起时支，十二月将顺数遍。

太冲小吉与从魁，三方避祸天门便。

地四户

用时支上加月建，除满平定执破危。

成收开闭顺数去，除定危门地户宜。

地私门

六合太阴太常君，三辰名曰地私门。

以日家阴阳贵人加于本贵之支，阳贵顺轮十二支寻三辰，阴贵逆轮十二支寻三辰，总有十二辰。捷法贵腾朱六勾青空白常元阴后也。

贵人

甲戊庚牛羊，乙己鼠猴乡。

丙丁猪鸡位，壬癸兔蛇藏。

六辛逢马虎，此是贵人方。

阳贵人

庚戊逢牛甲见羊，乙猴己鼠丙鸡方。

丁猪癸蛇壬是兔，六辛逢虎贵为阳。

冬至后用阳贵人，夏至后用阴贵人。

太冲天马

将支加在用时支，顺行十二逢卯止。

卯止之宫天马宫，出行避难宜从此。

急则从神

直符及天乙所在宫，宜从此出。

八门旺相

立春生门旺，夏至景门旺，

立秋死门旺，秋分惊门旺，

春分伤门旺，立夏杜门旺，

立冬开门旺，冬至休门旺。

九星旺相

相于本月，旺于子月，死于父母月，休于财月，因于鬼月。

天辅时

甲己日己巳时，乙庚日甲申时，丙辛日甲午时，丁壬日甲午时，戊癸日甲寅时。

凶格

龙逃走　乙奇遇羊。

虎猖狂　辛遇乙奇。

蛇夭矫　癸见丁奇。

雀投江　丁奇见癸。

荧入白　丙奇加庚。

白入荧　庚加丙奇。

岁格　庚临岁干。

月格　庚临月干。

日格　庚临日干。伏干同。

时格　庚临时干。

大格　庚加六癸。

上格　庚加六壬。

刑格　庚加六己。

奇格　六庚加三奇。

飞干格　日干加庚。

伏干格　庚临日干。

符勃　丙加天乙。

飞勃　天乙加丙。

天乙伏宫　庚临直符。

天乙飞宫　直符加庚。

时墓

戊戌　壬辰　丙戌　癸未　丁丑

奇墓

乙奇加二宫及六宫，丙奇加六宫。

六仪击刑

甲子午直符三九，甲申辰直符八四，甲戌寅直符二四。

五不遇

时干克日干。

天网四张

六癸临时干。

地网遮

六壬临时干。

孤虚法

空亡为孤，对冲为虚。如甲子旬孤，戊亥虚。已辰六甲仿此。

宫迫

开门临三四宫，休门临九宫，
生门临一宫，伤门临二八宫，
景门临六七宫，死门临一宫，
惊门临三四宫，杜门临二八宫。

直符相冲

如天盘甲子加地盘甲午，或天盘甲午加地盘甲子之类。此为符冲。又如直符在天盘坎加地盘离之类亦是。即反吟也。

伏吟

星不动，门亦然。

反吟

星反对。门亦然。

八节三奇图例

巽 立夏 四	离 夏至 九	坤 立秋 二	诗曰：冬夏二至逆顺飞，八节须寻甲子推。当年岁下五虎遁，便知方位有三奇。辰戌丑未皆为杀，可否中间事可施。 假如甲子年立春节后，己丑奇出局。丙寅奇在艮，丁卯奇在离，禄在寅，马在寅，贵人在丑未出局。天煞辛未四旺，丁卯午癸酉丙子出局。金神庚午辛未壬申癸酉独火，乙丑出局。
震 春分 三	五	兑 秋分 七	
艮 立春 八	坎 冬至 一	乾 立冬 六	

起神杀例

一太岁，二独火，三丧门，四勾陈，五官符，六死符，七小耗，八大耗，九将军，十皇帝，十一吊客，十二病符。大耗七，余同。

假如子年独火在丑，官符在辰，次第顺去八节，用五虎元遁走九宫。甲子年立春节，官符飞在北方壬癸之位，此节若作壬癸之位，犯官符。余仿此。

起月例

假如己未年正月初八日甲子乙亥时用事，立春节后，艮宫起甲子至离宫。是己未太岁住处就于离，上用五虎元遁起丙寅便是奇。至离坎月建丙寅，就离，起庚寅，顺飞至中宫乾兑是奇。奇起庚寅折。

日家寻时家伏断时

	日家寻时家伏断时
巳 房土星直见妻　午 角太阴星见牛直　未 张水星见牛直　申 金星直日鬼见鬼 辰 箕木星见鬼直　　　　　　　　　　　　　酉 太阳直日常见妻 卯 女火星直见兑　　　　　　　　　　　　　戌 胃水星见牛直日 寅 室太阳直见牛日　丑 斗火星见鬼直　子 虚太阳直见鬼日　亥 壁木星见兑直日	太阳直日，子、寅、酉时犯。 太阴直日，午时犯。 火星直日，丑、卯、戌时犯。 水星直日，未时犯。 木星直日，辰、亥时犯。 金星直日，申时犯。 土星直日，巳时犯。

三奇取时克应

乾

日奇，有著黄衣人来，或有缠钱来应。

月奇，有人执刀斧来，或有人牵牛及有角六畜为应。四七日进金银及有生气之物。

星奇，有黑禽成双，并著色衣人至。百日进女人财，南方有产难时发。

坎

日奇，有著皂衣人来，无声，或有鼓乐声。七日进横财，色衣为应。

月奇，有人执杖来，或有黄白禽从西来。六十日及百二十日进契书，若东边有惊恐时发。

星奇，有人抱小儿来，南方有黑云雨。七日内进黑色生气之物，西北方有哭声，病卒时发。

艮

日奇，有黑白飞禽成双来，或著皂衣人至。又罾网水族之类，周年内进人口。

月奇，有人著青皂衣来，或小儿持铁器至。二七日进金帛。周年进白马六畜。

星奇，有人将文字纸笔来，或小儿持器物。二七日进青色物。百二十日进契字。

震

日奇，见罾网渔猎人，并小儿成群至。二七日进金宝，见东南方，有产难时发。

月奇，有人持刃至，春有雷声及鼓乐声。二七日进有契物。周年生贵子，若见北方有雷伤时发。

星奇，有人成双来，有黑禽在南方。七日进黄牲酒，又见东方有杀伤时气。

巽

日奇，有白衣人骑赤马，或有小儿来，主三年内生贵子，进外宝，西方木自枯，木火时惊发。

月奇，有散唱乐声，或南方火惊。七日进色衣人财，并贵人至，吉。

星奇，有小儿骑牛，不然，南方有黑云雨。七日进横财，见北方。周年有落水，产死时发。

离

日奇，有患脚病眼人至，或骑马小儿骑牛，东方黑白禽成双。五七日进六畜，见人家瘟疫时发。

月奇，到有黑禽来。六十日进田蚕。

星奇，有著青衣人至。三七日进财，见东方。刀兵时发，吉。

坤

日奇，有白衣人至，见西方雷伤畜时发。七日进猪鸡。六十日进契字。

月奇，有青衣人自南方来，或有喜鹊双至。七日后进南方财。周年绝户田。色衣人进财，见东方有鼓声发。

星奇，有妇人著青衣来，及有黑禽飞来，或有人担水为应。二七日进水族海味，见北方有山崩，水破田时发。

兑

日奇，有三五鸦来报喜，三百日外进田地，见东方，牛死时发。

月奇，小儿成双来，或有鼓声。七日进横财。周年内进人口田地。坤艮方有老人丧亡时发。

星奇，有人将文字纸笔来。西方有黄禽及打网人为应。七日后进猪鸡。二七日进契字。见艮方。有卒死动火人。

第二十三章　术数汇考二十三

《奇门遁甲》七

阳遁一局（一）

休直使 任使英日柱星	蓬直符	甲申立夏中己寅亥	己巳清明中甲寅亥	己巳惊蛰上甲酉	甲卯	甲子冬至上巳 己卯 甲午巳酉

甲子　蓬一，休一。子至辰阳，宿凶干吉。生艮伏，景离伏，惊兑伏。天六，地七，阴三，合四。生与月合八东北，时干坎，时伏吟，遁甲开，丙下有丙，刑德在门，客主不利，利以逃亡。

乙丑　蓬九，休二。己日不用，宿凶干吉。休坤害，杜坎和欢怡，死震害。天四，地三，阴七，合六。休与月合二西南，符冲反吟，损己明，己日悖，时干坎。

丙寅　蓬八，休三。宿干吉。休震义。杜坤制墓，死乾义。天一，地六，阴四，合九。休与月合三正东，天乙与太白格，龙反首，相佐艮，时干震，火入金，三吉得使，白虎猖狂，雀入江。

丁卯　蓬七，休四。宿凶干吉。景乾制墓，开震制合，生乙离制。天二，地九，阴一，合八。开与日合三正东，太白与天乙格，仪刑，甲日伏干格，生与星合九正南，乙离制，相佐兑，时干离，丁下有乙。

戊辰　蓬一，休五避五。宿凶干吉。景丙艮义，开乙离害，生丁兑义。天六，地七，阴三，合四。开与日合九正南，乙下有乙，生与星合七正西，丁下有丁，时干坎，伏吟，符吟。

己巳　蓬二，休六。巳至酉阴，天辅，宿干凶。开丁兑伏，伤丙艮制，景巽和。天九，地四，阴六，合一。开与月合七正西，丙下有丁，时干震，己日，飞干格。

庚午　蓬三，休七。甲日不用，守户。死合巽害，休丁兑和，伤坎和欢怡。天八，地一，阴九，合二。休与日合七正西，乙下有丁，天乙飞宫格，反吟，飞符，时干离，仪刑，甲日，飞干格。

辛未　蓬四休八。宿吉干凶。杜乙离义，惊乾伏墓，休丙艮害。天三，地八，阴二，合七。休与星合八东北，丁下有丙，己日伏干，时干兑，刑格。

壬申　蓬五休九。宿吉干凶。伤丁兑害，死丙艮伏，开巽制。天九，地四，阴六，合一。开与星合四东南，门反吟，时干震，大格。己日飞干。

癸酉　蓬六休一。宿吉干凶。休坎伏欢怡，杜巽伏，死合坤伏。天七，地二，阴八，合三。休与月合一正北，蛇矫，龙反首，鸟跌穴，干格，时干兑，太白入荧惑，符勃，门伏。

甲戌　内直符二，死直使二。戌至亥阳，宿凶干吉。景英使离伏，生任月艮伏，惊柱星兑伏。天九，地四，阴六，合一。生与月合八东北，阖时客胜亥，甲时阳外阴内，利行兵，时干坤，伏吟。

乙亥　内九，死三。宿凶干吉，己日不用。惊巽制，杜坎和，休合坤害欢怡。天四，地三，阴七，合六。休与星合二西南，甲日勃，天乙与太白格，时干巽，白入火，蛇矫，龙走。

阳遁一局 (二)

丙直使英使任月柱星	庚直符丙使任月柱星	庚子立夏中庚午	乙酉清明中乙卯	庚子惊蛰上庚戌	乙丑惊蛰上庚戌	乙丑冬至上乙未	乙辰冬至上乙未

丙子　内八，死四。子至寅阳，庚日不用，宿凶干吉。伤坎和，开坤和欢怡，景震
和。天一，地六，阴四，合九。开与月合二西南，龙反首，符勃，时干坤，
相佐艮，符反吟。

丁丑　内七，死二避五。宿凶干吉。死坤伏欢怡，伤震伏，开乾伏墓。天二，地
九，阴一，合八。开与星合六西北，火入太白格，虎猖狂，雀入江，庚日
勃，时干乾，相佐兑。

戊寅　内一，死六。宿凶干吉。死乾义，伤乙离义，开丙艮和。天六，地七，阴
三，合四。开与星合八东北，丁下有丙。太白与天乙格，刑格，时干巽，伏
宫格，干勃。

己卯　内二，死七。卯至未阴，守户，宿干凶。杜乙离义，体丙艮害，死丁兑义。
天九，地四，阴六，合一。休与月合八东北，时干坤，伏吟，仪刑。

庚辰　内三，死八。宿吉干凶。死丙艮伏，伤丁兑害，开巽制。天八，地一，阴
九，合二。开与星合四东南，门反吟，时干乾，大格，飞宫格。

辛巳　内四，死九。宿吉干凶。乙日不用。杜合震伏，休乾和墓，死乙离和。天
三，地八，阴二，合七。休与月合六西北，时干艮，乙日飞干格。

壬午　内五，死一。宿吉干凶。生乙离和，惊丙艮和，杜丁兑害。天九，地四，阴
六，合一。生与日合九正南，时干坤，符伏吟。

癸未　内六，死二。宿吉干凶。惊丁兑伏，杜合巽伏，休坎伏。天七，地二，阴
八，合三。休与星合一正北，门伏，天网四张，时干艮，乙日伏干格。

甲申　冲直符三，伤直使三。甲至亥阳，天辅，宿干吉。生任使艮伏，景英日离伏，惊柱星兑伏。天八，地一，阴九，合二。生与月合八东北，甲时阳内阴外，利藏兵固守。事同三吉，开时，时干震，伏吟，伏宫格。

乙酉　冲九，伤四。宿干凶。伤合巽伏，死兑义，开坎义。天四，地三，阴七，合六。开与星合一正北，时干兑，乙日伏干格，庚日吉。

丙戌　冲八，伤五避五。宿干凶，庚日不用。死坎制，休巽义墓，伤合坤制。天一，地六，阴四，合九。休与日合四东南，得使，龙走，蛇矫，时干坎，相佐艮，白入火，仪刑，鸟跌穴。

丁亥　冲七，伤六。宿凶干吉，辛日不用。休坤害，杜坎和，死震害欢怡。天二，地九，阴一，合八。休与月合二西南，符反吟，时干震，相佐兑。

阳遁一局（三）

伤直使	冲直符	辛未	丙辰	辛未	丙辰	辛巳	丙寅	辛巳	丙寅
任使英日柱星		立夏中 辛丑	丙戌	清明中 辛丑	丙戌	惊蛰上 辛亥	丙申	冬至上 辛亥	丙申

戊子　冲一，伤七。子阳，守户，宿干吉。杜乾害墓，惊合震和欢怡，休乙离制。天六，地七，阴三，合四。休与星合九正南，丁下有乙，得人遁，时干兑，门反吟，飞宫。

己丑　冲二，伤八。丑至巳阴，宿吉干凶。死乙离和，休乾和，伤丙艮制。天九，地四，阴六，合一。休与日合六西北，时干坎，刑格。

庚寅　冲三，伤九。宿吉干凶。开丙艮和，伤乙离义，景丁兑义。天八，地一，阴九，合二。开与月合八东北，仪刑，时干震，符伏吟，伏宫格。

辛卯　冲四，伤一。地遁，宿吉干凶。景震和欢怡，开坤和墓，生乾义墓。天三，地八，阴二，合七。开与日合二西南，生与星合六西北，丙日飞干格，虎猖狂，符勃，鸟跌穴，雀入江，时干离，丁日伏干格，火人白。

壬辰　冲五，伤二。丙日不用，宿吉干凶。生乙离和，景乾制，惊丙艮和。天九，地四，阴六，合一。生与月合九正南，丙下有乙，时干坎，刑格。

癸巳　冲六，伤三。宿吉干凶。惊丁兑伏，生丙艮伏，杜巽伏。天七，地二，阴八，合三。生与日合八东北，乙下有丙。门伏，三吉，天网四张，时干离，天乙与太白格，事同。

甲午　辅直符四，杜直使四。午至戌阳，天辅，宿干吉。景英使离伏，生任月艮伏，惊柱星兑伏。天三，地八，阴二，合七。生与月合八东北，开时遁甲，刑德在门，客主不利，利以逃亡，时干巽，伏吟，刑格，仪刑。

乙未　辅九，杜五避五。宿干吉。杜坤制墓，休震义，死乾义墓。天四，地三，阴七，合六。休与月合三正东，得使。太白与天乙格，仪刑，虎猖狂，雀入江，时干坤，火入白，辛日伏宫格。

丙申　辅八，杜六。宿干吉。惊合震制，杜乾害墓，休乙离制。天一，地六，阴四，合九。休与星合九正南，丁下有乙，飞宫，龙反首，时干乾，门反吟，相佐艮。

丁酉　辅七，杜七。辛日不用，守户。景乾制，生乙离和，惊丙艮和。天二，地九，阴一，阳八。生与月合九正南，丙下有乙，时干艮，刑格，相佐兑。

戊戌　辅一，杜八。宿凶干吉。杜丙艮制，休丁兑义，死巽害欢怡。天六，地七，阴三，合四。休与月合七正西，丙下有丁，时干坤，大格。

己亥　辅二，杜九。亥阴，宿吉干凶。死丁兑义，伤巽伏欢怡，开坎义。天九，地四，阴六，合一。开与星合一正北，鸟跌穴，时干乾，符勃，辛日干勃。

阳遁一局（四）

杜直使英使任月柱星	辅直符 壬申立夏中壬寅	丁亥清明中壬申丁寅巳	丁亥清明中壬申丁寅巳	丁午惊蛰上壬子丁酉	丁卯冬至上壬子丁酉

庚子　辅三，杜一。子至卯阴，宿吉干凶。惊巽害，欢怡，杜坎和，休合坤害。天八，地一，阴九，合二。休与星合二西南，时干艮，飞宫格，白人荧。

辛丑　辅四，杜二。宿吉干凶。伤乙离义，开丙艮和，景丁兑制。天三，地八，阴二，合七。开与月合八东北，时干翼，符伏吟。

壬寅　辅五，杜三。宿吉干凶。开丁兑伏，景合巽和，生坎制。天九，地四，阴六，合一。开与日合七正西，乙下有丁，生与星合一正北，时干乾，符勃，事同，三吉。

癸卯　辅六，杜四。丁日不用，宿吉干凶。休坎伏，死坤伏，伤震伏。天七，地二，阴八，合三。休与日合一正北，时干巽，符勃。

甲辰　禽直符五，死直使五避五。辰至申阳，天辅，宿干吉。惊柱使兑伏，景英日离伏，生任月艮伏。天九，地四，阴六，合一。生与月合八东北，甲时阳外阴内，飞甲日，刑阖，时干坤，开时，仪刑，伏吟。

乙巳　禽九，死六。宿凶干吉。杜合坤制欢怡。生巽害，惊坎义。天四，地三，阴七，合六。生与日合四东南，白入火，鸟跌穴，时干巽，龙走。蛇矫。

丙午　禽八，死七。宿干吉，守户。生震害，开坎义，景坤义。天一，地六，阴四，合九。开与日合一正北，生与星合三正东，丁日飞干格。符冲，壬日勃，时干坤，相佐艮，符反吟。

丁未　禽七，死八。宿凶干吉。杜乾害墓，生墓坤伏欢怡，惊震制。天二，地九，阴一，合八。生与日合二西南，虎猖狂，雀入江，龙反首，时干乾，相佐

戊申　禽一，死九。壬日不用，宿凶干吉。伤丙艮制，休乾和，死乙离和。天六，地七，阴三，合四。休与日合六西北，壬日伏干格。太白与天乙格，时干巽，伏干格，刑格，乙格。

己酉　禽二，死一。酉至亥阴，宿吉干凶。杜丁兑害，生乙离和，惊丙艮和。天九，地四，阴六，合一。生与日合九正南，乙下有乙，时干坤，伏吟。

庚戌　禽三，死二。宿吉干凶。杜巽伏，生丙艮伏，惊丁兑伏。天八，地一，阴九，合二。生与日合八东北，乙下有丙，大格。壬日飞干格。门伏，时干乾，天乙飞干格，丁日干格。

辛亥　禽四，死三。宿吉干凶。开乙离害，死合震害，伤墓乾害。天三，地八，阴二，合七。开与星合九正南，丁下有乙。天乙与太白格，事同，三吉，时干艮，大格，仪刑，飞宫。

阳遁一局（五）

死禽直使	禽直符	戊子	戊子	戊辰	戊辰
直使柱使英日任星	柱使英日任星	癸卯立夏中癸酉	癸卯清明中戊午	癸未惊蛰上癸丑	癸未冬至上癸丑
				戊戌	戊戌

壬子　禽五，死四。子至丑阴，宿吉干凶。休丁兑和，惊乙离害，杜丙艮制。天九，地四，阴六，合一。休与星合七正西，时干坤，符伏吟。

癸丑　禽六，死五避五。宿吉干凶。休坎伏，惊丁兑伏，杜合巽伏。天七，地二，阴八，合三。休与星合一正北，天网四张，时干艮，戊日飞干格，门伏。

甲寅　心直符六，开直使六天。寅至午阳，宿干吉，戊日不用。惊杜使兑伏，景英日离伏，生任月艮伏。天七，地二，阴八，合三。生与月合八东北，合时孟甲时如上。时干乾，休吟，地甲阖。

乙卯　心九，开七，守户。景巽和，伤丙艮制，开丁兑和。天四，地三，阴七，合六。开与月合七正西，丙下有丁，太白与天乙格。时干艮，癸日飞干格，太格，乙格。

丙辰　心八，开八。宿干吉。惊坎义，景丁兑制，生合巽害。天一，地六，阴四，合九。生与月合四东南，时干巽，相佐艮，戊日飞干格。

丁巳　心七。开九。宿凶干吉。休合坤害，惊巽制，杜坎和。天二，地九，阴一，合八。休与星合二西南，仪刑，龙走，蛇矫，鸟跌穴。戊日午悖，时干坤，相佐兑，金入火。

戊午　心一，开一。宿吉干凶。惊乾伏墓，景坤义墓，生震害。天六，地七，阴三，合四。生与月合三正东，雀入江。时干艮，火入金，虎猖狂。

己未　心二，开二。未至亥阴，宿吉干凶，癸日不用。惊乙离害，景合震和，生墓乾义。天九，地四，阴六，合一。生与月合六西北，时干巽，飞宫戊干，伏干格。

庚申　心三，开三。宿吉干凶。惊丙艮和，景乾制欢怡，生乙离和，天八，地一，阴九，合八。生与月合九正南，丙下有乙。天乙与太白格，癸日飞干格。时干坤，反吟，飞符，刑格。

辛酉　心四，开四。宿吉干凶。惊震制，景坎害，生坤伏。天三，地八，阴二，合七。生与月合二西南，仪刑，时干乾，符冲，门反吟。

壬戌　心五，开五避五。宿吉干凶。惊乙离合，景合震和，生墓乾义欢怡。天九，地四，阴六，合一。生与月合六西北，时干巽，飞宫格，戊日伏干格。

癸亥　心六，开六。宿吉干凶。惊兑伏，景离伏，生艮伏。天七，地二，阴八，合三。生与月合八东北，时干乾，符门伏。

阳遁二局（一）

内直符英使蓬	己亥小满中	己亥谷雨中	己卯立春下	甲子小寒上

内直符英使蓬日任星
死直使

甲子　内二，死二。子至辰阳，宿吉干凶。景离伏，休坎伏，生艮伏。天九，地四，阴六，合一。休与日合一正北，生与星合八东北，刑德在门，主客不利，利以逃亡。时干坤，伏吟，遁甲，开合时。

乙丑　内一，死三。己日不用，宿凶干吉。伤墓乾害，惊合巽制，开丙离害。天六，地七，阴三，合四。开与星合九正南，丁下有丁。虎猖狂，蛇矫，时干巽，大格，三吉。

丙寅　内九，死四。宿吉干凶。死巽害，生乾义，伤乙坎和。天四，地三，阴七，合六。生与日合六西北，天乙与太白格，火入白，己日伏干格。龙反首，时干巽，相佐离，刑格。

丁卯　内八，死五避五。宿干吉。休乙坎伏，景丙离伏，死坤伏欢怡。天一，地六，阴四，合九。休与月合一正北，丙下有乙。仪刑，符反吟，门伏吟，时干坤，相佐艮，击刑，符冲。

戊辰　内二，死六。宿凶干吉。伤丙离义，惊乙坎义，开丁艮和。天九，地四，阴六，合二。开与星合八东北，时干坤，符伏吟。

己巳　内三，死七。巳至酉阴，天辅，宿干凶。休丁艮害，景墓坤义欢怡，死兑义。天八，地一，阴九，合二。休与月合八东北，丙下有丁，时干乾，仪刑，龙走，雀入江。

庚午　内四，死八。甲日不用，守户。惊震制，伤兑害，杜合乾害墓。天三，地八，阴二，合七。无奇门，飞宫格，甲日飞干格，己日干勃。时干艮，门反吟，飞符，己日勃。

辛未　内五，死九。宿吉干凶。死丙离和，生乙坎制，伤丁艮制。天九，地四，阴六，合一。生与日合一正北，时干坤，符伏吟。

壬申　内六，死一。宿吉干凶，地遁。杜兑害，开震制，休巽义。天七，地二，阴八，合三。开与日合三正东，得使。休与星合四东南，甲日伏干格，时干艮，飞宫，乙格，伏干格。

癸酉　内七，死二。宿干凶。死合坤伏欢怡，生丁艮伏，伤震伏。天二，地九，阴一，合八。生与日合八东北，乙下有丁，己日飞干格。符勃，甲干勃，天网四张。时干乾，门伏，金入火，鸟跌穴。

甲戌　冲直符三，伤直使三。戌至亥阳，三宿干凶。休蓬使坎伏，景英月离伏，生任星艮伏。天八，地一，阴九，合二。休与日合一正北，生与星合八东北，亥甲时如上。时干震，伏吟，飞甲，三吉，开。

乙亥　冲一，伤四。己日不用，宿凶干吉。死兑义欢怡，生震害，惊乾伏墓合，生艮伏。生与月合三正东，天乙与太白格。时干兑，己日勃。鸟跌穴，事同。

阳遁二局（二）

冲直符蓬使英月任星	乙庚午酉小满中乙庚卯子	乙庚午酉谷雨中乙庚卯子	庚乙亥寅立春下庚乙申巳	乙庚辰未小寒上乙庚戌未

丙子　冲九，伤五避五。子至寅阳，地遁，宿干吉，庚日不用。开震制欢怡，杜兑害，休巽义。天四，地三，阴七，合六。休与星合四东南，开与日合三正东，时干兑，相佐离，飞宫格。

丁丑　冲八，伤六。宿干吉。伤乾害，惊巽制，杜乙坎和。天一，地六，阴四，合九。无奇门，火入白，伏干格，庚午勃，龙反首，时干坎，相佐艮，刑格，乙格。

戊寅　冲二，伤七。宿干吉。开合巽制，杜墓乾害，休丙离制。天九，地四，阴六，合一。开与日合四东南，休与星合九正南，丁下有丙，仪刑，蛇矫，虎猖狂，时干坎，乙日，飞干格大格。

己卯　冲二，伤八。卯至未阴，守户，宿吉干凶。生乙坎制，死丙离和，伤丁艮制。天八，地一，阴九，合二。生与日合一正北，时干震，符伏吟，仪刑。

庚辰　冲四，伤九。宿吉干凶。开丁艮和，杜合坤制，休震义欢怡。天三，地八，阴二，合七。开与日合八东北，乙下有丁，休与星合三正东，时干离，反吟飞符，火入白。

辛巳　冲五，伤一。乙日不用，宿吉干凶。死合巽害，生墓乾义，惊丙离害。天九，地四，阴六，合一。生与月合六西北，墓，时干坎，大格，乙日飞干格。

壬午　冲六，伤二。宿吉干凶。伤墓坤制，惊艮和，杜兑害。天七，地二，阴八，合三。无奇门，雀入江，龙走，时干离，乙日伏干格。

癸未　冲七，伤三。宿干凶。景丙离伏，休乙坎伏，死坤伏。天二，地九，阴一，合八。休与月合一正北，丙下有乙。乙干格，天网四张，时干震，符冲，门伏，击刑。

甲申　辅直符四，杜直使四。申至亥阳，天辅，宿干吉。景英使离伏，休蓬日坎伏，生任星艮伏。天三，地八，阴二，合七。休与日合一正北，生与星合八东北，天乙与太白格。时干巽，休吟，地甲，事同，开。

乙酉　辅一，杜五避五。宿凶干吉。开丁艮和。杜墓坤制，景兑制。天六，地七，阴三，合四。开与月合八东北，丙下有丁。龙走，雀入江，时干坤，乙日伏干格。

丙戌　辅九，杜六。庚日不用，天遁，宿凶干吉。生合坤伏，死丁艮伏，惊震制。天四，地三，阴七，合六。生与月合二西南，太白入火，门反吟，时干坤，相佐离，金入火。

丁亥　辅八，杜七。宿干吉。开震制，杜兑害，景墓合乾制。天一，地六，阴四，合九。开与月合三正东，仪刑，时干乾，相佐艮。

阳遁二局 （三）

杜辅直使英使蓬日任星	辛未丙戌小满中丙辰	辛未丙戌谷雨中丙辰	辛卯丙戌立春下辛酉	丙子辛巳小寒上辛亥	丙寅辛巳小寒上丙申

戊子　辅二，杜八。子阳，守户，宿干吉。休兑和，景震和，死巽害欢怡。天九，地四，阴六，合一。休与月合七正西，时干乾，飞宫，辛日伏干格。

己丑　辅三，杜九。丑至巳阴，宿吉干凶。伤巽伏，惊乾伏，开乙坎义。天八，地一，阴九，合二，开与星合一正北，丁下有乙，龙反首，时干艮，刑格，火入白。

庚寅　辅四，杜一。宿吉干凶。开丙离害，杜乙坎和，景丁艮义。天三，地八，阴二，合七。开与月合九正南，天乙与太白格，时干巽，反吟，符伏，击刑。

辛卯　辅五，杜二。宿吉干凶。景兑制，休震义，生巽害。天九，地四，阴六，合一。休与日合三正东，生与星合四东南，干勃，时干乾，飞宫格，辛日伏干格。

壬辰　辅六，杜三。丙日不用，宿吉干凶。生乙坎制，死丙离和，惊坤和。天七，地二，阴八，合三。生与月合一正北，丙下有乙，时干巽，符冲，三吉。

癸巳　辅七杜。开乾伏墓，杜合巽伏欢怡，景丙离伏。天二，地九，阴一，合八。开与月合六西北，门伏吟，天乙与太白格，虎猖狂，蛇矫，时干艮，天网四张，大格。

甲午　禽直符五，死直使四避五。午至戌阳，天辅，宿干凶。休蓬使坎伏，景英月离伏，生任星艮伏。天九，地四，阴六，合一。休与日合一正北，生与星合八东北，蛇矫，龙反首，时干坤，伏吟，遁甲，自刑阖。

乙未　禽一，死六。宿凶干吉。生合巽害，死乾义墓，伤丙离义。天六，地七，阴三，合四。生与日合四东南，虎猖狂，蛇矫，时干巽，大格。

丙申　禽九，死七。宿凶干吉。惊乾伏，伤巽伏，开乙坎义。天四，地三，阴七，合六。开与星合一正北，丁下有乙。火入白，丙日，飞干格，龙反首，时干巽，相佐离，刑格。

丁酉　禽八，死八。辛日不用，宿干吉，守户。休丙离制，景乙坎害，生坤伏欢怡。天一，地六，阴四，合九。生与星合二西南，休与日合九正南，乙下有丙，时干坤，相佐艮，符冲。

戊戌　禽二，死九。宿凶干吉。生乙坎制，死丙离和，伤丁艮制。天九，地四，阴六，合一。生与日合一正北，时干乾，伏吟。

己亥　禽三，死一。亥阴，宿吉干凶。伤墓坤制欢怡，惊丁艮和，杜兑害。天八，地一，阴九，合二。无奇门，龙走，雀入江，时干乾。

阳遁二局（四）

死禽直使蓬使英月任星	禽直符蓬使英月任星	丁亥小满中丁巳	壬申谷雨中丁巳	壬申谷雨中丁巳	丁亥谷雨中丁巳	壬辰立春下壬戌	丁丑立春下壬戌	壬午小寒上壬子	丁卯小寒上壬子	丁午小寒上壬子	壬午小寒上丁酉

庚子　禽四，死二。子至卯阴，宿吉干凶。惊兑伏，伤震伏，开墓合乾伏。天三，地八，阴二，合七。开与星合六西北，墓，飞宫格，丁日伏干格。时干艮，反吟，飞符，门伏。

辛丑　禽五，死三。宿吉干凶。杜乙坎和，开丙离害，景丁艮义。天九，地四，阴六，合一。开与月合九正南，时干坤，符伏，三吉。

壬寅　禽六，死四。宿吉干凶。景震和，休兑和。死巽害。天七，地二，阴八，合三。休与月合七正西，伏宫格，天乙与太白格，时干艮，飞宫格，丁日飞干格。

癸卯　禽七，死五避五。丁日不用。生丁艮伏，死合坤伏欢怡，伤震伏。天二，地九，阴一，合八。生与日合八东北，乙下有丁，符勃，门伏吟，鸟跌穴。时干乾，金入火，天网四张。

甲辰　心直符六，开直使六。辰至申阳，天辅宿干吉。生任使艮伏，休蓬日坎伏，景英月离伏。天七，地二，阴八，合三。生与星合八东北，休与日合一正北，时干乾，伏吟，飞甲，自刑阖。

乙巳　心一，开七。宿凶干吉。杜震伏，伤丁艮制，惊合坤和。天六，地七，阴三，合四。无奇门，时干艮，金入火。

丙午　心九，开八。宿凶干吉，守户。景兑制，杜墓坤制，开丁艮和。天四，地三，阴七，合六。开与月合八东北，丙下有丁。时干艮，相佐离。

丁未　心八，开九。宿干吉。惊巽制，死震害，生兑义。天一，地六，阴四，合九。生与月合七正西，丁日飞干格，时干巽，相佐艮，飞宫。

戊申　心二，开一。壬日不用，宿凶干吉。惊墓合乾伏欢怡，死兑义，生震害。天九，地四，阴六，合一。合与月合三正东，虎猖狂，蛇矫，时干巽，丁日伏干格，大格。

己酉　心三，开二。酉至亥阴，宿吉干凶。惊丙离害，死合巽害，生墓乾义欢怡。天八，地一，阴九，合二。生与月合六西北，时干坤，壬日勃，大格。

庚戌　心四，开三。宿吉干凶。伤坤制，生丙离合，死一坎制。天三，地八，阴二，合七。

辛亥　心五，开四。宿吉干凶。杜墓合乾害，伤兑害，惊震制。天九，地四，阴六，合一。无奇门，天乙与太白格，门反吟，时干艮，丁日伏干，事同。

阳遁二局（五）

戊辰小寒上癸戊丑戌	癸戊巳寅立春下癸戊亥申	癸戊酉子谷雨中戊癸午卯	戊子小满中癸戊午卯	开心直直使符 任使蓬日英月

壬子　心六，开五避五。子至丑阴，宿吉干凶。坎丁艮制，伤乙坎和。惊丙离害。天七，地二，阴八，合三。无奇门，时干乾，符伏。

癸丑　心七，开六。人遁。休乙坎伏，开乾伏欢怡，杜巽伏。天二，地九，阴一，合八。开与日合六西北，休与星合一正北，丁下有乙，龙反首，时干坤，刑格，天网四张。

甲寅　杜直符七，惊直使七。天辅。寅至午阳，戊日不用，宿凶干吉。生任使艮伏，休蓬日坎伏，景英月离伏。天二，地九，阴一，合八。休与日合一正北，生与星合八东北，时干兑，伏吟，地甲阖。

乙卯　杜一，惊八。宿凶干吉，地遁，守户。休巽义，开震制，杜兑害欢怡。天六，地七，阴三，合四。休与星合四东南，开与日合三正东，符勃，癸干门，时干震，飞宫，戊日伏干格。

丙辰　杜九，惊九。宿凶干吉。生乾义墓合，休兑和欢怡，景震和。天四，地三，阴七，合六。休与日合七正西，生与星合六西北，时干震，相佐离，戊日飞干格。

丁巳　杜八，惊一。宿干吉。伤丙离义，生合巽害，死墓乾义。天一，地六，阴四，合九。生与日合四东南，虎猖狂，蛇矫，时干离，相佐艮，癸日伏干格。

戊午　杜二，惊二。宿凶干吉。生乙坎制，休墓乾和，景巽和。天九，地四，阴六，合一。生与星合一正北，丁下有乙，休与日合六西北，墓，时干离，刑格，火入太白。

己未　柱三，惊三。未至亥阴，癸日不用，宿吉干凶。生坤伏，休丙离制，景乙坎害。天八，地一，阴九，合二。生与星合二西南，休与日合九正南，时干兑，符冲，三吉，门反吟。

庚申　柱四，惊四。宿吉干凶。生兑义，休墓坤害，景丁艮义。天二，地八，阴三，合七。休与日合二西南，生与星合七正西，仪刑，龙走，雀入江，时干坎，反吟，飞符，癸日飞干格。

辛酉　柱五，惊五避五。宿吉干凶。生乙坎制，休墓乾和，景巽和。天九，地四，阴六，合一。生与星合一正北，丁下有乙，休与日合六西北。时干离，刑格，火人太白格。

壬戌　柱六，惊六。宿吉干凶。生震害，休丁艮害，景坤义。天七，地二，阴八，合三。休与日合八东北，乙下有丁。生与星合三正东，戊干格，时干坎，金入火，戊日勃。

癸亥　柱七，惊七。宿干凶。生丁艮伏，休乙坎伏，景丙离伏。天二，地九，阴一，合八。休与日合一正北。生与星合八东北，时干兑，符门伏，天网四张。

阳遁三局 （一）

伤冲直使	冲直符	甲己申亥	甲己戌	甲己丑	己卯	甲己子	甲己卯
蓬使内日英星		芒种中甲己寅巳	雨水下甲己辰未		春分上己甲酉午	大寒上巳甲酉午	

甲子　冲三，伤三。子至辰阳，宿干吉。休坎伏，死墓坤伏，星离伏。天八，地一，阴九，合二。休与月合一正北，刑德在门，客主不利，开，时干震，休吟，遁甲，三吉，开。

乙丑　冲二，伤四。己日不用，宿凶干吉。伤巽伏，开丙坎义，惊墓乾伏。天九，地四，阴六，合一。开与日合一正北，乙下有丙。乙日，干格。甲子，飞干格。白人火，蛇矫。时干坎，飞符，坤，飞宫格。

丙寅　冲一，伤五避五。宿凶干吉。杜兑害，休巽义，开震制欢怡。天六，地七，阴三，合四。开与星合三正东，休与日合四东南，天乙与太白格，刑格，虎猖狂，己日伏干格，时干兑，事同。

丁卯　冲九，伤六。宿凶干吉。死震害欢怡，伤乾害，生合兑义。天四，地三，阴七，合六。生与星合七正西，符勃，龙走，己日伏干格，时干兑，相佐离，击刑，鸟跌穴。

戊辰　冲三，伤七。人遁。景丙坎害，生墓乙坤伏，休丁离制。天八，地一，阴九，合二。伏与星合九正南，生与日合二西南，墓，时干震，符伏，门反，仪刑。

己巳　冲四，伤八。巳至酉阴，天辅，宿吉干凶。伤艮制，开兑伏，惊乙坤和。天三，地八，阴二，合七。开与日合七正西，时干离。

庚午　冲五，伤九。甲日不用，守户。生巽害，惊丙坎义，死墓乾义。天九，地四，阴六，合一。生与月合四东南，白入火，己干勃，甲日飞干格，蛇矫，时干坎，反吟，飞符。

辛未　冲六，伤一。宿吉干凶。开乙坤和，景震和欢怡，杜艮制。天七，地二，阴八，合三。开与月合二西南，丙下有乙，飞干格，己干格，蛇矫，时干离，火入金，飞宫。

壬申　冲七，伤二。宿干凶，天遁。生丁离和，惊艮和，死丙坎制。天二，地九，阴一，合八。生与月合九正南，丙下有丁，天乙与太白格，时干震，符冲事同。

癸酉　冲八伤三。宿吉干凶。开墓合乾伏，景丁离伏，杜巽伏。天一，地六，阴四，合九。开与月合六西北，墓，天网四张，时干坎，门伏，三吉。

甲戌　辅直符四，杜直使四。戌至亥阳，天辅，宿干吉。死墓内使坤伏，景英星离伏。天三，地八，阴二，合七。休与月合一正北，亥甲时如上法。时干巽，伏吟，飞甲开。

乙亥　辅二，杜五避五。己日不用。死墓乾义，休震义，景合兑制。天九，地四，阴六，合一。休与月合三正东，天乙与太白格，龙走，蛇矫，鸟跌穴，时干乾，飞符事同。

阳遁三局（二）

伤冲直使 直符 蓬使 英月 任星	乙酉 庚午 小满中 乙卯 庚子	乙酉 庚午 谷雨中 乙卯 庚子	庚寅 乙亥 立春下 庚申 乙巳	乙丑 庚辰 小寒上 乙未 庚戌

丙子　辅一，杜六。子至寅阳，庚日不用，宿干吉。惊震制，生乙坤伏，死艮伏。天六，地七，阴三，合四。生与月合二西南，得使，火入白，乙干勃，门干勃，时干坤，相佐坎，门反吟。

丁丑　辅九，杜七。宿凶干吉。杜兑害，惊艮和，伤乙坤制。天四，地三，阴七。合六。无奇门，时干坤，相佐离。

戊寅　辅三，杜八。宿干吉。惊丁离害，生墓合乾义，死巽害欢怡。天八，地一，阴九，合二。生与月合六西北，时干艮。

己卯　辅四，杜九。卯至未阴，守户，宿吉干凶。景墓乙坤义，开丙坎义，杜丁离义。天三，地八，阴二，合七。开与月合一正北，时干巽，符伏，仪刑。

庚辰　辅五，杜一。宿吉干凶。伤乾害，死震时，生合兑义，天九，地四，阴六，合一。生与星合七正西，龙走，飞宫格，时干乾，反吟，飞符。

辛巳　辅六，杜二。己日不用，宿吉干凶。开乙艮和，伤丁离义，惊丙坎义。天七，地二，阴八，合三。开与日合八东北，天乙与太白格。时干巽，符冲，大格。

壬午　辅七，杜三。宿干凶。生丙坎制，景巽和欢怡，休墓乾和。天二，地九，阴一，合八。休与星合六西北，生与日合一正北，乙下有丙，符勃，时干艮，三吉，金入火，蛇矫。

癸未　辅八，杜四。宿吉干凶。杜巽伏欢怡，惊兑伏，伤震伏。天一，地六，阴四，合九。无奇门，伏宫格，虎猖狂，龙反首，仪刑，时干乾，门伏，乙格，击刑。

甲申　禽直符五，死直使五避五。申至亥阴，天辅，宿干吉。休蓬使坎伏，死禽日坤伏，景英星离伏。天九，地四，阴六，合一。休与月合一正北，伏宫格，天乙与太白格，时干坤，伏吟，地申，事同。

乙酉　禽二，死六。宿凶干吉。惊丙坎义，杜墓乙坤制，伤丁离义。天九，地四，阴六，合一。无奇门，乙日伏干格。时干坤，符伏。

丙戌　禽一，死七。庚日不用，宿凶干吉。份巽伏，开丙坎义，惊墓乾伏。天六，地七，阴三，合四。开与日合一正北，乙下有丙，时干巽，白人火，蛇矫。

丁亥　禽九，死八。宿凶干吉。杜墓乾义，休丁离制，开巽制。天四，地三，阴七，合六。开与星合四东南，休与日合九正南，乙下有丁，时干巽，相佐离。

阳遁三局（三）

禽直符　蓬使　禽日英星 死直使	丙戌 辛丑 芒种中 丙辰 辛未	辛卯 丙子 雨水下 丙午 辛酉	辛子 丙寅 春分上 辛申 丙亥	丙寅 辛巳 冬至上 丙申 辛亥

戊子　禽三，死九。子阳守户，宿干吉。惊乙坤和，杜震伏，伤艮制。天八，地一，阴九，合二。无奇门，雀入江，白入火，时干乾。符勃，丙日飞干格。

己丑　禽四，死一。丑至巳阴，宿吉干凶。杜兑害，休巽义，开震制。天三，地八，阴二，合七。休与日合四东南，开与星合三正东，虎猖狂，龙反首，时干艮，辛日飞干格，刑格。

庚寅　禽五，死二。宿吉干凶。休丙坎伏，死乙坤伏，景丁离伏。天九，地四，阴六，合一。休与月合一正北，丙下有丙，伏宫格，天乙与太白格，时干坤，反吟，击刑，门伏。

辛卯　禽六，死三。宿吉干凶。死震害，伤乾害，生合兑义。天七，地二，阴八，合三。生与星合七正西，龙走，鸟跌穴，蛇矫，时干艮，辛日伏干格。

壬辰　禽七，死四。丙日不用。杜艮制，休兑和，开乙坤伏欢怡。天二，地九，阴一，合八。休与日合七正西，开与星合二西南，时干乾。

癸巳　禽八，死五避五。宿吉干凶。景丁离伏，生艮伏，休丙坎伏。天一，地六，阴四，合九。生与日合八东北，休与星合一正北，符反吟，大格。丁下有丙。天乙与太白格，时干坤，事同，门伏，天网四张。

甲午　心直符六，开直使六。午至戌阳，天辅。死内使坤伏，休蓬月坎伏，景英星离伏。天七，地二，阴八，合三。休与月合一正北，刑德在门，客主不利，利以逃亡。时干乾，伏吟，遁甲，自刑阖。

乙未　心二，开七。宿凶干吉。景巽和，开兑伏，杜震伏。天九，地四，阴六，合一。开与月合七正西，虎猖狂。时干巽，刑格，辛日飞干格。

丙申　心一，开八。宿干吉。景兑制，开艮和，杜乙坤制。天六，地七，阴三，合四。开与月合八东北，时干艮，相佐坎。

丁酉　心九，开九。辛日不用，守户，宿凶干吉。死震害，休乙坤害，景艮义。天四，地三，阴七，合六。休与月台二西南，丙下有乙。仪刑，雀入江，火入白，丙日飞干格，时干艮，相佐离，飞宫格。

戊戌　心三，开一。宿干吉。开丙坎义。伤巽伏，惊墓乾伏。天八，地一，阴九，合二。开与日合一正北，乙下有丙，丙日伏干格。时干坤，金入火，蛇矫。

己亥　心四，开二。亥阴，宿吉干凶。杜艮制，惊丁离害，伤丙坎和。天三，地八，阴二，合七。无奇门，天乙与太白格。时干乾，符冲，大格，事同。

阳遁三局（四）

心直符 开直使 内使蓬月英星	壬申 丁巳 芒种中 丁亥 壬寅	丁丑 壬辰 雨水下 丁未 壬戌	丁卯 壬午 春分上 壬子 丁酉	壬午 丁卯 大寒上 壬子 丁酉

庚子　心五，开三。子至卯阴，宿吉干凶。休巽义，杜兑害，开震制。天九，地四，阴六，合一。开与星合三正东，休与日合四东南，飞干格，虎猖狂。时干巽，刑格，壬日勃，三吉。

辛丑　心六，开四。宿吉干凶。生墓乙坤伏，景丙坎害，休丁离制。天七，地二，阴八，合三。生与日合二西南，休与星合九正南，时干乾，符伏，门反吟。

壬寅　心七，开五避五。宿干凶。惊丁离害，生墓合乾义欢怡，死巽害。天二，地九，阴一，合八。生与月合六西北，符勃，丁日伏干格，时干坤，事同，日飞干格。

癸卯　心八，开六。宿吉干凶，丁日不用。开乾伏欢怡，伤震伏，惊合兑伏。天一，地六，阴四，合九。开与日合六西北，伏宫格，龙走，鸟跌穴，蛇矫，时干巽，天网四张。

甲辰　柱直符七，惊直使七。辰至申阳，天辅，宿凶干吉。景英使离伏，死墓内日坤伏，休蓬月坎伏。天二，地九，阴一，合八。休与月合一正北，阳内阴外，利行兵，客胜，时干兑，伏吟，飞甲，自刑阖。

乙巳　柱二，惊八。宿凶干吉。休巽义，生丁离和，景墓合乾制。天九，地四，阴六，合一。休与星合四东南，生与日合九正南，乙下有丁，时干离，飞宫格，丁日伏干格。

丙午　柱一，惊九。宿凶干吉，守户。休合兑和，生墓乾义，景震和。天六，地七，阴三，合四。休与星合七正西，生与日合六西北，龙走，时干震，相佐坎，鸟跌穴。

丁未　柱九，惊一。宿凶干吉。休震义，生巽害，景兑制欢怡。天四，地三，阴七，合六。休与星合三正东，得使，生与日合四东南，虎猖狂，刑格，符勃，时干震，相佐离，壬日勃。

戊申　柱三，惊二。宿干吉，壬日不用。生丙坎和，伤艮制，死丁离和。天八，地一，阴九，合二。生与星合一正北，丁下有丙。大格，时干兑，符冲事同，丁日勃。

己酉　柱四，惊三。酉至阴亥，宿干凶。死艮伏，惊震制，生乙坤伏。天二，地八，阴二，合七。生与月合二西南，门反吟，仪刑，雀入江，时干兑，飞宫格，三吉，火人金。

庚戌　柱五，惊四。宿干凶。惊巽制，开丁离害，伤墓合乾害。天九，地四，阴六，合一。开与日合九正南，飞宫格，时干离，丁日伏干格，壬日飞干格。

辛亥　柱六，惊五避五。宿干吉。惊坤和，开兑伏欢怡，伤艮制。天七，地二，阴八，合三。开与日合七正西，太白与飞干格，壬日伏干格。

阳遁三局（五）

惊柱直使	柱直符	戊子芒种中戊午	癸酉芒种中戊午	癸巳雨水下戊申	戊寅雨水下戊申	癸未春分上戊丑	戊辰春分上戊丑	癸未大寒上戊丑	戊辰大寒上戊丑
英使内日蓬月				癸亥		戊戌	癸丑	戊戌	癸丑

壬子　柱七，惊六。子至丑阴，宿干凶。杜丁离义。景墓乙坤义，开丙坎义。天二，地九，阴一，合八。开与月合一正北，时干兑，符伏。

癸丑　柱八，惊七。宿吉干凶。开墓乾伏，休丙坎伏，杜巽伏。天一，地六，阴四，合九。开与星合六西北，休与日合一正北，白入火，蛇矫，时干离，门伏，戊日飞干格。

甲寅　任直符八，生直使八。天辅。寅至午阳，戊日不用，宿干吉。景英使离害，死内日坤伏，休蓬月坎伏。天一，地六，阴四，合九。休与月合一正北，时干艮，伏吟，地甲开。

乙卯　任二，生九。宿凶干吉。死丙坎制，惊艮和欢怡，生丁离和。天九，地四，阴六，合一。生与月合九正南，丙下有丁，反吟，飞干格，乙格，癸日伏干格，时干艮，大格。

丙辰　任二，生一。宿凶干吉。景巽和，死丁离和，休墓合乾和。天六，地七，阴三，合四。休与月合六西北，时干乾，相佐坎，龙反首。

丁巳　任九，生二。宿凶干吉。杜墓乾害，景丙坎制，开巽制。天四，地三，阴七，合六。开与月合四东南，白入火，仪刑，蛇矫，门反吟，天乙与太白格，戊日飞干格，时干乾，相佐离，击刑。

戊午　任三，生三。宿干吉。景乙坤义，死兑义，休艮害欢怡。天八，地一，阴九，合二。休与月合八东北，癸，干勃，符勃，时于巽，三吉，癸日勃。

己未　任四，生四。未至亥阴，宿吉千凶，癸日不用。景合兑制，死墓乾义，休震义。天三，地八，阴二，合七。休与月合三正东，龙走，鸟跌穴，蛇矫，仪刑，时干坤，戊日勃。

庚申　任五，生五避五。宿干凶。景丙坎害，死艮伏，休丁离制。天九，地四，阴六，合一。休与月合九正南，丙下有丁，癸日伏干格，天乙与太白格，鸟跌穴，时干艮，反吟，飞符，事同，符冲。

辛酉　任六，生六。宿吉干凶。景震义，死巽害，休兑和。天七，地二，阴八，合三。休与月合七正西，时干坤，刑格，虎猖狂。

壬戌　任七，生七。宿干凶。景艮义欢怡，死震害，休乙坤害。天二，地九，阴一，合八。休与月合二西南，雀入江，时干巽，火入金，戊日伏干格。

癸亥　任八，生八。宿吉干凶。景丁离伏，死乙坤伏，休丙坎伏。天一，地六，阴四，合九。休与月合一正北，时干艮，符门伏，天网四张。

阳遁四局 (一)

甲戌 己丑 冬至 己未 甲辰 下	甲戌 己丑 惊蛰 己未 甲辰 下	甲子 己卯 清明 己酉 甲午 上	甲子 己卯 立夏 己酉 甲午 上	杜辅直符 直使内使冲日蓬星

甲子　辅四，杜四。子至辰阳，宿干吉。死坤伏，伤震伏，休坎伏。天三，地八，阴二，合七。休与星合一正北，伏吟，时干巽，遁甲开。

乙丑　辅三，杜五避五。宿干吉，己日不用。伤离义，开艮和，死乾义。天八，地一，阴九，合二。开与日合八东北，时干艮，仪刑。

丙寅　辅二，杜六。宿凶干吉。杜墓乾害，休离制，惊乙震制。天九，地四，阴六，合一。休与日合九正南，天乙与太白格，门反吟，时干乾，相佐坤，火入金。

丁卯　辅一，杜七。宿凶干吉。开乙震制，景合乾制，伤丙坤制。天六，地七，阴三，合四。开与月合三正东，丙下有乙，仪刑，时干坤，相佐坎，击刑，大格。

戊辰　辅四，杜八。宿凶干吉。开丙坤和，景乙震和，伤丁坎和。天三，地八，阴二，合七。开与月合二西南，时干巽，符伏。

己巳　辅五，杜九。巳至酉阴，天辅，宿吉干凶。惊墓乾伏，杜离义，生乙震害。天九，地四，阴六，合一。生与星合三正东。丁下有乙，时干乾，相佐坤，火入金。

庚午　辅六，杜一。宿吉干凶，守户，甲日不用。景艮义，生兑义，开离害。天七，地二，阴八，合三。开与星合九正南，生与日合七正西，太白天乙格，龙走，虎猖狂，蛇矫，时干巽，反吟，符冲，飞符。

辛未　辅七，杜二。宿干凶。惊丁坎义，杜墓丙坤制，生巽害欢怡。天二，地九，阴一，合八。生与星合四东南，时干艮。

壬申　辅八，杜三。宿吉干凶。景巽和欢怡，生丁坎制，开兑伏。天一，地六，阴四，合九，开与星合七正西，生与日合一正北，甲干勃，符勃，鸟跌穴，时干乾，三吉，金入火，刑格。

癸酉　辅九，杜四。宿干凶。惊合兑伏，杜巽伏欢怡，生合艮伏。天四，地三，阴七，合六。生与星合八东北，门伏吟，时干坤，天网四张。

甲戌　禽直符五，死直使五避五。戌至亥阴，宿吉干凶。伤冲使震伏，死禽月坤伏，休蓬星坎伏。天九，地四，阴六，合一。休与星合一正北，仪刑，亥甲时如上法，时干坤，伏吟，飞甲合。

乙亥　禽三，死六。宿干吉，己日不用。死合乾义，休乙震义，杜丙坤制欢怡。天八，地一，阴九，合二，休与月合三正东，己日飞干格，天乙太白格，甲干勃，时干乾，大格，蛇矫，鸟跌穴。

阳遁四局（二）

死禽直使 冲使禽月蓬星	禽直符五	乙庚丑辰立夏上乙庚未戌	乙庚丑辰清明上乙庚未戌	乙庚寅亥惊蛰下庚乙申巳	乙庚寅亥冬至下庚乙申巳

丙子　禽二，死七。子至寅阳，宿凶干吉，庚日不用。生乙震害，景丙坤义，开丁坎义。天九，地四，阴六，合一。开与星合一正北，时干坤，生与日合三正东，仪刑。

丁丑　禽一，死八。宿凶干吉。生墓丙坤伏欢怡，景丁坎害，开巽制。天六，地七，阴三，合四。开与星合四东南，生与日合二西南，乙下有丙，乙日伏干格，时干巽，相佐坎，反吟。

戊寅　禽四，死九。宿干凶。生丁坎制，景巽和，开兑伏。天三，地八，阴二，合七。开与星合七正西，生与日合一正北，太白天乙格，伏宫格，时干艮，金入火，刑格。

己卯　禽五，死一。卯至未阴，守户，宿吉干凶。开乙震制，伤丙坤制，死丁坎制。天九，地四，阴六，合一。开与日合三正东，时干坤，符伏吟。

庚辰　禽六，死二。宿吉干凶。景离伏，开墓乾伏，伤乙震伏。天七，地二，阴八，合三。开与月合六西北，白入火，飞宫格，庚干勃，龙反首，时干艮，门伏，反吟，飞符。

辛巳　禽七，死三。宿干凶，乙日不用。惊巽制，生合兑义，景合艮义。天二，地九，阴一，合八。生与月合七正西，时干乾，三吉。

壬午　禽八，死四。宿吉干凶。休兑和，杜艮制，惊离害。天一，地六，阴四，合九。休与日合七正西，雀入江，蛇矫，龙走，虎猖狂，时干坤，符冲，飞宫格。

癸未　禽九，死五避五。宿干凶。生艮伏，景离伏，开墓乾伏。天四，地三，阴七，合六。生与日合八东北，时干巽，门伏，开与星合六西北，天网四张。

甲申　心直符六，开直使六。申至亥阳，天辅，宿干吉。死内使坤伏，阳冲日震伏，休蓬星坎伏。天七，地二，阴八，合三。休与星合一正北，天乙与太白格，开时，时干乾，伏吟，地甲，事同，合。

乙酉　心三，开七。宿干凶。生丁坎制，惊丙坤和，景巽和。天八，地一，阴九，合二。生与月合一正北，时干坤，乙日伏干格。

丙戌　心二，开八。宿凶干吉，天遁，庚日不用。生巽害，惊丁坎义，景兑制。天九，地四，阴六，合一。生与月合四东南，得使，时干巽，相佐坤，金入火，刑格。

丁亥　心一，开九。宿凶干吉。生合兑义，惊巽制，景合艮义。天六，地七，阴三，合四。生与月合七正西，时干艮，相佐坎，白入火，刑格。

阳遁四局（三）

丙子 冬至下 辛酉 / 辛卯 丙午	辛子 惊蛰下 辛酉 / 辛卯 丙午	辛巳 清明上 辛亥 / 丙寅 丙申	辛巳 立夏上 辛亥 / 丙寅 丙申	开 心 直符 直使 内使冲日蓬星

戊子　心四，开一。子阳，守户，宿干吉。休艮害，死兑义，杜离义。天三，地八，阴二，合七。休与合月八东北，蛇矫，龙走，雀入江，虎猖狂，时干乾，符冲，飞宫格。

己丑　心五，开二。丑至巳阴，宿吉干凶。死巽害，伤坎和，休兑和。天九，地四，阴六，合一。休与星合七正西，丙日，伏干格，时干巽，相佐坤，金入火，鸟跌穴。

庚寅　心六，开三。宿吉干凶。伤丙坤制，开乙震制，死丁坎制。天七，地二，阴八，合三。开与日合三正东，仪刑，伏干格，时干乾，反吟，击刑，符伏。

辛卯　心七，开四。宿干凶。休离制，死艮伏，杜乾害欢怡。天二，地九，阴一，合八。休与月合九正南，门反吟，时干乾，辛日伏干格。

壬辰　心八，开五避五。宿干凶，丙日不用。生墓乾义，惊离害，景乙震和。天一，地六，阴四，合九。生与月合六西北，丙日飞干格，符勃，时干巽，火入金，仪刑。

癸巳　心九，开六。宿干凶。伤乙震伏，开合乾伏欢怡，死丙坤伏。天四，地三，阴七，合六。开与日合六西北，天乙与太白格，时干艮，事同，门伏，大格，天网四张。

甲午　柱直符七，惊直使七。午至戌阳，天辅，宿凶干吉。伤冲使震伏，死内月坤伏，休蓬星坎伏。天二，地九，阴一，合八。休与合星一正北，时干兑，伏吟，遁甲，自刑合。

乙未　杜三，惊八。宿干吉。杜兑害欢怡，惊艮和，生离和。天八，地一，阴九，合二。生与星合九正南，蛇矫，雀入江，虎猖狂，时干兑，符冲，飞宫格。

丙申　杜二，惊九。宿凶干吉。杜艮制，惊离害，生墓乾义。天九，地四，阴六，合一。生与星合六西北，伏宫格，时干离，相佐坤，辛日伏干格。

丁酉　杜一，惊一。人遁。宿凶干吉，守户，辛日不用。伤离义，死墓乾义，休乙震义。天六，地七，阴三，合四。休与星合三正东，丁下有乙。火入白，丙日飞干格，时干震，相佐坎。

戊戌　杜四，惊二。宿干吉。休合乾和，杜乙震伏，惊丙坤和。天三，地八，阴二，合七。休与日合六西北，时干坎，大格。

己亥　杜五，惊三。亥阴，宿干凶。死艮伏，休离制，杜墓乾害。天九，地四，阴六，合一。休与月合九正西，门反吟，伏宫格，时干艮，相佐坤，辛日伏干格。

阳遁四局（四）

柱直符冲使内月蓬星	壬午立夏上丁酉	丁壬午卯清明上丁酉	壬辰惊蛰下壬戌	壬辰冬至下壬戌
惊柱直使	丁卯	丁卯	丁丑	丁丑

庚子　杜六，惊四。子至卯阴，宿吉干凶。惊巽制，生合兑义欢怡，景合艮义。天七，地二，阴八，合三。生与月合七正西，飞宫格，符勃，时干坎，反吟，飞符，丁甘伏干格。

辛丑　杜七，惊五避五。宿干凶。杜乙震伏，惊墓丙坤和，生丁坎制。天二，地九，阴一，合八。生与星合一正北，时干兑，符伏吟。

壬寅　杜八，惊六。宿吉干凶。景墓丙坤义，开丁坎义，伤巽伏。天一，地六，阴四，合九。开与月合一正北，天乙与太白格，丁干格，时干离，事同，丁日勃。

癸卯　柱九，惊七。宿干凶，丁日不用。休丁坎伏，杜巽伏，惊兑伏欢怡。天四，地三，阴七，合六。休与日合一正北，乙下有丁，仪刑，壬日飞干格，鸟跌穴，时干震，门伏，金入火，刑格。

甲辰　任直符八，生直使八，辰至申阳，天辅，宿干吉。休蓬使坎伏，伤冲日震伏，死丙月坤伏。天一，地六，阴四，合九。休与星合一正北，仪刑，时干艮，伏吟，飞甲，自刑圖。

乙已　任三，生九。宿干凶。惊合艮制欢怡，休巽义，杜合兑害。天八，地一，阴九，合二。休与日合四东南，时干巽，丁日伏干格。

丙午　任二，生二。宿凶干吉，守户。死离和，开兑伏，伤艮伏欢怡。天九，地四，阴六，合一。开与日合七正西，符勃，蛇矫，雀入江，龙走，虎猖狂，时干艮，相佐坤，符冲，壬日勃。

丁未　任一，生二。宿凶干吉。杜乾害，死艮伏欢怡，休离制。天六，地七，阴三，合四。休与月合九正南，门反吟，时干乾，相佐坎，丁日飞干格。

戊申　任四，生三。宿干吉，壬日不用。生乙震害，杜离义，惊墓乾伏。天三，地八，阴二，合七。生与星合三正东，仪刑，伏宫格，火入金，时干坤，壬日伏干格。

己酉　任五，生四。酉至亥阴，宿吉干凶。伤离义，景兑制，开艮和欢怡。天九，地四，阴六，合一。开与月合八东北，蛇矫，雀入江，虎猖狂，龙走，时干艮，相佐坤，符冲。

庚戌　任六，生五避五。宿吉干凶。伤兑害，景丁坎害，开巽制。天七，地二，阴八，合三。开与月合四东南，飞宫格，白入火，时干坤，反吟，飞符，壬日飞干格。

辛亥　任七，生六。宿干凶。开丙坤和，生合乾义，景乙震和。天二，地九，阴一，合八。开与星合二西南，生与日合六西北，天乙与太白格，时干巽，大格。

阳遁四局（五）

生 任直符 任直使 蓬使冲日内月	戊辰 立夏上 戊戌癸丑	戊辰 癸未 清明上 戊戌癸丑	癸巳 戊寅 惊蛰下 癸亥戊申	戊寅 冬至下 癸亥戊申

壬子　任八，生七。子至丑阴，宿吉干凶。杜坎和，死乙震害，休丙坤害。天一，地六，阴四，合九。休与月合二西南，时干艮，符反吟。

癸丑　任九，生八。宿干凶。杜巽伏，死墓丙坤伏，休丁坎伏。天四，地三，阴七，合六。休与月合一正北，门伏吟，日干乾，癸日飞干，天网四张。

甲寅　英直符九，景直使九。天辅。寅至午阳，宿凶干吉，戊日不用。休蓬使坎伏，伤冲日震伏，死内月坤伏。天四，地三，阴七，合六。休与星合一正北，合时地甲，时干离，伏吟，地甲阊。

乙卯　英三，景一。宿干吉，守户。伤兑害，景丁坎害，开巽制。天八，地一，阴九，合二。开与月合四东南，门反吟，戊干格，鸟跌穴，时干坎，戊日勃，金入火，刑格。

丙辰　英二，景二。宿凶干吉。休合艮害，伤巽伏，死合兑义。天九，地四，阴六，合一。休与星合八东北，日时吉，时干兑，相佐坤。

丁巳　英一，景三。宿凶干吉。惊离害欢怡，休兑和，杜艮制。天六，地七，阴三，合四。休与日合七正西，仪刑，雀入江，蛇矫，龙走，虎猖狂，戊日，飞干，伏干，飞宫，时干离，相佐坎，符冲，击刑。

戊午　英四，景四。宿干凶。休墓乾和，伤艮制，死离伏欢怡。天三，地八，阴二，合七。休与星合六西北，符勃，干格，时干震，癸日勃。

己未　英五，景五避五。未至阴阴，宿吉干凶，癸日不用。休合艮害，伤巽伏，死合兑害。天九，地四，阴六，合一。休与星合八东北，时干兑，相佐坤。

庚申　英六，景六。宿吉干凶。休巽制，伤墓丙坤制，死丁坎制。天七，地二，阴八，合三。休与星合四东南，天乙与太白格，飞宫格，癸日飞干格，时干震，飞符，事同。

辛酉　英七，景七。宿干凶。休乙震义，伤离义欢怡，死墓乾义。天二，地九，阴一，合八。休与星合三正东，丁下有乙，龙反首，时干坎，相佐兑，火入金。

壬戌　英八，景八。宿吉干凶。休丙坤害，伤合乾害，死乙震害。天一，地六，阴四，合九。休与星合二西南，丁下有丙，癸日伏干格，太白格，时干兑，大格，太乙格，伏宫格。

癸亥　英九，景九。宿吉干凶。休丁坎伏，伤乙震伏，死丙坤伏。天四，地三，阴七，合六。休与星合一正北，天网四张，时干离，符伏。

第二十四章　术数汇考二十四

《奇门遁甲》八

阳遁五局 (一)

死直使 禽直符	甲子 己卯 小满上 甲午 己酉	甲子 己卯 谷雨上 甲午 己酉	甲申 己巳 立春中 甲寅 己亥	甲戌 己丑 小寒下 甲辰 己未
冲使辅日禽星				

甲子　禽五，死五避五。子至辰阳，宿干吉。伤震伏，杜巽伏，死坤伏。天九，地四，阴六，合六。无奇门，开时，刑德在门，主客不利，利以逃亡，时干坤，伏吟，遁甲阖。

乙丑　禽四，死六。宿干吉，己日不用。惊坎义，开艮和，生乙巽害。天三，地八，阴二，合七。生与星合四东南，时干艮，开与日合八东北，龙走。

丙寅　禽三，死七。宿干吉。惊墓乾伏，开坎义，生丙震害。天八，地一，阴九，合二。开与日合一正北，生与星合三正东，龙反首，天乙与太白格，天遁，时干乾，相佐震，己日勃。

丁卯　禽二，死八，宿干凶。惊丙震制，开乙巽制，生丁坤伏欢怡。天九，地四，阴六，合一。开与日合四东南，生与星合二西南，乙下有乙，丁下有丁，时干坤，相佐艮，符伏，击刑。

戊辰　禽五，死九。宿干吉。杜丙震伏，景乙巽和，惊丁坤和欢怡。天九，地四，阴六，合一。无奇门，时干艮，相佐坤，符伏。

己巳　禽六，死一。巳至酉阴，天辅，宿吉干凶。生离和，伤墓丁坤制欢怡，景墓乾制。天七，地二，阴八，合三。生与月合九正南，大格，虎猖狂，时干艮。

庚午　禽七，死二。宿干凶，守户，甲日不用。杜乙巽伏，景离伏，惊兑伏。天二，地九，阴一，合八。无奇门，甲日飞干格，己日伏干格，时干乾，门伏，刑格，飞宫格。

辛未　禽八，死三。宿干凶。生兑义，伤乾害，景艮义。天一，地六，阴四，合九。生与月合七正西，得使，飞宫格，甲日飞干格，时干坤，火入金，符冲，三吉。

壬申　禽九，死四。宿干凶。杜合艮制，景丙震和，惊合离害。天四，地三，阴七，合六。无奇门，伏宫格，甲日伏干格，时干巽，飞宫，乙格，己日飞干格。

癸酉　禽一，死五避五。宿干凶。死丁坤伏欢怡，惊合兑伏，休坎伏。天六，地七，阴三，合四。休与星合一正北，符勃，甲，干勃。雀入江，时干巽，门伏吟，天网四张。

甲戌　心直符六，开直使六。戌至亥阳，宿干吉。杜辅使巽伏，伤冲月震伏，死内星坤伏。天七，地二，阴八，合三。无奇门，合时亥甲如上法，时干乾，伏吟，飞甲阖。

乙亥　心四，开七。宿凶干吉，己日不用。休乾和欢怡，开兑伏，伤艮制。天三，地八，阴二，合七。休与日合六西北，开与月合七正西，火入金，时干乾，金入火，事同，符冲。

阳遁五局 （二）

乙亥小寒下庚申 乙巳　庚寅
乙酉立春中庚子　庚午
乙庚丑辰谷雨上乙庚未戌
乙庚丑辰小满上乙庚未戌
心直符辅使冲月内星　开直使

丙子　心三，开八。子至寅阳，宿干吉，庚日不用。景合兑制，杜丁坤制，惊坎义。天八，地一，阴九，合二。无奇门，时干坤，相佐震，乙日飞干格。

丁丑　心二，开九。宿凶干吉。景艮义，杜坎和，惊乙巽制。天九，地四，阴六，合一。无奇门，时干巽，相佐坤，仪刑，龙走。

戊寅　心五，开一。宿干吉。休艮害，开坎义，伤乙巽伏。天九，地四，阴六，合一。开与月合一正北，休与日合八东北，时干巽，相佐坤，仪刑，龙走。

己卯　心六，开二。卯至未阴，守户，宿吉干凶。死乙巽害，景丙震和，开丁坤和。天七，地二，阴八，合三。开与星合二西南，符勃，时干乾，符伏，庚日伏干格。

庚辰　心七，开三。宿干凶。开丙震制，惊合艮和，生合离和。天二，地九，阴一，合八。开与日合三正东，乙下有丙，生与星合九正南，时干坤，三吉，飞符，飞宫格。

辛巳　心八，开四。宿吉干凶，乙日不用，生墓丁坤伏，休离制，杜墓乾害欢怡。天一，地六，阴四，合九。生与日合二西南，休与月合九正南，时干巽，大格，反吟，虎猖狂。

壬午　心九，开五避五。宿干凶。伤坎和，生墓乾义欢怡，景丙震和。天四，地三，阴七，合六。生与月合六西北，符勃，蛇矫，时干艮，乙日伏干格。

癸未　心一，开六。宿干凶。景离伏，杜乙巽伏，惊兑伏。天六，地七，阴三，合四。无奇门，乙日伏干格，时干艮，刑格，乙格，门伏，天网四张。

甲申　柱直符七，惊直使七。申至亥阳，天辅，宿凶干吉。伤冲使震伏，杜辅日巽伏，死内星坤伏。天二，地九，阴一，合八。无奇门，天乙与太白格，时干兑，伏吟，地甲，事同阖。

乙酉　柱四，震八。宿干吉。景墓乾制，死坎制，开内震制。天三，地八，阴二，合七。开与星合三正东，蛇矫，龙反，时干坎，乙日伏干格。

丙戌　柱三，惊九。宿干吉，庚日不用。休兑和欢怡，生乾义，杜艮制。天八，地一，阴九，合二。生与日合六西北，得使，休与月合七正西，庚干勃，时干兑，相佐震，火入金，符冲。

丁亥　柱二，惊一。宿凶干吉。开合艮和，休丙震义，伤合离义。天九，地四，阴六，合一。开与月合八东北，休与日合三正东，乙下有丙，时干离，相佐坤。

阳遁五局（三）

惊柱直使冲使辅日内星
直直符

丙子小寒下　辛卯　丙午　辛酉
辛未立春中　丙戌　辛丑　丙辰
辛巳谷雨上　丙寅　辛申　丙亥
辛巳小满上　丙寅　丙申　辛亥

戊子　柱五，惊二。子阳守户，宿凶干吉。伤合艮制，杜丙震伏，死合离和。天九，地四，阴六，合一。无奇门，辛干勃，时干离，相佐坤，飞宫，事同。

己丑　柱六，惊三。丑至己阴，宿干凶。开乙巽制，休离制，伤兑害欢怡。天七，地二，阴八，合三。开与月合四东南，丙下有乙，休与日合九正南，时干坎，刑格，三吉，门反吟。

庚寅　柱七，惊四。宿干凶。死内震亥，惊合巽制，休丁坤害。天二，地九，阴一，合八。休与星合二西南，伏干格，飞干格，时干兑，反吟，击刑，符伏。

辛卯　柱八，惊五避五。宿吉干凶。惊丁坤和，开合兑伏欢怡，生坎制。天一，地六，阴四，合九。开与日合七正西，生与星合一正北，时干离，辛，伏干格。

壬辰　柱九，惊六。宿干凶，丙日不用。开坎义，休艮害，伤乙巽伏。天四，地三，阴七，合六。开与月合一正北，时干震，休与日合八东北。

癸巳　柱一，惊七。宿干凶。景离伏，死丁坤伏，开墓乾伏。天六，地七，阴三，合四。开与星合六西北，天乙与太白格，虎猖狂，时干震，大格，门伏，天网四张。

甲午　任直符八，生直使八。午至戌阳，天辅，宿干吉。杜辅使巽伏，伤冲月震伏，死内星坤伏。天一，地六，阴四，合九。无奇门，时干艮，伏吟，遁甲，自刑阖。

乙未　任四，生九。宿干吉。伤墓丁坤伏，生离和，景墓乾制。天三，地八，阴二，合七。生与月合九正南，大格，虎猖狂，时干坤。

丙申　任三，生一。宿干吉。死离和，景乙巽和，开兑伏。天八，地一，阴九，合二。开与星合七正西，时干巽，相佐震，刑格。

丁酉　任二，生二。宿吉干凶，守户，辛日不用。杜乾害，伤兑害，死艮伏。天九，地四，阴六，合一。无奇门，火入白，丙日飞干格，时干艮，相佐坤，符冲。

戊戌　任五，生三。宿干吉。惊乾伏，死兑义，休艮害欢怡。天九，地四，阴六，合一。休与星合八东北，时干艮，符冲，金入火，三吉。

己亥　任六，生四。亥阴，宿吉干凶。开艮和欢怡，惊丙坎义，生乙巽害。天七，地二，阴八，合三。生与星合四东南，时干坤，开与日合八东北，龙走。

阳遁五局（四）

任直符 生直使 辅使冲月内星	丁卯小满上丁壬酉子	壬午谷雨上丁壬酉子	丁卯立春中壬寅丁巳	壬申立春中壬寅丁巳	丁未小寒下壬戌丁丑

庚子　任七，生五避五。子至卯阴，宿吉干凶。景坎害，杜墓乾害，惊丙震至。天二，地九，阴一，合八。无奇门，蛇矫，时干巽，飞符，飞宫格。

辛丑　任八，生六。宿吉干凶。死一巽害，景丙震和，开坤和。天一，地六，阴四，合九。开与星合二西南，丁下有丁，时干艮，符伏吟。

壬寅　任九，生七。宿吉干凶。生合兑义，休丁坤害，杜坎和。天四，地三，阴七，合六。休与月合二西南，丙下有丁，生与日合七正西，得使，天乙，伏宫格，仪刑，雀入江，太白格，时干乾，乙格，丁日勃，鸟跌穴。

癸卯　任一，生八。宿干凶，丁日不用。伤丙震伏，生合艮和，景合离伏。天六，地七，阴三，合四。生与月合八东北，符勃，鸟跌穴，时干乾，门伏，丁日伏干格，飞宫格，天网四张。

甲辰　英直符九，景直使九。辰至申阳，天辅，宿凶干吉。死内使坤伏，杜辅日巽伏，伤冲月震。天四，地三，阴七，合六。无奇门，时干离，伏吟，飞甲，自刑阖。

乙巳　英四，景一。宿干吉。休合离制，惊丙震制，死合艮伏。天三，地八，阴二，合七。休与星合九正南，得使，仪刑，门反吟，时干震，丁日伏干格。

丙午　英三，景二。宿干吉，守户。伤乙巽伏，休艮害，开坎义。天八，地一，阴九，合二。休与日合八东北，开与月合一正北，龙走，刑格，时干坎，相佐震，壬日伏干乙格。

丁未　英二，景三。宿凶干吉。休兑和，惊离害欢怡，死乙巽害。天九，地四，阴六，合一。休与星合七正西，时干兑，相佐坤，刑格，三吉。

戊申　英五，景四。宿干吉，壬日不用。开兑伏，死离和欢怡，景乙巽和。天九，地四，阴六，合一。开与星合七正西，时干兑，相佐坤，刑格，丁日飞干格。

己酉　英六，避五景五。酉至亥阴，宿干凶。开坎义，死合兑义，景丁坤义。天七，地二，阴八，合三。开与星合一正北，雀入江，时干震，相佐乾，丁日勃。

庚戌　英七，景六。宿吉干凶。景墓乾制，伤墓坤制，生离和。天二，地九，阴一，合八。生与月合九正南，天乙与太白格，虎猖狂，时干坎，大格，飞符，壬日飞干格。

辛亥　英八，景七。休丙震义，惊坎义，死墓乾义。天一，地八，阴四，合九。休与星合三正东，天乙与太白格，龙走，蛇矫，时干兑，事同。

阳遁五局（五）

景英直使内使辅日冲月	戊癸辰未小满上戊戌	戊癸辰未谷雨上戊戌	戊癸酉子立春中癸卯	戊癸巳寅小寒下戊申

壬子　英九，景八。子至丑阴，宿干凶。休丁坤害，惊乙巽制，死丙震害。天四，地三，阴七，合六。休与星合二西南，时干离，符伏。

癸丑　英一，景九。宿干吉，地遁。生艮伏，开乾伏，惊兑伏。天六，地七，阴三，合四。开与日合六西北，生与星合八东北，丁下有乙，时干离，符冲，门伏，火入金。

甲寅　蓬直符一，休直使一。天辅。寅至午阳，宿吉干吉，戊日不用。死内使坤伏，杜辅日巽伏，伤冲月震伏。天六，地七，阴三，合四。无奇门，时干坎，伏吟，地甲开。

乙卯　蓬四，休二。宿凶干吉，守户。杜坎和欢怡，生合兑义，休丁坤害。天三，地八，阴二，合七。休与月合二西南，丙下有丁，生与日合七正西。时干兑，戊日勃。

丙辰　蓬三，休三。宿吉干凶。死墓乾义，杜墓丁坤制，伤离义。天八，地一，阴九，合二。无奇门，天乙太白格，三吉，虎猖狂，癸日伏干格，时干离，相佐震，太格，乙格。

丁巳　蓬二，休四。宿凶干吉。开丙震制，死坎制欢怡，景墓乾制。天九，地四，阴六，合一。开与星合三正东，蛇矫，仪刑，时干震。相佐坤，击刑。

戊午　蓬五，休五避五。宿干吉。死丙震害，杜坎和，伤墓乾害。天九，地四，阴六，合一。无奇门，蛇矫，时干震，相佐坤。

己未　蓬六，休六。宿干凶，未至亥阴，癸日不用。死合离和，杜丙震伏，伤合艮制。天七，地二，阴八，合三。无奇门，时干兑，飞宫，戊日伏干格。

庚申　蓬七，休七。宿干凶。死一巽害，杜艮制，伤坎和欢怡。天二，地九，阴一，合八。无奇门，符勃，天乙与太白格，时干离，飞符，癸日飞干格。

辛酉　蓬八，休八。死兑义，杜离义，伤乙巽伏。天一，地六，阴四，合九。无奇门，时干震，刑格，戊日飞干格。

壬戌　蓬九，休九。死艮伏，杜乾害，伤兑害。天四，地三，阴七，合六。无奇门，反吟，符冲，时干坎，金入火，火入金。

癸亥　蓬一，休一。死丁坤伏，杜乙巽伏，伤丙震伏。天六，地七，阴三，合四。无奇门，时干坎，符门伏，天网四张。

阳遁六局 （一）

开直使辅使内日冲星	心直符	甲子己卯 芒种上 甲午己酉	己巳甲申 雨水中 己亥甲寅	甲辰己丑 春分下 甲戌己未	甲辰己丑 大寒下 甲戌己未

甲子　心六，开六。子至辰阳，宿干吉。杜巽伏，死墓坤伏，伤震伏。天七，地二，阴八，合三。无奇门，刑德在门，客主不利，利以逃亡，时干乾，伏吟，遁甲阖。

乙丑　心五，开七。宿干吉，己日不用。伤艮制，景丙巽和，生合坎制。天九，地四，阴六，合一。生与星合一正北，伏宫格，火入白，甲子伏宫格，时干巽，飞宫，乙格。

丙寅　心四，开八。宿干吉。死墓乾义欢怕，开合艮和，景兑制。天三，地八，阴二，合七。开与日合八东北，符反吟，甲干勃，鸟跌穴，龙反首，时干乾，相佐巽，大格。

丁卯　心三，开九。宿干吉。生兑义，杜坎和，休坤害。天八，地一，阴九，合二。休与星合二西南，丁下有乙，生与月合七正西，雀入江，仪刑，时干坤，相佐震，己日飞干格。

戊辰　心六，开一。宿干吉。伤丙巽伏，景墓乙坤义，生丁震害。天七，地二，阴八，合三。生与星合三正东，时干乾，符伏吟。

己巳　心七，开二。巳至酉阴，天辅，宿吉干凶。景丁震和，惊离害，杜艮制。天二，地九，阴一，合八。无奇门，龙走，刑格，门反吟，蛇矫，时干坤，己日伏干格。

庚午　心八，开三。甲日不用，守户，宿吉干凶。伤乙坤制，景乾制欢怡，生离和。天一，地六，阴四，合九。生与星合九正南，飞宫格，甲日飞干格，时干巽，飞符，金入火，三吉。

辛未　心九，开四。宿干凶。景坎害，惊丁震制，杜墓乾害欢怡。天四，地三，阴七，合六。无奇门，刑格，门反吟，蛇矫，时干艮，己日伏干格。

壬申　心一，开五避五。宿干凶。惊合离害，伏兑和，死丙巽害。天六，地七，阴三，合四。休与日合七正西，得使，虎猖狂，时干艮。

癸酉　心二，开六。宿干凶。生艮伏，杜丙巽伏，休合坎伏。天九，地四，阴六，合一。休与星合一正北，生与月合八东北，甲日伏干格，火入白，时干巽，飞宫，乙格，门伏，天网四张。

甲戌　柱直符七，惊直使七。戌至亥阳，宿凶干吉。死内使坤伏，杜辅月巽伏，伤冲星震伏。天二，地九，阴一，合八。无奇门，亥甲时如上法，时干兑，伏吟，飞甲阖。

乙亥　柱五，惊八。宿干吉，己日不用。生离和，开丁震制，惊艮和。天九，地四，阴六，合一。开与月合三正东，生与日合九正南，天乙与太白格，时干离，事同，龙走。

阳遁六局（二）

惊直使 内使辅月冲星	柱直符	乙丑 庚辰 芒种上 乙庚未戌	乙酉 庚午 雨水中 乙庚卯	乙寅 庚亥 春分下 乙庚申	乙亥 庚寅 大寒下 庚乙申巳	乙寅 庚寅 大寒下 庚乙申巳

丙子　柱四，惊九。宿凶干吉，子至寅阳，庚日不用。景丁震和，伤坎和，生墓乾义。天三，地八，阴二，合七。生与星合六西北，伏宫格，蛇矫，时干坎，相佐巽，刑格，乙格。

丁丑　柱三，惊一。宿干吉。开合艮和，死墓乾义，景兑制欢怡。天八，地一，阴九，合二。开与日合八东北，乙日飞干格，时干兑，相佐震，符冲，大格。

戊寅　柱六，惊二。宿干吉，地遁。开兑伏欢怡，死合离和，景丙巽和。天七，地二，阴八，合三，开与日合七正西，得使，虎猖狂，时干坎。

己卯　柱七，惊三。卯至未阴，守户，宿干凶。生墓坤伏，开丙巽制，惊震制。天二，地九，阴一，合八。生与日合二西南，时干兑，符伏，开与月合四东南，三吉，门反吟。

庚辰　柱八，惊四。宿干凶。杜坎和，生兑义欢怡，休乙坤害。天一，地六，阴四，合九。生与月合七正西，休与星合二西南，丁下有乙，得使，时干离，飞符，鸟跌穴，雀入江。

辛巳　柱九，惊五避五。宿干凶，乙日不用。景丙巽和，伤艮制，生合坎制。天四，地三，阴七，合六。生与星合一正北，得使，庚干勃，时干震，飞宫，火入金，庚日勃。

壬午　柱一，惊六。宿干凶。惊乾伏，景乙坤伏，杜离义。天六，地七，阴三，合四。无奇门，时干震，金入火，乙日勃。

癸未　柱二，惊七。宿干凶。景离伏，伤丁震伏，生艮伏。天九，地四，阴六，合一。生与星合八东北，仪刑，龙走，时干离，门伏，雀入江，天网四张。

甲申　任直符八，生直使八。申至亥阳，天辅，宿干吉。杜辅使巽伏，死内日坤伏，伤冲星震伏。天一，地六，阴四，合九。无奇门，庚日，伏干格，伏宫格，天乙与太白格，时干艮，符门，伏地甲，事同，开。

乙酉　任五，生九。宿干吉，景墓乾制，惊合艮和欢怡，杜兑害。天九，地四，阴六，合一。无奇门，伏宫格，时干艮，符冲，大格，乙日伏干格。

丙戌　任四，生一。宿干吉，庚日不用。惊乙坤和，休乾和，死离和。天三，地八，阴二，合七。休与月合六西北，干勃，时干坤，相佐巽，金入火，乙日勃。

丁亥　任三，生二。宿干吉。休合离制，伤兑制，开丙巽制。天八，地一，阴九，合二。开与星合四东南，丁下有丙，休与月合九正南，时干巽，相佐震，虎猖狂。

阳遁六局（三）

生直使 辅使内日冲星 任直符	丙寅 辛巳 芒种上 丙申 辛亥	丙戌 辛未 雨水中 丙辰 辛丑	丙子 辛卯 春分下 辛酉 丙酉	辛卯 丙子 大寒下 辛午 辛酉 丙午

戊子　任六，生三。宿干吉，子阳，守户。休艮害欢怡，伤丙巽伏，开合坎义。天七，地二，阴八，合三。开与星合一正北，休与月合八东北，得使，符勃，时干坤，飞宫，三吉，火人金。

己丑　任七，生四。丑至巳阴，宿吉干凶。惊坎义，休丁震义，死墓乾义。天二，地九，阴一，合八。休与日合三正东，蛇矫，时干巽，刑格，辛日飞干格。

庚寅　任八，生五避五。宿吉干凶。开丙巽制，生墓乙乾伏，惊丁震制。天一，地六，阴四，合九。生与日合二西南，开与月合四东南，辛日伏干格，飞宫格，时干艮，反吟，符伏，击刑。

辛卯　任九，生六。宿干凶。休兑和，伤坎和，开乙坤和。天四，地三，阴七，合六。开与星合二西南，休与月合七正西，得使，时干乾，辛日伏干格，雀入江。

壬辰　任一，生七。宿干凶，丙日不用。死丁震害，开离害，景艮义。天六，地七，阴二，合四。开与日合九正南，龙走，时干乾。

癸巳　任二，生八。宿干凶。开墓乾伏，生合艮伏欢怡，惊兑伏。天九，地四，阴六，合一。生与日合八东北，开与月合六西北，龙反首，鸟跌穴，天乙与太白格，时干艮，符冲，门伏，大格，天网。

甲午　英直符九，景直使九。午至戌阳，天辅，宿凶干吉。死墓内使坤伏，杜辅月巽伏，伤冲星震伏。天四，地三，阴七，合六。无奇门，仪刑，刑德在门，客主不利，利以逃亡，时干离，符门伏，遁甲，自刑，阖。

乙未　英五，景一。宿干吉。伤兑害，休合离制欢怡，开墓丙巽制。天九，地四，阴六，合一。开与星合四东南，休与月合九正南，虎猖狂，时干离，辛，日勃，鸟跌穴。

丙申　英四，景二。宿干吉。杜离义欢怡，生丁震害，休艮害。天三，地八，阴二，合七。休与星合八东北，生与月合三正东，时干震，相佐巽，龙走。

丁酉　英三，景三。辛日不用，宿干吉，守户。死丙巽害，杜艮制，伤合坎和。天八，地一，阴九，合二。无奇门，火入白，干时坎，相佐震，丙日飞干格。

戊戌　英六，景四。宿干吉。生坎制，开兑伏，惊乙坤和。天七，地二，阴八，合三。生与日合一正北，开与月合七正西，伏宫格，雀入江，时干震，乙格，丁日伏干格。

己亥　英七，景五避五。亥阴，宿干凶。惊乾伏，景乙坤义，杜离义欢怡。天二，地九，阴一，合八。无奇门，时干坎，金入火，丙日伏干格。

阳遁六局（四）

景直使内使辅月冲星	英直符	丁卯芒种上壬酉	壬午芒种上丁酉	壬亥雨水中丁巳	丁申雨水中壬寅	壬辰春分下壬戌	丁丑春分下丁未	丁丑大寒下壬戌	壬辰大寒下丁未

庚子　英八，景六。子至卯阴，宿干凶。开丁震制，死坎制，景墓乾制。天一，地六，阴四，合九。开与日合三正东，飞宫格，天乙与太白格，蛇矫，时干兑，飞符，刑格，壬日勃。

辛丑　英九，景七。宿干凶。杜墓乙坤制，生丙巽害，休震义。天四，地三，阴七，合六。生与月合四东南，休与星合三正东，时干离，符伏，仪刑。

壬寅　英一，景八。宿干凶。景合艮义，伤墓乾害，生兑义。天六，地七，阴三，合四。生与星合七正西，鸟跌穴，龙返首，时干离，符伏，大格，事同。

癸卯　英二，景九。宿干凶，丁日不用。惊兑伏，景合离伏欢怡，杜丙巽伏。天九，地四，阴六，合一。无奇门，符勃，壬日飞干格，时干兑，门伏，丁日伏干格，虎猖狂。

甲辰　蓬直符一，休直使一。辰至申阳，天辅，宿凶干吉。伤冲使震伏，死内日坤伏，杜辅月巽伏。天六，地七，阴三，合四。无奇门，干格，时干坎，伏吟，飞甲，自刑，开。

乙巳　蓬五，休二。宿干吉。伤墓乾害，死丁震害，杜坎和欢怡。天九，地四，阴六，合一。无奇门，符勃，丁干勃，蛇矫，时干震，刑格，壬日勃。

丙午　蓬四，休三。宿干吉，守户。杜乙坤制，惊坎义欢怡，景兑制。天三，地八，阴二，合七。无奇门，时干兑，相佐巽，三吉，雀入江。

丁未　蓬三，休四。宿干吉。生离和，景乾制，伤乙坤制。天八，地一，阴九，合二。生与星合九正南，时干离，相佐震，金入火。

戊申　蓬六，休五避五。宿干吉，壬日不用。景艮义，开离害，死丁震害。天七，地二，阴八，合三。开与日合九正南，丁干勃，龙走，伏宫格，丁日飞干格，时干兑，乙格，壬日伏干格。

己酉　蓬七，休六。酉至亥阴，宿干凶。生合坎制欢怡，景丙巽和，伤艮制。天二，地九，阴一，合八。生与星合一正北，时干离，飞宫，火入金。

庚戌　蓬八，休七。宿吉干凶。死丙巽制，休兑和，惊合离害。天一，地六，阴四，合九。休与日合七正西，飞宫格，虎猖狂，丁日伏干格，时干震，飞符，壬日飞干格。

辛亥　蓬九，休八。宿干凶。死兑伏，休合艮害，惊墓乾伏。天四，地三，阴七，合六。休与日合八东北，天乙与太白格，鸟跌穴，龙反首，时干坎，符冲，大格。

阳遁六局（五）

戊寅	戊己	戊子	戊辰	蓬直符	休蓬直使
癸巳	癸寅	癸酉	癸未		
大寒下	春分下	雨水中	芒种上		冲使内日辅月
癸亥	癸亥	戊午	戊戌		
戊申	戊申	癸卯	癸丑		

壬子　蓬一，休九。子至丑阴，宿干凶。惊丁震制，生墓乙坤伏，开丙巽制。天六，地七，阴三，合四。开与月合四东南，时干坎，生与日合二西南，符伏。

癸丑　蓬二，休一。开墓乾伏，伤丁震伏欢怡，休坎伏欢怡。天九，地四，阴六，合一。开与星合六西北，休与月合一正北，蛇矫，时干震，刑格，门伏。

甲寅　内直符二，死直使二，天辅。宿凶干吉，寅至午阳，戊日不用。伤冲使震伏，死墓内日坤伏，杜辅月巽伏。天九，地四，阴六，合一。无奇门，阳内阴外，宜固守，时干坤，符门伏，地甲时，阖。

乙卯　内五，死三。守户。死丁震害，休墓乙坤伏，惊丙巽制。天九，地四，阴六，合一。休与日合二西南，三吉，时干坤，符伏。

丙辰　内四，死四。伤合坎和，死丙巽害，杜艮制。天三，地八，阴二，合七。无奇门，戊日，伏干格，仪刑，时干艮，相佐巽，火入金，飞宫格。

丁巳　内三，死五避五。开墓乾伏，伤丁震伏，休坎伏。天八，地一，阴九，合二。休与月合一正北，开与星合六西北，蛇矫，时干乾，相佐震，击刑，刑格。

戊午　内六，死六。伤离义，死乾义，杜乙坤制。天七，地二，阴八，合三。无奇门，时干艮，癸日勃，戊日飞干格，金入火。

己未　内七，死七。宿干凶，未至亥阴，癸日不用。伤丙巽伏，死兑义，杜合离义。天二，地九，阴一，合八。无奇门，虎猖狂，时干乾。

庚申　内八，死八。伤兑害，死艮伏，杜乾害。天一，地六，阴四，合九。无奇门，大格，伏宫格，鸟跌穴，龙反首，时干坤，符门冲，戊日勃，癸日飞干格。

辛酉　内九，死九。伤丁艮制，死离和，杜丁震伏。天四，地三，阴七，合六。无奇门，龙走，时干巽。

壬戌　内一，死一。伤乙坤制欢怡，死坎制，杜兑害。天六，地七，阴二，合四。无奇门，雀入江，时干巽。

癸亥　内一，死二。伤丁震伏，死一坤伏，杜丙巽伏。天九，地四，阴六，合一。无奇门，时干坤，符门伏，天网四张。

阳遁七局（一）

柱直使 惊直符	甲戌己丑	甲戌己丑	己巳甲申	己巳甲申
内使心日辅星	立夏下己甲未辰	清明下己甲未辰	惊蛰中甲己寅亥	冬至中甲己寅亥

甲子　柱七，惊七。子至辰阳，宿凶干吉。死坤伏，开乾伏，杜巽伏。天二，地九，阴一，合八。开与日合六西北，刑德在门，客主不利，利以逃亡，时干兑，伏吟，遁甲阖。

乙丑　柱六，惊八。宿干吉，己日不用。杜兑害欢怡，死坎制，生离和。天七，地二，阴八，合三。生与星合九正南，符勃，甲干勃，时干坎，金入火，蛇矫，龙走。

丙寅　柱五，惊九。宿干吉。惊离害，休兑和欢怡，景震和。天九。地四，阴六，合一。休与日合七正西，雀入江，虎猖狂，天乙与太白格，时干离，相佐坤，火人金，事同，龙返首。

丁卯　柱四，惊一。宿干凶。休震义，伤合离义，惊干义。天三，地八，阴二，合七。休与月合三正东，己日伏干格，仪刑，时干坎，相佐巽，刑格，击刑。

戊辰　柱七，惊二。宿凶干吉。惊丙坤和，休乙乾和，景丁巽和。天二，地九，阴一，合八。休与日合六西北，时干兑，符伏。

己巳　柱八，惊三。巳至酉阴，天辅，宿干凶。景合坎害，惊震制，伤兑害欢怡。天一，地六，阴四，合九。无奇门，门反吟，时干离，三吉，己日飞干格。

庚午　柱九，惊四。宿干凶，守户，甲日不用。惊丁巽制，休墓丙坤害，景艮义。天四，地三，阴七，合六。休与日合二西南，甲日伏干格，伏宫格，天乙与太白格，时干震，飞符，大格。

辛未　柱一，惊五避五。宿干凶。休墓乙乾和，伤艮制，惊合坤和。天六，地七，阴三，合四。休与月合六西北，甲日伏干格，伏宫格，天乙与太白格，时干震，飞宫，乙格。

壬申　柱二，惊六。宿干凶。杜离义，死兑义欢怡，生震害。天九，地四，阴六，合一。生与星合三正东，伏干格，时干离，相佐坤，火入金。

癸酉　柱三，惊七。宿吉干凶。生艮伏，杜丁巽伏，开乙乾伏。天八，地一，阴九，合二。开与星合六西北，生与月合八东北，丁下有乙，时干兑，符冲，仪刑，门伏。

甲戌　任直符八，生直使八。戌至亥阳，宿干吉。开心使乾伏，死内月坤伏，杜辅星巽伏。天一，地六，阴四，合九。开与日合六西北，亥甲时如上法。时干艮，门伏吟，飞甲开。

乙亥　任六，生九。宿干吉，己日不用。伤墓丙，休丁巽义，惊艮和欢怡。天七，地二，阴八，合三。休与月合四东南，丙下有丁，得使，天乙与太白格，时干坤，大格，事同。

阳遁七局（二）

生 任直符 直使心使内月辅星	庚寅 立夏下 乙亥 乙巳	庚寅 清明下 乙亥 乙申	庚午 惊蛰中 乙酉 乙卯	庚午 冬至中 乙酉 乙子

丙子　任五，生一。子至寅阳，宿干吉，庚日不用，人遁。景巽和，伤艮制欢怡，休墓乙乾和。天九，地四，阴六，合一。休与星合六西北，丁下有乙，符勃，时干艮，相佐坤，符反吟，仪刑。

丁丑　任四，生二。宿干吉。死艮伏欢怡，杜墓乙乾害，生合坤伏。天三，地八，阴二，合七。生与星合二西南，乙下有丙，得使，门反吟，时干坤，相佐巽，飞宫，乙日勃。

戊寅　任七，生三。宿凶干吉。杜合离义，生震害，开坎义。天二，地九，阴一，合八。开与星合一正北，生与月合三正东，伏宫格，太白天乙格，时干巽，刑格，乙格。

己卯　任八，生四。卯至未阴，宿吉干凶，守户。死乙乾义，杜丙坤制，生丁巽害。天一，地六，阴四，合九。生与星合四东南，时干艮，符伏吟。

庚辰　任九，生五避五。宿干吉。惊震制，景合坎害。伤兑害。天四，地三，阴七，合六。无奇门，飞宫格，时干乾，飞符，乙日飞干格。

辛巳　任一，生六。宿干凶，乙日不用。休兑和，惊离害，景震和。天六，地七，阴三，合四。休与月合七正西，庚干勃，虎猖狂，雀入江，时干乾，火入金。

壬午　任二，生七。宿凶干吉。惊丁巽制，景艮义欢怡，伤墓乙乾害。天九，地四，阴六，合一。无奇门，仪刑，符勃。时干艮，相佐坤，符冲。

癸未　任三，生八。宿吉干凶。休坎伏，惊兑伏，景离伏。天八，地一，阴九，合二。休与日合一正北，仪刑，龙走，蛇矫，鸟跌穴，时干巽，门伏，金入火，击刑。

甲申　英直符九，景直使九。申至亥阳，天辅，宿凶干吉。死内使坤伏，开心日乾伏，杜辅星巽伏。天四，地三，阴七，合六。开与日合六西北，符勃，伏宫格，天乙与太白格，时干离，门伏吟，地甲，事同，阖。

乙酉　英六，景一。宿干吉。景合坎害，惊震制，伤兑害。天七，地二，阴八，合三。无奇门，三吉，门反吟，时干震，乙日伏干格。

丙戌　英五，景二。宿干吉，庚日不用。死兑义，开坎义，日离义欢怕。天九，地四，阴六，合一。开与日合一正北，时干兑，相佐坤，金入火。

丁亥　英四，景二。宿干吉。惊离害欢怡，休兑伏，景震和。天三，地八，阴二，合七。休与日合七正西，雀入江，符勃，时干震，相佐巽，火入金，三吉。

阳遁七局（三）

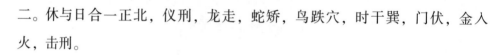

戊子　英七，景四。宿凶干吉，子阳，守户。休墓乙乾和，伤艮制，惊合丙坤和。天二，地九，阴一，合八。休与月合六西北，飞宫格，丙下有乙。时干坎。

己丑　英八，景五避五。丑至巳阴，宿干凶。生震害，杜合离义欢怡，开坎义。天一，地六，阴四，合九。生与月台三正东，开与星合一正北，时干兑，刑格，仪刑。

庚寅　英九，景六。伤丙坤制，景乙乾制，休丁巽义。天四，地三，阴七，合六。休与星合四东南，时干离，符伏，击刑，宫格。

辛卯　英一，景七。开艮和，生丁巽害，死墓乙乾义。天六，地七，阴三，合四。

开与月合八东北，生与日合四东南，丁下有乙，时干离，符冲，辛日飞干格。

壬辰　英二，景八。丙日不用，天遁。生兑义，杜坎和，开离害欢怕。天九，地四，阴六，合一。生与月合七正西，开与星合九正南，蛇矫，鸟跌穴，丙日伏干格，时干兑，相佐坤，金入火，龙走。

癸巳　英三，景九。杜丁巽伏，死墓丙坤伏，生艮伏。天八，地二，阴九，合二。生与星合八东北，天乙与太白格，门伏吟，时干坎，大格，天网四张。

甲午　蓬直符一，休直使一。宿吉干凶，午至戌阳，天辅。开心使乾伏，死内月坤伏，杜辅星巽伏。天六，地七，阴三，合四。开与日合六西北，仪刑，时干坎，门伏吟，遁甲，自刑，阖。

乙未　蓬六，休二。生兑义，开离害，死震害。天七，地二，阴八，合三。开与月合九正南，生与日合七正西，雀入江，龙反首，时干兑，火入金，丙日飞干格。

丙申　蓬五，休三。伤合离义，休震义，惊坎义欢怕。天九，地四，阴六，合一。休与月合三正东，时干震，相佐坤，刑格，三吉。

丁酉　蓬四，休四。辛日不用，守户。开震制，死坎制欢怡，杜兑害。天三，地八，阴二，合七。开与日合三正东，时干兑，相佐巽，辛日勃。

戊戌　蓬七，休五避五。伏墓丙坤害，惊丁巽制，景艮义。天二，地九，阴一，合八。休与月合二西南，大格，乙下有丙，时干离。

己亥　蓬八，休六。亥阴，宿干凶。生坎制欢怡，开兑伏，死离和。天一，地六，阴四，合九。生与日合一正北，开与月合七正西，龙走，鸟跌穴，时干震，金入火，丙日伏干格。

阳遁七局（四）

休蓬直使 直符 心使内月辅星	丁丑 壬辰 立夏下 壬戌	丁丑 壬辰 清明下 丁未	丁亥 壬申 惊蛰中 壬寅 丁巳	壬申 丁亥 冬至中 壬寅 丁巳

庚子　蓬九，休七。子至卯阴，宿干凶。死丁巽害，杜艮制，生墓乙乾义。天四，地三，阴七，合六。生与星合六西北，丁下有乙，太白与天乙格，飞宫格，符冲，格符，仪刑，时干坎。

辛丑　蓬一，休八。宿干凶。惊乙乾伏，景丙坤义，伤丁巽伏。天六，地七，阴三，合四。无奇门，时干坎，符伏。

壬寅　蓬二，休九。宿干凶。休合离制，惊震制，景坎害。天九，地四，阴六，合一。休与日合九正南，天乙与太白格，门反吟，时干震，相佐坤，刑格。

癸卯　蓬三，休一。宿吉干凶，丁日不用。生艮伏，开墓乙乾伏，死合丙坤伏。天八，地一，阴九，合二。开与月合六西北，生与日合八东北，时干离，飞门伏，天网四张。

甲辰　内直符二，死直使二。辰至申阳，天辅，宿凶干吉。杜辅使巽伏，开心日乾伏，死内月坤伏。天九，地四，阴六，合一。开与日合六西北，时干坤，符门伏，飞甲，自刑，阖。

乙巳　内四，死三。宿干吉。休合丙坤害欢怡，伤墓乙乾害。天七。地二，阴八，合三。休与星合二西南，时干艮，丁下有丙，飞宫，三吉。

丙午　内五，死四。宿干吉，守户。死丁巽害，生乙乾义，开丙坤和。天九，地四，阴六，合一。生与日合六西北，时干坤，开与月合二西南，符伏。

丁未　内四，死五避五。宿干吉。生艮伏，死墓丙坤伏欢怡，杜丁巽伏。天三，地八，阴二，合七。生与星合八东北，得使，门伏，干勃，时干艮，相佐巽，大格。

戊申　内七，死六。宿凶干吉，壬日不用。伤离义，惊坎义，景兑制。天二，地九，阴一，合八。无奇门，太白与天乙格，白入火，蛇矫，龙走，时干乾，丁日飞干格，壬日伏干，乙格。

己酉　内八，死七。酉至亥阴，宿干凶。惊墓乙乾伏，伤丁巽伏，休艮害。天一，地六，阴四，合九。休与月合八东北，时干坤，符冲。

庚戌　内九，死八。宿干凶。惊震制，伤兑害，休离制。天四，地三，阴七，合六。休与月合九正南，门反吟，火入白，飞宫，雀入江，虎猖狂，时干巽，丁日伏干格，壬日飞干格。

辛亥　内一，死九。宿干凶。开兑伏，杜震伏，生合坎制。天六，地七，阴三，合四。开与星合七正西，生与月合一正北，天乙与太白格，时干巽，事同。

阳遁七局（五）

癸酉冬至中 戊子 戊午	戊子惊蛰中 癸酉 戊午	戊寅清明下 癸巳 戊亥	癸巳立夏下 戊寅 戊申	死内直使 内直符 辅使心日内月

壬子　内二，死二。子至丑阴，宿干凶。休下巽义，景乙乾制，伤丙坤制。天九，地四，阴六，合一。休与星合四东南，时干坤，符伏。

癸丑　内三，死二。宿吉干凶。休坎伏，景合离伏，伤震伏。天八，地一，阴九，合二。休与星合一正北，刑格，癸日伏干格，时干乾，癸日勃，门伏，天网四张。

甲寅　冲直符三，伤直使三，天辅。寅至午阳，宿干吉，戊日不用。杜辅使巽伏，开心日乾伏，死内月坤伏。天八，地一，阴九，合二。开与日合六西北，时干震，符门伏，地甲，三吉，开。

乙卯　冲六，伤四。宿干吉，守户。开坎义，杜合离义，生震害欢怡。天七，地二，阴八，合三。开与星合一正北，生与月合三正东，癸干格，时干离，癸干勃，刑格。

丙辰　冲五，伤五避五。宿干吉。杜兑害，开震制欢怡，死合坎制。天九，地四，阴六，合一。开与日合三正东，时干坎，相佐坤。

丁巳　冲四，伤六。宿干吉。开离害，杜坎和，生兑义。天三，地八，阴二，合七。开与星合九正南，得使，生与月合七正西，龙走，鸟跌穴，癸干格，仪刑，时干离，相佐巽，戊日勃，击刑。

戊午　冲七，伤七。宿凶干吉。杜墓乙乾害，开丁巽制，死良伏。天二，地九，阴一，合八。开与日合四东南，乙下有丁，时干震，符门反吟。

己未　冲八，伤八。未至亥阴，宿吉干凶，癸日不用。杜震伏欢怡，开兑伏，死离伏。天一，地六，阴四，合九。开与日合七正西，雀入江，虎猖狂，时干坎，火人金。

庚申　冲九，伤九。宿干凶，地遁。杜合丙坤制，开艮和，死墓乙乾义。天四，地三，阴七，合六。开与日合八东北，天乙与太白格，癸日飞干格，戊日伏干格，时干兑，事同，飞符，飞宫。

辛酉　冲一，伤一。杜艮制，开墓丙坤和，死丁巽害。天六，地七，阴三，合四。开与日合二西南，戊癸日伏干格，太白与天乙格，时干兑，大格，乙格。

壬戌　冲二，伤二。杜兑害，开震制欢怡，死合坎制。天九，地四，阴六，合一。开与日合三正东，时干坎，相佐坤。

癸亥　冲三，伤三。杜丁巽伏，开丁乾伏，死丙坤伏。天八，地一，阴九，合二。开与日合六西北，时干震，符门伏，三吉，天网。

阳遁八局 （一）

生直使 心使 杜日 内星	甲戌 己丑 小满下 甲己 辰未	甲戌 己丑 谷雨下 甲己 辰未	甲子 己卯 立春上 己甲 午酉	甲申 己巳 小寒中 己甲 亥寅
任直符				

甲子　任八，生八。子至辰阳，宿干吉。开墓乾伏，惊兑伏，死坤伏。天一，地六，阴四，合九。开与月合六西北，刑德在门，客主不利，利以逃亡，时干艮，符门伏，遁甲，阖。

乙丑　任七，生九。宿凶干吉，己日不用。生离和，休巽义，开合震制。天二，地九，阴一，合八。开与星合三正东，休与日合四东南，生与月合九正南，时干巽，己日勃。

丙寅　任六，生一。宿干吉。惊合丁坤和，死离和，景巽和。天七，地二，阴八，合三。无奇门，己干勃，天乙与太白格，龙反首，时干坤，相佐乾，事同。

丁卯　任五，生二。宿干吉。开巽制，惊震制，死艮制欢怡。天九，地四，阴六，合一。开与月合四东南，龙走，仪刑，门反吟，己日飞干格，伏干，时干艮，相佐坤，刑格，击刑，符冲。

戊辰　任八，生三。宿干吉。惊墓丙乾伏，死乙兑义，景丁坤义。天一，地六，阴四，合九。无奇门，时干艮，符伏，三吉。

己巳　任九，生四。巳至酉阴，天辅，宿吉干凶。休震义，开艮和欢怡，惊坎义。天四，地三，阴七，合六。开与日合八东北，时干乾，休与月合三正东，大格。

庚午　任一，生五避五。宿干凶，甲日不用，守户。伤乙兑害，生墓丁坤伏，休离制。天六，地七，阴三，合四。生与日合二西南，休与星合九正南，龙走，甲日飞干格，时干乾，门反吟，飞符，金入火。

辛未　任二，生六。宿干凶。死巽害，景震和，杜艮制欢怡。天九，地四，阴六，合一。无奇门，己日伏干格，刑格，时干艮，相佐坤，符冲。

壬申　任三，生七。宿吉干凶。杜坎和，伤丙乾害，生乙兑义。天八，地一，阴九，合二。生与星合七正西，丁下有乙，仪刑，虎猖狂，甲日伏干格，时干巽，火人金，乙格，飞宫。

癸酉　任四，生八。宿吉干凶，天遁。生艮伏欢怡，休合坎伏，开墓丙乾伏。天三，地八，阴二，合七。开与星合六西北，生与月合八东北，得使，鸟跌穴，休与日合一正北，蛇矫，甲干勃，时干坤，门伏吟，天网。

甲戌　英直符九，景直使九。戌至亥阳，宿凶干吉。惊杜使兑伏，开墓心月乾伏，死内星坤伏。天四，地三，阴七，合六。开与星合六西北，时干离，符伏门，飞甲，阖。

乙亥　英七，景一。宿凶干吉，己日不用。景合坎害，死艮伏，杜墓丙乾害。天二，地九，阴一，合八。无奇门，甲干勃，己日飞干格，天乙与太白格，时干坎，蛇矫。

阳遁八局 (二)

乙酉	庚午	乙庚寅亥	乙庚亥寅	乙庚丑辰	英直符
庚卯	小寒中	小满下	谷雨下	立春上	景直使
乙子	乙庚子午	庚乙巳申	乙庚巳申	庚乙戌未	柱使心月内星

丙子　英六，景三。子至寅阳，宿凶干吉，庚日不用。休艮害，生震害，开坎义。天七，地二，阴八，合三。休与日合八东北，开与星合一正北，生与月合三正东，时干震，相佐乾，大格。

丁丑　英五，景三。宿干吉。生丙乾义，伤坎和，休乙兑和。天九，地四，阴六，合一。生与日合六西北，乙下有丙，休与星合七正西，丁下有乙，时干兑，相佐坤，火人金，庚日勃。

戊寅 英八，景四。宿干吉。景巽和，死离和欢怡，杜合震伏。天一，地六，阴四，合九。无奇门，符勃，时干兑。

己卯 英九，景五避五。卯至未阴，宿干凶，守户。死一兑义，惊墓丙乾代，景丁坤义。天四，地三，阴七，合六。无奇门，时干离，符伏，刑格，伏干格。

庚辰 英一，景六。宿干凶。开震制，休巽义，惊艮和。天六，地七，阴三，合四。开与日合三正东，休与月合四东南，仪刑，火人白，虎猖狂。时干离，符冲，飞伏，刑格，乙格。

辛巳 英二，景七。宿干凶，乙日不用。死丙乾义，惊坎义，景乙兑制。天九，地四，阴六，合一。无奇门，乙日，伏干格，雀入江，时干兑，相佐坤，庚日勃，火人金。

壬午 英三，景八。宿吉干凶。开离害欢怡，休合丁坤害，惊巽制。天八，地一，阴九，合二。开与日合九正南，休与月合二西南，时干坎，乙日伏干格，雀入江。

癸未 英四，景九。宿吉干凶。死墓丁坤伏，惊乙兑伏，景离伏。天三，地八，阴二，合七。无奇门，乙日伏干格，龙走，时干震，门伏，击刑，天网。

甲申 蓬直符一，休直使一。申至亥阴，天辅；宿凶干吉。开墓心使乾伏，惊柱日兑伏，死内星坤伏。天六，地七，阴三，合四。开与月合六西北，天乙与太白格，伏宫格，时干坎，符门伏，地甲，事同，阖。

乙酉 蓬七，休二。宿凶干吉，地遁。休合丁坤害，开离害，惊巽制。天二，地九，阴一，合八。开与日合九正南，休与月合二西南，时干离，乙日伏干格。

丙戌 蓬六，休三。宿干吉，庚日不用。景乙兑制，杜墓丁坤制，伤离义。天七，地二，阴八，合三。无奇门，龙走，干勃，时干兑，相佐乾，金入火，三吉。

丁亥 蓬五，休四。宿干吉。生离和，休巽义，开合震制，天九，地四，阴六，合一。生与月合九正南，休与日合四东南，开与星合三正东，时干震，相佐坤，得使。

阳遁八局（三）

休蓬直使心使柱日内星	蓬直符心使柱日内星	辛卯 小满下 丙子 辛酉 丙午	辛卯 谷雨下 丙子 辛酉 丙午	丙寅 立春上 辛巳 辛亥 丙申	丙戌 小寒中 辛未 辛丑 丙戌

戊子　蓬八，休五避五。子阳，宿凶干吉，守户。杜坎和欢怡，伤丙乾害，生乙兑义。天一，地六，阴四，合九。生与星合七正西，丙日飞干格，雀入江，仪刑，时干震，火入金，飞宫，符勃。

己丑　蓬九，休六。丑至巳阴，宿干凶。景巽和，杜震伏，伤艮制。天四，地三，阴七，合六。无奇门，符冲，时干坎，刑格。

庚寅　蓬一，休七。宿干凶。生墓丙乾义，休乙兑和，开丁坤和。天六，地七，阴三，合四。开与星合二西南，休与日合七正西，生与月合六西北，时干坎，击刑，符伏。

辛卯　蓬二，伏八。宿干凶。杜离义，伤巽伏。生合震害。天九，地四，阴六，合一。生与星合三正东，时干震。相佐坤。辛日伏干格。

壬辰　蓬三，休九。宿吉干凶，丙日不用。死艮伏，景合坎制欢怡，杜墓丙乾害。天八，地一，阴九，合二。无奇门，蛇矫，时干离，门反吟。

癸巳　蓬四，休一。宿吉干凶。伤震伏，生艮伏，休坎伏欢怡。天三，地八，阴二，合七。生与日合八东北，休与星合一正北，天乙与太白格，时干兑，门伏，大格，天网，辛日伏干格。

甲午　内直符二，死直使二。午至戌阳，天辅，宿凶干吉。惊柱使兑伏，开墓心月乾伏，死禽星坤伏。天九，地四，阴六，合一。开与月合六西北，时干坤，符门伏，遁甲，自刑，阖。

乙未　内七，死三。宿干凶。伤丙乾害，杜坎和，生乙兑义。天二，地九，阴一，合八。生与星合七正西，丁下有乙，丙日飞干格，虎猖狂，时干乾，火入金，飞宫，三吉。

丙申　内六，死四。宿干吉。伤合坎和，杜艮制，生墓丙乾义。天七，地二，阴八，合三。生与星合六西北，蛇矫，时干艮。

丁酉　内五，死五避五。宿干吉，辛日不用，守户。惊乙兑伏，开墓丙乾伏，死坤伏欢怡。天九，地四，阴六，合一。开与月合六西北，时干坤，符门伏。

戊戌　内八，死六。宿干凶。休震义，生巽害，开艮和。天一，地六，阴四，合九。休与日合三正东，生与月合四东南，开与星合八东北，丙日伏干格，时干坤，符冲，刑格，仪刑。

己亥　内九，死七。亥阴，宿干凶。景墓丁坤义欢怡，死乙兑义。杜离义。天四，地三，阴七，合六。无奇门，仪刑，龙走，时干巽，金入火，丙日伏干格。

阳遁八局 （四）

丁巳	丁申	丁卯	丁午	壬丑	壬丑	符直	直使	内死
小寒中	小寒中	立春上	立春上	谷雨下	小满下	使心	柱使	直使
壬寅	壬亥	壬子	丁酉	丁未戌	丁未戌	月禽星		

庚子　内一，死八。子至卯阴，宿干凶。死艮伏，惊震制，景坎害。天六，地七，阴三，合四。无奇门，门反吟，飞宫格，时干巽。大格，壬日勃，丁日飞干格。

辛丑　内二，死九。宿干凶。开乙兑伏，休墓丙乾和，惊丁坤和。天九，地四，阴六，合一。休与月合六西北，时干坤，开与日合七正西，符伏。

壬寅　内三，死一。宿吉干凶。休巽义，生离和，开合震制。天八，地一，阴九，合二。开与星合三正东，休与日合四东南，生与月合九正南，事同，时干乾，乙格，丁日伏干格。

癸卯　内四，死二。宿吉干凶，丁日不用。景离伏，死丁坤伏欢怡，杜巽伏。天三，地八，阴二，合七。无奇门，符勃，时干艮，门伏，天网，丁日勃，壬日飞干格，龙反首。

甲辰　冲直符三，伤直使三。辰至申阳，天辅，宿干吉。死内使坤伏，惊柱日兑伏，开心月乾伏。天八，地一，阴九，合二。开与月合六西北，时干震，符门伏，飞甲，自刑，二吉，阖。

乙巳　冲七，伤四。宿凶干吉。休艮害，生震害欢怡，伤巽伏。天二，地九，阴一，合八。生与日合三正东，休与星合八东北，时干震，符冲，刑格

丙午　冲六，伤五避五。宿干吉，守户。开合震制欢怡，休巽义，生离和。天七，地二，阴八，合三。休与日合四东南，开与星合三正东，生与月合九正南，时干离，相佐乾，丁日伏干格。

丁未　冲五，伤六。宿干吉。杜坎和，景艮义，死震害欢怡。天九，地四，阴六，合一。无奇门，符勃，壬日，伏干格，时干坎，相佐坤，大格，丁日飞干格。天九，地四，阴六，合一。

戊申　冲八，伤七。宿干吉，壬日不用。休离制，生墓丁坤伏，伤乙兑害。天一，地六，阴四，合九。生与日合二西南，时干坎，休与星合九正南，金入火。

己酉　冲九，伤八。酉至亥阴，宿吉干凶。休墓丙乾和，生合坎制，伤艮制。天四，地三，阴七，合六。休与星合六西北，丁下有丙，生与日合一正北，蛇矫，鸟跌穴，时干兑，壬日伏干格，乙格，伏宫格。

庚戌　冲一，伤九。宿干凶。生巽害，伤离义，杜合坤制。天六，地七，阴三，合四。生与星合四东南，得使，龙反首，天乙与太白格，雀入江。时干兑，飞符，丁日勃，壬日飞干格。

辛亥　冲二，伤一。宿干吉。伤坎和，杜艮制，景震和。天九，地四，阴六，合一。无奇门，丁日飞干格，壬日勃，鸟跌穴，时干坎，相佐坤，大格，事同。

阳遁八局（五）

冲直符 伤直使 禽使柱日心月	戊寅 小满下 戊申 / 癸巳 癸亥	戊寅 谷雨下 戊申 / 癸巳 癸亥	戊辰 立春上 戊戌 / 癸未 癸丑	戊午 小寒中 戊子 / 癸酉 癸卯

壬子 冲三，伤二。子至丑阴，宿吉干凶。伤丁坤制，杜乙兑害，景墓丙乾制。天八，地一，阴九，合二。无奇门，符伏，时干震。

癸丑 冲四，伤三。宿吉干凶。惊乙兑伏，开丙乾伏，休坎伏。天三，地八，阴二，合七。休与月合一正北，开与日合六西北，乙下有丙，火入白，虎猖狂，仪刑，时干离，飞宫，戊日伏干，门伏，天网。

甲寅 辅直符四，杜直使四，天辅。寅至午阳，宿干吉，戊日不用。死禽心坤伏，惊柱日兑伏，开墓心月乾伏。天三，地八，阴二，合七。开与月合六西北，地甲开，时干巽，符门伏，仪刑。

乙卯 辅七，杜五避五。宿凶干吉，守户。惊坎义，开艮和，休震义。天二，地九，阴一，合八。开与日合八东北，休与月合三正东，癸日伏干格，时干艮，大格，乙格，伏宫格。

丙辰 辅六，杜五。宿干吉。死艮伏，惊震制，开巽制欢怡。天七，地二，阴八，合三。开与月合东南，刑格，符勃，癸干勃，时干巽，相佐乾，符门反吟。

丁巳 辅五，杜七。宿干吉。景墓丙乾制，死合坎制，惊艮和。天九，地四，阴六，合一。无奇门，仪刑，时日乾，相佐坤，击刑，戊日勃。

戊午 辅八，杜八。宿干吉。死巽害欢怡，惊离害，开合丁坤和。天一，地六，阴四，合九。开与月合二西南，雀入江，龙反首，时干乾。

己未 辅九，杜九。未至亥阴，宿吉干凶，癸日不用。死乙兑义，惊丙乾伏，开坎义。天四，地三，阴七，合六。开与月合一正北，虎猖狂，时干坤，飞宫，火入金，戊日伏干格。

庚申　辅一，杜一。宿干凶。死合震害，惊巽制，开离合。天六，地七，阴三，合四。开与月合九正南，飞宫格，天乙与太白格，癸日飞干格。时干坤，飞符。

辛酉　辅二，杜二。宿干凶。死丙乾义，惊合坎义，开丙艮和。天九，地四，阴六，合一。开与月合八东北，蛇矫，龙走，时干乾，相佐坤。戊日勃。

壬戌　辅三，杜三。宿吉干凶。死离和，惊墓丁坤伏，开乙兑伏。天八，地一，阴九，合二。开与月合七正西，丙下有乙，龙走，时干艮，戊日飞干格，金入火。

癸亥　辅四，杜五。宿吉干凶。死丁坤伏，惊乙兑伏，开墓丙乾伏。天三，地八，阴二，合七。开与月合六西北，仪刑，时干巽，符门伏，天网。

阳遁九局（一）

景直使	英直符	甲己辰丑	乙甲卯子	己甲巳寅	甲己寅巳
柱使任日心星		芒种下甲戌	雨水上甲午	春分中己亥	大寒中己亥
				己甲申	甲申
		己未	己酉		

甲子　英九，景九。子至辰阳，宿凶干吉。惊兑伏，生艮伏，开墓乾伏。天四，地三，阴七，合六。生与日合八东北，开与星合六西北，刑格，在门，客主不利，利以逃亡，时干离，符门伏，遁甲阖。

乙丑　英八，景一。宿干吉，己日不用。开巽制，伤丙兑害，休离制欢怡。天一，地六，阴四，合九。开与月合四东南，休与星合九正南，时干兑，己日飞干格，门反吟。

丙寅　英七，景二。宿凶干吉。开坎义，伤巽伏，休乙艮害。天二，地九，阴一，合八。开与月合一正北，休与星合八东北，天乙与太白格，蛇矫，龙反首，时干坎，相佐兑，事同，己干勃。

丁卯　英六，景三。宿干吉。杜乙艮制，惊离害欢怡，景震和。天七，地二，阴八，合三。无奇门，己日伏干格，时干震，相佐乾，击刑，刑格。

戊辰　英九，景四。宿干凶。开丙兑伏，伤乙艮制，休墓丁乾和。天四，地三，阴七，合六。休与星合六西北，大格，符伏，开与月合七正西，时干离。

己巳　英一，景五避五。巳至酉阴，天辅，宿干凶。生合震害，景墓合坤义，伤合巽伏。天六，地七，阴三，合四。生与月合三正东，天乙与太白格，时干离，符冲，事同。

庚午　英二，景六。宿干凶，甲日不用，守户。景丁乾制，开震制，死坎制。天九，地四，阴六，合一。开与日合三正东，甲日飞干格，飞宫格，时干兑，飞符，金入火，龙走。

辛未　英三，景七。宿吉干凶。伤离义欢怡，死丁乾义，杜坤制。天八，地一，阴九，合二。无奇门，雀入江，时干坎，甲干格，符勃，仪刑。

壬申　英四，景八。宿吉干凶。休坤害，杜坎和，生丙兑义。天三，地八，阴二，合七。生与星合七正西，休与月合二西南，甲日伏干格，伏宫格，虎猖狂，时干震，火入金，飞宫，乙格。

癸酉　英五，景九。宿吉干凶。开墓丁乾伏，伤震伏，休坎伏。天九，地四，阴六，合一。开与月合六西北，丙下有丁，休与星合一正北，飞宫格，甲日飞干格，龙走，时干兑，飞符，金入火，天网。

甲戌　蓬直符一，休直使一。戌至亥阳，宿凶干吉。生任使艮伏，惊柱月兑伏，开墓心星乾伏。天六，地七，阴三，合四。开与星合六西北，生与日合八东北，时干坤，符门伏，飞甲，阖。

乙亥　蓬八，休二。宿干吉，己日不用。死震害，伤墓丁乾害，杜坎和。天一，地六，阴四，合九。无奇门，天乙与太白格，事同，时干震，金入火，龙走。

阳遁九局（二）

乙卯 大寒中 庚子 乙酉	庚午 乙卯 春分中 乙 庚子	乙丑 庚辰 雨水上 乙 庚未戌	乙巳 庚寅 芒种下 乙 庚亥申	休蓬直符直使 任使柱月心星

丙子　蓬七，休三。子至寅阳，宿凶干吉，庚日不用。死丁乾义，伤离义，杜坤制。天二，地九，阴一，合八。无奇门，雀入江，时干离，相佐兑，三吉。

丁丑　蓬六，休四。死坎制欢怡，伤坤制，杜丙兑害。天七地二，阴八，合三。无奇门，庚干勃，虎猖狂，时干兑，相佐乾，火入金，庚日勃。

戊寅　蓬九，休五避五。林墓合坤害，死合震害，惊合巽制。天四，地三，阴七，合六。休与日合二西南，时干坎，符冲，乙日伏干格，飞干格。

己卯　蓬一，休六。卯至未阴，宿干凶，守户。伤乙艮制，开丙兑伏，休墓丁乾和。天六，地七，阴三，合四。休与星合六西北，时干坎，开与月合七正西，符伏。

庚辰　蓬二，休七。休丙兑和，死巽害，惊离害。天九，地四，阴六，合一。休与日合七正西，庚日飞干格，时干震，飞符，飞宫格。

辛巳　蓬二，休八。乙日不用。伤巽伏，开坎义欢怡，休乙艮害。天八，地一，阴九，合二。开与月合一正北，休与星合八东北，丁下有乙，时干离，符勃，蛇矫，龙反首。

壬午　蓬四，休九。休离制，死乙艮伏，惊震制。天三，地八，阴二，合七。休与日合九正南，伏干格，门反吟，时干兑，刑格，乙日勃。

癸未　蓬五，休一。惊丙兑伏，杜巽伏，景离伏。天九，地四，阴六，合一。无奇门，庚日飞干格，天网，时干震，击刑，飞符，门伏。

甲申　内直符二，死直使二。申至亥阳，天辅，宿凶干吉。惊柱使兑合，生任日艮伏，开墓心星乾伏。天九，地四，阴六，合一。开与星合六西北，生与日合八东北，伏宫格，庚日伏干格，太白与天乙格，时干坤，符门伏，地甲。

乙酉　内八，死三。死合震害，休墓合坤害欢怡，惊合巽制。天一，地六，阴四，合九。休与日合二西南，仪刑，三吉，时干坤，符冲，乙日飞干格，伏干勃。

丙戌　内七，死四。庚日不用。生墓丁乾义，景震和，伤坎和。天二，地九，阴一，合八。生与月合六西北，龙反首，时干乾，相佐兑，金入火。

丁亥　内六，死五避五。休坎伏，杜巽伏，生乙艮伏。天七，地二，阴八，合三。休与月合一正北，生与星合八东北，丁下有乙，天乙与太白格，蛇矫，龙反首，时干艮，相佐乾，合同，门伏。

阳遁九局（三）

死内直使 柱使任日心星	内直符	丙辛 午卯 芒种下 辛丙 子酉	辛丙 巳寅 雨水上 丙辛 申亥	辛丙 未辰 春分中 辛丙 丑戌	丙辛 未辰 大寒中 辛丙 丑戌

戊子　内九，死六。子阳，宿凶干吉，守户。杜坤制欢怡，惊坎义，景丙兑制。天四，地三，阴七，合六。无奇门，虎猖狂，符勃，时干巽，火入金，丙日飞干格。

己丑　内一，死七。丑至巳阴，宿干凶。休乙艮害，杜离义，生震害。天六，地七，阴三，合四。休与月合八东北，生与星合三正东，时干巽，辛日飞干格，刑格。

庚寅　内二，死八。宿干凶。伤丙兑害，死乙艮伏，杜墓丁乾害。天九，地四，阴六，合一。无奇门，仪刑，飞宫格，时干坤，符伏，门冲，击刑。

辛卯　内三，死九。宿吉干凶。景巽和，开丙兑伏，死离和。天八，地一，阴九，合二。开与日合七正西，时干乾，辛日伏干格。

壬辰　内四，死一。宿吉干凶，丙日不用。生离和，景丁乾制，伤坤制欢怕。天三，地八，阴二，合七。生与月合九正南，时干艮，辛日伏干格。

癸巳　内五，死二。宿吉干凶。惊丙兑伏，生乙艮伏，开墓丁乾伏。天九，地四，阴六，合一。生与日合八东北，开与星合六西北，天乙与太白格，飞宫格，时干坤，符门伏，事同，天网。

甲午　冲直符三，伤直使三。午至戌阳，天辅，宿干古。生任使艮伏，惊柱月兑伏，开墓心星乾伏。天八，地一，阴九，合二。开与星合六西北，生与日合八东北，仪刑，三吉，时干震，符门伏，遁甲，自刑，阁。

乙未　冲八，伤四。宿干吉，地遁。开坎义，景坤义，死丙兑义。天一，地六，阴四，合九。开与日合一正北，得使，虎猖狂，时干坎，火入金，丙日飞干格，飞宫。

丙申　冲七，伤五避五。宿凶干吉。伤墓合坤制，开合震制，休合巽义。天二，地九，阴一，合八。开与月合三正东，休与星合四东南，辛日伏干格，天乙与太白格，符勃，龙反首，时干震，相佐兑，符冲，事同。

丁酉　冲六，伤六。宿干吉，辛日不用，守户。生丙兑义，惊巽制，开离合。天七，地二，阴八，合三。生与日合七正西，开与星合九正南，伏宫格，太白与天乙格，时干离，辛日伏干格，乙格。

戊戌　冲九，伤七。宿干吉。开巽制，景坎害，死乙艮伏。天四，地三，阴七，合六。开与日合四东南，蛇矫，龙反首，时干兑。

己亥　冲一，伤八。亥阴，宿吉干凶。休丁乾和，死离和，惊坤和。天六，地七，阴三，合四。休与日合六西北，雀入江，鸟跌穴，时干兑。

阳遁九局（四）

冲直使 伤直符	壬辰 芒种下 丁戌	壬午 雨水上 壬子	壬申 春分中 壬寅	丁巳 大寒中 壬寅
任使柱月心星	丁未 丁戌	丁卯	丁巳	丁申
			丁亥	丁亥

庚子　冲二，伤九。子至卯阴，宿吉干凶。伤离义，开乙艮和，休震义欢怡。天九，地四，阴六，合一。休与星合三正东，开与月合八东北，丙下有乙，时干坎，飞符，刑格，飞宫格。

辛丑　冲三，伤一。宿吉干凶。杜乙艮制，休丙兑和，生墓丁乾义。天八，地一，阴九，合二。休与月合七正西，时干震，生与星合六西北，符伏。

壬寅　冲四，伤二。宿吉干凶。开震制欢怡，景墓丁乾制，死坎制。天三，地八，阴二，合七。开与日合三正东，天乙与太白格，龙走，丁干勃，时干离，丁日勃，事同，金入火。

癸卯　冲五，伤三。宿吉干凶，丁日不用。景离伏，生乙艮伏，伤震伏。天九，地四，阴六，合一。生与月合八东北，飞宫格，天网，时干坎，三吉，门伏，飞符，刑格。

甲辰　辅直符四，杜直使四。辰至申阳，天辅，宿干吉。开墓心使乾伏，生任日艮伏，惊柱月兑伏。天三，地八，阴二，合七。开与星合六西北，生与日合八东北，时干巽，符门伏，飞甲，自刑，阖。

乙巳　辅八，柱五避五。宿干吉。杜坤制，死丁乾义，伤离义。天一，地六，阴四，合九。无奇门，伏宫格，天乙与太白格，雀入江，壬日伏干格，时干乾，丁日飞干格。

丙午　辅七，杜六。宿凶干吉，守户。惊震制，休离制，死乙艮伏。天二，地九，阴一，合八。休与日合九正，龙反首，时干艮，相佐兑，刑格，门反吟。

丁未　辅六，杜七。宿干吉。休合巽义欢怡，伤墓合坤制，开合震制。天七，地二，阴八，合三。开与月合三正东，休与星合四东南，时干巽，相佐乾，符冲。

戊申　辅九，杜八。宿凶干吉，壬日不用。伤坎制，景震和，生墓丁乾义。天四，地三，阴七，合六。生与月合六西北，得使，龙走，时干坤，金入火，丁干勃。

己酉　辅一，杜九。酉至亥阴，宿吉干凶。杜离义，死丙兑义，伤巽伏欢怡。天六，地七，阴三，合四。无奇门，时干坤，壬日勃。

庚戌　辅二，杜一。宿干凶。景乙艮义，惊巽制欢怡，杜坎和。天九，地四，阴六，合一。无奇门，蛇矫，丁日伏干格，时干乾，飞符，壬日飞干格。

辛亥　辅三，杜二。宿吉干凶。景丙兑制，惊坎义，杜坤制。天八，地二，阴九，合二。无奇门，虎猖狂，天乙与太白格，火入金，飞宫格，时干艮。

阳遁九局（五）

杜辅直使 直符心 使任日 柱月	戊申 芒种下 戊寅	癸巳 芒种下 癸亥	癸未 雨水上 癸丑	戊辰 雨水上 戊戌	戊酉 春分中 戊午	戊子 大寒中 癸卯

壬子　辅四，杜三。子至丑阴，宿吉干凶。休墓丁乾和，伤乙艮制，开丙兑伏。天三，地八，阴二，合七。开与月合七正西，休与星合六西北，仪刑，时干巽，符伏，三吉。

癸丑　辅五，杜四。宿吉干凶。生乙艮伏，杜巽伏欢怡，休坎伏。天九，地四，阴六，合一。休与月合一正北，生与星合八东北，天乙与太白格，飞宫格，蛇矫，时干乾，门伏，飞符，天网。

甲寅　禽直符五，死直使五避五。宿干吉，寅至午阳，戊日不用，天辅。开墓心使乾伏，生任日艮伏，惊柱月兑伏。天九，地四，阴六，合一。开与星合六西北，生与日合八东北，天乙与太白格，时干坤，符门伏，地甲，事同，阖。

乙卯　禽八，死六。宿干吉，守户。生合巽害，杜墓坤制欢怡，休合震义。天一，地一，地六，阴四，合九。生与星合四东南，时干坤，休与月合三正东，符冲。

丙辰　禽七，死七。宿凶干吉。开坎义，生震害，惊墓丁乾伏。天二，地九，阴二，合八。生与日合三正东，开与星合一正北，龙走，时干乾，相佐兑，金入火，戊日飞干格。

丁巳　禽六，死八。宿干吉。死乙艮伏，开巽制，景坎害。天七，地二，阴八，合三。开与日合四东南，门反吟，蛇矫，时干艮，相佐乾，击刑。

戊午　禽九，死九。宿凶干吉。开丙兑伏，生坎制，惊坤和欢怡。天四，地三，阴七，合六。开与星合七正西，丁下有丙，生与日合一正北，虎猖狂，鸟跌穴，符勃，戊日伏干格，时干巽，火入金，癸日勃，飞宫格。

己未　禽一，死一。未至亥阴，宿吉干凶，癸日不用。开震制，生离和，惊乙艮和。天六，地七，阴三，合四。开与星合三正东，时干巽，生与日合九正南，刑格。

庚申　禽二，死二。宿干凶。开墓丁乾伏，生乙艮伏，惊丙兑伏。天九，地四，阴六，合一。生与日合八东北，开与星合六西北，时干坤，符门伏，事同。

辛酉　禽三，死三。宿吉干凶。开离害，生丙兑义，惊巽制。天八，地一，阴九，合二。开与星合九正南，生与日合七正西，乙下有丙，戊干勃，时干乾，三吉，仪刑，雀入江。

壬戌　禽四，死四。宿吉干凶。开坤和欢怡，生丁乾义，惊离害。天三，地八，阴二，合七。生与日合六西北，开与星合二西南，仪刑，雀入江，时干艮，戊日勃。

癸亥　禽五，死五避五。宿凶干吉。开墓丁乾伏，生乙艮伏，惊丙兑伏。天九，地四，阴六，合一。生与日合八东北，开与星合六西北，天乙与太白格，天网，飞干格，时干坤，符门伏，癸日，伏干格。

第二十五章　术数汇考二十五

《奇门遁甲》九

阴遁一局（一）

休蓬直使冲使内日辅星	蓬直符	甲辰大雪下甲戌	己丑大雪下己未	己卯处暑上甲午	甲寅秋分中甲申	己巳大暑中己亥	甲寅大暑中己亥	甲寅己巳大暑中己亥甲申

甲子　蓬一，休一。子至辰阳，宿凶干吉。伤震伏，死墓坤伏，杜巽制。天八，地三，阴七，合二。无奇门，时干坎，符门伏，遁甲，阖。

乙丑　蓬二，休九。宿凶干吉，己日不用。杜墓乾害，惊丙震制，景坎害欢怡。天七，地六，阴四合，三。无奇门，时干震，己日飞干格，门反吟。

丙寅　蓬三，休八。宿干吉。杜离义，惊乾伏，景乙坤义。天四，地九，阴一，合六。无奇门，天乙与太白格，雀入江，时干离，相佐震，己日勃，事同，龙反首。

丁卯　蓬四，休七。宿干吉。开乙坤和，伤坎和欢怡，休兑和。天九，地二，阴八，合一。开与月合二西南，丙下有乙，休与星合七正西，仪刑，时干兑，相佐巽，击刑，己日伏干格。

戊辰　蓬一，休六。宿凶干吉。杜丙震伏，惊墓乙坤和，景丁巽和。天八，地三，阴七，合二。无奇门，符冲，时干坎。

己巳　蓬九，休五避五。巳至酉阴，天辅，宿干凶。生合兑义，景合艮义，伤墓合乾害。天二，地七，阴三，合八。生与月合七正西，时干坎，符冲，大格。

庚午　蓬八，休四。宿吉干凶，甲日不用，守户。休丁巽义，杜兑害，生离和。天三，地四，阴六，合七。生与星合九正南，飞宫格，时干震，飞符，金入火，甲日飞干格，休与月合四东南，丙下有丁。

辛未　蓬七，休三。宿干凶。惊坎义欢怡，生丁巽害，开艮和。天六，地一，阴九，合四。开与星合八东北，生与日合四东南，时干离，三吉，鸟跌穴，蛇矫。

壬申　蓬六，休二。宿吉干凶，地遁。景艮义，开离害，死丙震害。天一，地八，阴二，合九。开与日合九正南，甲日伏干格，时干兑，火入金，飞宫，乙格，虎猖狂。

癸酉　蓬五，休一。宿吉干凶。开墓乾伏，伤丙震伏，休坎伏欢怡。天七，地六，阴四，合三。开与月合六西北，休与星合一正北，时干震，门伏，己日飞干格，天网。

甲戌　英直符九，景直使九。戌至亥阳，宿凶干吉。内使死墓坤伏，冲月伤震伏，辅星杜巽伏。天二，地七，阴三，合八。无奇门，时干离，符门伏，飞甲，阖。

乙亥　英二，景八。宿干吉，己日不用。生兑义，惊丁巽制，开离害欢怡。天七，地六，阴四，合三。开与星合九正南，生与日合七正西，时干兑，金入火，事同，龙走，仪刑。

阴遁一局 （二）

景直使 内使冲月辅星	英直符	庚巳 大雪下 乙亥	庚寅 大雪下 乙亥 庚申	乙丑 处暑上 乙未 庚辰 庚戌	乙卯 秋分中 乙酉 庚午 乙子 / 乙卯 大暑中 乙酉 庚午 乙子

丙子 英三，景七。子至寅阳，宿凶干吉，庚日不用。生丁巽害，惊坎义，开艮和。天四，地九，阴一，合六。开与星合八东北，生与日合四东南，鸟跌穴，时干坎，相佐震，龙反首，蛇矫。

丁丑 英四，景六。宿干吉。生离和欢怡，惊艮和，开丙震制。天九，地二，阴八，合一。开与星合三正东，丁下有丙，生与日合九正南，虎猖狂，天乙与太白格，时干震，相佐巽，火入金。

戊寅 英一，景五避五。宿凶干吉。休合艮害，死合兑义，惊墓合乾伏。天八，地三，阴七，合二。休与日合八东北，时干离，符冲，大格，乙日伏干格。

己卯 英九，景四。卯至未阴，宿干凶，守户。惊基乙坤和，杜丙震伏，景丁巽和。天二，地七，阴三，合八。无奇门，符伏，时干离。

庚辰 英八，景三。宿吉干凶。景丙震和，生墓乾义，伤坎和。天三，地四，阴六，合七。生与月合六西北，时干兑，飞符，三吉，飞宫格。

辛巳 英七，景二。宿干凶，乙日不用。惊乾伏，杜离义欢怡，景乙坤义。天六，地一，阴九，合四。无奇门，时干坎，鸟跌穴，雀入江，龙反首。

壬午 英六，景一。宿吉干凶。景坎害，生乙坤伏，伤兑害。天一，地八，阴二，合九。生与月合二西南，丙下有乙，伏宫格，时干震，乙日勃，刑格，乙格，门反吟。

癸未 英五，景九。宿吉干凶。惊兑伏。杜丁巽伏，景离伏欢怡。天七，地六，阴四，合三。无奇门，龙走，时干兑，门伏，金入火，击刑，天网。

甲申　任直符八，生直使八。申至亥阳，天辅，宿干吉。伤冲使震伏，死丙日坤伏，杜辅星巽伏。天三，地四，阴六，合七。无奇门，时干艮，符门伏，地甲，事同，阖。

乙酉　任二，生七。宿凶干吉。生合兑义，景合艮义欢怡，伤墓合乾害。天七，地六，阴四，合三。生与月合七正西，符伏，时干艮，符冲，乙日飞、伏干格，大格。

丙戌　任三，生六。宿干吉，庚日不用。死丁巽害，休兑和，惊离害。天四，地九，阴一，合六。休与日合七正西，得使，时干巽，相佐震，金入火，龙反首。

丁亥　任四，生五避五。宿干吉。休离制，杜乾害，生乙坤伏。天九，地二，阴八，合一。休与月合九正南，生与星合二西南，丁下有乙，时干坤，相佐巽，雀入江，门反吟。

阴遁一局（三）

生直使	任直符				
冲使内日辅星	丙午辛卯大雪下丙子辛酉	丙寅辛巳处暑上丙申辛亥	辛未丙辰秋分中辛丑丙戌	丙辰辛未大暑中丙戌辛丑	

戊子　任一，生四。子阳，宿干吉，守户。开艮和欢怡，伤离义，休丙震义。天八，地三，阴七，合二。休与星合三正东，丁下有丙，开与月合八东北，符勃，虎猖狂，时干乾，飞宫，火人金，丙日飞干格，鸟跌穴。

己丑　任九，生三。丑至巳阴，宿吉干凶。景乙坤义，开坎义，死兑义。天二，地七，阴三，合八。开与日合一正北，时干乾，刑格，辛日飞干格，三吉。

庚寅　任八，生二。宿吉干凶。惊丙震制，生墓乙坤伏，开丁巽制。天三，地四，阴六，合七。开与星合四东南，生与日合二西南，时干艮，符伏，门反吟，击刑，仪刑。

辛卯　任七，生一。宿干凶。休墓乾和，杜丙震伏，生坎制。天六，地一，阴九，合四。休与月合六西北，生与星合一正北，时干巽，辛日伏干格。

壬辰　任六，生九。宿吉干凶，丙日不用。死坎制，休丁巽义，惊艮和欢怡。天一，地八，阴二，合九。休与日合四东南，蛇矫，乙下有丁，时干坤。

癸巳　任五，生八。宿吉干凶。惊合兑伏，生合艮伏欢怡，开墓合乾伏。天七，地六，阴四，合三。开与星合六西北，生与日合八东北，辛日干勃，时干艮，事同，符冲，门伏，大格，天网。

甲午　柱直符七，惊直使七。午至戌阳，宿凶干吉，天辅。内使死墓乾伏，冲月伤震伏，辅星杜巽伏。天六，地一，阴九，合四。无奇门，仪刑，时干兑，符门伏，遁甲，自刑，阖。

乙未　柱二，惊六。宿凶干吉。杜离义，休艮害，生丙震害。天七，地六，阴四，合三。休与月合八东北，生与星合三正东，丁下有丙，得使，时干离，火入金，丙日飞干格，飞宫，虎猖狂。

丙申　柱三，惊五避五。宿干吉。伤合艮制，开合兑伏欢怡，休墓合乾伏。天四，地九，阴一，合六。开与月合七正西，休与星合六西北，时干兑，相佐震，辛日勃，符冲，大格。

丁酉　柱四，惊四。宿干吉，辛日不用，守户。死丙震害，伤墓乾害，杜坎和。天九，地一，阴八，合一。无奇门，伏宫格，太白与天乙格，时干坎，相佐巽，乙格，辛日伏干格。

戊戌　柱一，惊三。宿凶干吉。杜乾害，休离制，生乙坤伏。天八，地三，阴七，合二。休与月合九正东，生与星合二西南，得使，时干震，三吉，雀入江，门反吟。

己亥　柱九，惊二。亥阴，宿干凶，天遁。景丁巽制，生坎制，伤艮制。天二，地七，阴三，合八。生与月合一正北，时干震，蛇矫，龙走，仪刑。

阴遁一局（四）

惊柱直直使符　内使冲月辅星	壬戌 丁未 大雪下 丁丑	壬午 丁卯 处暑上 丁酉	壬申 丁巳 秋分中 壬子 丁寅	丁巳 壬申 大暑中 壬寅 丁亥

庚子　柱八，惊一。子至卯阴，宿干凶。惊坎义，杜乙坤制，景兑制欢怡。天三，地四，阴六，合七。无奇门，时干离，飞符，刑格，飞宫格。

辛丑　柱七，惊九。宿吉干凶。开墓乙坤和，景丙震和，死丁巽害。天六，地一，阴九，合四。开与日合二西南，时干兑，符伏。

壬寅　柱六，惊八。宿吉干凶。杜兑害欢怡，休丁巽义，生离和。天一，地八，阴二，合九。生与星合九正南，休与月合四东南，天乙与太白格，时干坎，金入火，事同，丁日勃，虎猖狂。

癸卯　柱五，惊七。宿吉干凶，丁日不用。景离伏，生艮伏，伤丙震伏。天七，地六，阴四，合三。生与月合八东北，得使，时干离，火入金，飞宫，门伏，虎猖狂，天网四张。

甲辰　心直符六，开直使六。辰至申阳，天辅，宿干吉。辅使杜巽伏，内日死墓坤伏，冲月伤震伏。天一，地八，阴二，合九。无奇门，仪刑，时干乾，符门伏，飞甲，自刑，阖。

乙巳　心二，开五避五。宿凶干吉。杜艮制，死丁巽害，伤坎和。天七，地六，阴四，合三。无奇门，伏宫格，天乙与太白格，时干巽，乙格，丁日飞干，壬日飞干，蛇矫。

丙午　心三，开四。宿干吉，守户。伤兑害，景坎害，生乙坤伏。天四，地九，阴一，合六。生与月合二西南，丙下有乙，门反吟，时干坤，相佐震，刑格，龙反首。

丁未　心四，开三。宿干吉。景墓合乾制欢怡，惊合艮和，杜合兑害。天九，地二，阴八，合一。无奇门，仪刑，时干乾，相佐巽，符冲，大格，三吉。

戊申　心一，开二。宿凶干吉，壬日不用。惊离害，休兑和，死丁巽害。天八，地三，阴七，合二。休与日合七正西，时干艮，金入火，丁日勃，龙走。

己酉　心九，开一。酉至亥阴，宿吉干凶。开坎义，生丙震害，惊墓乾伏欢怡。天二，地七，阴三，合八。生与日合三正东，乙下有丙，开与星合一正北，时干艮，壬日勃，鸟跌穴。

庚戌　心八，开九。宿吉干凶。休乙坤害，伤乾害欢怡，开离害。天三，地四，阴缺合七。开与月合九正南，休与星合二西南，丁下有乙，得使，飞宫格，时干巽，丁日伏干，壬日飞干，雀入江。

辛亥　心七，开缺宿干凶。休丙震义，伤离义，开艮和。天六，地一，阴九，合四。休与星合三正东，丁下有丙，得使，开与月合八东北，天乙与太白格，时干坤，火入金，飞宫，事同。

阴遁一局（五）

开心直符直使辅使内日冲月	戊申大雪下戊寅	癸巳	戊辰处暑上戊戌	癸丑	癸亥	戊午秋分中戊子	癸酉	戊午大暑中戊子	癸酉

壬子　心六，开七。子至丑阴，宿吉干凶。景丁巽和，惊墓乙坤和，杜丙震伏。天一，地八，阴二，合九。无奇门，符伏，时干乾。

癸丑　心五，开五避五。宿吉干凶。生艮伏，杜丁巽伏，休坎伏。天七，地六，阴四，合三。休与月合一正北，生与星合八东北，得使，时干巽，门伏，戊日勃，蛇矫，天网四张。

甲寅　禽直符五，死直使五避五。寅至午阳，宿干吉，戊日不用，天辅。辅使杜巽伏，内日死墓坤伏，冲月伤震伏。天七，地六，阴四，合三。无奇门，时干坤，符门伏，地甲，阖。

乙卯　禽二，死四。宿凶干吉，守户。死丁巽害，开墓乙坤和，景丙震和。天七，地六，阴四，合三。开与日合二西南，时干坤，符伏。

丙辰　禽三，死三。宿干吉。杜坎和，死丙震，伤墓乾害。天四，地九，阴一合六。无奇门，时干乾，相佐震，三吉，龙反首。

丁巳　禽四，死二。宿干凶。生艮伏，杜丁巽伏，休坎伏。天九，地二，阴八，合一。休与月合一正北，生与星合八东北，戊日勃，仪刑，时干艮，相佐巽，门伏，击刑，蛇矫。

戊午　禽一，死一。宿凶干吉。杜兑害，死坎制，伤乙坤制欢怡。天八，地三，阴七，合二。无奇门，时干巽，癸日勃，刑格，鸟跌穴。

己未　禽九，死九。未至亥阴，宿吉干凶，癸日不用。杜丙震伏，死离和，伤艮制。天二，地七，阴三，合八。无奇门，时干巽，火入金，飞宫，戊日伏干格，虎猖狂。

庚申　禽八，死八。宿吉干凶。杜墓合乾害，死合艮伏，伤合兑害。天三，地四，阴六，合七。无奇门，事同，时干坤，符门冲，大格，乙格，癸日飞伏格。

辛酉　禽七，死七。宿干凶。杜离义，死兑义，伤丁巽伏。天六，地一，阴九，合四。无奇门，时干乾，金入火，戊日飞干格，龙走。

壬戌　禽六，死六。宿吉干凶。杜坤制欢怡，死乾义，伤离义。天一，地八，阴二，合九。无奇门，时干艮，雀入江。

癸亥　禽五，死五避五。宿吉干凶。杜丁巽伏，死墓乙坤伏，伤丙震伏。天七，地六，阴四，合三。无奇门，时干坤，符门伏，天网。

阴遁二局 （一）

	己丑 甲戌 小雪下 甲辰 己未	己丑 甲戌 霜降下 甲辰 己未	己卯 甲子 立秋上 甲午 己酉	己巳 甲寅 小暑中 甲申 己亥
死直使 辅使 冲日 内星				
内直符 辅使 冲日 内星				

甲子　内二，死二。子至辰阳，宿凶干吉。杜巽伏，伤震伏，死坤伏。天七，地六，阴四，合三。无奇门，时干坤，符门伏，遁甲，阖。

乙丑　内三，死一。宿干吉，己日不用。死坎制，景乾制，开乙震伏。天四，地九，阴一，合六。开与星合三正东，丁下有乙，时干乾，己日勃，仪刑。

丙寅　内四，死九。宿干吉。伤合艮制，生坎制，景丙巽和。天九，地二，阴八，合一。生与日合一正北，得使，天乙与太白格，时干艮，相佐巽，事同，蛇矫，龙反首。

丁卯　内五，死八。宿干吉。开丙巽制，惊乙震制，生丁坤伏。天七，地六，阴四。合三。生与星合二西南，丁下有丁，开与月合四东南，丙下有丙，时干乾，相佐坤，击刑，符伏吟，门反吟。

戊辰　内二，死七。宿凶干吉。伤丙巽伏，生乙震害，景丁坤义。天七，地六，阴四，合三。生与日合三正东，乙下有乙，时干坤，相佐坤，符伏吟。

己巳　内一，死六。巳至酉阴，天辅，宿干凶。景兑制，杜墓丁坤制欢怡，惊坎义。天八，地三，阴七，合二。无奇门，时干巽，大格。

庚午　内九，死五避五。宿干凶，甲日不用，守户。伤乙震伏，生艮伏，景离伏。天二，地七，阴三，合八。生与日合八东北，得使，甲日飞干格，龙走，时干巽，门伏，反吟，飞符，金入火。

辛未　内八，死四。宿吉干凶。生墓乾义，休兑和，杜艮制。天三，地四，阴六，合七。休与日合七正西，生与月合六西北，时干坤，符冲，刑格，己日飞干

格，伏干格。

壬申　内七，死三。宿干凶。开离害，惊丙巽制，生合兑义。天六，地一，阴九，合四。开与月合九正南，生与星合七正西，甲日伏干格，时干乾，火入金，飞宫，乙格，三吉，虎猖狂。

癸酉　内六，死二。宿吉干凶。死丁坤伏欢怡，景合离伏，开墓乾伏。天一，地八，阴二，合九。开与星合六西北，得使，符勃，甲干勃，时干艮，门伏，鸟跌穴，雀入江，天网。

甲戌　蓬直符一，休直使一。戌至亥阳，宿凶干吉，伤冲使震伏，杜辅月巽伏，死内星坤伏。天八，地三，阴七，合二。无奇门，时干坎，符门伏，飞甲，阖。

乙亥　蓬三，休九。己日不用，天遁。休合离制，生丁坤伏，杜墓乾害。天四，地九，阴一，合六。休与日合九正南，生与月合二西南，丙下有乙。

阴遁二局（二）

蓬直符 休直使 冲使 辅月 内星	庚寅 乙亥 小雪下 庚申 乙巳	庚寅 乙亥 霜降下 庚申 乙巳	庚戌 乙丑 立秋上 庚辰 乙未	庚午 乙卯 小暑中 庚子 乙酉

丙子　蓬四，休八。子至寅阳，宿凶干吉，庚日不用。景墓坤义，死兑义，开坎义。天九，地二，阴八，合一。开与星合一正北，时干兑，相佐巽，大格，龙反首。

丁丑　蓬五，休七。宿干凶。生乾义，伤坎和欢怡，景乙震和。天七，地六，阴四，合三。生与日合六西北，符勃，时干震，相佐坤，鸟跌穴。

戊寅　蓬二，休六。宿凶干吉。休乾和，生坎制欢怡，杜乙震伏。天七，地六，阴四，合三。生与月合一正北，休与日合六西北，符勃，仪刑，时干震，相佐

坤，鸟跌穴。

己卯 蓬一，休五避五。卯至未阴，宿吉干凶，守户。死乙震害，惊丙巽制，休丁坤害。天八，地三，阴七，合二。休与星合二西南，时干坎，符伏吟。

庚辰 蓬九，休四。宿干凶。杜兑害，景墓乾制，惊艮和。天二，地七，阴三，合八。无奇门，飞宫格，时干坎，飞符，符冲，刑格，乙格。

辛巳 蓬八，休三。宿吉干凶，乙日不用。生丙巽害，伤离义，景合兑制。天三，地四，阴六，合七。生与日合四东南，乙下有丙，庚干勃，时干震，火人金，庚日勃，飞宫，三吉。

壬午 蓬七，休二。宿干凶。杜坎和，景合艮义，惊丙巽制。天六，地一，阴九，合四。无奇门，时干离，乙日伏干格，蛇矫。

癸未 蓬六，休一。宿吉干凶。生艮伏，伤乙震伏，景离伏。天一，地八，阴二，合九。生与日合八东北，得使。龙走，乙干勃，时干兑，击刑，金入火，门伏，天网。

甲申 英直符九，景直使九。申至亥阴，天辅，宿凶干吉。杜辅使巽伏，伤冲日震伏，死内星坤伏。天二，地七，阴三，合八。无奇门，天乙与太白格，时干离，符门伏，地甲，阖，事同。

乙酉 英三，景八。宿干吉。景合艮义，杜坎和，惊丙巽制。天四，地九，阴一，合八。无奇门，时干坎，乙日伏干格，蛇矫，龙反首。

丙戌 英四，景七。宿干吉，庚日不用。休乙震义，开艮和，伤离义。天九，地二，阴八，合一。开与日合八东北，得使，休与月合三正东，丙下有乙，甲日伏干格，龙反首，时干震，相佐巽，乙日勃，金入火。

丁亥 英五，景六。宿干吉。生离和欢怡，休丙巽义，杜合兑害。天七，地六，阴四，合三。生与月合九正南，休与日合四东南，丙日飞干格，符勃，虎猖狂，时干兑，相佐坤，火入金，庚日勃，飞宫格。

阴遁二局（三）

<table>
<tr><td>景直使
英直符
辅使
冲日内星</td><td>辛卯
丙子
小雪下
丙辛
午酉</td><td>辛卯
丙子
霜降下
丙辛
午酉</td><td>辛亥
辛寅
立秋上
丙辛
巳申</td><td>丙辰
辛未
小暑中
丙辛
丑戌</td></tr>
</table>

戊子　英二，景五避五。子阳，宿凶干吉，守户。杜离义欢怡，伤丙巽伏，死合兑义。天七，地六，阴四，合三。无奇门，符勃，虎猖狂，时干兑，相佐坤，火入金，丙日飞干格。

己丑　英一，景四。丑至巳阴，宿干凶。休墓乾和，开兑伏，伤艮制。天八，地三，阴七，合二。开与日合七正西，刑格，符冲，休与月合六西北，时干离。

庚寅　英九，景三。宿干凶。死丙巽害，景乙震和，开丁坤和。天二，地七，阴三，合八。开与星合二西南，天乙与太白格，时干离，符伏，击刑。

辛卯　英八，景二。宿吉干凶。开坎义，惊乾伏，生乙震害。天三，地四，阴六，合七。开与月合一正北，生与星合三正东，丁下有乙，时干兑，辛日伏干格，仪刑。

壬辰　英七，景一。宿干凶，天遁，丙日不用。生丁坤伏，休合离制，杜墓乾害。天六，地一，阴九，合四。休与月合二西南，休与日合九正南，得使，时干坎，门反吟，雀入江。

癸巳　英六，景九。宿吉干凶。惊兑伏，死墓丁坤伏，休坎伏。天一，地八，阴二，合九。休与星合一正北，天乙与太白格，时干震，辛日飞干格，事同，门伏，大格，天网。

甲午　任直符八，生直使八。午至戌阳，天辅，宿干吉。伤冲使震伏，杜辅月巽伏，死内星坤伏。天三，地四，阴六，合七。无奇门，时干艮，符门伏，遁甲，自刑，阖。

乙未　任三，生七。宿干吉。惊丙巽制，开离害，生合兑义。天四，地九，阴一，合六。开与月合九正南，生与星合七正西，得使，虎猖狂，时干巽，飞宫，火入金，丙日飞干格。

丙申　任四，生六。宿干吉。惊合离害，开丁坤和，生墓乾义。天九，地二，阴八，合一。开与月合二西南，生与星合六西北，时干坤，相佐巽，龙反首，雀入江。

丁酉　任五，生五避五。宿吉干凶，辛日不用，守户。伤兑害，杜墓乾害，死艮伏欢怡。天七，地六，阴四，合三。无奇门，时干艮，相佐坤，符冲，刑格，门反吟。

戊戌　任二，生四。宿凶干吉。景兑制，死墓乾义，开艮和欢怡。天七，地六，阴四，合三。开与星合八东北，时干艮，相佐坤，符冲，刑格。

己亥　任一，生三。亥阴，宿吉干凶。休艮害欢怡，生乙震害，杜离义。天八，地二，阴七，合二。生与月合三正东，丙下有乙，休与日合八东北，得使，龙走，时干乾，丙日伏干格，金入火。

阴遁二局 (四)

丁巳 壬申 小暑中 壬寅 丁亥	丁卯 壬午 立秋上 壬子 丁酉	丁丑 壬辰 霜降下 丁未 壬戌	壬辰 丁丑 小雪下 丁未 壬戌	任直符冲辅内 生直使使月星

庚子　任九，生二。子至卯阴，宿吉干凶。生墓丁坤，伤兑害，景坎害。天二，地七，阴三，合八。生与日合二西南，仪刑，飞宫格，时干乾，门反吟，飞符，大格，壬日勃。

辛丑　任八，生一。宿吉干凶。杜乙震伏，景丙巽和，惊丁坤和。天三，地四，阴

六，合七。无奇门，符伏，时干艮。

壬寅　任七，生九。宿干凶。景乾制，死坎制，开乙震制。天六，地一，阴九，合四。开与星合三正东，天乙与太白格，伏宫格，时干巽事同，乙格。

癸卯　任六，生八。宿吉干凶，丁日不用。休墓坎伏，生合艮伏欢怡，杜丙巽伏。天一，地八，阴二，合九。生与月合八东北，休与日合一正北，符勃，天网，时干坤，门伏，壬日飞干格，鸟跌穴，蛇矫。

甲辰　柱直符七，惊直使七。辰至申阳，天辅，宿凶干吉。死内使坤伏，伤冲日震伏，杜辅月巽伏。天六，地一，阴九，合四。无奇门，仪刑，时干兑，符门伏，飞甲，自刑，阖。

乙巳　柱三，惊六。宿干吉。休艮害，死凶义欢怡，惊墓乾伏。天四，地九，阴一，合六。休与星合八东北，刑格，时干兑，符冲。

丙午　柱四，惊五避五。宿干吉，守户。杜乙震伏，休乾和，生坎制。天九，地二，阴八，合一。生与月合一正北，休与日合六西北，时干坎，相佐巽，龙反首，仪刑。

丁未　柱五，惊四。宿干吉。开离害，景艮义，死乙震害。天七，地六，阴四，合三。开与星合九正南，龙走，时干离，相佐坤，金入火，丁日飞干格。

戊申　柱二，惊三。宿吉干凶，壬日不用。休离制，死艮伏，惊乙震制。天七，地六，阴四，合三。休与星合九正南，龙走，时干离，相佐坤，金入火，丁日飞干格，三吉。

己酉　柱一，惊二。酉至亥阴，宿干凶。休墓乾和，死合离和，惊丁坤和。天八，地三，阴七，合二。休与星合六西北，得使，鸟跌穴，时干震，壬日伏干格，乙格，丁日勃，蛇矫，龙反首，雀入江。

庚戌　柱九，惊一。宿干凶。生丙巽害，惊坎义，开合艮和。天二，地七，阴三，合八。生与星合四东南，丁下有丙，开与月合八东北，时干震，飞符，壬日飞干格，蛇矫，龙反首。

辛亥　柱八，惊九。宿干吉。伤坎和，开墓丁坤和，休兑和欢怡。天三，地四，阴六，合七。开与日合二西南，休与月合七正西，天乙与太白格，时干离，大格，事同，壬日勃，鸟跌穴。

阴遁二局（五）

戊午 小暑 中 戊子	戊辰 立秋 上 癸丑	戊寅 霜降 下 戊申	戊寅 小雪 下 戊申	柱 直符
癸酉 癸卯	癸未 戊戌	癸巳 癸亥	癸巳 癸亥	惊 直使 内使冲日辅星

壬子　柱七，惊八。子至丑阴，宿干凶。伤丁坤制，开乙震制，休丙巽义。天六，地一，阴九，合四。开与日合三正东，时干兑，休与月合四东南，符伏。

癸丑　柱六，惊七。宿吉干凶。惊合兑伏欢怡，杜丙巽伏，景离伏。天一，地八，阴二，合九。无奇门，虎猖狂，时干坎，门伏，飞宫，火入金，戊日伏干格，天网。

甲寅　心直符六，开直使六，天辅。寅至午阳，宿干吉，戊日不用。死内使坤伏，伤冲日震伏，杜辅月巽伏。天一，地八，阴二，合九。无奇门，时干乾，符门伏，地甲，阖。

乙卯　心三，开五避五。宿干吉，守户。伤坎和，开墓丁坤和，休兑和。天四，地九，阴一，合六。开与日合二西南，休与月合七正西，时干坤，大格，乙格，癸日伏干格。

丙辰　心四，开四。宿干吉。死艮伏，伤兑害，杜墓乾害欢怡。天九，地二，阴八，合一。无奇门，符勃，鸟跌穴，龙反首，时干乾，相佐巽，符门冲，刑格，癸日勃。

丁巳　心五，开三。宿干吉。休丙巽义，死坎制，惊合艮和。天七，地六，阴四，合三。休与星合四东南，丁下有丙，得使，伏宫格，蛇矫，时干巽，相佐坤，击刑，事同，三吉。

戊午　心二，开二。宿凶干吉。死丙巽害，伤坎和。杜合艮制。天七，地六，阴四，合三。无奇门，时干巽，相佐坤，蛇矫。

己未　心一，开一。未至亥阴，宿吉干凶，癸日不用。死合兑义，伤丙巽伏，杜离义。天八，地三，阴七，合二。无奇门，时干艮。火入金，飞宫，戊日伏干格，虎猖狂。

庚申　心九，开九。宿干吉。死乙震害，伤乾害欢怡，杜坎和。天二，地七，阴三，合八。无奇门，天乙与太白格，时干艮，飞符，癸日飞干格，事同。

辛酉　心八，开八。宿吉干凶。死墓乾义欢怡，伤合离义，杜丁坤制。天三，地四，阴六，合七。无奇门，时干巽，戊日勃，雀入江，鸟跌穴。

壬戌　心七，开七。宿干凶。死离和，伤艮制，杜乙震伏。天六，地一，阴九，合四。无奇门，时干坤，金入火，戊日飞干格，龙走。

癸亥　心六，开六。宿吉干凶。死丁坤伏，伤乙震伏，杜丙巽伏。天一，地八，阴二，合九。无奇门，时干乾，天网，符门伏。

阴遁三局（一）

伤冲直使	冲直符	己甲丑戌立冬下甲己辰未	己甲丑戌寒露下甲己辰未	己甲巳申白露中甲己亥寅	己甲巳申夏至中甲己亥寅
禽使辅日心星					

甲子　冲三，伤三。子至辰阳，宿干吉。死坤伏，杜巽伏，开墓乾伏。天四，地九，阴一，合六。开与星合六西北，遁甲时，刑德在门，不利，利以逃亡。时干震，符门伏，遁甲，三吉。

乙丑　冲四，伤二。宿干吉，己日不用。杜兑害，生离和，死坎制。天九，地二，阴八，合一。生与日合九正南，时干离，龙走，蛇矫。

丙寅　冲五，伤一。宿干吉。伤坎和，休兑和，景震和欢怡。天七，地六，阴四，合三。休与日合七正西，己日飞干格，天乙与太白格，龙反首，时干坎，相佐离，火入金，事同。

丁卯　冲六，伤九。宿干吉。休震义，惊合坎义，伤离义。天一，地八，阴二，合九。休与月合三正东，金入火，仪刑，鸟跌穴，己日伏干格，时干离，相佐乾，击刑格。

戊辰　冲三，伤八。宿干吉。惊丙坤和，景乙巽和，休墓丁乾和。天四，地九，阴一，合六。休与星合六西北，仪刑，鸟跌穴，甲日伏干格，己日飞干格，时干震，符伏，己日勃。

己巳　冲三，伤七。巳至酉阴，天辅，宿吉干凶。景坎害，伤兑害，惊震制欢怡。天七，地六，阴四，合三。无奇门，己日伏干格，龙反首。时干坎，相佐坤，火人金。

庚午　冲一，伤六。宿干吉，甲日不用，守户。惊乙巽制，景艮义，休丙坤害。天八，地三，阴七，合二。休与星合二西南，丁下有丙，飞宫格，甲日飞干格，时干兑，飞符，大格。

辛未　冲九，伤五避五。宿干凶。景墓丁乾制，伤墓丙坤制，惊合艮和。天二，地七，阴三，合八。无奇门，伏宫格，甲日伏干格，时干兑，飞宫。

壬申　冲八，伤四。宿吉干凶。杜合离义，生震害欢怡，死兑义。天三，地四，阴六，合七。生与日合三正东，时干坎，雀入江，虎猖狂。

癸酉　冲七，伤三。宿干凶。生艮伏，开丁乾伏，休乙巽伏。天六，地一，阴九，合四。开与日合六西北，生与月合八东北，时干震，符冲，门伏，天网，三吉。

甲戌　内直符二，死直使二。戌至亥阳，宿凶干吉。辅使杜巽伏，内月死坤伏，心星开墓乾伏。天七，地六，阴四，合三。开与星合六西北，己日干勃，时干坤，符门伏，大格，飞甲，阖。

乙亥　内四，死一。宿干吉，己日不用。惊艮和，休乙巽义，伤丙坤制欢怡。天九，地二，阴八，合一。休与月合四东南，丙下有乙，甲日飞干格，天乙与太白格，时干艮，事同，大格。

阴遁三局（二）

死内直使辅使内月心星	乙庚寅亥冬至下庚申	乙庚亥寅寒露下庚申	乙庚午酉白露中乙卯	乙庚酉午夏至中乙卯

丙子　内五，死九。子至寅阳，宿干吉，庚日不用。景乙巽和，惊丙坤和，休墓丁乾和。天七，地六，阴四，合三。休与星合六西北，符勃，时干坤，相佐乾，符伏，龙反首。

丁丑　内六，死八。宿凶干吉。生墓丙坤伏欢怡，杜墓丁乾符，死合艮伏。天一，地八，阴二，合九。生与日合二西南，乙下有丙，时干艮，相佐乾，飞宫，门反吟。

戊寅　内三，死七。宿干吉，天遁。开合坎义，生震害，杜离义。天四，地九，阴一，合六。开与日合一正北，生与月合三正东，伏宫格，鸟跌穴，时干乾，乙日飞干格，火入金。

己卯　内二，死六。卯至未阴，宿干凶，守户。生乙巽害，杜丙坤制，死墓丁乾义。天七，地六，阴四，合三。生与日合四东南，时干坤，相佐坤，符伏。

庚辰　内一，死五避五。宿干凶。惊兑伏，休坎伏，伤震伏。天八，地三，阴七，合二。休与月合一正北，得使，飞宫格，时干巽，乙日飞干格，门伏，火入金，庚日勃，飞符。

辛巳　内九，死四。宿干凶，乙日不用。景震和，惊合离害，休兑和。天二，地七，阴三，合八。休与星合七正西，虎猖狂，时干巽，雀入江。

壬午　内八，死三。宿吉干凶。伤丁乾害，景艮义，惊乙巽制。天三，地四，阴六，合七。无奇门，符冲，时干坤，三吉。

癸未　内七，死二。宿吉干凶。景离伏，惊兑伏，休坎伏。天六，地一，阴九，合四。休与星合一正北，天网，时干乾，门伏，击刑，龙走，蛇矫。

甲申　蓬直符一，休直使一。申至亥阳，天辅，宿吉干凶。禽使死坤伏，辅日杜巽伏，心星开墓乾伏。天八。地三，阴七，合二。开与星合六西北，天乙与太白格，伏宫格，时干坎，符门伏，地甲，阖。

乙酉　蓬四，休九。宿干吉。景坎害欢怡，伤兑害，惊震制。天九。地二，阴八，合一。无奇门，门反吟，时干兑，火入金，庚日勃，乙日伏干格。

丙戌　蓬五，休八。宿干吉，天遁，庚日不用。生震害，开合坎义，杜离义。天七，地六，阴四，合三。生与月合三正东，开与日合一正北，金入火，乙日飞干格，龙反首，时干震，相佐坤，刑格。

丁亥　蓬六，休七。宿干吉。惊合离害，景震和，伏兑和。天一，地八，阴二，合九。休与星合七正西，时干兑，相佐乾，雀入江，虎猖狂。

阴遁三局（三）

休直使禽使辅日心星	蓬直符	辛卯立冬下辛酉	丙子立冬下丙午	辛卯寒露下辛酉	丙子寒露下丙午	辛戌白露中丙辛辰丑	辛戌夏至中丙辛辰丑

戊子　蓬三，休六。子阳，宿凶干吉，守户。休墓丁乾和，惊墓丙坤和，伤合艮制。天四，地九，阴一，合六。伏与月合六西北，时干离，飞宫。

己丑　蓬二，休五避五。丑至巳阴，宿干凶。震死害，杜合坎和欢怡，开离害。天七，地六，阴四，合三。开与星合九正南，鸟跌穴，龙反首，刑格，时干震，相佐坤，金入火，丙日伏干格。

庚寅　蓬一，休四。宿干凶。伤墓丙坤制，休乙巽义，景墓丁乾制。天八，地三，阴七，合二。休与日合四东南，时干坎，符伏，击刑，辛日飞干格。

辛卯　蓬九，休三。宿干凶。开艮和，死丁乾义，生乙巽害。天二，地七，阴三，合八。生与星合四东南，开与月合八东北，时干坎，符冲，三吉，辛日飞伏格。

壬辰 蓬八，休二。宿吉干凶，丙日不用。生兑义，开离害，杜坎和欢怡。天三，地四，阴六，合七。生与月合七正西，开与日合九正南，天乙与太白格，时干震，龙走，蛇矫，仪刑。

癸巳 蓬七，休一。宿吉干凶。杜乙巽伏，生艮伏，死丙坤伏。天六，地一，阴九，合四。生与日合八东北，天乙与太白格，时干离，门伏，事同，大格，天网。

甲午 英直符九，景直使九。午至戌阳，天辅，宿凶干吉。辅使杜巽伏，内月死坤伏，心星开墓乾伏。天二，地七，阴三，合八。开与星合六西北，仪刑，时干离，符门伏，遁甲，自刑，阖。

乙未 英四，景八。宿干吉。死震害，开合离害欢怡，生兑义。天九，地二，阴八，合一。开与月合九正南，生与星合七正西，辛干勃，时干震，辛日勃，鸟跌穴，雀入江，虎猖狂。

丙申 英五，景七。宿干吉。伤离义欢怡，景兑制，惊坎义。天七，地六，阴四，合三。无奇门，时干兑，相佐坤，蛇矫，龙反首。

丁酉 英六，景六。宿干吉，辛日不用，守户。杜兑害，死坎制，开震制。天一，地八，阴二，合九。开与星合三正东，龙反首，时干震，相佐乾，火入金，丙日飞干格。

戊戌 英三，景五避五。宿干吉。休艮害，伤乙巽伏，景丙坤义。天四，地九，阴一，合六。休与日合八东北，时干坎，大格。

己亥 英二，景四。亥阴，宿干凶。死离和欢怡，开兑伏，生坎伏。天七，地六，阴四，合三。开与月合七正西，生与星合一正北，时干兑，相佐坤，蛇矫，龙走。

阴遁三局（四）

壬申 夏至中	丁亥 白露中	壬申 寒露下	丁丑 立冬下	景 英直符
壬寅 丁巳	丁巳 壬申	丁未 丁丑 壬辰	壬戌 丁未	直使 辅使 内月心星

庚子　英一，景三。子至卯阴，宿干凶。生丁乾义，杜艮制，死乙巽害。天八，地三，阴七，合二。生与日合六西北，乙下有丁，飞宫格，伏宫格，时干离，符冲，飞伏。

辛丑　英九，景二。宿干凶。伤乙巽伏，景丙坤义，惊墓丁乾伏。天二，地七，阴三，合八。无奇门，仪刑，时干离。

壬寅　英八，景一。宿吉干凶。景合坎害，惊震制，休离制欢怡。天三，地四，阴六，合七。休与星合九正南，天乙与太白格，时干兑，事同，金入火，刑格，门伏，符反吟。

癸卯　英七，景九。宿干凶，丁日不用。死墓丙坤伏，开墓丁乾伏，生合艮伏。天六，地一，阴九，合四。生与星合八东北，开与月合六西北，时干坎，丁日勃，飞宫，门伏，天网。

甲辰　任直符八，生直使八。辰至申阳，天辅，宿干吉。心使开墓乾伏，辅日杜巽伏，内月死坤伏。天三，地四，阴六，合七。开与星合六西北，仪刑，时干艮，符门伏，飞甲，自刑，阖。

乙巳　任四，生七。宿干吉。景合艮义欢怡，休墓丙坤害，伤墓丁乾害。天九，地二，阴八，合一。休与日合二西南，乙下有丙，时干坤，丁日勃，飞宫。

丙午　任五，生六。宿干吉，守户。死乙巽害，生丁乾义，杜艮制欢怡。天七，地六，阴四，合三。生与日合六西北，鸟跌穴，龙反首，时干艮，相佐坤，符冲，壬日勃。

丁未　任六，生五避五。宿干吉。生丙坤伏，死艮伏欢怡，开乙巽制。天一，地八，阴二，合九。开与月合四东南，丙下有乙，时干坤，生与星合二西南，丁下有丙，相佐乾，大格。

戊申　任三，生四。宿干凶，壬日不用。惊坎义，伤离义，景兑制。天四，地九，阴一，合六。无奇门，伏宫格，龙反首，蛇矫，时干巽，乙格，丁日飞干格，壬日伏干格。

己酉　任二，生三。酉至亥阴，宿吉干凶。伤乙巽伏，惊丁乾伏，休艮害欢怡。天七，地六，阴四，合三。休与月合八东北，时干艮，相佐坤，符冲，壬日勃，三吉。

庚戌　任一，生二。宿干凶。伤兑害，惊震制，休合离制。天八，地三，阴七，合二。休与星合九正南，雀入江，虎猖狂，时干乾，门反吟，飞符，丁日伏干格，壬日飞干格。

辛亥　任九，生一。宿干凶。杜震伏，开兑伏，生坎制。天一，地七，阴三，合八。开与日合七正西，生与月合一正北，得使，龙反首，时干乾，火入金。

阴遁三局（五）

生任直直使符 心使辅日内月	戊癸 巳寅 立冬下 戊癸申亥	戊癸 巳寅 寒露下 戊癸申亥	戊癸 子酉 白露中 戊癸午卯	戊癸 子酉 夏至中 戊癸午卯

壬子　任八，生九。子至丑阴，宿吉干凶。景墓丁乾制，休乙巽义，伤丙坤制。天三，地四，阴六，合七。休与日合四东南，时干艮，符伏。

癸丑　任七，生八。宿干凶。景离伏，休合坎义，伤震伏。天六。地一，阴九，合四。休与日合一正北，时干巽，戊日勃，金入火，刑格，门伏，天网。

甲寅　杜直符七，惊直使七，天辅。寅至午阳，宿凶干吉。戊日不用。心使开墓乾伏，辅日杜巽伏，内月死坤伏。天六，地一，阴九，合四。开与星合六西北，时干兑，符门伏，地甲，阖。

乙卯　柱四，惊六。宿干吉，天遁，守户。杜离义，开合坎义，生震害。天九，地二，阴八，合一。生与月合三正东，开与日合一正北，鸟跌穴，时干坎，戊日勃，金入火，刑格。

丙辰　柱五，惊五避五。宿干吉。开兑伏欢怡，杜震伏，死合离和。天七，地六，阴四，合三。开与星合七正西，时干离，相佐坤，雀入江，虎猖狂。

丁巳　柱六，惊四。宿干吉。杜坎和，开离害，生兑义欢怡。天一，地八，阴三，合九，开与日合九正南，生与月合七正西，得使，龙走，蛇矫，时干坎，相佐乾，癸日勃，击刑，仪刑。

戊午　柱三，惊三。宿干吉。开乙巽制，杜丁乾害，死艮伏。天四，地九，阴一，合六。开与星合四东南，丁下有乙，时干兑，符冲，门反吟，三吉。

己未　柱二，惊二。卯未亥阴，宿干凶，癸日不用。开兑伏欢怡，杜丙震伏，死合离和。天七，地六，阴四，合三。开与星合七正西，时干离，相佐坤，雀入江，虎猖狂，龙反首。

庚申　柱一，惊一。宿干凶。开合艮和，杜墓丙坤制，死墓丁乾义。天八，地三，阴七，合二。开与星合八东北，得使，时干震，飞宫，飞符，事同，癸日飞干格，戊日伏干格。

辛酉　柱九，惊九。宿干凶。开丙坤和，杜艮制，死乙巽害。天二，地七，阴三，合八。开与星合二西南，丁下有丙，伏宫格，时干震，大格，乙格，戊日飞干格，癸日伏干格。

壬戌　柱八，惊八。宿吉干凶。开震制，杜兑害欢怡，死坎制。天三，地四，阴六，合七。开与星合三正东，时干离，火入金，龙反首。

癸亥　柱七，惊七。宿干凶。开墓丁乾伏，杜乙巽伏，死丙坤伏。天六，地一，阴九，合四。开与星合六西北，时干兑，符门伏，天网。

阴遁四局（一）

杜辅直使 心使内日柱星	己卯 大雪上 甲己 午酉	甲申 处暑中 甲己 寅亥	己巳 处暑中 甲己 未辰	甲戌 秋分下 己甲 未辰	己丑 大暑下 己甲 未辰	甲戌 大暑下 己甲 未辰

甲子　辅四，杜四。子至辰阳，宿干吉。开墓乾伏，死墓坤伏，惊兑伏。天九，地二，阴八，合一。开与月合六西北，时干巽，符门伏，遁甲阖。

乙丑　辅五，杜三。宿干吉，己日不用。伤艮制，休丙乾和，生坎制。天七，地六，阴四，合三。休与日合六西北，生与星合一正北，甲日，飞干格。时干乾，金入火，飞符，三吉。

丙寅　辅六，杜二。宿干吉，天遁。生巽害欢怡，开艮和，休震义。天一，地八，阴二，合九。开与日合八东北，休与星合三正东，生与月合四东南，甲干勃，天乙太白格，时干巽，相佐乾，符冲，太格。

丁卯　辅七，杜一。宿凶干吉。死震害，杜坎和，景艮义。天六，地一，阴九，合四。无奇门，己日勃，己日飞干格，雀入江，仪刑，时干艮，相佐兑，击刑，事同。

戊辰　辅四，杜九。宿干吉。惊墓丙乾伏，景墓合乙坤义，死丁兑义。天九，地二，阴八，合一。无奇门，符伏，时干巽。

己巳　辅三，杜八。巳至酉阴，天辅，宿吉干凶。休丁兑和，惊离害，开乙坤和。天四，地九，阴一，合六。休与月合七正西，时干艮，开与星合二西南，仪刑。

庚午　辅二，杜七。宿干凶，甲日不用，守户。惊艮和，景丙乾制，死坎制。天七，地六，阴四，合三。无奇门，甲日飞干格，飞宫格，时干乾，金入火，飞符。

辛未　辅一，杜六。宿干吉。休离制，惊震制，开巽害欢怡。天八，地三，阴七，合二。开与星合四东南，休与月合九正南，蛇矫，虎猖狂，时干坤，己日伏干格，刑格，门反吟。

壬申　辅九，杜五避五。宿干凶。惊合坎义，景丁兑制，死墓丙乾义。天二，地七，阴三，合八。无奇门，时干坤，事同，天乙与太白格。

癸酉　辅八，杜四。宿吉干凶。死乙坤伏，杜巽伏欢怡，景合离伏。天三，地四，阴六，合七。无奇门，甲日伏干格，伏宫格，时干乾，火入金，飞宫，乙格，天网。

甲戌　冲直符三，伤直使三。戌至亥阳，宿干吉。内使死墓坤伏，心月开墓乾伏，柱星惊兑伏。天四，地九，阴一，合六。开与月合六西北，时干震，符门伏，飞甲，三吉，开。

乙亥　冲五，伤二。宿干吉，己日不用。死坎制，开震制欢怡，惊艮和。天七，地六，阴四，合三。开与月合三正东，飞宫格，天乙与太白格，龙走，雀入江，时干坎，己日勃，飞干格，飞符，事同。

阴遁四局（二）

冲直符　内使心月柱星	乙庚丑辰大雪上乙庚未戌	乙庚酉午处暑中乙庚卯子	乙庚寅亥秋分下乙庚申巳	乙庚寅亥大暑下乙庚申巳

丙子　冲六，伤一。子至寅阳，宿干吉，庚日不用。景震和欢怡，惊离害，死巽害。天一，地八，阴二，合九。无奇门，伏宫格，虎猖狂，蛇矫，时干巽，相佐乾，刑格，乙格，龙反首。

丁丑　冲七，伤九。宿干吉，天遁。开艮和，生巽害，休震义欢怡。天六，地一，阴九，合四。开与日合八东北，休与星合三正东，生与月合四东南，龙反首，得使，时干震，相佐兑，符冲，大格。

戊寅　冲四，伤八。宿干吉。开丁兑伏，生合坎制，休墓丙乾和。天九，地二，阴八，合一。开与日合七正西，乙下有丁，休与星合六西北，丁下有丙，时干离，生与月合一正北。

己卯　冲三，伤七。卯至未阴，宿吉干凶，守户。生墓合乙坤伏，杜墓丙乾害，伤丁兑害。天四，地九，阴一，合六。生与日合二西南，时干震，符伏，乙日飞干格，门反吟。

庚辰　冲三，伤六。宿干凶。杜坎和，死震害欢恰，景艮义。天七，地六，阴四，合三。无奇门，仪刑，飞宫格，符勃，龙走，雀入江，时干坎，飞符，鸟跌穴。

辛巳　冲一，伤五避五。宿干凶，乙日不用。休巽义，伤乙坤制，生合离和。天八，地三，阴七，合二。休与日合四东南，得使，生与星合九正南，天乙与太白格，时干兑，飞宫格，火入金，庚日勃，事同。

壬午　冲九，伤四。宿干凶。惊丙乾伏，休艮害，开坎义。天二，地七，阴三，合八。开与星合一正北，时干兑，休与月合八东北，金入火。

癸未　冲八，伤三。宿吉干凶。景离伏，惊丁兑伏，死乙坤伏。天三，地四，阴六，合七。无奇门，仪刑，时干坎，天网，门伏，击刑，三吉。

甲申　内直符二，死直使二。申至亥阳，天辅，宿凶干吉。心使开墓乾伏，内日死墓坤伏，柱星惊兑伏。天七，地六，阴四，合三。开与月合六西北，伏宫格，天乙与太白格，时干坤，符门伏，地甲，阖，乙庚日飞、伏干格。

乙酉　内五，死一。宿干凶。景墓丙乾制，伤墓乙坤制，杜丁兑害。天七，地六，阴四，合三。无奇门，伏宫格，天乙与太白格，时干坤，符伏，乙日飞干格。

丙戌　内六，死九。宿干吉，庚日不用。伤艮制，休丙乾和，生坎制。天一，地八，阴二，合九。休与日合六西北，生与星合一正北，时干艮，相佐乾，金入火，龙反首。

丁亥　内七，死八。宿凶干吉。景合坎害，伤丁兑害，杜墓丙乾害。天六，地一，阴九，合四。无奇门，时干乾，相佐兑，门反吟。

阴遁四局（三）

死丙直使心使内日柱星	丙直符心使内	辛巳丙寅大雪上辛申丙亥	辛戌辛未处暑中丙辰辛丑	辛子辛卯秋分下丙午辛酉	辛卯丙子大暑下辛午丙午辛酉

戊子　内四，死七。子阳，宿吉干凶，守户。景乙坤义欢怡，伤巽伏，杜合离义。天九，地二，阴八，合一。无奇门，符勃，鸟跌穴，时干艮，火入金，丙日飞干格，飞宫格。

己丑　内三，死六。丑至巳阴，宿吉干凶。伤离义，休震义，生巽害。天四，地九，阴一，合六。生与星合四东南，休与日合三正东，得使，虎猖狂，时干乾，刑格，辛日飞干格，蛇矫。

庚寅　内二，死五避五。宿干凶。开墓丙乾伏，死乙坤伏，惊丁兑伏。天七，地六，阴四，合三。开与月合六西北，天乙与太白格，仪刑，时干坤，击刑，事同，符门伏。

辛卯　内二，死四。宿干凶。景震和，伤坎和，杜艮制。天八，地三，阴七，合二。无奇门，龙走，雀入江，时干巽，辛日伏干格。

壬辰　内九，死三。宿干凶，丙日不用。生丁兑义，开离害，休乙坤害欢怡。天二，地七，阴三，合八。休与星合二西南，丁下有乙，生与月合七正西，丙下有丁，时干巽，三吉，开与日合九正南。

癸巳　内八，死二。宿干凶。杜巽伏，生艮伏，伤震伏。天三，地四，阴六，合七。生与日合八东北，仪刑，天乙与太白格，鸟跌穴，龙反首，天网，时干坤，符冲，门伏，大格，事同。

甲午　蓬直符一，休直使一。午至戌阳，天辅，宿凶干吉。内使死墓坤伏，心月开

墓乾伏，柱星惊兑伏。天八，地三，阴七，合三。开与月合六西北，时干坎，遁甲，自刑，阖，符门，伏吟。

乙未　蓬五，休九，宿干吉。惊震制，休离制，开巽制。天七，地六，阴四，合三。开与星合四东南，休与月合九正南。蛇矫，门反吟，虎猖狂，时干震，刑格，辛日飞干格。

丙申　蓬六，休八。宿干吉。杜离义，死丁兑义，景乙坤义。天一，地八，阴二，合九。无奇门，龙反首，时干兑，相佐乾。

丁酉　蓬七，休七。宿凶干吉，辛日不用，守户。死巽害，开乙坤和，惊合离害。天六，地一，阴九，合四。开与月合二西南，丙下有乙，得使，丙日，飞干格，时干离，相佐兑，飞宫格，火入金。

戊戌　蓬四，休六。宿干吉。生坎制欢怡，杜震伏，伤艮制。天九，地二，阴八，合一。生与日合一正北，太白与天乙格，雀入江，龙走，时干兑，辛日伏干格，伏宫格。

己亥　蓬三，休五避五。亥阴，宿吉干凶。惊丙巽害，杜坎和欢怡，景艮义。天四，地九，阴一，合六。无奇门，时干离，金入火，丙日，伏干格，事同。

阴遁四局（四）

休蓬直使内使心月柱星	蓬直符	丁卯大雪上丁酉	壬午大雪上壬子	丁亥处暑中丁巳	壬申处暑中壬寅	丁未秋分下丁戌	壬辰秋分下壬戌	丁未大暑下壬戌	丁辰大暑下壬戌

庚子　蓬二，休四。子至卯阴，宿干凶，地、人二遁。开震制，生离和，休巽义。天七，地六，阴四，合三。休与星合四东南，开与日合三正东，生与月合九正南，得使，壬干勃，虎猖狂，蛇矫，刑格，壬日勃，飞符。

辛丑　蓬一，休三。宿干凶。杜墓乙坤制，死墓丙乾义，景丁兑制。天八，地三，阴七，合二。无奇门，时干坎，符伏，三吉。

壬寅　蓬九，休二。宿干凶。景艮义，惊巽制，死震害。天二，地七，阴三，合八。无奇门，龙反首，鸟跌穴，时干坎，大格，符冲，事同，仪刑。

癸卯　蓬八，休一。宿吉干凶，丁日不用。惊丁兑伏，休合坎伏欢怡，开墓丙乾伏。天三，地四，阴六，合七。休与月合一正北，开与星合六西北，时干震，丁日伏干格，壬日飞干格，门伏，天网。

甲辰　英直符九，景直使九。辰至申阳，天辅，宿凶干吉。惊柱使兑伏，死内日坤伏，心月开墓乾伏。天二，地七，阴三，合八。开与月合六西北，仪刑，符门伏，时干离，飞甲，自刑，阆。

乙巳　英五，景八。宿吉干凶。伤墓丙乾害，生丁兑义，杜合坎和。天七，地六，阴四，合三。生与日合七正西，乙下有丁，时干兑，飞符，丁日伏干格，壬日飞干格。

丙午　英六，景七。宿干吉，守户。开艮和，惊坎义，休震义。天一，地八，阴二，合九。开与星合八东北，得使，休与日合三正东，雀入江，龙走，龙反首，时干震，相佐乾。

丁未　英七，景六。宿凶干吉。死坎制，景丙乾制，惊艮和。天六，地一，阴九，合四。无奇门，时干坎，相佐兑，金入火。

戊申　英四，景五避五。宿干吉，壬日不用。景乙坤义，杜离义欢怡，死丁兑义。天九，地二，阴八，合一。无奇门，伏宫格，丁干勃时干震，丁日飞干格，壬日伏干格，事同。

己酉　英三，景四。酉至亥阴，宿干凶。死合离义欢怡，景巽和，惊乙坤和。天四，地九，阴一，合六。无奇门，时干坎，飞宫，事同，火入金。

庚戌　英二，景三。宿干凶。先墓丙乾义，休丁兑义，伤合坎和。天七，地六，阴四，合三。休与日合七正西，乙下有丁，生与星合六西北，丁下有丙，三吉，时干兑，丁日伏干格，壬日飞干格，刑。

辛亥　英一，景二。宿干吉。生震害，休艮害，伤巽伏。天八，地三，阴七，合二。休与月合八东北，生与星合三正东，龙走，鸟跌穴。时干离，符冲，事同。

阴遁四局（五）

景直使 英直符 柱使内日心月	戊辰 癸未 大雪上 戊戌 癸丑	戊子 癸酉 处暑中 戊午 癸卯	戊寅 癸亥 秋分下 戊申 癸亥	戊寅 癸巳 大暑下 戊申 癸亥

壬子　英九，景一。子至丑阴，宿干凶。伤丁兑害，生墓乙坤伏，杜墓丙乾伏。天二，地七，阴三，合八。生与日合二西南，时干离，符门伏，反吟。

癸丑　英八，景九。宿吉干凶。杜巽伏，伤震伏，景离伏。天三，地四，阴六，合七。无奇门，符勃。时干兑，刑格，蛇矫，虎猖狂，天网四张。

甲寅　任直符八，生直使八，天辅。寅至午阳，宿干吉，戊日不用。柱使惊兑伏，内日死墓坤伏，心月开墓乾伏。天三，地四，阴六，合七。开与月合六西北，时干艮，符门伏，地甲阆，合时。

乙卯　任五，生七。宿干吉，守户。死震害，景艮义欢怡，惊巽制。天七，地六，阴四，合三。无奇门，癸日，飞干格，飞符，宫格，鸟跌穴，时干艮，龙走，符冲，飞符，太格，乙格，戊日勃。

丙辰　任六，生六。宿干吉。惊合离害，死巽害，开乙坤和。天一，地八，阴二，合九。开与月合二西南，得使，火入金，时干艮，相佐乾，飞宫格，戊日伏干格。

丁巳　任七，生五避五。宿凶干吉。开巽制，惊震制，休离制。天六，地一，阴九，合四。天与星合四东南，休与月合九正南，门反吟，虎猖狂，蛇矫，时干巽，相佐兑，刑格，三吉，击刑。

戊午　任四，生四。宿干吉。惊坎义，死丙乾义，开艮和欢怡。天九，地二，阴八，合一。开与月合八东北，癸干勃，仪刑，时干坤，金入火，癸日勃戊日，飞干格。

巳未　任三，生三。未至亥阴，宿吉干凶，癸日不用。惊墓丙乾伏，死丁兑义，开合坎义。天四，地九，阴一，合六。开与月合一正北，时干巽，三吉。

庚申　任二，生二。宿干凶。惊震制，死艮伏欢怡，开巽制。天七，地六，阴四，合三。开与月合四东南，门反吟，飞宫格，龙反首，鸟跌穴，癸日，飞干格，戊日勃，时干艮，大格，符冲。

辛酉　任一，生一。宿干凶。惊乙坤和，死离和，开丁兑伏。天八，地三，阴七，合二。开与月合七正西，时干乾，丙下有丁，得使。

壬戌　任九，生九。宿吉干凶。惊艮和欢怡，死坎制，开震制。天二，地七，阴三，合八。开与月合三正东，龙走，时干乾，雀入江。

癸亥　任八，生八。宿吉干凶。惊丁兑伏，死墓乙坤伏，开墓丙乾伏。天三，地四，阴六，合七。开与月合六西北，天网，时干艮，符门伏。

第二十六章　术数汇考二十六

《奇门遁甲》十

阴遁五局（一）

甲戌 小暑下 己丑 甲辰	己酉 霜降上 甲午 己卯	己酉 立秋中 甲申 己亥 甲寅	甲戌 小暑下 己巳 甲辰 己未
禽 直符 柱 使 心 日 任 星	死 直使	巳酉 小雪上 甲子 己卯	

甲子　禽五，死五避五。子至辰阳，宿干吉。惊兑伏，开乾伏，生艮伏。天七，地六，阴四，合三。开与日合六西北，生与星合八东北，时干坤，符门伏，遁甲，阖。

乙丑　禽六，死四。宿干吉，己日不用。伤坎和，杜丁艮制，死巽害。天一，地八，阴二，合九。无奇门，虎猖狂，龙反首，时干艮，大格。

丙寅　禽七，死三。宿凶干吉。伤墓乙乾害，杜坎和，死震害。天六，地一，阴九，合四。无奇门，天乙与太白格，龙反首，时干乾，相佐兑，事同，三吉，刑格。

丁卯　禽八，死二。宿干吉。伤震伏，杜巽伏，死坤伏欢怡。天三，地四，阴六，合七。无奇门，仪刑，时干坤，相佐艮，符冲，火入金，击刑。

戊辰　禽五，死一。宿干吉。杜丙兑害，景乙乾制，惊丁艮和。天七，地六，阴四，合三。无奇门，符伏，时干坤。

己巳　禽四，死九。巳至酉阴，天辅，宿吉干凶。死离和，惊墓坤和欢怡，休墓乙乾和。天九，地二，阴八，合一。休与星合六西北，丁下有乙，龙走，时干艮。

庚午　禽三，死八，宿吉干凶，甲日不用，守户。开巽制，休离制，伤丙兑害。天四，地九，阴一，合六。开与月合四东南，休与日合九正南，仪刑，飞宫格，蛇矫，甲日飞干格，时干乾，门反吟，飞符，己日勃。

辛未　禽二，死七。宿干凶。死丙兑义，惊乙乾伏，休丁艮害。天七，地六，阴四，合三。休与星合八东北，时干坤，符伏。

壬申　禽一，死六。宿干凶。开丁艮和，休合震义，伤离义。天八，地三，阴七，合二。开与月合八东北，丙下有丁，休与日合三正东，雀入江，时干巽，飞宫格，乙格，伏宫格。

癸酉　禽九，死五避五。宿干凶。死合坤伏欢怡，惊丙兑伏，休合坎伏。天二，地七，阴三，合八。休与星合一正北，得使，符勃，鸟跌穴，时干巽，门伏，己日飞干格，天网。

甲戌　辅直符四，杜直使四。戊至亥阴，宿干吉。开心使乾伏，惊柱月兑伏，生任星艮伏。天九，地二，阴八，合一。开与日合六西北，生与星合八东北，时干巽，符门伏，飞甲，阖。

乙亥　辅六，杜三。宿干吉，己日不用。景巽和欢怡，杜震伏，惊坤和。天一，地八，阴二，合九。无奇门。三吉，天乙与太白格，时干巽，符冲，火入金，金入火，事同。

阴遁五局（二）

杜直使	辅直符心使柱月任星	乙庚辰丑小雪上乙庚未戌	乙庚辰丑霜降上乙庚未戌	乙庚午酉立秋中乙庚卯子	乙庚寅亥小暑下乙庚巳申

丙子　辅七，杜二。子至寅阳，宿凶干吉，庚日不用。休合震义，开丁艮伏，伤离义。天六，地一，阴九，合四。开与月合八东北，丙下有丁，休与日合三正东，雀入江，龙反首，时干艮，相佐兑，飞宫格，乙日飞干格。

丁丑　辅八，杜一。宿干吉。休墓坤害，开离害，死墓乙乾害。天三，地四，阴六，合七。开与月合九正南，休与日合二西南，得使，龙走，时干乾，相佐艮。

戊寅　辅五，杜九。宿干吉。休丁艮害，开坎义，伤巽伏欢怡。天七，地六，阴四，合三。开与月合一正北，休与日合八东北，乙下有丁，时干乾，大格，虎猖狂。

己卯　辅四，杜八。卯至未阴，宿吉干凶，守户。生乙乾义，休丙兑和，杜丁艮制。天九，地二，阴八，合一。生与日合六西北，时干巽，休与月合七正西，符伏。

庚辰　辅三，杜七。宿吉干凶。杜丙兑害，伤合坤制，死合坎制。天四，地九，阴一，合六。无奇门，飞宫格，天乙与太白格，鸟跌穴，时干艮，飞符。

辛巳　辅二，杜六。宿干凶，乙日不用。死丁艮伏，景坎害，开巽制欢怡。天七，地六，阴四，合三。开与星合四东南，仪刑，虎猖狂，时干乾，大格，门反吟。

壬午　辅一，杜五避五。宿干凶。伤离义，生巽害欢怡，景丙兑制。天八，地三，阴七，合二。生与月合四东南，符勃，时干坤，乙日伏干格，鸟跌穴，蛇矫。

癸未　辅九，杜四。宿干凶。休坎伏，开墓乙乾伏，伤震伏。天二，地七，阴三，合八，开与月合六西北，休与日合一正北，伏宫格，时干坤，门伏，击刑，干格，乙格，天网。

甲申　冲直符三，伤直使三。申至亥阳，天辅，宿干吉。惊柱使兑伏，开心日乾伏，生任星艮伏。天四，地九，阴一，合六。开与日合六西北，生与星合八东北，伏宫格，天乙与太白格，时干震，符门伏，三吉，地甲，阖。

乙酉　冲六，伤二。宿干吉。休巽义，生离和，杜丙兑害。天一，地八，阴二，合九。生与日合九正南，休与月合四东南，蛇矫，时干离，乙日伏干格。

丙戌　冲七，伤一。宿凶干吉，庚日不用。景震和欢怡，死巽害，开坤和。天六，地一，阴九，合四。开与星合一西南，乙干格，庚日勃，鸟跌穴，龙反首，时干震，相佐兑，符冲，金入火。

丁亥　冲八，伤九。宿干吉。杜合坤制，景丙兑制，惊合坎义。天三，地四，阴六，合七。无奇门，仪刑，鸟跌穴，时干坎，相佐艮。

阴遁五局（三）

伤直使柱使心日任星	冲直符	丙辛寅巳小雪上丙申	丙辛寅巳霜降上丙申	辛丙未戌立秋中辛丑	辛丙卯子小暑下辛酉

戊子　冲五，伤八。子阳，宿干吉，守户。伤丁艮制，杜合震伏欢怡，死离和。天七，地六，阴四，合三。无奇门，时干坎，飞宫，辛日伏干格。

己丑　冲四，伤七。丑至巳阴，宿吉干凶。杜墓乙乾害，景坎害，惊震制欢怡。天九，地二，阴八，合一。无奇门，时干离，刑格，门反吟。

庚寅　冲三，伤六。宿吉干凶。生丙兑义，伤乙乾害，景丁艮义。天四，地九，阴一，合六。生与月合七正西，时干震，符伏，击刑，仪刑。

辛卯　冲二，伤五避五。宿干凶。惊丁艮和，开合震制欢怡，生离和。天七，地六，阴四，合三。开与日合三正东，生与星合九正南，时干坎，飞宫，辛日伏干格。

壬辰　冲一，伤四。宿干凶，丙日不用。杜离义，景墓坤义，惊墓乙乾伏。天八，地三，阴七，合二。无奇门，龙走，时干兑。

癸巳　冲九，伤三。宿干凶。休坎伏，生丁艮伏，杜巽伏。天二，地七，阴三，合八。生与日合八东北，乙下有丁，休与月合一正北，虎猖狂，天乙与太白格，事同，时干兑，大格，门伏，三吉，天网。

甲午　内直符二，死直使二。午至戌阳，天辅，宿凶干吉。开心使乾伏，惊柱月兑伏，生任星艮伏。天七，地六，阴四，合三。开与日合六西北，生与星合八东北，仪刑，时干坤，符门伏，遁甲，自刑，阖。

乙未　内六，死一。宿干吉。惊丁艮和，死坎制，休巽义。天一，地八，阴二，合九。休与星合四东南，时干艮，虎猖狂，大格。

丙申　内七，死九。宿凶干吉。生坎制，休墓乙乾和，杜震伏。天六，地一，阴九，合四。休与月合六西北，生与日合一正北，鸟跌穴，时干乾，相佐兑，刑格，龙反首。

丁酉　内八，死八。宿干吉，守户，地遁，辛日不用。开巽制，惊震制，生坤伏欢怡。天三，地四，阴六，合七。生与星合二西南，开与日合四东南，得使，时干坤，火人金，金入火，丙日飞干格，伏干格。

戊戌　内五，死七。宿干吉。惊乙乾伏，死丙兑义，休丁艮害。天七，地六，阴四，合三。休与星合八东北，时干坤，符伏。

己亥　内四，死六。亥阴，宿吉干凶。杜墓坤制，伤离义，死墓乙乾义。天九，地二，阴八，合一。无奇门，龙走，时干艮。

阴遁五局（四）

死直使心使柱月任星	内直符心使柱月任星	丁卯小雪上丁酉	壬午小雪上壬子丁酉	壬申霜降上丁卯壬子丁酉	丁亥立秋中壬申丁巳壬寅	壬申立秋中壬寅	丁丑小暑下壬辰壬戌

庚子　内三，死五避五。子至卯阴，宿干凶。景离伏，杜巽伏，惊丙兑伏。天四，地九，阴一，合六。无奇门，时干乾，飞符，门伏，蛇矫，飞宫。

辛丑　内二，死四。宿干凶。生乙乾义，休丙兑和，杜丁艮制。天七，地六，阴四，合三。休与月合七正西，时干坤，生与日合六西北，符伏。

壬寅　内一，死三。宿干凶。死合震害，景丁艮义，开离害。天八，地三，阴七，合二。开与星合九正南，伏宫格，天乙与太白格，雀入江，时干巽，事同，三吉，丁日勃，飞宫。

癸卯　内九，死二。宿干凶，丁日不用。惊丙兑伏，死合坤伏欢怡，休合坎伏。天二，地七，阴三，合八。休与星合一正北，得使，符勃，仪刑，鸟跌穴，时干巽，门伏，丁日伏干格，天网四张。

甲辰　蓬直符一，休直使一。辰至申阳，天辅，宿凶干吉。生任使艮伏，开心日乾伏，惊柱月兑伏。天八，地三，阴七，合二。生与星合八东北，开与日合六西北，仪刑，时干坎，符门伏，飞甲，自刑，阖。

乙巳　蓬六，休九。宿干吉，天遁。景合坎害欢怡，伤丙兑害，生合坤伏。天一，地八，阴二，合九。生与月合二西南，时干兑，丁日伏干格，门反吟。

丙午　蓬七，休八。宿凶干吉，守户。惊墓乙乾伏，景墓坤义，杜离义。天六，地一，阴九，合四。无奇门，龙走，伏宫，时干离，相佐兑，乙格，壬日伏干格。

丁未　蓬八，休七。宿干吉。景震和，伤坎和欢怡，生墓乙乾义。天三，地四，阴六，合七。生与月合六西北，丙下有乙，龙反首，时干震，相佐艮，丁日飞干格，刑格。

戊申　蓬五，休六。宿干吉，壬日不用。开丙兑伏，死离和，景巽和。天七，地六，阴四，合三。开与星合七正西，蛇矫，丁下有丙，时干震。

己酉　蓬四，休五避五。酉至亥阴，宿吉干凶。开离害，死合震害，景丁艮义。天九，地二，阴八，合一。开与星合九正南，丁干格，符勃，雀入江，仪刑，时干兑，飞宫格。

庚戌　蓬三，休四。宿吉干凶。休巽义，惊丁艮和，死坎制欢恰。天四，地九，阴一，合六。休与星合四东南，符勃，壬干勃，虎猖狂，飞符，时干离，壬日勃，壬日飞干格，大格。

辛亥　蓬二，休三。宿干凶。景丙兑制，伤离义，生巽害。天七，地六，阴四，合三。生与月合四东南，天乙与太白格，时干震，事同，三吉，蛇矫。

阴遁五局（五）

休蓬直直符	戊癸辰未小雪上戊癸丑	戊癸辰未霜降上戊癸丑	癸戊酉子立秋中癸戊午卯	癸戊巳寅小暑下癸戊亥申
任使心日柱月				

壬子　蓬一，休二。子至丑阴，宿干凶。景丁艮义，伤乙乾害，生丙兑义。天八，地三，阴七，合二。生与月合七正西，时干坎，符伏。

癸丑　蓬九，休一。宿干凶。死坤伏，杜巽伏，伤震伏。天二，地七，阴三，合二。无奇门，时干坎，符冲，门伏，火人金，天网。

甲寅　英直符九，景直使九，天辅。寅至午阳，宿吉干凶，戊日不用。生任使艮伏，开心日乾伏，惊柱月兑伏。天二，地七，阴三，合八。开与日合六西北，生与星合八东北，时干离，符门伏，地甲，阖。

乙卯　英六，景八。宿干吉，守户。开离害，死合震害，景丁艮义。天一，地八，阴二，合九。开与星合九正南，雀入江，时干震，飞宫格，戊日伏干格。

丙辰　英七，景七。宿凶干吉。生巽害，开丁艮和，惊坎义。天六。地一，阴九，合四。开与日合八东北，生与星合四东南，虎猖狂，太白与天乙格，时干坎，相佐兑，太乙格，癸日伏干格。

丁巳　英八，景六。宿干吉。杜丙兑害，生离和，休巽义，天三，地四，阴六，合七。休与月合四东南，生与日合九正南，仪刑，时干兑，相佐艮，击刑，戊日飞干格。

戊午　英五，景五避五。宿干吉。生震害，开坎义，惊墓乙乾伏。天七，地六，阴四，合三。开与日合一正北，生与星合三正东，时干兑，刑格，龙反首。

己未　英四，景四。未至亥阴，宿吉干凶，癸日不用。生合坎制，开丙兑伏，惊合坤和。天九，地二，阴八，合一。生与星合一正北，开与日合七正西，乙下有丙，鸟跌穴，时干震，戊日勃，仪刑。

庚申　英三，景三。宿吉干凶。生墓乙乾义，开墓坤和，惊离害欢怡。天四，地九，阴一，合六。开与日合二西南，生与星合六西北，丁下有乙，龙走，癸干勃，天乙与太白格，时干坎，三吉，癸日勃，马跌穴。

辛酉　英二，景三。宿干凶。生震害，开坎义，惊墓乙乾伏。天七，地六，阴四，合三。生与星合三正东，时干兑，开与日合一正北，刑格。

壬戌　英一，景一。宿干凶，地遁。生坤伏，开巽制，惊震制。天八，地三，阴七，合二。生与星合二西南，开与日合四东南，时干离，符门冲，金入火，火入金。

癸亥　英九，景九。宿干凶，生丁艮伏，开乙乾伏，惊丙兑伏。天二，地七，阴三，合八。开与日合六西北，生与星合八东北，时干离，符门伏，天网。

阴遁六局（一）

开心直符 直使 任使柱日英星	甲午 己卯 立冬 上 甲 巳子酉	甲午 己卯 寒露 上 甲 己子酉	甲丑 己戌 白露 下 己 甲未辰	己丑 甲戌 夏至 下 乙 己未辰

甲子　心六，开六。子至辰阳，宿干吉。生艮伏，惊兑伏，景离伏。天一，地八，阴二，合九。生与月合八东北，时干乾，符门伏，遁甲，阖。

乙丑　心七，开五避五。宿凶干吉，地遁，己日不用。伤坎和，开墓坤和，死巽害。天六，地一，阴九，合四。开与日合二西南，得使，时干坤。

丙寅　心八，开四。宿干吉。开巽制，景坎害，伤乙兑害。天三，地四，阴六，合七。开与月合四东南，得使，门反吟，己日伏干格，龙反首，刑格，时干巽，相佐艮，火入金，事同。

丁卯　心九，开三。宿凶干吉。杜乙兑害，休合巽义，惊丙艮和。天二，地七，阴三，合八。休与日合四东南，时干艮，相佐离，击刑，大格，三吉。

戊辰　心六，开二。宿干吉。杜丙艮制，休乙兑和，惊丁离害。天一，地八，阴二，合九。休与日合七正西，时干乾，符伏。

己巳　心五，开一。巳至酉阴，天辅，宿吉干凶。惊墓乾伏欢怡，杜丁离义，生震害。天七，地六，阴四，合三。生与星合三正东，干勃符，时干巽，金入火，己日飞干格，鸟跌穴。

庚午　心四，开九。宿吉干凶，守户，甲日不用。休坤害，死震害，杜坎和。天九，地二，阴八，合一。休与月合二西南，虎猖狂，蛇矫，龙走，甲日飞干格，时干乾，符冲，飞符，飞宫，乙格，己日勃。

辛未　心三，开八。宿吉干凶。伤丁离义，开丙艮和，死墓乾义欢怡。天四，地九，阴一，合六，开与日合八东北，时干坤，仪刑。

壬申　心二，开七。宿干凶。休墓乾和欢怡，死丁离和，杜震和。天七，地六，阴四，合三。休与月合六西北，甲干勃，时干巽，金入火，己日飞干格，鸟跌穴。

癸酉　心一，开六。宿干凶。伤合震伏，开乾伏欢怡，死合坤伏。天八，地三，阴七，合二。开与星合六西北，时干艮，门伏。

甲戌　禽直符五，死直使五，戌至亥阳宿干吉。惊柱使兑伏，生任月艮伏，景英星离伏，天七，地六，阴四，合三。生与日合八东北，时干坤，符门伏，飞甲，阖。

乙亥　禽七，死四。宿凶干吉，己日不用。生乾义，景合震和，开坤和欢怡。天六，地一，阴九，合四。生与日合六西北，开与星合二西南，时干乾，事同。

阴遁六局（二）

死直使 禽直符 柱使任月英星	乙丑 庚辰 立冬上 乙未 庚戌	乙丑 庚辰 寒露上 乙未 庚戌	乙亥 庚寅 白露下 乙巳 庚申	乙亥 庚寅 夏至下 乙巳 庚申

丙子　禽八，死三。子至寅阳，宿干吉，庚日不用。死震害，休坤害欢怡，杜坎和。天三，地四，阴六，合七。休与月合二西南，蛇矫，龙走，雀入江，时干乾，相佐艮，符冲，飞宫，三吉。

丁丑　禽九，死二。宿凶干吉。死墓坤伏欢怡，休坎伏，杜巽伏。天二，地七，阴三，合八。休与月合一正北，门伏，时干巽，相佐离。

戊寅　禽六，死一。宿干吉。死坎制，休巽义，杜乙兑害。天一，地八，阴二，合九。休与月合四东南，得使，伏宫格，庚干勃，龙反首，时干艮，火入金，刑格，乙格。

己卯　禽五，死九。卯至未阴，宿吉干凶，守户。开乙兑伏，伤丙艮制，死丁离和。天七，地六，阴四，合三。开与日合七正西，时干坤，符伏。

庚辰　禽四，死八。休丁离制，杜墓乾害，惊震制。天九，地二，阴八，合一。休与日合九正南，乙下有丁，飞宫格，时干艮，金入火，门反吟，飞符。

辛巳　禽三，死七。宿吉干凶，乙日不用。伤合巽伏，死乙兑义，休丙艮害。天四，地九，阴一，合六。休与星合八东北，丁下有丙，时干乾，乙日飞干格，大格。

壬午　禽二，死六。宿干吉。景乙兑制，开丙艮和，伤丁离义。天七，地六，阴四，合三。开与月合八东北，仪刑，时干坤，符伏。

癸未　禽一，死五避五。宿干凶。生内艮伏，景丁离伏，开墓乾伏。天八，地三，阴七，合二。开与星合六西北，生与日合八东北，仪刑，时干巽，击刑，门伏，乙日伏干格，天网。

甲申　辅直符四，杜直使四。申至亥阳，天辅，宿干吉。生任使艮伏，惊柱日兑伏，景英星离伏。天九，地二，阴八，合一。生与月合八东北，天乙与太白格，伏宫格，时干巽，事同，符门伏，地甲，阖。

乙酉　辅七，杜三。宿凶干吉。死丁离害，伤丙艮制，休墓乾和。天六，地一，阴九，合四。休与星合六西北，三吉，时干艮，乙日伏干格。

丙戌　辅八，杜二。宿干吉，庚日不用。生乾义，伤丁离义，休震制。天三，地四，阴六，合七。休与星合三正东，时干乾，相佐艮。金入火，龙反首。

丁亥　辅九，杜一。宿凶干吉。死合震害，伤乾害，休合坤害。天二，地七，阴三，合八。休与星合二西南，仪刑，时干坤，相佐离。

阴遁六局（三）

杜辅直使	丙辛立冬上丙	丙辛申寒露上丙	丙辛卯白露下辛	丙辛卯夏至下辛
直符任使柱日英星	辛申立冬上辛寅亥	辛申寒露上辛寅亥	丙子白露下丙酉午	丙子夏至下丙酉午

戊子　辅六，杜九。子阳，宿干吉，守户。景坤义，生震害，开坎义。天一，地

八，阴二，合九。开与星合一正北，生与日合三正东，得使，雀入江，虎猖狂，时干巽，飞宫格，符冲，蛇矫，龙走。

己丑　辅五，杜八。丑至巳阴，宿吉干凶。死巽害，伤坎和，休乙兑和。天七，地六，阴四，合三。休与星合七正西，丁下有乙，龙反首，时干乾，刑格，乙格，火入金，丙日飞干格。

庚寅　辅四，杜七。宿吉干凶。惊丙艮和，杜乙兑害，生丁离和。天九，地二，阴八，合一。生与星合九正南，天乙与太白格，时干巽，飞宫，符伏，击刑，仪刑。

辛卯　辅三，杜六。宿吉干凶。景坎害，生墓坤伏，开巽制欢怡，天四，地九，阴一，合六。开与星合四东南，生与日合二西南，时干艮，辛日伏干格，门反吟。

壬辰　辅二，杜五避五。宿干凶，丙日不用。生巽害欢怡，惊坎义，景乙兑制。天七，地六，阴四，合三。生与月合四东南，得使，龙反首，鸟跌穴，时干乾，刑格，火入金，丙日飞干格。

癸巳　辅一，杜四。宿干凶。惊乙兑伏，杜合巽伏欢怡，生丙艮伏。天八，地三，阴七，合二。生与星合八东北，丁下有丙，天乙与太白格，时干坤，事同，门伏，大格，天网。

甲午　冲直符三，伤直使三。午至戌阳，天辅，宿干吉。惊柱使兑伏，生任月艮伏，景英星离伏。天四，地九，阴一，合六。生与月合八东北，仪刑，时干震，符门伏，三吉，遁甲，自刑，阖。

乙未　冲七，伤二。宿干吉。开震制欢怡，伤坤制，死坎制。天六，地一，阴九，合四。开与日合三正东，得使，蛇矫，龙走，雀入江，虎猖狂，时干震，符冲，飞宫格。

丙申　冲八，伤一。宿干吉，地遁。开墓坤和，伤坎和，死巽害。天三，地四，阴六，合七。开与日合二西南，得使，伏宫格，龙反首，时干坎，相佐艮，辛日伏干格，乙格。

丁酉　冲九，伤九。宿干吉，守户，辛日不用。惊坎义，生巽害，景乙兑制。天二，地七，阴三，合八。生与月合四东南，得使，仪刑，时干兑，相佐离，刑格，火人金，丙日飞干格。

戊戌　冲六，伤八。宿凶干吉。景合巽和，开乙兑伏，伤丙艮制。天一，地八，阴二，合九。开与月合七正西，丙下有乙，大格，时干离。

己亥　冲五，伤七。亥阴，宿吉干凶。死丙艮伏，休丁离制，杜墓乾害。天七，地六，阴四，合三。休与月合九正南，门反吟，丙下有丁，时干坎。

阴遁六局（四）

冲直符伤直使柱使任月英星	壬午立冬上丁酉丁卯	壬午寒露上丁酉丁卯	壬辰白露下壬戌丁丑	壬辰夏至下壬戌丁未

庚子　冲四，伤六。子至卯阴，宿吉干吉。伤乾害，死合震害欢怡，休合坤害。天九，地二，阴八，合一。休与星合二西南，得使，飞宫格，符符勃，时干离，飞符，丁日伏干格。

辛丑　冲三，伤五避五。宿吉干凶。杜乙兑害，惊丙艮和，生丁离和。天四，地九，阴一，合六。生与星合九正南，符伏，伏宫格，时干震。

壬寅　冲二，伤四。宿干凶。休丙艮害，杜丁离义，惊墓乾伏。天七，地六，阴四，合三。休与日合八东北，乙下有丙，丁干勃，天乙与太白格，时干坎，事同。

癸卯　冲一，伤三。宿干凶，丁日不用。景丁离伏，开墓乾伏，伤震伏。天八，地三，阴七，合二。开与月合六西北，得使，白人火，鸟跌穴，丙日伏干格，时干兑，门伏，三吉，壬日飞干格，天网。

甲辰　内直符二，死直使二。辰至申阳，天辅，宿凶干吉。景英使离伏，惊柱日兑伏，生任月艮伏。天七，地六，阴四，合三。生与月合八东北，伏干格，时干坤，符门伏，飞甲，自刑，阖。

乙巳　内七，死一。宿凶干吉。伤坤制欢怡，景乾制，开合震制。天六，地一，阴九，合四。开与月合三正东，时干乾，丁日伏干格。

丙午　内八，死九。宿干吉，守户。生坎制，杜震伏，惊坤和欢怡。天三，地四，阴六，合七。生与星合一正北，虎猖狂，龙走，蛇矫，雀入江，时干坤，相佐艮，壬日勃，飞宫，符冲。

丁未　内九，死八。宿凶干吉。开巽制，生墓坤伏欢怡，景坎害。天二，地七，阴三，合八。开与星合四东南，生与日合二西南，门反吟，时干巽，相佐离，丁日飞干格。

戊申　内六，死七。宿干凶，壬日不用。死乙兑义，开坎义，伤巽伏。开一，地八，阴二，合九。开与日合一正北，时干艮，火入金，刑格，乙格，壬日伏干格。

己酉　内五，死六。酉至亥阴，宿吉干凶。伤丁离义，景乙兑制，开丙艮和。天七，地六，阴四，合三。开与月合八东北，蛇矫，时干坤，符伏。

庚戌　内四，死五避五。宿吉干凶。伤震伏，景丁离伏，开墓乾伏。天九，地二，阴八，合一。开与月合六西北，飞宫格，壬日飞干格。仪刑，时干艮，门伏，飞符，金入火。

辛亥　内三，死四。宿吉干凶。杜丙艮制，死合巽害，休乙兑和。天四，地九，阴一，合六。休与月合七正西，丙下有乙，天乙与太白格，时干乾，事同，大格。

阴遁六局 (五)

丙直使英使	戊直符柱日任月	癸未戊辰立冬上戊戌	癸未戊辰寒露上戊戌	癸巳戊寅白露下癸亥	戊寅癸巳夏至下戊申
死					

壬子　内二，死三。子至丑阴，宿干凶。开丁离害，生乙兑义，景丙艮义。天七，

地六，阴四，合三。生与日合七正西，开与星合九正南，时干坤，符伏，三吉。

癸丑　内一，死二。宿干凶。开墓乾伏，生丙艮伏，景丁离伏。天八，地三，阴七，合二。开与星合六西北，生与日合八东北，乙下有丙，时干巽，门伏，癸日飞干格，天网。

甲寅　蓬直符一，休直使一，天辅。寅至午阳，宿凶干吉，戊日不用。景英使离伏，惊柱日兑伏，生任月艮伏。天八，地三，阴七，合二。生与月合八东北，时干坎，符门伏，地甲，阖。

乙卯　蓬七，休九。宿干吉，守户。惊震制，休丁离制，杜墓乾害。天六，地一，阴九，合四。休与日合九正南，乙下有丁，门反吟，戊子格，鸟跌穴，时干离，戊日勃，金入火。

丙辰　蓬八，休八。宿干吉。景合坤义，惊乾伏，生合震害。天三，地四，阴六，合七。生与月合三正东，时干震，相佐艮，门反吟。

丁巳　蓬九，休七。宿凶干吉。伤坎和欢怡，景震和，开坤和。天二，地七，阴二，合八。开与日合二西南，戊日，飞干，伏干格，符反吟，仪刑，虎猖狂，龙走，雀入江，蛇矫，时干坎，相佐离，击刑，飞宫格。

戊午　蓬六，休六。宿干古。景巽和，惊墓坤和，生坎制欢怡。天一，地八，阴二，合九。生与月合一正北，伏干格，壬日勃，时干，癸日勃，鸟跌穴。

己未　蓬五，休五避五。未至亥阴，宿吉干凶，癸日不用。景丙艮义，惊合巽制，生乙兑义。天七，地六，阴四，合三。生与月合七正西，时干震，大格，癸日伏干格。

庚申　蓬四，休四。宿吉干凶。景乾制，惊丙艮和，生丁离和。天九，地二，阴八，合一。生与月合九正南，仪刑，飞宫格，天乙与太白格，时干兑，飞符，事同，癸日飞干格。

辛酉　蓬三，休三。宿吉干凶。景乙兑制，惊坎义欢怡，生巽害。天四，地九，阴一，合六。生与月合四东北，龙反首，时干离，火入金，刑格，三吉。

壬戌　蓬二，休二。宿干凶。景丙艮义，惊合巽制，生乙兑义。天七，地六，阴四，合三。生与月合七正西，丙下有乙，天乙与太白格，时干震，大格，癸日伏干格。

癸亥　蓬一，休一。宿干凶。景丁离伏，惊乙兑伏，生丙艮伏。天八，地三，阴七，合二。生与月合八东北，伏干格，时干坎，符门伏，天网。

阴遁七局 （一）

惊直使英使任日蓬星	柱直符大雪中己寅	甲申	己巳	甲戌己丑处暑下甲辰	己未	己卯甲子秋分上甲午	己酉	甲子己卯大暑上甲午	巳酉

甲子　柱六，惊七。子至辰阳，宿凶干吉。景离伏，生艮伏，休坎伏。天六，地一，阴九，合四。休与星合一正北，生与日合八东北，刑德在门，客主不利，利以逃亡。时干兑，符门伏，遁甲，阖。

乙丑　柱八，惊六。宿干吉，己日不用。惊墓乾伏，杜丙离义，伤巽伏。天三，地四，阴六，合七。无奇门，蛇矫，时干离，己日勃。

丙寅　柱九，惊五避五。宿凶干吉。杜震伏，休乾和，开兑伏欢怡。天二，地七，阴三，合八。开与星合七正西，休与日合六西北，得使，龙反首，虎猖狂，天乙与太白格，时干震，相佐离，事同，己日飞干格。

丁卯　柱一，惊四。天遁，宿凶干吉。生兑义欢怡，惊巽制，死合震害。天八，地三，阴七，合二。生与月台七正西，得使，甲干勃，仪刑，龙走，鸟跌穴，时干震，相佐坎，刑格，己日伏干格。

戊辰　柱七，惊三。宿凶干吉。休丙离制，死乙艮伏，景丁坎害。天六，地一，阴九，合四。休与月合九正南，时干兑，符伏，三吉，门反吟。

己巳　柱六，惊二。巳至酉阴，天辅，宿吉干凶。惊坤和，杜震伏，伤乙艮制。天一，地八，阴二，合九。无奇门，伏宫格，甲日伏干格，天乙与太白格，时干坎，火入金，事同，飞宫，乙格。

庚午　柱五，惊一。宿吉干凶，甲日不用，守户。生合巽害，惊丁坎义，死墓乾义。天七，地六，阴四，合三。生与月合四东南，飞宫格，甲日飞干格，时干离，飞符，金入火。

辛未　柱四，惊九。宿吉干凶。杜乙艮制，休兑和欢怡，开坤和。天九，地二，阴八，合一。开与星合二西南，休与日合七正西，得使，时干坎，雀入江。

壬申　柱三，惊八。宿吉干凶。死丁坎制，伤墓合坤制，生丙离和。天四，地九，阴一，合六。生与星合九正南，丁下有丙，时干兑。

癸酉　柱二，惊七。宿干凶。杜合巽伏，休丁坎伏，开墓乾伏。天七，地九，阴四，合三。开与星合六西北，休与日合一正北，乙下有丁，飞宫格，甲日飞干格，时干离，飞符，金入火，门伏，天网。

甲戌　心直符六，开直使六。戌至亥阳，宿干吉。生任使艮伏，景英月离伏，休蓬星坎伏。天一，地八，阴二，合六。休与星合一正北，生与日合八东北，时干乾，符门伏，飞甲，阖。

乙亥　心八，开五避五。宿干吉，己日不用。死巽害，休兑和，景合震和。天三，地四，阴，合。休与月合七正西，天乙与太白格，鸟跌穴，时干巽，事同，刑格，大格。己日伏干格。

阴遁七局（二）

开心直使 任使 英日 蓬星	乙庚酉午 大雪中 乙庚卯子	乙庚亥寅 处暑下 乙庚巳申	乙庚辰丑 秋分上 庚乙戌未	乙庚辰丑 大暑上 乙庚戌未

丙子　心九，开四。子至寅阳，宿干吉，庚日不用。伤兑害，死乙艮伏，生坤伏。天二，地七，阴三，合八。生与星合二西南，乙干勃，雀入江，门反吟，时

干艮，相佐离，乙日勃，龙反首。

丁丑　心一，开三。宿凶干吉。开震制，伤坤制，惊乙艮和。天八，地三，阴七，合二。开与日合三正东，天乙与太白格，时干艮，三吉，火入金，庚日勃，飞宫格。

戊寅　心七，开二。宿凶干吉。伤丁坎和，死合巽害，生墓乾义欢怡。天六，地一，阴九，合四。生与星合六西北，天乙与太白格，时干坤，金入火，事同。天六，地一，阴九，合四。

己卯　心六，开一。卯至未阴，宿吉干凶，守户。休乙艮害，杜丙离义，开丁坎义。天一，地八，阴二，合九。开与星合一正北，休与日合八东北，时干乾。

庚辰　心五，开九避五。宿吉干凶。伤乾害欢怡，死震害，生兑义。天七，地六，阴四，合三。生与星合七正西，庚日飞干格，虎猖狂，时干巽，飞符。

辛巳　心四，开八。宿吉干凶，乙日不用。杜墓合坤制，惊丁坎义，伤丙离义。天九，地二，阴八，合一。无奇门，时干乾，符冲，乙日飞干格。壬午心三，开七。宿吉干凶。死丙离和，休墓乾和欢怡，景巽和。天四，地九，阴一，合六。休与月合六西北，蛇矫，符勃，时干坤。

癸未　心二，开六。宿干凶，地遁。开乾伏欢怡，伤震伏，惊兑伏。天七，地六，阴四，合三。开与日合六西北，飞宫格，仪刑，虎猖狂，时干巽，门伏，击刑，飞符，天网。

甲申　禽直符五，死直使五避五。申至亥阳，天辅，宿凶干吉。景英使离伏，生任日艮伏，休蓬星坎伏。天七，地六，阴四，合三。休与星合一正北，生与日合八东北，时干坤，符门伏，地甲，事同，阖。

乙酉　禽八，死四。宿干吉。伤丁坎和，开墓合坤和欢怡，惊丙离害。天三，地四，阴六，合七。开与日合二西南，仪刑，时干坤，符冲，乙日飞干格。

丙戌　禽九，死三。宿凶干吉，庚日不用。惊合巽制，杜丁坎和，伤墓乾害。天二，地七，阴三，合八。无奇门，龙反首，时干巽，相佐离，金入火，三吉。

丁亥　禽一，死二。宿凶干吉。开墓乾伏，景丙离伏，杜巽伏。天八，地三，阴七，合二。开与月合六西北，天乙与太白格，蛇矫，时干巽，相佐坎，事同，门伏。

阴遁七局（三）

禽直符　死禽直使　英使任日蓬星	丙戌　大雪中　丙辰　辛丑	丙未　处暑下　丙午　辛酉	辛卯　秋分上　辛申　丙申	辛巳　大暑上　辛亥　丙申	丙寅　大暑上　辛亥　丙申

戊子　禽七，死一。子阳，宿凶干吉，守户。伤坤制欢怡，开震制，惊乙艮和。天六，地一，阴九，合四。开与日合三正东，时干乾，飞宫，火入金，丙日飞干格。

己丑　禽六，死九。丑至巳阴，宿吉干凶。开兑伏，景巽和，杜合震伏。天一，地八，阴二，合九。开与月合七正西，得使，龙走，鸟跌穴，时干艮，刑格，辛日飞干格。

庚寅　禽五，死八。宿吉干凶。休丙离制，死乙艮伏，景丁坎害。天七，地六，阴四，合三。休与月合九正南，门反吟，仪刑，时干坤，符伏，击刑。

辛卯　禽四，死七。宿吉干凶。生震害，惊乾伏，死兑义。天九，地二，阴八，合一。生与月合三正东，虎猖狂，龙反首，时干艮，辛日伏干格。壬辰禽三，死六。宿吉干凶，丙日不用。开乙艮和，景兑制，杜坤制欢怡。天四，地九，阴一，合六。开与月合八东北，丙下有乙，雀入江，时干乾。

癸巳　禽二，死五避五。宿干凶。景丙离伏，生乙艮伏，休丁坎伏。天七，地六，阴四，合三。生与日合八东北，休与星合一正北，伏宫格，天乙与太白格，时干坤，符门伏，事同，天网。

甲午　辅直符四，杜直使四。午至戌阳，天辅，宿干吉。生任使艮伏，景英月离伏，休蓬星坎伏。天九，地二，阴八，合一。休与星合一正北，生与日合八东北，时干巽，符门伏，遁甲，自刑，阖。

乙未　辅八，杜三。宿干吉。休乾和，杜震伏，开兑伏。天三，地四，阴六，合七。开与星合七正西，休与日合六西北，得使，伏宫格，虎猖狂，时干乾，三吉，乙格，辛日伏干格。

丙申　辅九，杜二。休震义，杜坤制，开丁艮和。天二，地七，阴三，合八。休与日合三正东，开与星合八东北，仪刑，天乙与太白格，飞宫格，龙反首，时干坤，相佐离，火入金，事同，丙日飞干格。

丁酉　辅一，杜一。宿吉干凶，辛日不用，守户。生兑义，景乙艮义，休坤害。天八，地三，阴七，合二。休与星合二西南，生与日合七正西，得使，时干坤，相佐坎，雀入江。

戊戌　辅七，杜九。宿凶干吉。杜丙离义，惊墓乾伏，伤巽伏欢怡。天六，地一，阴九，合四。无奇门，时干艮，蛇矫。

己亥　辅六，杜八。亥阴，宿吉干凶。开合坤和，伤丁坎和，惊丙离害。天一，地八，阴二，合九。开与日合二西南，时干巽，符冲。

阴遁七局（四）

杜辅直使	直符	丁亥 大雪中 丁巳	壬申 大雪中 壬寅	壬辰 处暑下 壬戌	壬午 处暑下 丁未	丁卯 秋分上 丁酉	壬午 秋分上 壬子	丁午 大暑上 壬子	壬午 大暑上 丁酉
任使英月蓬星									

庚子　辅五，杜七。子至卯阴，宿吉干凶。休巽义欢怡，杜兑害，开合震制。天七，地六，阴四，合三。开与星合三正东，休与日合四东南，得使，龙走，时干乾，飞符，刑格，飞宫。

辛丑　辅四，杜六。宿吉干凶。死乙艮伏，休丙离制，景丁坎害。天九，地一，阴八，合一。休与月合九正南，天乙与太白格，时干巽，火入金，符伏，门反吟。

壬寅　辅三，杜五避五。宿吉干凶。惊丁坎义，生合巽害欢怡，死墓乾义。天四，地九，阴一，合六。生与月合四东南，天乙与太白格，时干震，金入火，事同。

癸卯　辅二，杜四。宿干凶，丁日不用。杜巽伏欢怡，惊兑伏，伤合震伏。天七，地六，阴四，合三。无奇门，飞宫格，龙走，鸟跌穴，时干乾，门伏，飞符，刑格，天网。

甲辰　冲直符三，伤直使三。辰至申阳，天辅，宿干吉。休蓬使坎伏，生任日艮伏，景英月离伏。天四，地九，阴一，合六。休与星合一正北，生与日合八东北，仪刑，时干震，符门伏，飞甲，自刑，三吉，同。

乙巳　冲八，伤二。宿干吉。景墓乾制，死丁坎制，休合巽义。天三，地四，阴六，合七。休与月合四东南，天乙与太白格，时干坎，事同，金入火。

丙午　冲九，伤一。宿凶干吉，守户。景合震和欢怡，死巽害，休兑和。天二，地七，阴三，合八。休与月合七正西，得使，龙走，时干兑，相佐离，刑格，龙反首。

丁未　冲一，伤九。宿凶干吉。景兑制，死乾义，休震义欢怡。天八，地三，阴七，合二。休与月合三正东，壬干勃，虎猖狂，龙反首，时干兑，相佐坎，壬日勃，鸟跌穴。

戊申　冲七，伤八。宿凶干吉，壬日不用。死丙离和，惊墓合坤义，生乙坎制。天六，地一，阴九，合四。生与月合一正北，丙下有丁，时干震，符冲，丁日勃。

己酉　冲六，伤七。酉至亥阴，宿吉干凶。生坤伏，伤兑害，死乙艮伏。天一，地八，阴二，合九。生与星合二正南，伏宫格，雀入江，时干离，乙格，丁日飞干格，壬日伏干格。

庚戌　冲五，伤六。宿吉干凶。惊巽制，开丙离害，伤墓乾害。天七，地六，阴四，合三。开与日合九正南，乙下有丙，飞宫格，时干坎，飞符，丁日伏干格，壬日飞干格。

辛亥　冲四，伤五避五。宿吉干吉。惊乙艮和，开震制欢怡，伤坤制。天九，地二，阴八，合一。开与日合三正东，仪刑，天乙与太白格，时干离，飞宫，火入金，事同。

阴遁七局（五）

戊戌 癸未 大暑上 戊辰 癸丑	戊戌 癸未 秋分上 戊辰 癸丑	戊寅 癸巳 处暑下 戊申 癸亥	戊子 癸酉 大雪中 戊午 癸卯	冲直符 直使 伤 蓬使任日英月

壬子　冲三，伤四。子至丑阴，宿吉干凶。开丁坎义，休乙艮害，杜丙离义。天四，地九，阴一，合六。休与日合八东北，时干震，开与月合一正北，符伏。

癸丑　冲二，伤三。宿干凶。杜巽伏，景丙离伏，开墓乾伏。天七，地六，阴四，合三。开与月合六西北，癸日飞干格，蛇矫，时干坎，飞符，门伏，三吉，天网。

甲寅　内直符二，死直使二，天辅。寅至午阳，宿凶干吉，戊日不用。休蓬星坎伏，生任日艮伏，景英月离伏。天七，地六，阴四，合三。休与星合一正北，生与日合八东北，伏宫格，癸日飞干格，天乙与太白格，时干坤，符门伏，地甲，事同，阖。

乙卯　内八，死一。宿干吉，守户。生丙离和，伤墓合坤制欢怡，死丁坎制。天三，地四，阴六，合七。生与星合九正南，符伏，丁下有丙，时干坤。

丙辰　内九，死九。宿凶干吉。休墓乾和，生丁坎制，景合巽和。天二，地七，阴三，合八。生与日合一正北，休与星合六西北，时干巽，相佐离，金入火，戊日飞干格。

丁巳　内一，死八。宿凶干吉。开巽制，休丙离制，杜墓乾害。天八，地三，阴七，合二。休与日合九正南，乙下有丙，开与星合四东南，时干巽，相佐坎，击刑，门反吟，蛇矫。

戊午　内七，死七。宿凶干吉。休乙艮害，生震害，景坤义欢怡。天六，地一，阴九，合四。生与日合三正东，休与星合八东北，丁下有乙，符勃，时干乾，火人金，癸日勃，戊日飞干，飞宫。

己未　内六，死六。未至亥阴，宿干凶，癸日不用。休合震义，生巽害，景兑制。天一，地八，阴二，合九。休与星合三正东，得使，生与日合四东南，龙走，鸟跌穴，时干艮，刑格，戊日勃，戊干格。

庚申　内五，死五避五。宿吉干凶。休丁坎伏，生乙艮伏，景丙离伏。天七，地六，阴四，合三。生与月合八东北，休与星合一正北，天乙与太白格，时干坤，符门伏，事同，癸日飞，伏干格。

辛酉　内四，死四。宿吉干凶。休兑和，生乾义，景震义。天九，地二，阴八，合一。休与星合七正西，生与日合六西北，时干艮，仪刑，虎猖狂，龙反首。

壬戌　内三，死三。宿吉干凶。休坤害欢怡，生兑义，景乙艮义。天四，地九，阴一，合六。生与日合七正西，休与星合二西南，时干乾，三吉，雀入江。

癸亥　内二，死二。休丁坎伏。生乙艮伏，景丙离伏。天七，地六，阴四，合三。休与星合一正北，生与日合八东北，伏宫格，天乙与太白格，时干坤，符门伏，癸日飞、伏干格，天网。

阴遁八局（一）

生任直使	甲己小雪中甲己寅亥	甲己霜降中甲己寅亥	甲己立秋下甲己未辰	乙甲小暑上甲己午酉
任直符蓬使英日内星	甲申	甲申	甲戌己丑	甲子乙卯

甲子　任八，生八。子至辰阳，宿干吉。休坎伏，景离伏，死坤伏。天三，地四，

阴六，合七。休与月合一正北，时干艮，符门伏，遁甲，阖。

乙丑　任九，生七。宿凶干吉，己日不用。惊巽制，伤合乾害，杜丙坎和。天二，地七，阴三，合八。无奇门，时干乾，大格，蛇矫。

丙寅　任一，生六。宿凶干吉。生墓乾义，死巽害，惊乙离害。天八，地三，阴七，合二。生与月合六西北，得使，刑格，天乙与太白格，己日伏干格，虎猖狂，龙反首，时干乾，相佐坎，火入金，事同。

丁卯　任二，生五避五。宿凶干吉。休乙离制，景丙坎害，死艮伏欢怡。天七，地六，阴四，合三。休与月合九正南，丙下有乙，仪刑时，干艮，相佐坤，符门冲，击刑。

戊辰　任八，生四。宿干吉。惊丙坎义，伤乙离义，杜丁坤制。天三，地四，阴六，合七。无奇门，符伏。时干艮。

己巳　任七，生三。巳至酉阴，天辅，宿凶干吉。景合丁坤义，休艮害欢怡，生震害。天六，地一，阴九，合四。林与日合八东北，生与星合三正东，雀入江。时干巽，三吉。

庚午　任六，生二。宿凶干吉，甲日不用，守户。伤兑害，惊震制，开合巽制，天一，地八，阴二，合九。开与星合四东南，得使，飞宫格，己干勃，时干坤，门反吟，己日勃，飞符。

辛未　任五，生一。宿吉干凶。死乙离和，生丙坎制，伤艮制欢怡。天七，地六，阴四，合三。生与日合一正北，乙下有丙，时干艮，相佐坤，符冲。

壬申　任四，生九。宿吉干凶。开震制，杜兑害，景墓乾制。天九，地二，阴八，合一。开与月合三正东，甲日伏干格，伏宫格，时干坤，飞宫格，乙格。

癸酉　任三，生八。宿吉干凶，天遁。生艮伏欢怡，死墓丁坤伏，惊兑伏。天四，地九，阴一，合六。生与月合八东北，里勃，仪刑，龙走，鸟跌穴，时干巽，门伏，金入火，己日飞干格，天网。

甲戌　杜直符七，惊直使七。戌至亥阳，宿凶干吉。景英使离伏，休蓬月坎伏，死内星坤伏。天六，地一，阴九，合四。休与月合一正北，时干兑，符门伏，飞甲，阖。

乙亥　柱九，惊六。宿吉干凶，己日不用。生震害，死兑义欢怡，伤合巽伏。天二，地七，阴三，合六。生与日合三正东，天乙与太白格，符勃，时干震，事同，己日勃，鸟跌穴。

阴遁八局（二）

惊杜直直使	乙庚午	乙庚午	庚乙寅	乙庚辰
英使蓬月内星	酉小雪中乙卯	酉霜降中乙卯	亥立秋下庚申	丑小暑上庚未
	庚子	庚子	庚巳	乙戊

丙子　柱一，惊五避五。子至寅阳，宿凶干吉，庚日不用，地遁。开兑伏欢怡，杜震伏，休墓乾和。天八，地三，阴七，合二。开与日合七正西，休与星合六西北，时干震，相佐坎，飞宫格。

丁丑　柱二，惊四。宿凶干吉。惊巽制，伤墓乾害，开乙离害。天七，地六，阴四，合三。开与星合九正南，伏宫格，刑格，乙格，仪刑，虎猖狂，时干离，相佐坤，火入金，庚日勃。

戊寅　柱八，惊三。宿干吉。杜合乾害，开巽制，景丙坎害。天三，地四，阴六，合七。开与月合四东南，飞宫格，门伏吟，蛇矫，时干离，乙日飞干格，大格，三吉。

己卯　柱七，惊二。卯至未阴，宿干凶，守户。死乙离和，生丙坎制，惊丁坤和。天六，地一，阴九，合四。生与月合一正北，时干兑，符伏。庚辰柱六，惊一。宿吉干凶。杜墓丁坤制，开艮和，景兑制欢怡。天一，地八，阴二，合九。开与月合八东北，得使，飞宫格，龙走，鸟跌穴，时干坎，飞符，金入火。

辛巳　柱五，惊九。宿吉干凶，乙日不用。死巽害，生墓乾义，惊乙离害。天七，地六，阴四，合三。生与月合六西北，得使，刑乙格，伏宫格，虎猖狂，龙反首，时干离，相佐坤，火入金，庚日勃。

壬午　柱四，惊八。宿吉干凶。惊艮和，伤合丁，坤制，开震制。天九，地二，阴八，合一。开与星合三正东，雀入江，时干坎，乙日伏干格。癸未柱三，惊七。宿吉干凶。休丙坎伏，景乙离伏，生艮伏。天四，地九，阴一，合六。休与日合一正北，生与星合八东北，仪刑，时干兑，符冲，门伏，击刑，天网。

甲申　心直符六，开直使六。申至亥阳，天辅，宿干吉。休蓬使坎伏，景英日离伏，死内星坤伏。天一，地八，阴二，合九。休与月合一正北，天乙与太白格，时干乾，符门伏，事同，地甲，阖。

乙酉　心九，开五避五。宿凶干吉。开合丁坤和，杜艮制，景震和。天二，地七，阴三，合八。开与月合二西南，雀入江，时干艮，乙日伏干格。

丙戌　心一，开四。宿凶干吉，庚日不用，死艮伏，生墓乙坤伏，伤兑害。天八，地三，阴七，合二。生与日合二西南，得使，龙走，时干艮，相佐坎，金入火。

丁亥　心二，开三。宿凶干吉，人遁。杜兑害，开震制，休合巽义。天七，地六，阴四，合三。开与日合三正东，休与星合四东南，时干艮，相佐坤，三吉。

阴遁八局（三）

心直符　开直使 蓬使　英日内星	丙寅 小暑上 丙申 辛巳　辛亥	辛卯 立秋下 辛酉 丙午	丙戌 霜降中 丙辰 辛丑	辛未 小雪中 辛丑 丙辰	丙戌 小雪中 丙辰

戊子　心八，开二。子阳，宿干吉，守户。景震和，休兑和，生墓乾和欢怡。天三，地四，阴六，合七。休与日合七正西，生与星合六西北，仪刑，时干巽，辛日飞干格。

己丑　心七，开一。丑至巳阴，宿吉干凶。惊墓乾伏欢怡，伤巽伏，杜乙离义。天六，地一，阴九，合四。无奇门，虎猖狂，时干坤，火入金，丙日飞干格，刑格。

庚寅　心六，开九。宿吉干凶，人遁。杜丙坎和，开乙离害，休丁坤害。天一，地八，阴二，合九。开与日合九正南，休与星合一西南，天乙与太白格，时干乾，符伏，击刑。

辛卯　心五，开八。宿吉干凶。景兑制，休震义，生合巽害。天七，地六，阴四，合三。生与星合四东南，休与日合三正东，时干巽，辛日伏干格。

壬辰　心四，开七。宿吉干凶，丙日不用。死乙离和，生丙坎制，伤艮制。天九，地二，阴八，合一。生与日合一正北，乙下有丙，时干乾，符冲。

癸巳　心三，开六。宿吉干凶，人遁。杜巽伏，开乾伏欢怡，休丙坎伏。天四，地九，阴一，合六。开与日合六西北，休与星合一正北，丁下有丙，蛇矫，天乙与太白格，时干坤，事同，门伏，大格，天网。

甲午　禽直符五，死直使五避五。午至戌阳，天辅，宿干吉。景英使离伏，休蓬月坎伏，死禽星坤伏。天七，地六，阴四，合三。休与月合一正北，仪刑开，时干坤，符门伏，遁甲，自刑，阖。

乙未　禽九，死四。宿凶干吉。死巽害，生墓乾义，惊乙离害。天二，地七，阴三，合八。生与月合六西北，仪刑，虎猖狂，时干巽，火入金，丙日飞干格，刑格。

丙申　禽一，死三。宿凶干吉。伤合乾害，惊巽制，杜丙坎和。天八，地三，阴七，合二。无奇门，蛇矫，时干巽，相佐坎，大格，三吉。

丁酉　禽二，死二。宿凶干吉，辛日不用，守户。景乙离和，休丙坎伏，死丁坤伏。天七，地六，阴四，合三。休与月合一正北，时干坤，符门伏，相佐坤。

戊戌　禽八，死一。死丙坎制，生乙离和，惊艮和。天三，地四，阴六，合七。生与月合九正南，丙下有乙，时干坤，符冲。

己亥　禽七，死九。亥阴，宿吉干凶。惊墓丁坤和欢怡，伤艮制，开兑伏。天六，地一，阴九，合四。开与星合七正西，龙走，时干乾，金入火，丙日伏干格。

阴遁八局（四）

丁卯	丁丑	丁亥	丁亥	禽直符
壬午	壬辰	壬申	壬申	死直使
小暑上	立秋下	霜降中	小雪中	英使
壬子	壬戌	丁巳寅	丁巳寅	蓬月
丁酉	丁未			禽星

庚子　禽六，死八。子至卯阴，宿吉干凶。伤兑和，惊震制，杜乾害。天一，地八，阴二，合九。无奇门，时干艮，门反吟，飞符，丁日飞干格。

辛丑　禽五，死七。宿干吉。杜乙离义，开丙坎义，景丁坤义。天七，地六，阴四，合三。开与月合一正北，时干坤，符伏，相佐坤。

壬寅　禽四，死六。宿吉干凶。休震义，景兑制，生合巽害。天九，地二，阴八，合一。休与日合三正东，生与星合四东南，伏宫格，天乙与太白格，时干艮，乙格，丁日伏干格。

癸卯　禽三，死五避五。宿吉干凶，丁日不用。生艮伏，死合丁坤伏欢怡，伤震伏。天四，地九，阴一，合六。生与日合八东北，宫干格，雀入江，时干乾，门伏，丁日勃，天网。

甲辰　辅直符四，杜直使四。辰至申阳，天辅，宿干吉。死内使坤伏，景英日离伏，休蓬月坎伏。天九，地二，阴八，合一。休与月合一正北，仪刑，时干巽，符门伏，飞甲，自刑，阖。

乙巳　辅九，杜三。宿凶干吉。开兑伏，惊墓丁坤和，伤艮制。天二，地七，阴三，合八。开与星合七正西，龙走，时干坤，三吉，金入火。

丙午　辅一，杜二。宿凶干吉，守户。休震义，开艮和，杜合丁坤制。天八，地三，阴七，合二。休与星合三正东，开与日合八东北，雀入江，时干坤，相佐坎，丁日勃。

丁未　辅二，杜一。宿凶干吉。伤墓乾害，生兑义，死震害。天七，地六，阴四，合三。生与日合七正西，得使，时干乾，相佐坤，飞宫，丁日飞干格。

戊申　辅八，杜九。宿干吉，壬日不用。伤合巽伏欢怡，生震害，死兑义。天三，地四，阴六，合七。生与日合三正东，时干乾，丁日伏干格。

己酉　辅七，杜八。酉至亥阴，宿吉干凶。伤丙坎和，生合乾义，死巽害欢怡。天六，地一，阴九，合四。生与日合六西北，蛇矫，符勃，丁日勃，时干艮，大格。

庚戌　辅六，杜七。宿吉干凶。惊艮和，死丙坎制，生乙离和。天一，地八，阴二，合九。生与月合九正南，时干巽，符冲，飞符，乙格，壬日飞干格。

辛亥　辅五，杜六。宿吉干凶。杜墓乾害，伤兑害，惊震制。天七，地八，阴四，合三。无奇门，门伏吟，天乙与太白格，时干乾，相佐坤，事同，丁日飞干格。

阴遁八局（五）

柱辅直使	辅直符	戊子癸卯小雪中戊午酉	戊子癸卯霜降中戊午酉	戊寅癸巳立秋下戊申亥	戊辰癸未小暑上戊戌丑
内使英日蓬星					

壬子　辅四，杜五避五。子至丑阴，宿吉干凶。杜丁坤制，伤乙离义，惊丙坎义。天九，地二，阴八，合一。无奇门，仪刑，时干巽，符伏。

癸丑　辅三，杜四。宿吉干凶。景乙离伏，杜巽伏欢怡，开墓乾伏。天四，地九，阴一，合六。开与月合六西北，龙反首，虎猖狂，时干艮，门伏，火人金，刑格，天网。

甲寅　冲直符三，伤直使三，天辅。寅至午阳，宿干吉，戊日不用。死内使坤伏，景英日离伏，休蓬月坎伏。天四，地九，阴一，合六。休与月合一正北，时干震，符门伏，地甲，三吉开。

乙卯　冲九，伤二。宿凶干吉、守户。景墓乾制，杜兑害，开震制欢怡。天二，地七，阴三，合八。开与月合三正东，癸日干勃，时干兑，飞宫格，癸日勃，戊日伏干格。

丙辰　冲一，伤一。宿凶干吉。死合巽害，景震和欢怡，休兑和。天八，地三，阴七，合二。休与月合七正西，时干兑，相佐坎，戊日飞干格，龙反首。

丁巳　冲二，伤九。宿凶干吉。惊丙坎义，死合乾义，生巽害。天七，地六，阴四，合三。生与月合四东南，癸日，伏干格，仪刑，蛇矫，时干坎，相佐坤，击刑，乙格，大格。

戊午　冲八，伤八。宿干吉。死乙离和，景巽和，休墓乾和。天三，地四，阴六，合七。休与月合六西北，虎猖狂，火入白，时干坎，刑格。

己未　冲七，伤七。未至亥阴，宿吉干凶，癸日不用。死艮伏，景丙坎害，休乙离制。天六，地一，阴九，合四。休与月合九正南，丙下有乙，时干震，符冲，门反吟。

庚申　冲六，伤六。宿吉干凶。死震害欢怡。景艮义，休丁坤害。天一，地八，阴二，合九。休与月合二西南，丙下有丁，飞宫格，雀入江，天乙与太白格，时干离，飞符，事同，癸日飞干格。

辛酉　冲五，伤五避五。宿吉干凶。死丙坎制，景合乾制，休巽义。天七，地六，阴四，合三。休与月合四东南，伏宫格，蛇矫，时干坎，大格，乙格，癸日伏干格。

壬戌　冲四，伤四。宿吉干凶。死兑义，景墓丁坤义，休艮害。天九，地二，阴八，合一。休与月合八东北，得使，仪刑，龙走，鸟跌穴，时干离，金入火，戊日勃。

癸亥　冲三，伤三。宿吉干凶。死丁坤伏，景乙离伏，伏丙坎伏。天四，地九，阴一，合六。休与月合一正北，时干震，符门伏，三吉，天网。

阴遁九局（一）

景直使内使蓬日冲星	英直符	己巳立冬中甲申	己巳寒露中甲申	己卯白露上甲申	己卯夏至上甲午
		甲申立冬中己亥	甲申寒露中己亥	甲子白露上己酉	甲子夏至上己酉

甲子　英九，景九。子至辰阳，宿凶干吉。死坤伏，休坎伏，伤震伏。天二，地七，阴三，合八。休与日合一正北，刑德在门，客主不利，利以逃亡，时干离，符门伏，遁甲，阖。

乙丑　英一，景八。宿凶干吉，己日不用。景艮义，开离害欢怡，生兑义。天八，地三，阴七，合二。生与星合七正西，开与日合九正南，时干离，符冲，己日勃。

丙寅　英二，景七。宿凶干吉，地遁。景兑制，开艮和，生巽害。天七，地六，阴四，合三。生与星合四东南，得使，开与日合八东北，虎猖狂，雀入江，时干兑，相佐坤，火入金事同。

丁卯　英三，景六。宿干吉。休巽义，杜合兑害，死乙坎制。天四，地九，阴一，合六。休与月合四东南，仪刑，伏干格，伏宫格，时干坎，相佐震，击刑，飞宫，乙格。

戊辰　英九，景五避五。宿凶干吉。景丙坤义，开乙坎义，生丁震害。天二，地七，阴三，合八。生与星合三正东，时干离，开与日合一正北，符伏。

己巳　英八，景四。巳至酉阴，天辅，人遁，宿干凶。杜丁震伏，惊墓丙坤和，休墓乾和。天三，地四，阴六，合七。休与星合六西北，时干兑，大格，己日飞干格。

庚午　英七，景三。宿干凶，甲日不用，守户。生墓合乾义，景丁震和，惊离害欢怡。天六，地一，阴九，合四。生与月合六西北，飞宫格，甲日飞干格，天

七四九

乙与太白格，时干坎，三吉，飞符。

辛未　英六，景二。宿吉干凶，开乙坎义，伤巽伏，景合丙坤义。天一，地八，阴二，合九。开与月合一正北，时干震，刑格，己日伏干格。

壬申　英五，景一。宿吉干凶。伤兑害，死艮伏，开巽制。天七，地六，阴四，合三。开与星合四东南，龙反首，虎猖狂，时干兑，相佐坤，火入金，门冲。

癸酉　英四，景九。宿凶干吉。景离伏欢怡，开乾伏，生艮伏。天九，地二，阴八，合一。开与日合六西北，生与星合八东北，蛇矫，龙走。时干震，金入火，门伏，天网，甲干勃。

甲戌　任直符八，生直使八。戌至亥阳，宿干吉。休蓬使坎伏，死内月坤伏，伤冲星震伏。天三，地四，阴六，合七。休与日合一正北，亥甲时阳内阴外，利行兵，客胜，时干艮，符门伏，飞甲，阖。

乙亥　任一，生七。宿凶干吉，己日不用。伤乾害，开离害，景艮义欢怡。天八，地三，阴七，合二。开与月合九正南，得使，天乙与太白格，蛇矫，龙走，时干乾，金入火，事同。

阴遁九局（二）

生直使	任直符	乙庚午酉立冬中乙庚子	乙庚酉午寒露中乙庚卯	庚乙辰丑白露上庚乙戌未	庚乙辰丑夏至上庚乙戌未
蓬使内月冲星					

丙子　任二，生六。子至寅阳，宿干吉，庚日不用。惊离害，杜艮制欢怡，休兑和。天七，地六，阴四，合三。休与星合七正西，仪刑，符勃，时干艮，相佐坤，符冲。

丁丑　任三，生五避五。宿干吉。死艮伏欢怡，伤兑害，开巽制。天四，地九，阴一，合六。开与星合四东南，门反吟，雀入江，虎猖狂，庚干格时。

戊寅　任九，生四。宿凶干吉。生巽害，惊乙坎义，杜合丙坤制。天二，地七，阴三，合八。生与日合四东南，伏干格，时干乾，乙日勃，刑格，乙格。

己卯　任八，生三。卯至未阴，宿凶干吉，守户。开乙坎义，景丙坤义，生丁。天三，地四，阴六，合七。生与星合三正东，开与日合一正北。

庚辰　任七，生二。宿干凶。生墓丙坤伏，惊丁震制，杜墓乾害。天六，地一，阴九，合四。生与日合二西南，时干巽，大格，飞符，门反吟。

辛巳　任六，生一。宿吉干凶，乙日不用。开合兑伏，景巽和，生乙坎制。天一，地八，阴二，合九。开与日合七正西，生与星合一正北，丁下有乙，时干坤，飞符，乙日飞干格。

壬午　任五，生九。宿吉干凶。生离害，惊艮和欢怡，杜兑害。天七，地六，阴四，合三。生与日合六正南，符冲，时干艮，相佐坤。

癸未　任四，生八。宿吉干凶。伤丁震伏，开墓合乾伏，景离伏。天九，地二，阴八，合一。开与月合六西北，仪刑，时干坤，门伏，击刑，乙日伏干格，天网。

甲申　柱直符七，惊直使七。申至亥阳，天辅，宿凶干吉。死内使坤伏，休蓬日坎伏，伤冲星震伏。天六，地一，阴九，合四。休与日合一正北，阳内阴外，伏宫格，天乙与太白格，时干兑，符门伏，地甲，事开阖。

乙酉　柱一，惊六。宿凶干吉。惊墓合乾伏，生丁震害，杜离义。天八，地三，阴七，合二。生与日合三正东，时干震，乙日伏干格。

丙戌　柱二，惊五避五。宿凶干吉，庚日不用。死离和，休乾和，伤艮制。天七，地六，阴四，合三。休与日合六西北，蛇矫，龙走，时干离，相佐坤，金入火。

丁亥　柱三，惊四。宿干凶。景艮义，开离害，生兑义欢怡。天四地九，阴一，合六。生与星合七正西，开与日合九正南，时干兑，相佐震，符冲。

阴遁九局（三）

柱直使 内使蓬日冲星	柱直符 丙辰	辛未 立冬中 丙戌	辛未 寒露中 丙戌	辛巳 白露上 丙申	丙寅 夏至上 辛亥
惊	丙辰	辛丑	辛辰 丙戌 辛丑	辛巳 丙申 辛亥	丙寅 辛巳 辛亥

戊子　柱九，惊三。子阳，宿凶干吉，守户。开巽制，伤合兑害，景乙坎害。天二，地七，阴三，合八。开与月合四东南，时干震，飞宫格，三吉，门反吟。

己丑　柱八，惊二。丑至己阴，宿凶干吉。生乙坎制，景巽和，惊合丙坤和。天三，地四，阴六，合七。生与月合一正北，丙下有乙，时干离，刑格，仪刑。

庚寅　柱七，惊一。宿干凶。杜丙坤制，惊乙坎义，休丁震义。天六，地一，阴九，合四。休与星合三正东，飞宫格，仪刑，时干兑，击刑，符伏，飞符。

辛卯　柱六，惊九。宿吉干凶。休兑和欢怡，杜艮制，死巽害。天一，地八，阴二，合九。休与月合七正西，符勃，雀入江，虎猖狂，时干坎，火入金，丙日飞干格，辛日伏干格。

壬辰　柱五，惊八。宿吉干凶，丙日不用。生离和，景乾制，惊艮和。天七，地六，阴四，合三。生与月合九正南，龙走，蛇矫，时干离，相佐坤，金入火，辛日飞干格，丙日伏干格。

癸巳　柱四，惊七。宿吉干凶。伤丁震伏，死墓丙坤伏，开墓乾伏。天九，地二，阴八，合一。开与星合六西北，太白与天乙格，大格，时干坎，事同，门伏，天网。

甲午　心直符六，开直使六。壬至戌阳，天辅，宿干吉。休蓬使坎伏，死内月坤伏，伤冲心震伏。天一，地八，阴二，合九。休与日合一正北，仪刑，刑德在门，客主不利，利以逃亡，时干乾，符门伏，遁甲，自刑，阖。

乙未　心一，开五避五。宿凶干吉。杜艮制，休兑和，死巽害。天八，地三，阴七，合二。休与月合七正西，得使，雀入江，虎猖狂，时干艮，火入金，丙日飞干格，龙反首，伏宫格，辛日伏干格。

丙申　心二，开四。宿干吉。伤合兑害，开巽制，景乙坎害。天七，地六，阴四，合三。开与月合四东南，反吟，时干巽，相佐坤，飞宫格。

丁酉　心三，开三。宿干吉，辛日不用。休巽义，死乙坎制，伤合丙坤制。天四，地九，阴一，合六。休与日合四东南，时干坤，三吉，刑格。

戊戌　心九，开二。宿凶干吉。开墓丙坤和，景丁震和，生墓乾义欢怡。天二，地七，阴三，合八。生与星合六西北，时干艮，开与日合二西南，大格，仪刑。

己亥　心八，开一。亥阴，宿凶干吉。生丁震害，惊墓合乾伏，杜离，天三，地四，阴六，合七。生与日合三正东，乙下有丁，辛干勃。时干巽，辛日勃。

阴遁九局（四）

心直使蓬使内月冲星	开直符	壬亥立冬中丁丑	丁亥寒露中丁巳	壬申	壬午白露上壬子	丁卯	壬午夏至上壬子	丁卯

庚子　心七，开九。子至卯阴，宿吉干凶。伤乾害欢怡，开离害，景艮义。天六，地一，阴九，合四。开与月合九正南，飞宫格，蛇矫，龙走，时干坤，飞符，金入火，壬日伏干格。

辛丑　心六，开八。宿吉干凶。惊乙坎义，杜丙坤制，休丁震义。天一，地八，阴二，合九。休与星合三正东，时干乾，符伏。

壬寅　心五，开七。宿吉干凶。开合兑伏，景巽和，生乙坎制。天七，地六，阴四，合三。开与日合七正西，生与星合一正北，丁下有乙，时干巽，相佐坤，飞宫，天乙与太白格。

癸卯　心四，开六。宿吉干凶，丁日不用。景离伏，生艮伏，惊兑伏。天九，地二，阴八，合一。生与月合八东北，飞宫格，天网，时干乾，符冲，门伏，丁日飞干格。

甲辰　禽直符五，死直使五避五。辰至申阳，天辅，宿干吉。伤冲使震伏，休蓬日坎伏，死禽月坤伏。天七，地六，阴四，合三。休与日合一正北，仪刑，阳内阴外，开时，时干坤　符门伏，飞甲，自刑，阖。

乙巳　禽一，死四。宿凶干吉。开合丙坤和，死巽害，伤乙坎和。天八，地三，阴七，合二。开与星合二西南，时干巽，刑格。

丙午　禽二，死三。宿凶干吉，守户。死丁震害，杜乙坎和，休丙坤害。天七，地六，阴四，合三。休与月合二西南，时干坤，符伏，三吉，壬日勃。

丁未　禽三，死二，宿干吉。开墓乾伏，死墓丙坤伏欢怡，伤丁震伏。天四，地九，阴一，合六。开与星合六西北，干勃，时干乾，相佐震，门伏，大格。

戊申　禽九，死一。宿凶干吉，壬日不用，天遁。惊艮和，景乾制，生离和。天二，地七，阴三，合八。生与月合九正南，鸟跌穴，时干巽，金入火，乙格，壬日伏干格。

己酉　禽八，死九。酉至亥阴，宿吉干凶。开兑伏，死离和，伤艮制。天三，地四，阴六，合七。开与星合七正西，时干坤，符冲，丁日，飞犬干格。

庚戌　禽七，死八。宿干凶。开巽制，死艮伏，伤兑害。天六，地一，阴九，合四。开与星合四东南，火入白，雀入江，虎猖狂，龙反首，时干乾，门反吟，飞符，壬日飞干格。

辛亥　禽六，死七。宿吉干凶。杜离义，生丁震害，惊合乾伏。天一，地八，阴二，合九。生与日合三正东，乙下有丁，天乙与太白格，时干艮，事同。

阴遁九局（五）

死禽直符 禽直使 冲使蓬日禽月	戊子立冬中戊午 癸酉立冬中癸卯	戊子寒露中戊午 癸酉寒露中戊午	戊辰白露上戊戌 癸未白露上癸丑	戊辰夏至上戊戌 癸未夏至上癸丑

壬子　禽五，死六。子至丑阴，宿吉干凶。休丁震义，惊乙坎义，杜丙坤制。天七，地六，阴四，合三。休与星合三正东，时干坤，符伏，符勃。

癸丑　禽四，死五避五。宿吉干凶。休乙坎伏，惊兑伏，杜巽伏。天九，地二，阴八，合一。休与星合一正北，丁下有乙，癸干勃，仪刑，戊日伏干格，时干艮，飞宫，门伏，天网。

甲寅　辅直符四，杜直使四。寅至午阳，宿干吉，戊日不用。伤冲使震伏，休逢日坎伏，死内月坤伏。天九，地二，阴八，合一。休与日合一正北，时干坤，三吉，大格，乙格，癸日伏干格。

乙卯　辅一，杜三。宿凶干吉，守户。休墓乾和，惊墓丙坤和，杜丁震伏。天八，地三，阴七，合二。休与星合六西北，时干坤，三吉，大格，乙格，癸日伏干格。

丙辰　辅二，杜二。宿凶干吉。伤离义，休丁震义，死墓合乾义。天七，地六，阴四，合三。休与日合三正东，乙下有丁，龙反首，时干乾，相佐坤，戊日飞干格。

丁巳　辅三，杜一。宿凶干吉。景艮义，伤乾害，开离害。天四，地九，阴一，合六。开与月合九正南，仪刑，蛇矫，龙走，时干艮，相佐震，击刑，金入火。

戊午　辅九，杜九。宿凶干吉。伤巽伏，休艮害，死兑义。天二，地七，阴三，合八。休与日合八东北，雀入江，虎猖狂，时干坤，火入金。

己未　辅八，杜八。未至亥阴，宿吉干凶，癸日不用。伤乙坎和，休合兑和，死巽害欢怡。天三，地四，阴六，合七。休与日合七正西，癸日伏干格，鸟跌穴，时干乾，癸日勃，飞宫，戊日伏干格。

庚申　辅七，杜七。宿干凶。伤合丙坤制，休巽义，死乙坎制。天六，地一，阴九，合四。休与日合四东南，天乙与太白格，时干艮，刑格，飞符，事同，癸日飞干格。

辛酉　辅六，杜六。宿吉干凶。伤兑害，休离制，死艮伏。天一，地八，阴二，合九。休与日合九正南，时干巽，符门冲。

壬戌　辅五，杜五避五。宿吉干凶。伤离义，休丁震义，死墓合乾义。天七，地六，阴四，合三。休与日合三正东，乙下有丁，时干乾，相佐坤，戊日飞干格。

癸亥　辅四，杜四。宿吉干凶。伤丁震义，休乙坎伏，死丙坤伏。天九，地二，阴八，合一。休与日合一正北，仪刑，时干巽，符门伏，天网。

第二十七章　术数汇考二十七

《日家奇门》一

年奇九星起例

上元甲子起坎的，中元四绿下七赤。飞白挨次入中宫，九星顺数年皆逆。

上元甲子，推自帝尧元载甲辰一白入中宫；截至宋仁宗天圣二年，又值上元甲子一白入中宫；再截至弘治十七年，又值上元甲子一白入中宫；嘉靖四十四年，中元甲子四绿入中宫；天启四年，下元甲子七赤入中宫，以后挨次推之即得。

九星飞布式

白	黑	绿	假如天启四年甲子以
黄	赤	紫	七赤入中宫，顺布九星，其三白星方位出行用事，一切大吉。
白	碧	白	

凡奇门必论方位，故九宫随八卦定数，乃合河图洛书而为之也。纵横皆成十五之数，盖以坎一、坤二、震三、巽四、乾六、兑七、艮八、离九而加以中五，遂成九宫法。以值年白星先安中宫，以后挨宫顺布，即所谓九星顺数是也。又如甲子年系七赤入中宫，乙丑年即以六白入中宫，丙寅年五黄入中宫，丁卯年四绿入中宫，

戊辰年三碧入中宫，是所谓年皆逆也。上、中二元仿此。

月奇九星起例

孟年正二黑，仲年正八白，季年正五黄，星顺月皆逆。

九星飞布式

赤	碧	黄	假如天启四年，岁在甲子正月丙寅，即以八白入中宫，顺布九星，其三白星方位出行用事，一切大吉。
白	白	白	
黑	绿	紫	

法以值月白星安入中宫，以后绿挨宫顺布，月逆者如此式，以正月八白入中宫，二月即以七赤入中宫，四月以五黄入中宫，五月以四绿入中宫，孟、季二年仿此。

阳遁八门九宫起例

甲戊壬子坎上休，

丁辛乙卯向坤求。

戊庚甲马归震位，

丁癸辛鸡巽上搜。

丙庚鼠行乾天上，

己癸兔走在西畴。

丙壬马立艮山位，

乙己鸡飞落离周。

其法一卦管三日，如甲子、乙丑、丙寅三日干坎官，起休门；丁卯、戊辰、己巳三日干坤宫，起休门，依九宫次序，不用中五，待休门既定，然后从八卦定方位也。

九星起例

甲子山前起艮，甲戌离上横行。

甲申坎宫顺数，甲午坤宫发动。

甲辰震雷吐雾，甲寅巽上生风。

九宫排山掌起例

野马跳涧走，从寅数到狗。一日过一宫，不用亥子丑。

从寅上起坎一宫，卯上坤二宫，辰上震三宫，巳上巽四宫，午上中五宫，未上乾六宫，申上兑七宫，酉上艮八宫，戌上离九宫。

排山掌

招摇 轩辕 摄提 太乙	天符	青龙	咸池 太阴 天乙	巽四 震三 坤二 坎一	中五	乾六	兑七 艮八 离九

九宫飞布

巽四	离九	坤二
震三	中五	兑七
艮八	坎一	乾六

招摇	天乙	摄提
轩辕	天符	咸池
太阴	太乙	青龙

推八门总诀歌

休门出入贵人留，欲要潜身向杜游。
求索酒食景门上，采猎茔埋死门投。
捕盗惊门十得九，买卖经商生上酬。
远行嫁娶开门吉，索债伤门十倍收。

推八门吉凶

休门贪狼水星

公求相讲遇休门，吉宿游人见贵人。
更得相生无相克，自然出入笑欣欣。

凡出休门者，宜取和集法，演兵、习阵、求财，万事吉。

生门左辅土星

但凡出入遇其生，吉曜临门百事亨。

若有凶星来隔拨，求财成处必无争。

凡出生门者，宜求财，见贵，营谋，百事大吉。

伤门禄存木星

远行伤门见血光，须防暗箭被人伤。

求财惊恐多不利，只宜索债不须防。

凡出伤门者，百事不如意，惟宜索债，大吉。

杜门文曲木星

若出杜门路不通，只宜逃避走西东。

除邪去鬼皆不利，百事诸凡尽不中。

凡出杜门者，诸事闭塞，只宜隐伏逃躲避难，大吉。

景门右弼火星

若出景门贼盗逢，劝君思想莫停身。

恐遇恶人不用去，谒故寻亲方可行。

凡出景门者，远行有阻，或遭逢盗贼，若谒故寻亲，大吉。

死门巨门土星

若出死门不须论，无灾去外命难存。

土居八门最为恶，只宜采猎送妖魂。

凡出死门者，远行必有重厄，道路闭塞，百事不通，只宜采猎，捕鱼，葬埋。

惊门破军金星

若出惊门病缠身，阴谋口舌有灾迍。

远行出外伤财宝，百怪灾殃戏弄人。

凡出惊门者，远行有恐惧之灾，官事连绵，只宜捕盗捉贼，大吉。

开门武曲金星

若遇开门事吉祥，干求诸事遇贤良。

官司理论皆吉利，八门之中最为强。

凡出开门者，远行利见贵人接引，大吉。

推九星总诀歌

青龙乾位兑咸池，震号轩辕坤摄提。

坎居太乙离天乙，天符中宫艮太阴。

推九星吉凶歌

太乙星

门中见太乙，星曜号贪狼。

赌博钱财遂，婚姻大吉昌。

远行无阻滞，参谒见贤良。

远行三五里，著皂辨阴阳。

凡出太乙星者，行数里见著皂衣人来，求请，进用，婚姻，谒见贤良，大吉。

摄提星

门中见摄提，百事必迟疑。

相生犹自可，相克有灾危。

远行多不利，耕地损牛犁。

死门相并见，老妇哭悲啼。

凡出摄提星者，不吉，二里主逢耕地损牛犁，老妇悲哭，不吉。

轩辕星

门中见轩辕，做事必牵缠。

相生能克主，相克主熬煎。

远行途阻滞，赌博自输钱。

但行三五里，路逢一官员。

凡出轩辕星者，远行阻滞，求财不利，更防自己灾危，不吉。

招摇星

招摇土木星，当门事不成。

远行三五里，阴人口舌迎。

怪梦虚惊怕，门鸣户做声。

前行数十里，必见二亲人。

凡出招摇星者，主见妇人口舌，怪梦惊恐，怜家釜甑鸣，不吉。

天符星

五符号天符，当门妇人谋。

相克无好事，行人阻路途。

走失难寻觅，路逢一尼姑。

前行七八里，可见一亲故。

凡出天符星者，主见妇人谋害，行人阻滞，官非口舌，不利。

青龙星

门中见青龙，求事喜重重。

投入逢酒肉，赌博见兴隆。

更遇相生位，钱财得不空。

前路五六里，医人路上逢。

凡出青龙星者，主见酒食、赌博胜。上官，迁移，求财，百事大吉。

咸池星

星门号咸池，当门并不宜。

远行多不利，相克有灾危。

赌博全输尽，求财空手归。

神仙真妙诀，愚人莫与知。

凡出咸池星者，主出行求财、赌博空手而回，损失财物，遭病患，提防自己灾厄。

太阴星

门中太阴星，百事并不侵。

求财皆成就，知交自己寻。

前行七八里，牵牛小子临。

机审牢收取，此法值千金。

凡出太阴星者，行七八里，逢小儿牵牛，求干钱财、成就，吉。

天乙星

门中见天乙，相生百事成。

求财皆和顺，茶酒自来迎。

行去数十里，路逢戴孝人。

除服无不验，灾祸甚分明。

凡出天乙星者，行三二里，主见一妇人著五色衣服抱小儿，百事大吉。

九星吉凶所属金木水火土总诀

一太乙水吉，二摄提土凶，

三轩辕木平。四招摇木平，

五天符土凶，六青龙金吉。

七咸池金凶，八太阴土吉，

九天乙火吉。

推六甲空亡日

甲子旬中空戌亥，甲戌旬中空申酉。
甲申旬中空午未，甲午旬中空辰巳。
甲辰旬中空寅卯，甲寅旬中空子丑。

推十二神吉凶诀

五符天曹地府星吉，风伯雨师雷公精凶。
风云唐符并国印吉，天关地锁天贼神凶。

六十花甲子纳音歌

甲子乙丑海中金，丙寅丁卯炉中火。
戊辰己巳大林木，庚午辛未路傍土。
壬申癸酉剑锋金，甲戌乙亥山头火。
丙子丁丑涧下水，戊寅己卯城头土。
庚辰辛巳白蜡金，壬午癸未杨柳木。
甲申乙酉泉中水，丙戌丁亥屋上土。
戊子己丑霹雳火，庚寅辛卯松柏木。
壬辰癸巳长流水，甲午乙未沙中金。
丙申丁酉山下火，戊戌己亥平地木。
庚子辛丑壁上土，壬寅癸卯金箔金。
甲辰乙巳覆灯火，丙午丁未天河水。
戊申己酉大驿土，庚戌辛亥钗钏金。
壬子癸丑桑柘木，甲寅乙卯大溪水。
丙辰丁巳沙中土，戊午己未天上火。
庚申辛酉石榴木，壬戌癸亥大海水。

天干地支所属阴阳

甲丙戊庚壬五干属阳，

乙丁己辛癸五干属阴。

子寅辰午申戌六支属阳，

丑卯巳未酉亥六支属阴。

乙丑日天恩福显星宜生门大利

甲子日天恩福月德生气宜良方生门大吉

丁卯日天害火星不宜取开门大利

司命 青龙 金匮
子 寅 辰 午 申 戌
天刑 白虎 天牢
空
丑 卯 巳 未 酉 亥
勾陈 朱雀 天德 玉堂 元武

丙寅日天蛊死气不宜急取休门吉

司命 青龙 金匮
子 寅 辰 午 申 戌
天刑 白虎 天牢
空
亥 酉 未 巳 卯 丑
勾陈 元武 朱雀 天德 玉堂

己巳日天福月德生气宜开门大吉

子 寅 辰 午 申 戌
司命 青龙 金匮
天刑 天牢 白虎
空
丑 卯 巳 未 酉 亥
玉堂 元武 勾陈 朱雀 天德

戊辰日天恩玉堂宜取休门大利

子 寅 辰 午 申 戌
司命 青龙 金匮
天牢 天刑 白虎
空
卯 巳 未 酉 亥
明堂 天德 元武 勾陈 朱雀

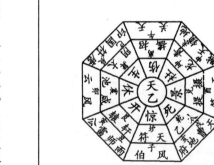

辛未日台福星宜出生门大利

庚午日休星死气伐日不宜急取休门大吉

	司命 青龙			金匮		
	戌	申	午	辰	寅	子
				天刑		
空			白虎		天牢	
	亥	酉	未	巳	卯	丑
		朱雀	勾陈	元武	玉堂 明堂	天德

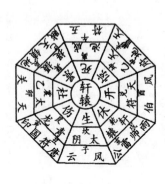

丁丑天上大空不宜急取生门吉

壬申日天哭大败不宜急取休门吉

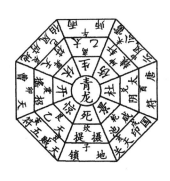

甲戌日显星月合宜出生门大利

己卯日瑞明星伐日取休门吉

司命命	青龙龙	金匮匮			
子	寅	辰	午	申	戌
		天刑		白虎	天牢
				空	在前
		天德	玉堂	明堂	
丑	卯	巳	未	酉	亥
勾陈	朱雀				元武

丙子日受死伐日不宜急取生门吉

	青龙龙	司命命	金匮匮		
戌	申	午	辰	寅	子
天刑			白虎		
			空		
	天德	玉堂	明堂		
亥	酉	未	巳	卯	丑
朱雀	勾陈				

丁丑天上大空不宜急取生门吉

青龙龙	司命命	金匮匮			
戌	申	午	辰	寅	子
		天牢	白虎	天刑	
		空			
明堂	玉堂	天德			朱雀
亥	酉	未	巳	卯	丑
		元武	勾陈		

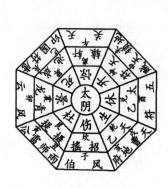

己卯日瑞明星伐日取休门吉

戊寅日天上空亡伐日不宜急取生门吉

庚辰日大败不宜急取生门吉

辛巳日天牢大败伐日急取休门吉

壬午日天恩福德宜出休門吉

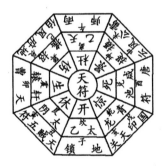

	龙青	命司		匱金	
戌	申	午	辰	寅	子
		天刑	白虎		
		天牢			
		空			
	堂明	玉堂	德天		
亥	酉	未	巳	卯	丑
	朱雀	勾陈	元武		

癸未日天狗咸門不宜急取休門吉

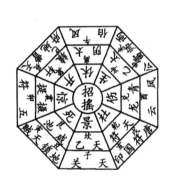

	龙青	命司		匱金	
戌	申	午	辰	寅	子
	天牢		白虎		天刑
		空			
堂明		玉堂	德天		
亥	酉	未	巳	卯	丑
		勾陈	元武		朱雀

甲申日天恩福星宜開門吉

命司			匱金	龙青	
戌	申	午	辰	寅	子
	天牢	白虎		天刑	
		空			
	德天	玉堂			堂明
亥	酉	未	巳	卯	丑
	勾陈	元武		朱雀	

乙酉日恩福玉堂宜休門利

		匱金	龙青	命司	
戌	申	午	辰	寅	子
白虎		天刑		天牢	
		空			
玉堂	德天			堂明	
亥	酉	未	巳	卯	丑
	朱雀			勾陈	

丙戌日墓不宜急取生门吉

丁亥大败四废不宜急取休门利

戊子日天牢地岸不宜急取休门利

巳丑日大败不宜急取吉时开门吉

庚寅日天福玉堂宜出开门大吉

（太阴 休 开）

命司　　匮金　龙青
戌　申　午　辰　寅　子
　　白虎　　天刑
　　　空　　　天
　　堂玉　德天　堂明
亥　酉　未　巳　卯　丑
勾陈　元武　　武　朱雀

辛卯日福圣六合急宜取生门吉

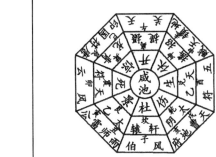

（咸池 杜 轩辕 风）

命司　龙青
戌　申　午　辰　寅　子
天牢　白虎　　天刑
　　　　　空
　　　　　堂玉　德天
亥　酉　未　巳　卯　丑
元武　　　　　朱雀　勾陈

壬辰日天上大空不宜急取开门吉

（青龙 杜 伤）

匮金　龙青　命司
戌　申　午　辰　寅　子
白虎　　天刑
　　　　空
堂玉　德天　堂明
亥　酉　未　巳　卯　丑
　　朱雀　勾陈　元武

癸巳日不宜急取开门利

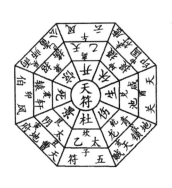

（天符 杜 太 乙）

匮金　龙青　命司
戌　申　午　辰　寅　子
　白虎　天牢　天刑
　　　　空
德天　堂明　堂玉
亥　酉　未　巳　卯　丑
　朱雀　　勾陈　元武

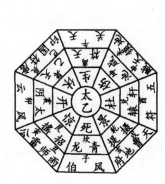

甲午日天贵将解宜开门吉时大利

乙未日天喜福德宜休门吉

丙申日不宜急取生门吉

丁酉日不宜急取生门大利

戊戌日大败不宜急取休门吉

天乙　死　符
开　休
生

金匮　戌
青龙　申　命司　午　辰　寅　子
　　　　　天牢
白虎　　　天刑　　　空
　　　　　　　　堂玉　德天　堂明
　亥　酉　未　巳　卯　丑
　　　　　　　　朱雀　勾陈　元武

己亥太阳生气宜开门大吉

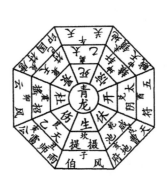

太阴　死
开　休
生　招摇

金匮　戌
青龙　申　命司　午　辰　寅　子
　　　　　天牢
　　白虎　　　天刑　　　空
　　　　　　　堂玉　丑
德天　堂明
　亥　酉　未　巳　卯
　　　　　朱雀　勾陈　元武

庚子日天德月合宜取吉时休门大利

咸池　
壮　休　开　天乙
休　生
坎子

金匮　戌
青龙　申　命司　午　辰　寅　子
　　　　　　　白虎
天刑　　　天牢　空
　　　　　　　堂玉　德天　堂明
　亥　酉　未　巳　卯　丑
　　　　朱雀　勾陈　元武

辛丑日天福吉曜宜吉时开门大利

青龙
壮　休　开
生　招摇
坎子

金匮　戌
青龙　申　命司　午　辰　寅　子
　　　　　　天牢　白虎　天刑
　　　　　空　　　玉堂
德天　堂明
　亥　酉　未　巳　卯　丑
　　　　　勾陈　元武　朱雀

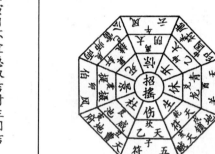

癸卯日台福六合宜吉时开门大利

招摇

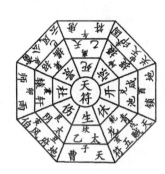

壬寅日不宜急取吉时生门吉

天符

命司　龙青
戌　申　午　辰　寅　子
　天牢　　白虎　　天刑　　旬空
　　　　亥　酉　未　巳　卯　丑
　　　　　元陈　朱　玉　明　堂　　勾陈

轩辕

甲辰日大败不宜急取吉时休门吉

摄提

乙巳日大败不宜急取吉时开门大利

丙午日不宜急取吉时开门吉

丁未日不宜急取吉时休门大利

戊申日不宜急取吉时生门吉

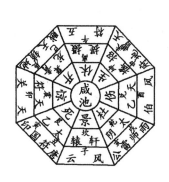

己酉日不宜急取吉时开门吉

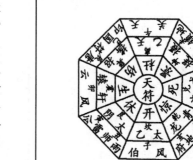

辛亥日天恩福显德星宜休门吉时
利

庚戌日不宜急取吉时休门吉

金匮 戌　申 龙青　午 辰 命司 寅　子
　白虎　天牢空　天刑
天德 亥　酉 玉堂　未 明堂 卯　丑
　　朱雀　勾陈　元武

金匮 戌　申 龙青　午 辰 命司 寅　子
　白虎　天牢空　天刑
天德 亥　酉 玉堂　未 明堂 卯　丑
　　朱雀　勾陈　元武

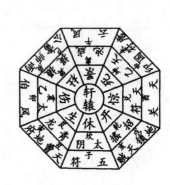

癸丑日天恩将星宜吉时休门利

壬子日天恩月合吉时休门利

龙青 戌　申 命司　午 辰 金匮 寅　子
　白虎　天牢空　天刑
明堂 亥　酉 玉堂　未 天德 卯　丑
　　朱雀　勾陈　元武

龙青 戌　申 金匮　午 辰 命司 寅　子
　白虎　天牢空　天刑
明堂 亥　酉 玉堂　未 天德 卯　丑
　　朱雀　勾陈　元武

乙卯日不宜急取吉时生门吉

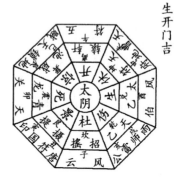

太乙 杜

龙青　命司
子　寅　辰　午　申　戌　　匮金
　　　天刑　　白虎　　天牢
空
丑　卯　巳　未　酉　亥
　勾陈　朱雀　　天德　玉堂　元武
　　　　　　堂明

甲寅日五福六合宜取吉时生门大利

摄提

龙青　匮金　命司
子　寅　辰　午　申　戌
　　天刑　　白虎　　天牢
　空
丑　卯　巳　未　酉　亥
　朱雀　明堂　天德　玉堂　勾陈
　　　　　堂　　　　　元陈武

丁巳日不宜出入只宜行军兵大胜
生开门吉

太阴 杜

匮金　龙青　命司
子　寅　辰　午　申　戌
　白虎　空　天刑　天牢
堂玉
丑　卯　巳　未　酉　亥
　朱雀　勾陈　堂明　元武　天德

丙辰日不宜急用休门吉

天乙 杜

匮金　龙青　命司
子　寅　辰　午　申　戌
　白虎　　天刑
天牢空
丑　卯　巳　未　酉　亥
　朱雀　勾陈　明堂　天德　玉堂　元武
　　　　　　　堂

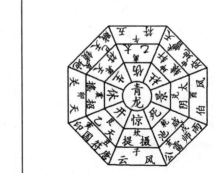

巳未日不宜急取吉时开门吉

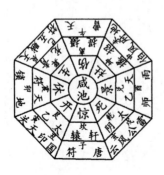

戊午日不宜急取吉时生门吉

	司命	青龙		金匮		
戌	申	午	辰	寅	子	
		天牢	白虎	天刑	空	
亥	酉	未	巳	卯	丑	
	明堂		勾陈	元武	天德	玉堂 朱雀

（戊午 图注）

龙青 命司 匮金
戊 申 午 辰 寅 子
天刑 白虎 天牢 空
亥 酉 未 巳 卯 丑
雀朱 勾陈 元武 堂玉 天德 明堂

庚申日宜吉时出开门大利

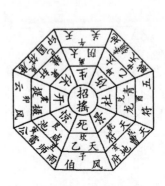

辛酉日不宜急取吉时休门吉

龙青 命司 匮金
戊 申 午 辰 寅 子
天牢 白虎 天刑 空 堂明
亥 酉 未 巳 卯 丑
勾陈 元武 堂玉 天德 朱雀

命司 龙青 匮金
戊 申 午 辰 寅 子
天牢 白虎 天刑 空
亥 酉 未 巳 卯 丑
元武 堂玉 天德 明堂 朱雀 勾陈

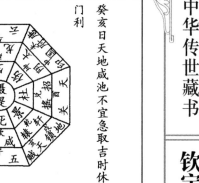

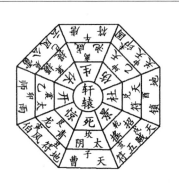

门利

癸亥日天地咸池不宜急取吉时休

壬戌日不宜急取吉时开门吉

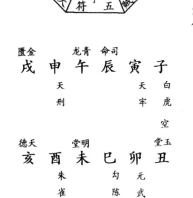

左图（轩辕）：

子　寅　辰（司命）　午（青龙）　申（金匮）　戌

　天牢　天空　　　天刑　　　白虎

丑　卯　巳　未（明堂）　酉（天德）　亥（玉堂）

　元武　勾陈　朱雀

右图（摄提）：

子　寅（白虎）　辰（司命）　午（青龙）　申　戌（金匮）

　　天空　　天牢　　　天刑

丑（玉堂）　卯　巳　未（明堂）　酉　亥（天德）

　　元武　勾陈　朱雀

推太冲天马墨落处

每月以中气起月将，加时看。

雨水：正月中，登明戌将，加子时，天马在巳宫是也。

　　　子时天马在巳宫，

　　　丑时天马在午宫。

　　　寅时天马在未宫，

　　　卯时天马在申宫。

　　　辰时天马在酉宫，

　　　巳时天马在戌宫。

　　　午时天马在亥宫，

　　　未时天马在子宫。

　　　申时天马在丑宫，

　　　酉时天马在寅宫。

　　　戌时天马在卯宫，

　　　亥时天马在辰宫。

春分：二月中，天魁戌将，子时，天马在午宫是也。

　　　子时天马在午宫，

　　　丑时天马在未宫。

　　　寅时天马在申宫，

　　　卯时天马在酉宫。

　　　辰时天马在戌宫，

　　　巳时天马在亥宫。

　　　午时天马在子宫，

　　　未时天马在丑宫。

　　　申时天马在寅宫，

　　　酉时天马在卯宫。

　　　戌时天马在辰宫，

　　　亥时天马在己宫。

谷雨：三月中，从魁未将加时。

　　　子时天马在未宫，

　　　丑时天马在申宫。

　　　寅时天马在酉宫，

　　　卯时天马在戌宫。

　　　辰时天马在亥宫，

　　　巳时天马在子宫。

　　　午时天马在丑宫，

　　　未时天马在寅宫。

　　　申时天马在卯宫，

　　　酉时天马在辰宫。

　　　戌时天马在巳宫，

　　　亥时天马在午宫。

小满：四月中，传送酉将加时。

　　　子时天马在申宫，

　　　丑时天马在酉宫。

寅时天马在戌宫，

卯时天马在亥宫。

辰时天马在子宫，

巳时天马在丑宫。

午时天马在寅宫，

未时天马在卯宫。

申时天马在亥宫，

酉时天马在巳宫。

戌时天马在午宫，

亥时天马在未宫。

夏至：五月中，小吉戌将加时。

子时天马在酉宫，

丑时天马在戌宫。

寅时天马在亥宫，

卯时天马在子宫。

辰时天马在丑宫，

巳时天马在寅宫。

午时天马在卯宫，

未时天马在辰宫。

申时天马在巳宫，

酉时天马在午宫。

戌时天马在未宫，

亥时天马在申宫。

大暑：六月中，胜光亥将加时。

子时天马在戌宫，

丑时天马在亥宫。

寅时天马在子宫，

卯时天马在丑宫。

辰时天马在寅宫，

巳时天马在卯宫。

午时天马在辰宫，

未时天马在巳宫。

申时天马在午宫，

酉时天马在未宫。

戌时天马在申宫，

亥时天马在酉宫。

处暑：七月中，太乙午将加时。

子时天马在亥宫，

丑时天马在子宫。

寅时天马在丑宫，

卯时天马在寅宫。

辰时天马在卯宫，

巳时天马在辰宫。

午时天马在巳宫，

未时天马在午宫。

申时天马在未宫，

酉时天马在申宫。

戌时天马在酉宫，

亥时天马在戌宫。

秋分：八月中，地煞酉将加时。

子时天马在寅宫，

丑时天马在卯宫。

寅时天马在辰宫，

卯时天马在巳宫。

辰时天马在午宫，

巳时天马在未宫。

午时天马在申宫，

未时天马在酉宫。

申时天马在戌宫，

酉时天马在亥宫。

戌时天马在子宫，

亥时天马在丑宫。

霜降：九月中，太冲寅将加时

子时天马在北方，

丑时天马正东方。

寅时天马东北方，

卯时天马正东方。

辰时天马正南方，

巳时天马东南方。

午时天马正南方，

未时天马在西方。

申时天马西南方，

酉时天马正西方。

戌时天马在北方，

亥时天马西北方。

小雪：十月中，功曹辰将加时。

子时天马到西方，

丑时天马在戌宫。

寅时天马到亥宫，

卯时天马到子宫。

辰时天马到丑宫，

巳时天马到寅宫。

午时天马在卯宫，

未时天马在辰宫。

申时天马在巳宫，

酉时天马在午宫。

戌时天马在未宫，

亥时天马在申宫。

冬至：十一月，大吉，辰将加时。

子时天马在卯宫，

丑时天马在辰宫。

寅时天马在巳宫，

卯时天马在午宫。

辰时天马在未宫，

巳时天马在申宫。

午时天马在酉宫，

未时天马在戌宫。

申时天马在亥宫，

酉时天马在子宫。

戌时天马在丑宫，

亥时天马在寅宫。

大寒：十二月中，神君卯将加时。

子时天马在东方，

丑时天马到南方。

寅时天马在东南，

卯时天马在南方。

辰时天马在西南，

巳时天马在西南。

午时天马在西方，

未时天马在北方。

申时天马在北方，

酉时天马正北方。

戌时天马东南方，

亥时天马东北方。

以上十二月位月将以太冲寅将，是天马也，不拘到那地方便分方位是也，即以方位冲兵破阵，大吉。

第二十八章　术数汇考二十八

《日家奇门》二

阴遁推八门九宫起例歌诀

甲戊壬子九宫求，

丁辛乙卯艮八收。

戊庚甲马兑上坐，

癸丁辛鸡向乾游。

丙寅二子巽位立，

黑黄二兔震宫收。

壬丙二马坤宫站，

青黄鸡飞水上浮。

甲戊壬子居离，

丁辛乙卯艮连。

戊庚甲马兑宫，

丁癸辛鸡乾面。

赤白鼠游巽位，

黑黄兔走东边。

丙壬骑马坤地，

乙己鸡飞坎伴。

甲子起逐老母，

狗儿戏水腾波。

猿猴马上笑呵呵，
甲马艮宫独乐。
龙行兑上寻觅，
虎向乾位无那。
太乙九星并排他，
此法细推无祸。

推九星八门掌诀歌

巽四　震三　离九　中五　坤二　兑七　乾六　坎一　艮八	太阴甲子在乾宫，天乙摄提轩辕从。 天符青龙咸池，顺行九位要飞宫。 一日乙飞一位，便是八门定吉凶。

推八门总诀歌

休门出入贵人留，
欲要潜身向杜游。
求索酒食景门上，
采猎茔埋死门投。
捕盗惊门十得九，
买卖经商生上酬。
远行嫁娶开门吉，
索债伤门十倍收。

推八门吉凶

休门贪狼水星

公求相讲遇休门，

吉宿游行见贵人。

更得相生无相克，

自然出入笑欣欣。

凡休门出入者，宜取和集法，演兵、习阵、求财，万事吉。

生门左辅土星

但凡出入遇其生，

吉曜临门百事亨。

若有凶星来隔拨，

求财成处必无争。

凡出生门者宜求财、见贵人、营谋，百事大吉。

伤门禄存木星

远行伤门见血光，

须防暗箭被人伤。

求财惊恐多不利，

则宜索债不须防。

凡出伤门者，百事不如意，则宜索债，大吉。

杜门文曲木星

若出杜门路不通，

只宜逃躲走西东。

除邪去鬼皆不利，

百事诸凡尽不中。

凡出杜门者，诸事闭塞，只宜隐伏逃躲避难，大吉。

景门右弼火星

若出景门贼盗逢，

劝君思想莫停身。

恐遇恶人不用去，

谒故寻亲方可行。

凡出景门者，远行有阻，或遭盗贼，若谒故寻亲，大吉。

死门巨门土星

若出死门不须论，

无灾去外命难存。

土居八门最为恶，

只宜采猎送妖魂。

凡出死门者，远行必有重厄，道路闭塞，百事不通，只宜采猎、捕捉、葬埋，大吉。

惊门破军金星

若出惊门病缠身，

阴谋口舌有灾迍。

远行出外伤财宝，

百怪灾殃戏弄人。

凡出惊门者，远行有恐惧之灾，官事连绵，只宜捕捉，大吉。

开门武曲金星

若遇开门事吉祥，

干求诸事遇贤良。

官司论理皆利吉，

八门之中最为强。

凡出开门者，远行利见贵人接引，大吉。

推九星总诀歌

青龙乾位兑咸池，

震号轩辕坤摄提。

坎居太乙离天乙，

天符中宫显尊卑。

推九星歌

太乙星

门中太乙星，星曜号贪狼。

赌博钱财遂，婚姻大吉昌。

远行无阻滞，参谒见贤良。

远行三五里，著皂辨阴阳。

凡出太乙星者，行数里，见著皂衣人来求，请进用、婚姻、谒见贤良，大吉。

摄提星

门中见摄提，百事必迟疑。

相生犹自可，相克有灾危。

远行多不利，耕地损牛犁。

死门若相见，老妇哭悲啼。

凡出摄提星者，不吉。二里主逢耕地损牛犁，老妇哭，悲号不吉。

轩辕星

门中见轩辕，做事必牵缠。

相生能克主，相克主熬煎。

远行途阻滞，赌博自输钱。

但行三五里，路逢一官员。

凡出轩辕星者，远行阻滞，求财不利，更防自己灾危，不吉。

招摇星

招摇土木星，当门事不成。

远行三五里，阴人口舌迎。

怪梦虚惊怕，门鸣户作声。

前行数十里，必见二亲人。

凡出招摇星者，主见妇人口舌，怪梦惊恐，邻家釜鸣，不吉。

天符星

五鬼号天符，当门妇人谋。

相克无好事，行人阻程途。

走失难寻觅，路逢一老姑。

前行七八里，可见一亲故。

凡出天符星者，主见妇人谋害，行人阻滞，官非口舌，不利。

青龙星

门中见青龙，求事喜重重。

投人逢酒肉，赌博见兴隆。

更遇相生位，钱财得不空。

前路五六里，医人路上逢。

凡出青龙星者，主见酒食、赌博胜，上官，迁移，求财，百事大吉。

咸池星

星曜号咸池，当门病不宜。

远行多不利，相克有灾危。

赌博全输尽，求财空手归。

神仙真妙诀，愚人莫与知。

凡出咸池星者，主出行求财、赌博空手而回，损失财物，遭病患，提防自己灾厄。

太阴星

门中太阴星，百事并不侵。

求财皆成就，知交自己寻。

前行七八里，牵牛小子临。

机审牢收取，此法值千金。

凡出太阴星者，行七八里逢小儿牵牛而来，求干钱财、成就，吉。

天乙星

门中见天乙，相生百事成。

求财皆和顺，茶酒自来迎。

前行数十里，路逢带孝人。

除佛无不念，灾祸甚分明。

凡出天乙星者，行二三里，主见一妇人著五色衣抱小儿，百事大吉。

推九星吉凶所属金木水火土总诀

一太乙水吉，二摄提土凶，

三轩辕木平，四招摇木平，

五天符土凶，六青龙金吉，

七咸池金凶，八太阴土吉，

九天乙火吉。

阴遁九星歌

甲子坤宫作首，甲戌乙坎横行。

甲申离上英雄，甲午艮宫不动。

甲辰人兑连转，甲寅乾面得生。

推十二神吉凶诀

五符天曹地府星，吉。风伯雨师雷公精，凶。

风云唐符并国印，吉。天关地锁天贼神，凶。

正五九月虎头当，二六十月被猪伤。

三七十一蛇反覆，四八十二在龙江。

有人来往犯此日，必遭罗纲不归乡。

乙丑日天恩福德显星宜坤方生门　大利

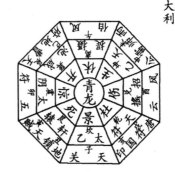

龙青　命司　匮金
戌　申　午　辰　寅　子
　　　　天牢　白虎　天刑
空
堂明　堂玉　德天
亥　酉　未　巳　卯　丑
　　　　　　朱雀
　　　勾　元
　　　陈　武

甲子日天恩福德生气宜出西南生　门吉

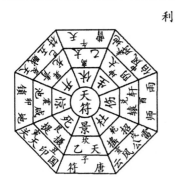

龙青　命司　匮金
戌　申　午　辰　寅　子
　　　　天牢　白虎　天刑
自空
空　堂明　堂玉　德天
亥　酉　未　巳　卯　丑
　　　朱雀　勾　元
　　　　　陈　武

丁卯日火星天害血光不宜急取坎　方开门利

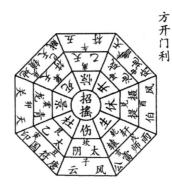

命司　龙青　匮金
戌　申　午　辰　寅　子
天牢　白虎　天刑
空
堂玉　德天　堂明
亥　酉　未　巳　卯　丑
元　　　朱雀　　勾
武　　　　　　陈

丙寅日天盅死气不宜有急事生门　利

命司　匮金　龙青
戌　申　午　辰　寅　子
　　天牢　白虎　天刑
空
　堂玉　德天　堂明
亥　酉　未　巳　卯　丑
　勾　元　　　朱雀
　陈　武

门大利

己巳日月德福台生气家出坎方开

	匮金	命司			
	龙青				子
戌	申	午	辰	寅	
	天牢			白虎	丑
空				卯	
德天			堂明	堂玉	
亥	酉	未	巳		
	朱雀		勾陈	元武	

门大利

戊辰日天恩玉堂福星宜出艮方休

（轩辕）

	匮金	命司			
	龙青				子
戌	申	午	辰	寅	
	天刑			天牢	丑
白虎				卯	
空			堂明		
德天					
亥	酉	未	巳	卯	
	朱雀		勾陈	元武	

辛未日天福台星宜出乾方生门吉

	匮金	命司			子
龙青				寅	
戌	申	午	辰		
	天刑	白虎			丑
空	天牢			卯	
	堂明		堂玉	天德	
亥	酉	未	巳		
		元武	勾陈		朱雀

事出休门利

庚午日天休死气伐日刑星不宜急

	命司				子
龙青				匮金	
戌	申	午	辰	寅	
天刑			天牢	白虎	
空					丑
堂明				天德	卯
亥	酉	未	巳		
	朱雀		勾陈	元武	堂玉

癸酉天火血刃不宜急取休门吉

	龙青 辰	命司 寅	子
匮金 申		天刑	
戌	白虎		
天牢 空			
亥	酉	未	巳	卯	丑
元武		堂玉	德天	堂明	勾陈
		未		朱雀	

壬申日大败天休不宜急出乾方生门吉

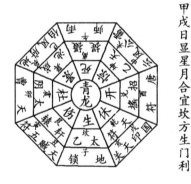

		龙青 寅	子
命司 戌	匮金 申	午 辰	
	天牢 空	白虎	天刑
亥	酉	未	巳	卯	丑
勾陈	元武	堂玉	德天	堂明	
			朱雀		

乙亥日玉堂金圣宜出坎方生门吉

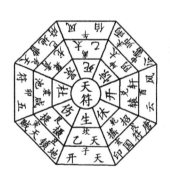

匮金 戌	龙青 申	命司 午	辰	寅	子
白虎		天牢 空	天刑		
亥	酉	未	巳	卯	丑
德天	堂明	堂玉		元武	
	朱雀		勾陈		

甲戌日显星月合宜坎方生门利

匮金 戌	申	命司 午	龙青 辰	寅	子
白虎	勾 空	天刑			天牢
亥	酉	未	巳	卯	丑
堂玉	德天		堂明	元武	
				朱雀	勾陈

丁丑日天上大空死气不宜急取生门吉

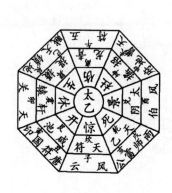

（八卦方位图，中央：轩辕；内列：咸池、死、风、云、天、伯）

龙青 戌　命司 申　午　匮金 辰　寅　子
　　　　　　　　　　　　　　天刑
　　　　　白虎
空
堂明 亥　德天 酉　玉堂 未　巳　卯　丑
　　　元武　　　勾陈　　　　　　　朱雀

丙子受死代日不宜急取离方生门吉

（八卦方位图，中央：招摇；内列：死、坎、太阴、天符、唐、青龙、乙大、天印、地、镇、招摇）

龙青 戌　命司 申　午　匮金 辰　寅 金 子
　　　　　　　　　　　　　　　天刑
　　　天牢　　　白虎
　　　空
堂明 亥　德天 酉　玉堂 未　巳　卯 天 丑
　　朱雀　　　元武　　　勾陈

巳卯日天恩明星伐日宜出休门吉

（八卦方位图，中央：太乙；内列：惊、死、休、风、天、伯）

命司 戌　龙青 申　匮金 午　辰　寅 司 子
　　　　　　　　　　　　天刑
　天牢　　　白虎
　空
堂玉 亥　德天 未　堂明 巳　卯 明 丑
元武　　　　　　　　　　　勾陈

戊寅日空亡代日天瑞月合宜出生门吉

（八卦方位图，中央：摄提；内列：死、坎、青龙、唐、乙、天印、地、镇、摄提）

命司 戌　龙青 申　匮金 午　辰　寅 青 子
　　　　　　　　　　　白虎　　　天刑
　　　天牢
　　　空
　　　亥　德天 酉　玉堂 未　巳 天 卯 明 丑
　　勾陈　　　元武　　　　　　　朱雀

辛巳日大敗天牢不宜急取休門吉

庚辰日大敗不宜急取生門吉

戌	申	午	辰	寅	子
匱金	龙青	命司			
		天牢			天牢
		空		白虎	
亥	酉	未	巳	卯	丑
德天	堂明			堂玉	
	朱雀		勾陈	元武	

壬午日天恩福德月合宜休門吉

戌	申	午	辰	寅	子
	龙青	命司		匱金	
天刑			天牢		
		空		白虎	
亥	酉	未	巳	卯	丑
	堂明		德天	堂玉	
朱雀			勾陈	元武	

癸未日天狗伐口不宜急取生門吉

戌	申	午	辰	寅	子
龙青	命司		匱金		
		天刑			
		天牢	白虎		
		空			
亥	酉	未	巳	卯	丑
堂明			堂玉	德天	
		元武	勾陈		朱雀

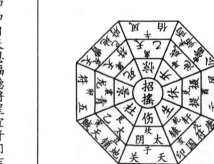

乙酉日天恩伐日不宜取休门吉

甲申日天恩福德将星宜开门吉

命司　龙青　匮金
戌　申　午　辰　寅　子
　　天牢　白虎　　天刑
亥　酉　未　巳　卯　丑
元武　玉堂　天德　明堂　朱雀　勾陈

丁亥日大败天贼不宜急取休门吉

丙戌日大败不宜急取生门吉

匮金　龙青　命司
戌　申　午　辰　寅　子
　白虎　天刑　　　天牢
亥　酉　未　巳　卯　丑
天德　玉堂　　明堂　朱雀　元武

匮金　龙青　命司
戌　申　午　辰　寅　子
白虎　　天刑　　天牢
亥　酉　未　巳　卯　丑
天德　玉堂　　明堂　勾陈　元武
朱雀

己丑日大败不宜急取开门吉

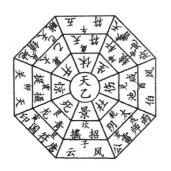

天乙

		匱金			
	龙青		命司		
戌	申	午	辰	寅	子
		天牢	白虎		天刑
		空			
			堂玉	德天	
	堂明				
亥	酉	未	巳	卯	丑
			元武		朱雀
		勾陈			

戊子日地岸天牢不宜急取休门吉

太乙

		匱金			
龙青	命司				
戌	申	午	辰	寅	子
	天刑		天牢	白虎	
		空			
			堂玉	德天	堂明
亥	酉	未	巳	卯	丑
			元武		朱雀
	勾陈				

辛卯日天福聖星六合宜生门吉

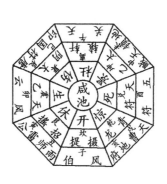

咸池

		匱金			
命司	龙青				
戌	申	午	辰	寅	子
天牢		白虎		天刑	
		空			
		堂玉	德天		堂明
亥	酉	未	巳	卯	丑
元武				朱雀	
			勾陈		

庚寅日天福玉堂三合宜开门吉

太阴

		匱金			
命司		龙青			
戌	申	午	辰	寅	子
	天牢	白虎		天刑	
		空			
			堂玉	德天	堂明
亥	酉	未	巳	卯	丑
	勾陈	元武		朱雀	

癸巳日大空夏悲不宜急取坎方開門吉

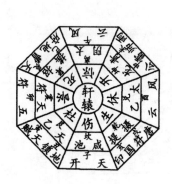

匱金　龍青　司命
戌　　申　　辰　　寅　　子
　　　　　　　白虎
　　　天刑　　　　　　天牢
　　　　　　空
堂明　　　　　　　　　堂玉
德天　　　　　　　　　丑
亥　　酉　　未　　巳　　卯
　　朱雀　　　　勾陳　　元武

壬辰日大空九曜不宜急取開門吉

匱金　龍青　命司
戌　　申　　辰　　寅　　子
白虎　　　　　　　　　天牢
　　天刑　　　　　　　　　
　　　　空
堂玉　德天　堂明
亥　　酉　　未　　巳　　丑
　　　　　　　　　　　卯
　　朱雀　　勾陳　　　元武

乙未日天喜福德宜兑休門吉

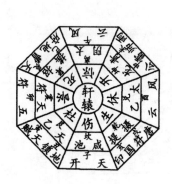

龍青　命司　匱金
戌　　申　　辰　　寅　　子
　　　　　　白虎
天牢　　　　　空　　　天刑
　　　　　　　　　　　丑
堂明　　　堂玉　德天
亥　　酉　　未　　巳　　卯
　　勾陳　元武　　　　朱雀

甲午日天貴將解宜生門吉

龍青　命司
戌　　申　　午　　寅　　子
　　　　　　　　　白虎
天刑　　　　　　　天牢　丑
　　　　　　　旬空
堂明　　堂玉　德天
亥　　酉　　未　　巳　　卯
朱雀　勾陳　元武

丁酉日天狗地火不宜急取开门吉

子 寅 辰 午 申 戌
青龙 命司
龙 命
金匮

天刑
白虎
空
天牢

丑 卯 巳 未 酉 亥
明堂
玉堂
天德
勾陈
元武

丙申日大败不宜急取生门吉

子 寅 辰 午 申 戌
青龙 龙
金匮
命司

天刑
白虎
空 空
天牢

丑 卯 巳 未 酉 亥
明堂
天德
玉堂
朱雀
元武
勾陈

巳亥日明福太阳生煞宜开门吉

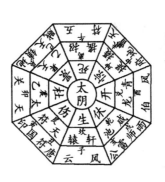

子 寅 辰 午 申 戌
青龙 龙
命司
金匮

天牢
白虎
天刑
空

丑 卯 巳 未 酉 亥
玉堂
明堂
天德
元武
朱雀
勾陈

戊戌日大败不宜煞急取休门吉

子 寅 辰 午 申 戌
命司
青龙 龙
金匮

天牢
天刑
白虎
空

丑 卯 巳 未 酉 亥
明堂
天德
玉堂
元武
朱雀
勾陈

辛丑日天福吉曜宜震方开门大利

庚子日天福月合宜休门利

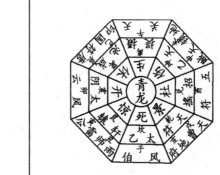

龙青　命司　　　匮金
戌　申　午　辰　寅　子
　　　　　天牢　白虎　天刑
　　　　　　　空
堂明　　堂玉　德天
亥　酉　未　巳　卯　丑
朱雀　　　元武　勾陈

龙青　命司　　　匮金
戌　申　午　辰　寅　子
　　　　天牢　白虎　天刑
　　　　　空
堂明　　堂玉　德天
亥　酉　未　巳　卯　丑
朱雀　勾陈　元武

壬寅日天地计曜不宜急取休门吉

癸卯日台福六合宜开门吉

命司　　匮金　龙青
戌　申　午　辰　寅　子
　　　天牢　白虎　天刑
　　　　空
　　堂玉　德天　堂明
亥　酉　未　巳　卯　丑
勾陈　元武　朱雀

命司　龙青　　匮金
戌　申　午　辰　寅　子
天牢　　　天刑　空
　　堂玉　德天　堂明
亥　酉　未　巳　卯　丑
元武　　　朱雀　勾陈

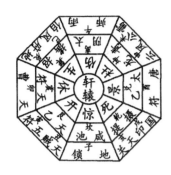

甲辰日大败鬼神不宜急取开门吉

子 寅 辰 午 申 戌
天牢 　 司命 青龙 金匮
　 旬空 　 天刑 白虎
丑 卯 巳 未 酉 亥
元武 勾陈 明堂 　 天德 玉堂
　 　 　 朱雀 　 　

乙巳日大败不宜急取休门吉

子 寅 辰 午 申 戌
　 白虎 司命 青龙 金匮
　 天牢 空 天刑 　
丑 卯 巳 未 酉 亥
元武 勾陈 明堂 　 天德 玉堂
　 　 　 朱雀 　 　

丙午日地牢不宜急取生门吉

子 寅 辰 午 申 戌
　 白虎 司命 命 青龙 金匮
　 天牢 空 　 天刑
丑 卯 巳 未 酉 亥
元武 勾陈 明堂 　 天德 玉堂
　 　 　 朱雀 　 　

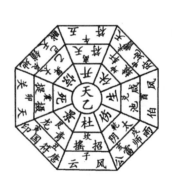

丁未日天上大空不宜急取生门吉

子 寅 辰 午 申 戌
　 白虎 司命 命 青龙 金匮
天牢 空 　 天刑
丑 卯 巳 未 酉 亥
元武 勾陈 明堂 天德 玉堂
朱雀

己酉日天地转煞不宜急取开门吉

戊申日大空四废不宜急取生门吉

子	寅 青龙	辰	午 金匱	申	戌 司命
	天刑	空		白虎	天牢
丑	卯 明堂	巳	未 天德	酉 玉堂	亥
勾陈		元武		朱雀	

子 青龙	寅	辰 金匱	午	申	戌 命司
天刑	空			白虎	天牢
丑 明堂	卯	巳 天德	未	酉 玉堂	亥
	朱雀		元武		勾陈

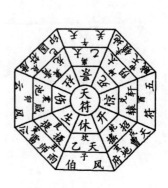

辛亥天恩五福显星宜休门吉

庚戌日天福人寿不宜急取休门吉

子	寅 命司	辰 青龙	午	申	戌 金匱
白虎	天牢	空		天刑	
丑 元武	卯 玉堂	巳	未	酉 天德	亥
		勾陈	明堂		朱雀

子	寅 命司	辰 龙青	午	申	戌 金匱
天牢	空	天刑		白虎	
丑 元武	卯 明堂	巳 堂明	未	酉	亥 德天
	勾陈		朱雀		

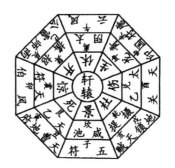

壬子日天恩玉堂宜休門吉

癸丑天恩將星宜休門吉

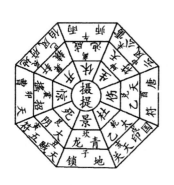

甲寅日五福六合宜生門吉

乙卯日大明地曜不家急取生門吉

右上图（壬子日）周围干支：

龙青 命司　　　　匮金
戌　申　午　　辰　寅　子
天刑　　天牢　白虎　　天空　德天
亥　酉　未　巳　卯　丑
朱雀　勾陈　元武　玉堂　　太阴　天符

右上图（癸丑）周围干支：

龙青 命司　　　　匮金
戌　申　午　　辰　寅　子
天牢　　白虎　　天空　　天刑
亥　酉　未　巳　卯　丑
　　勾陈　元武　玉堂　德天　　朱雀

左下图（甲寅日）周围干支：

命司　　　匮金　龙青
戌　申　午　辰　寅　子
　天牢　白虎　　天刑　旬空　天空
亥　酉　未　巳　卯　丑
勾陈　元武　　德天　玉堂　明堂　朱雀

右下图（乙卯日）周围干支：

匮金　龙青　命司
戌　申　午　辰　寅　子
天牢　　白虎　　天刑
亥　酉　未　巳　卯　丑
元武　　德天　玉堂　明堂　空勾陈　朱雀

丙辰日不宜急取休門吉

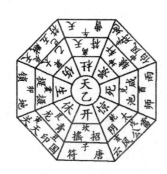

天乙（中）

戌	申	午	辰	寅	子
匮金（金匮）	龙青（青龙）	命司（司命）			天牢
白虎	天刑			空（天空）	

亥	酉	未	巳	卯	丑
堂玉（玉堂）	德天（天德）		堂明（明堂）		
		朱雀		勾陈	元武（玄武）

丁巳日不宜急取生門吉

太阴（中）

戌	申	午	辰	寅	子
匮金（金匮）	龙青（青龙）	命司（司命）			
		天刑		白虎	空（天空）

亥	酉	未	巳	卯	丑
德天（天德）			堂玉（玉堂）		
	堂明（明堂）	朱雀		勾陈	元武（玄武）

戊午日不宜急取生門吉

咸池（中）

戌	申	午	辰	寅	子
	龙青（青龙）	命司（司命）		匮金（金匮）	
天刑		天牢		白虎	空（天空）

亥	酉	未	巳	卯	丑
			堂玉（玉堂）	德天（天德）	
	堂明（明堂）	朱雀		勾陈	元武（玄武）

己未日不宜急取開門吉

青龙（中）

戌	申	午	辰	寅	子
	龙青（青龙）		辰	匮金（金匮）	
		天牢		白虎	天刑 空（天空）

亥	酉	未	巳	卯	丑
堂玉（玉堂）				德天（天德）	
	堂明（明堂）	朱雀	元武（玄武）	勾陈	

庚申日天福宜开门吉

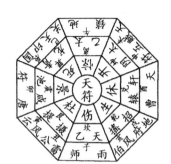

辛酉日不宜急取生门吉

司命	金匮		青龙		
戌	申	午	辰	寅	子
	白虎	天刑	天		

		空			
玉堂	天德		明堂		
亥	酉	未	巳	卯	丑
勾陈	元武		朱雀		

壬戌日不宜急取开门吉

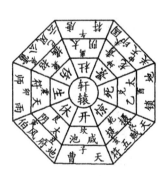

癸亥日天地贼没不宜急用休门吉

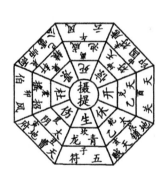

金匮		青龙		司命	
戌	申	午	辰	寅	子
白虎	天刑		天牢 空		

玉堂	天德		明堂		
亥	酉	未	巳	卯	丑
朱雀	勾陈		元武		

第二十九章　术数汇考二十九

《金匮玉衡经》

叙

黄帝曰：吾授汝此图《金匮玉衡经》，二子秘之。苟非其人，道不虚行。垂拱无为，而知未明。不出房户，可知天下。不出户房，可致真王。明视登明，所临吉凶；自非至精，此术不通，闭口闭口，祸害不从。湛露道真，其命必穷。异域之法，体道亦同。秘之藏之，勿见愚蒙。天乙贵神，位在中宫，据璇玑，把玉衡，统御四时，揽撮阴阳。手握绳墨，位正魁罡。左房右参，背虚向张。四七布列，首罗八方。规矩乾坤，嘘吸阴阳。首五后六，以显吉凶。青龙主左，系属角亢。白虎辅右，正左觜参。朱雀在前，翻舞张翼。元武在后，承德收功。六合厨传，勾陈将军。螣蛇诛斩，金钺锵锵。天后贵配，太常台郎。太阴阴将，主录后宫。天空下贱，主侍帝庭。白虎伤害，审其吉凶。各有部署，不得纵横。天乙统理，中外清明。金木水火，各有列行。不治魁罡，初建戊己。天之本乡，故能治中。神气所藏，甲子癸酉，戊亥孤虚。王父之墓，不在旬中。不治魁罡，是谓重凶。三十六用，金匮玉房。天乙最尊，为之主王。将中威神，巍巍堂堂。

金匮章

第一经曰：日辰、阴阳中，有相克者为用，是谓入不入，是最急者也。何谓日辰？假令今日甲子，甲为日，子为辰。阴阳者，日上神为阳神，辰下神为阴神。假令甲子日平旦，登明临甲不相克，从魁临子不相克，传送为登明，阴不相克；胜光为从魁，阴上贼下，当以胜光为用。假令十二月壬申平旦，从魁加壬不相克，阴得小吉，不相克贼。胜光临申，上克下为用。将得天后与火神，并在金乡为忧，妇女不安，若怀子，堕伤。传得天罡，将得腾蛇，主惊恐。此人当以八月女子事争斗相惊恐。传得功曹，将得六合，为后正月，当与吏议嫁娶。若市买之事，用得金，言钱。兵得木，忧。折伤得火，忧。口舌得土，言斗讼。得水，言逃亡淫佚，上克下，忧。女子下克上，忧；男子各以四时王相囚死，其所胜为忧。上克下，若亡命，他人；下克上，为病，己身。假令太岁在卯，太冲为用，吉凶不出岁二月；即太冲为用，吉凶不出月今日巳；太乙为用，吉凶不出日平旦寅；功曹为用，吉凶不出时，须臾间耳。坐者勿令起，行者勿令止。吉凶之事，正在今也。他仿此。假令正月甲戌时加未，功曹为天后加戌为用。天后为妇女，正月寅中有生火，妇人妊娠。天后水将与功曹中火并水火相克。此言子生毁伤死也。功曹春夏为九天，梁忧县官受王气，戌为厌辰时右，死说怪妖也。传见胜光将得白虎，忧死丧终，见六合为天门，主阴私谋妙。魁为天关，出天门，登天关，涉天梁，见白虎，必忧死丧。为人见闭遮出入移徙，妇女逃亡不安，至县官用三传得三火，忧失火烧杀人，惊雷口舌起，以用所生为吉期，所畏为凶期。功曹为用，喜在丙丁，凶在庚辛，用起阳辰，忧事废他人为方来，在阴辰，忧起己身。传见子母为救，见鬼吏为重凶。其用中有微气，若神将克其凶者，亦为有救。用得六甲之孤为元子，得六甲之虚为元夫，以用别吉凶，为王气所克，法忧县官相气所胜，法忧钱财；休气所胜，法忧疾病；囚气所克，法忧囚徒；拘系；死气所胜，法忧死丧。家墓休为老人，王相胎气为丁壮。金克木，为折伤。木克土，为痛肿。土克水，为内闭不通。水克火，为执失明。火克金，为惊恐失气异虚狂。六甲常以戊己虚冲为孤。

第二经曰：日辰、阴阳中有两相克者，先以下克上为用，上克下为顺，下克上为逆。逆者忧深在内，难解；顺者忧浅在外，易解。是谓人者当审所用，言察吉凶之微。假令二月戊子时加卯，神后临戊戌，寄治于丙，下克上，阴得小吉，上克下，传得功曹。皆上克下，神后当为用。假令壬辰年旦小吉加壬，上克下，当以神后为用。《周易》以世为卜者身式，以用为卜者身别吉凶者也。金入木，伤人者也，忧斗讼至县官。水人金，忧女人至县官。水入土，忧亡遗钱财。土入水，忧斗争布帛。木入土，忧牢狱口舌财物系伤。土入木，忧男子持重疾病，欲祠祀。金入火，忧外人相欺绐。火入金，两女子一男子有口舌。火入水，忧女子惊吏斗讼。水人火，惊恐有产病。他准此。假令正月乙巳时加未，传送加乙，上克下，神后为传送，阴而临申不相克，从魁加己，下克上为用，将得六合，主阴私之事。从魁为下所克，奴婢从之，期以重忧，有阴谋相贼，从下贱人起。又为相气所胜。法言讼财物，传得大吉，终于太乙。法宫战斗相伤至死亡，何以言之？用起三金终太乙，将得白虎也。以意分别之。他准此。

第三经曰：日辰、阴阳中有两下克上，或有两上克下，先以与日比者为用。是谓欲其一必得其日也，是谓重相克者取与日比者，言有两用也。比者为近，忧在内；不比，忧在外。为远有仇怨，故必得日比也。与盗贼亡人比里家人。假令正月辛亥日时日出卯，胜光加辛，小吉加亥，此两上克下。小吉与辛比，有辛未，无辛丑，小吉当为用。假令二月丙午时加未，传送加丙，从魁加午，此两下克上。传送与丙比，有丙申，无丙酉，传送当为用。刚日用，得木，忧县官文书。得火，忧田宅口舌。得木，忧县官死鬼。得金，忧迁移不安。刀兵。得水，忧女人重身，至忧人。卯日用，得木，忧木器船车盗贼。得水，忧战斗见血。得土，忧财物豆谷。得金，忧六畜。得火，忧女子征召淫佚内乱。假令正月壬辰时加辰。胜光临壬，下克上；登明加辰，下克上。此言无壬亥，有壬午，胜光当为用。老气所法，忧疾病。火人水，将得天后为事，起妇女。传见大吉，与勾陈并法，忧战斗，终见传送，主出入为得三元武并，必言远出有失。传送加丑，为下临其墓，法忧悲哀不乐，喜梦见死人及孤寡。他准此。

第四经曰：日辰、阴阳中有两比者，以其始人涉害深者为用。是所谓察其微、见其机者。言起季仲为微，在孟为机。机者忧深，微者忧浅，为易过也。假令八月甲申平旦，天罡加甲，下克上；神后为河魁，阴下克上，是为天罡。神后为下所克，又俱比甲，言甲辰亦有甲子，天罡是土加甲，始入木乡，涉害犹深为机，神后临戌，转便人水为微，天罡当为用。假令七月甲子日时加亥，传送加甲，上克下；阴得功曹，下克上。胜光临子，下克上；阴得神后，上克下。此俱与日比。胜光度癸得丑，功曹方经庚酉辛涉害深，功曹当为用。此谓进退失节，重有忧者也。正月辛酉时加午，太冲临辛，下克上；传送为太冲，阴而临卯，上克下。功曹加酉，下克上；小吉为功曹，阴而加寅，下克上。太冲、小吉俱为下所克，又俱比辛，太冲度辛而入戌，忧浅，小吉始人木乡，涉害深，小吉当为用。所谓俛见其仇，仰见其丘，小吉主妇女将得螣蛇，忧。死人，女子惊恐，有怪血日生。小吉过东北鬼门，当见鬼。传得神后，将得天空，妇欲欺其夫，有二心，终太乙，将得天后，为重忧。妇女用，为王气所胜，法忧县官有兵甲之忧，仇怨相害，以火加水故也。他准此。

第五经曰：日辰、阴阳中无相贼者，当以遥与日相克者为用，是谓交俱；不相克，人从独立者也。此言有一神阴中住贼日，若日往克阴中之神，神来贼日，身有忧，从外来，日从克神，为有仇怨，从中，有望外人而不来。辰虽有遥相克，不得为用，用日不用辰也。假令四月辛酉时加巳，大吉加辛，不相贼。阴得天罡，不相克。神后加酉，不相克。阴得太冲，皆不相克。辛遥克太冲，当为用。五月甲午时加戌，登明加甲，不相克。传送为登明，阴不相克。太冲加午，不相克。阴得神后，不相克。四课阴阳中并无相克，惟有传送遥往克甲，当以传送为用。有两遥相克今日者，亦用日比天乙，顺行，若有臣不可止，忧男子病；逆行，父子不可亲，忧女子行，有客不可内，谗贼之意。祸从西南来，扬兵入门，相伤杀，见血，慎无西南行。皆以神将言之。有魁、罡、白虎，谋相杀；元武，为盗。正月己卯时加寅，天罡加巳，不相克。阴得大吉，不相克。神后加卯，不相克。阴得从魁，不相克。四课阴阳中并无相克者，已独往克神后，神后当为用。法主妇女与天乙并有贵人征召事，又为死者所胜。法忧死人，余则及家讼、家墓。他准此。

第六经曰：日辰、阴阳中并无相克，又无遥相克者，刚仰柔伏，视昴星所得为用。是谓日辰重一切用者也。言刚日当以地上昴星所得神为用，柔日当以天上昴星所临辰为用。昴星为闭塞，行者稽留，居家有忧患。刚日男人远行未还，恐斗死于外；柔日伏藏，女子淫佚，深忧不解。二月戊子时加寅，大吉加戌，不相克。阴得从魁，不相克。传送加子，不相克。天罡为传送，阴不相克。四课并不相克，又无遥相克，今日戊是刚，仰是昴星，上得太乙当为用。行者后行。九月乙未时加辰，

太冲加乙，不相克。阴得功曹，不相克。胜光加未，不相克。阴得功曹，不相克。胜光加未，不相克。阴得太乙，不相克。乙酉日伏，视天上昴星所临当为用。行者止藏，如不来。居者在家，不欲见人。以此占人，一切用。如以诀吉凶，不传终也。正月戊寅时加未，从魁加戊，不相克。阴得大吉，不相克。胜光加寅，不相克。阴得河魁，不相克。戊刚日，昴星上见大吉当为用。行者稽留远方关梁，将得天乙，立六之门占，贵人不安其官，小人分异，此刚日也。正月己丑时加甲，魁加己，不相克。阴得大吉，不相克。天罡加丑，不相克。阴得小吉，不相克。又无遥相克。己酉日当以天上昴星所临下辰午，当以胜光为用。将得天空。他准此。

第七经曰：天地复名曰吟。诸神若归其家，四日辰不相克。刚用日上神，酉用辰上神。是谓关梁。阴阳反，故无所择者也。假令今日甲刚日也，德在阳，故以日上神为用；今日乙酉日也，德在阴，故以辰上神为用。所以然者，阴阳之气合同，此时不可出行，举事不成，占吉凶，将出徙在外，将移合，将离视。起用神所刑者，传用自刑用其冲。假令今日甲子功曹临甲为用功刑己，中见太乙，太乙刑甲，终见传送，吉、凶皆以神将言之。刚日，木神临木，忧文书、木器、男子欲远行。火神临火，男女口舌至县官。金神临金，忧迁徙分异。土神临土，忧贵人遥使。水神临水，贵人酒。柔日，木神加木，忧船车至县官。火神加火，忧女子淫佚、讼屋舍。金神加金，忧迁移分异。土神加土，忧女子讼田宅分异。水神加水，忧财物失走，捉盗不得，家亡不越境。他准此。

第八经曰：大吉杀乙、戊、己、辛、壬之日，以配子、午、卯、酉之辰，是谓天地之道，归殃九丑。九丑者，谓五干四辰合为九也。大吉常天之大杀，居其上，行其杀，故曰丑。谓四仲之日时加四仲，大吉临日辰以举百事，大凶。大吉加日害长，加辰害少。刚日害男，酉日害女。日在阳伤夫，在阴伤妇。重阳害父，重阴害母。天乙前为阳，天乙后为阴。日辰皆在天乙前为重阳，日辰皆在天乙后为重阴。以四时气为王相期三年，囚死期三月。以大吉并将言其形状，四辰或与大时并，大吉与凶并，如加九者，大凶，祸重至，必有咎，刑戮死亡，流血千里，万无全者。经言乙者，雷电之始；戊己，北辰下之日也。辛秋始断刑之日王日月三光所不照，无功之日也。四仲之辰，万物之存亡日也。大吉，日月五星所始也。故合则为害。假令二月壬子时加酉，大吉临子，刚日也。当杀长男。期六月戊辰戊戌己未丑。所以然者，王水恶土，故土日土月期之四季土月时加酉，四仲时也。大吉加子，此为加阳辰小男坐之二月大时在子春土死，此为大凶。诀知所坐，以大吉所并将言之。太阴并，坐祠祀鬼神为败。螣蛇并，为惊死。朱雀并，坐文书若烧死。六合并，坐女子淫佚乱生。勾陈并，格斗死。青龙并，坐余酒食钱财。天乙并，与贵人同忧。天后并，妇人怀他人子。元武并，坐盗贼六畜为败。太常并，女子以田宅财物为败。白虎并，死丧为败。天空并，以偷盗诈欺为败。十一月乙卯时加辰，大吉加乙为用，将得螣蛇，用传终得三土，忧妇女争田宅，长女坐之。八月戊子时加卯，大吉加子，阴功曹为用。大吉虽不为用，犹为九丑，少男坐之，大吉。设家墓动。他准此。

第九经曰：诸制曰：占事，辰自往加其日上，而又下克上为用。是谓持其身行就人者，所谓赘婿之意也。假令今日甲戌，河魁临甲；乙未，小吉临乙；丙申，传送加丙；甲辰，天罡加甲；乙丑，大吉临乙。此则辰加其日而下克上，以此占吉凶，少将害老，室家相克，中外淫佚，内乱之道，臣谋其君，子图其父，奴欲谋其主。又一法，魁加甲，出刑人斗讼。小吉加乙，忧女子酒食。太乙加癸，女子讼衣服。亥加巳，女子钱竞。从魁加丁，欲分异。胜光加壬，讼田宅，女子喜惊火。神后加戌，女子病死淫佚，将得天后，淫于亲属。又曰：二月甲戌时加寅，魁与月神并，未加甲下克上，吉。又皆有淫乱。将得朱雀内相告言勾陈内相残贼，白虎相杀，天空欲为赘婿，天后淫佚事。

第十经曰：闭口闭口，阴在汝后，度四而同。言从后神逆数至从魁，合丑神阴阳之位，男亡责阴，女亡责阳。始其亡人位久归其乡，囚死为近，王相为远。重阴不出，参以反吟。亡人归阳，盗者发阴，一由元武者也。此六癸之支为阴，六甲之支为阳。假令功曹为元武，阴在登明。天罡为元武，阴在大吉。此谓六甲旬头尾阴阳也。假令正月庚子时加辰，天罡为元武，阴得登明。欲知盗者是谁，视庚上之神，得太冲。太冲，木也，生于亥，盗者亲属也。九月丁巳时加丑，从魁为天乙；加未，神后为元武；而加戌，女亡西北门，责戌地，男亡当责从魁。从魁加未，责未地，此为疫四逆责四神者也。酉六未八，六八四十八里，女亡责神后，神后加

中华传世藏书

钦定古今图书集成

精华本

古今图书

术数篇

八一六

戌，戌五子九，五九四十五里，王气付而倍之，相气因而十之，休气因而倍之，囚气如数，死气半之。正月甲子时加卯，天罡为元武；而加申，天罡为阳也。阴在大吉，加巳，男亡东南，行巳地求之；女亡西南，行申地求之。闭口者，言黄帝重他人阴私，故言闭口。六甲为阳者，甲子神后，甲戌河魁，甲申传送，甲午胜光，甲辰天罡，甲寅功曹，此六甲支为元武阳也。六癸支为其阴，甲子旬有癸酉，癸酉用从魁。甲戌旬有癸未，癸未为小吉。甲申旬有癸巳，癸巳为太乙。甲午旬有癸卯，癸卯为太冲。甲辰旬有癸丑，癸丑为大吉。甲寅旬有癸亥，癸亥为登明。此六癸支为元武阴也。文大难解其四方验，此之谓也。

玉衡章

第一经曰：用之物气与今日同类，无问其余。见为亲疏者，此谓所生为其所死，为物所令今日甲乙木也。登明为用为气力生事者，吉戌小吉。为用为物，百物皆死不生。亥卯未俱木，故同类木生于亥，死于未者也，无问其余。但得登明中木不问水也，但得小吉中木不问其中火土也。亲疏者，言用起登明。登明，甲乙之家。功曹、太冲，为亲兄弟。小吉，外昆弟外孙。欲为吉事，阴阳中见登明为吉，若为死事，阴阳中有小吉。善用与今日比者，亲属兄弟，日与阳比男，阴比女，以占吉凶。百事比，自亲内外至亲也。他亦准此。

第二经曰：始生与死，今日相视，见而相恶，以知新故。假令今日乙，魁临乙为用，魁中有金，西方位也，为始生。今日乙，大吉临乙为用，大吉中有死，金为死也，今日相视者，此谓乙中之木欲克魁，大吉中土恶见魁，大吉中金情不达好，故曰见而相恶。用起始生，万事皆新，吉凶如神将言，言用起死，万事皆故，占人娶妇，或与交通，今欲取之，若去妇，今欲还之，或是故物，今欲求之。今日丁，大吉临丁为始生，天罡临丁为死。今日巳，天罡临巳为始生，小吉临巳为死。今日辛，小吉临辛为始生，河魁临辛为死。今日癸，大吉临癸为始生，天罡临癸为死。丁中有水，大吉、天罡中亦有水。巳中有木，小吉、天罡中亦有木。辛中有火，小吉、魁中亦有火。癸中有土，小吉、魁中亦有土。此皆当为用者也。独五酉日用此耳。即刚日以用，起阳为新，起阴为故。有王相气为新，囚死气为故。用起阳为方来，阴为去事。又一法，今日乙，天乙为新，大吉为故。今日丁，传送为新，天罡为故。今日巳，登明为新，小吉为故。今日辛，功曹为新，魁为故。今日癸，太乙为新，天罡为故。各以神将言之。今日乙木生于亥，长于卯，死于未，登明为用。故事太冲新事小言方来故事。他准此。

第三经曰：四立之日，名曰四绝。是谓谁适忧者，天祸视汝。此言四立者，立春之日少阳气始，立夏之日太阳气始，立秋之日少阴气始，立冬之日太阴气始，故曰四立。何谓四绝？时受死始立以先之一日，相付悲哀，相去决绝，故曰四绝。假令立春先之一日巳上望见日，言天上日临巳，此时占吉凶，必为暴祸，在门流血至县官。不出其时，女子逆生，月神正临此日。月神谓正月登明、二月河魁月将也，俱死辰，其性速。假令辛亥立春先之一日庚戌月将临庚是也。谁适忧者，天祸视汝，得此日而临之，以占万事，必为暴死，道其不出月中也。独临庚不以至，皆以神将言之。

第四经曰：四离之辰上望见月，是谓不祥。祥无少多，天寇所过。四离曰：立春、春分、立夏、夏至、立秋、秋分、立冬、冬至，此四离之辰上望见月宿，言正月室，二月奎，三月胃，四月毕，五月井，六月柳，七月张，八月角，九月氐，十月心，十一月斗，十二月婺女。是言春分之日，阴阳分离，各行其令，祥无少多，天寇所过。此言春分阴气在卯，盗杀百草，榆荚为落。夏至阳气在午，盗杀百草，荞麦死。秋分阴气在酉，秋当刑杀而有秋华之芳。冬至阳气在子，万物蛰藏，荞麦之类得冬始生，皆非正气，故曰寇盗。月者积阴之精，主刑，以此占事，必有寇窃暴至。其不出其日月中心神将言之。又一法，春分以甲子亥为离辰月宿临亥，是不可远行，必逢盗窃贼寇亡遗却死道中。何以言之？春分阴气在卯，寇盗草木也。

第五经曰：时克其日，用又助之。所治之事，上上为忧，神将内战。是谓天罡四张，万物尽伤，假令今日甲乙时加庚，辛是金，金克甲乙木也。故言时克其日。起用传送、从魁，并金又克甲乙木，是谓用又助之。神将内战者，言从魁、传送并为青龙，青龙，木也。畏传送、从魁金也，是谓内战。余皆准此。天罡者，时用及所治之事皆共克今日，又上下相克，求救不能解，故言四张。万物尽伤，以此时举事不成，忧毁伤家亡。假令二月庚子时加巳，大吉加庚，不相克；太乙加子，下克上为用。时加巳，巳克庚，是时克日也。太乙为用，又克庚，是用又助之、以占吉凶如上法。

第六经曰：阳不与阴合，阴不与阳亲，三言相得，如往比焉。法曰无淫，无淫奸生其中。假令正月甲子时加卯，甲者阳，为夫子，阴为妇。魁临甲，传送加子，甲欲从子，畏传送，子欲从甲，畏河魁土，故不相亲。三言比者，言三传之神还自比同类也。谓三木三金三火者也。此言用起魁，传胜光，终功曹，谓寅、午、戌俱是火之位，亥、卯、未俱木，申、子、辰俱水，巳、酉、丑俱金，此之谓也。以占人皆为淫邪之心，事将危败也。八月庚辰时加申，天罡加庚，神后加辰，天罡土克神后水，是阳不与阴合也。阴不与阳亲，神后为阴，畏天罡之土，是阴不与阳亲也。用起神后，传见传送，终天罡，是三言也。皆得其类，故曰比。此言阴阳不合而用三传，内自得以此占人。言内将有私亲，亲以谋讼之意。何以言之？神后既为天罡，阴又为起用，阳一神有二从，故知人有两心，淫佚之意。言无淫者，以此时御淫妇，必有祸起也。上克下，过在男；下克上，过在女。以神将言之。

第七经曰：阳无所依，阴无所亲。祸生于外，内及其身。所谓阳无所依者，谓用下克上；阴无所亲，言归阴克之。大恶，天地反时也。正月庚寅壬午时加巳，此时不可举百事，咎及其身，进退失节，重有忧也。正月壬子时加巳，太乙加壬，胜光加子，是阳无所依。胜光传见神后，太乙传见登明，为阴无所亲。以此占人，君无所因，父无所亲，必见欺殆。当此之时，天地犹恐，况于民乎！

第八经曰：辰克其日，下克上，是为乱首，必将害老者也。辰克日者，诸日伐伐，自临其辰也。假令今日丙子，太乙挟丙加子；乙酉，太冲挟乙加酉；壬戌，登明挟壬加戌；癸未，神后挟癸加未；丁亥，胜光挟丁加亥；甲申，功曹挟甲加申；辛巳，从魁挟辛加巳；己卯，小吉挟己加卯；戊寅，天罡挟戊加寅，此皆辰克其日，用下克上。以此占人事，必为逆道，臣弑其君，子害其父母，妻谋其夫，奴婢害主，百事凶。正月甲申时加卯来克甲，一逆也；魁加甲为用，下克上，二逆也。用为王者所克，必言县官至死丧。何以言之？春土死丧，若为天狱。他准此。

第九经曰：所谓用起因死，斗令日忧。是谓天狱于身方有杀因，必虞戮辱者也。用起因死者，言神将俱死气也。斗令今日忧，言斗系今日之所生也。假令秋七月庚申，胜光为青龙而加庚，太乙为勾陈而加未，当为用也。斗又系己巳者，庚申所生功曹为腾蛇，加巳为太乙阴，太冲为朱雀，加午而为胜光阴。腾蛇、朱雀火，功曹、太冲木，秋火囚木死，皆无气。斗系所生，不可举百事，皆为系囚之忧。又法，七月丁卯时加巳，传送为用，秋丁囚，囚气所克，斗系卯，卯者，丁之本，此家有系囚也。斗系子亥，小儿牢狱出行。正月乙未时加申，小吉加乙，下克上为用，王正月死。斗又系癸，癸者乙之本，所谓死囚斗令日忧，谓斗系今日之本，言天狱临身，忧系囚死者，言囚死之气刑于狱也。二月乙酉时加巳，斗系亥，亥者，乙之本，故忧。小吉为功曹阴而加寅为用，春土死，言用起囚死者也。传得神后，终太乙，与白虎并，必有死王。小吉，木之狱也。俛见其仇，仰见其丘，如以墓论之，虽得青龙，不能为救也。他准此。

第十经曰：三光并立，用在其中。谓日之阳神，王相三光。用起吉将之，有王相三光。此言三阳，阳非谓传用之阴也，故言三阳之光者也。言辰之阳神及用所与斗将皆多吉，如有王相之气。是谓三光用在其中也。传用又得吉将，上下相生，终克始元。初有上下不相克，下不相贼，气在王相一神，重得吉，虽有凶将，后有福，终而有喜，必有重庆。当此之时，远出万里，入水不溺，入病不易，恶鬼不当，入兵不伤，所种者生，所为者成，所求者得，所欲者听，病困不死，系者无刑，刀虽临颈慎勿惊，举尸入棺犹复生。出幽入冥，是谓神灵。圣人之教，贤者之经，谨而按之，与神圣并，藏之金匮，无泄此形。又一法曰：正月甲寅时加巳，传送为青龙。青龙春王，加甲并寅，此日上神与吉将并王相者也。经言正月甲寅，王日也，一光；青龙又王，又立王上，二光；年立木门，三光也。功曹为传送阴而加甲，此为是阳神而与天后将并为用，是谓用在其中者也。此时天地反凶而神将并吉。法曰：有凶，从其多者。此之谓也。又一法：天乙顺行前三五加日辰，此一阳；终王相不相克，二阳；日照今日之本，三阳也。又令用在其中。假令六月戊辰时皆受王相之气，传送为胜光阴而加午为用，传送六月受相气，亦谓三光。传得魁与元武并加申，终神后与天后并而加戌，此谓始王相终于吉将者，故重庆，虽复有凶，不能害之。天乙逆行前三五加日辰，一阴；用终囚死，上下相克，二阴；时克其年，三阴也。斗月照今日之本，为殃，用在其中，名曰重阴，终自祸患必困穷，系者虽解身属官。病者虽起，精魂入棺。居家衰耗破败忧患。以占万事，大凶。所谓人九地之下，役三阴者也。

《龙首经》一

叙

黄帝将上天次，召其三子，而告之曰：吾昔受此《龙首经》于元女，经章传义，十有二绪。

言六壬十二经也。

盖吾所口授不传者，

谓龙首记三十六用也。

吾今日告汝，汝固能行之乎？内以自辅，外修黔首。

黔首者，民也。

术与贤者，若不能行，则埋之名山三泉之下，慎无妄泄，使不神，吾将为汝参会其中，

谓起用也。

遂其终始，

谓三传也。

要正之本，

谓正日辰。

同之一首，

谓阴阳有四时，其用一也。

万物俱主各自理，

言事物虽非一，名各自其部分。

义不相干，事不相扰。

言虽有事事蜂至，各以其物次第期之。事虽众多，各有次第，事不相扰乱也。

敬修其神，以为天宝。天乙常居，太渊之宫。

言天乙至尊，固守而不行，以四时气游于四方。太渊者，宫名也，在北斗维之中央，直神后之左右。

春游玉堂，

大吉临四仲吋。

夏游明堂，

神后加四仲。

秋游绛堂，

登明加四仲。

冬游生死之场。

河魁。

其居一也。

言一坎数在干。

右元冥，

少阴也言向南面西方也。

左明光，

少阳也言其向南面在东方也。

背太阴，

背子亥也。

向正阳，

向巳午也。

翳华盖，

斗名也。

而乘玉衡，

大吉、小吉。

回璇玑，

斗七星也。

而临八方。

东、西、南、北及四维也。

将四七,

谓二十八宿。

使三光,

日、月、星也。

通八风,

谓八节之风也。

定五行,

谓东方木,南方火,西方金,北方水,四季土,便用事之比。

令六壬,领吉凶。

言日辰阴阳及所坐所养之御,三阴、三阳,故曰六壬也。

使旬始,将五岳。

谓六甲之始也。凡数,旬始必以五子元起。假令甲子旬青龙在神后将兵所立。次得丙子朱雀在神后执法所立次得庚子白兽在神后敌家之处。次得壬子元武在神后补吏兵士处。此遁甲五方时下所在也。

二神受气,或处阴,或处阳,

言魁罡也。

各尽其正,

言魁罡临人五方十二日也。

以处五乡,

东西南北及中央为五乡也。天罡临东方木,青临南方火,赤临西方金静临北方水,清临四维土盛下,天罡为阳所临皆生,天罡为阴所临则死也。

金、木、水、火、土,上下相当,

谓神与用日辰四课上下相克伤也。

死生之决,前后相更。

谓天乙前后将之吉凶三传思之也。

子且识之，思念勿忘。

常被服饮食精习也。

口授贤士，无传泄其章。

勿传龙首与非其人。

三子拜受而起，龙忽腾骞，三子仰瞻，尚见龙头矣。遂以各其经曰《龙首》云。

占岁利道吉凶法

阳岁以大吉临太岁，阴岁以小吉临太岁，视天上甲庚所临为天道，天上丙壬所临为人道，魁魁罡所临为拘检。

一云：天上丙壬下天道，乙辛下兵道，丁癸下鬼道，举事从天道，大吉利人道，次之甲庚是也。

架屋起土，买卖田宅，入官舍便，时在天道，百倍；在人道，十倍；在拘检道，县官大凶。

假令今年太岁在寅，大吉临寅，视天上甲庚临地，乙辛为天道；天上丙壬临地，丁癸为人道；魁罡临己亥为拘检。魁为拘，罡为检。他岁效此。若岁在子、午、卯、酉为四仲，天道及人道皆在四维，难可移徙。谓阳岁在子、寅、辰、午、申、戌，皆以大吉临之；阴藏在丑、卯、巳、未、酉、亥，并以小吉临之。

占月利道吉凶行法

阳月以大吉临月建，皆视天上甲庚所临为天道，丙壬所临为人道，魁罡所临为拘检。阳月为奇月，阴月为偶月。移徙吉凶皆如太岁法。月禁又急，不可见犯。假令正月建寅，以大吉临寅，视天上甲庚临地下，乙辛为天道；丙壬临地下，癸为人道。魁临亥为拘，罡临己为检也。

占月吉日嫁娶祠祀法

欲令魁临月厌，以魁顺数左行，登明、神后、大吉、功曹、太冲、天罡为阳也。以魁逆数右行，从魁、传送、小吉、胜光、太乙、天罡为阴也。阳将五干，阴将六属。二谓甲乙丙丁等亦为日也。六属谓子午等为辰也。阳将日杀男，阴将辰杀女，阴阳不将，乃为吉也。日辰若得阳中之辰，阴中之日，举百事福及子孙矣。

假令正月厌在戌，魁临壬、癸、甲、乙为阳将五干日也，酉、申、未、辰、巳、午为阴将六辰也。吉日若得丙子、丙寅、庚子、庚寅、丁亥、丁丑、丁卯、辛亥、辛卯、辛丑，皆阴阳不将日辰也。卜二月皆效此。魁罡下辰为厌冲破，大凶。月厌正月戌，二月酉，三月申，四月未，五月午，六月巳，逆行十二辰。

占月宿何星法

常以月将加卯为地上乙所得星，右行如今日数止，即月宿星也。

正月一日宿在室，二日在壁，三日在奎，四日在娄，以次逆行。室月尽日，月宿在壁。二月一日月宿在壁。二月一日月宿在奎。至月尽日，月宿在娄。三月一日宿在胃，四月一日在毕，五月一日在井，六月一日在柳，七月一日在张，八月一日在角，九月一日在氐，十月一日在心，十一月一日在斗，十二月一日在女。若闰月，朔宿后一宿是也。假令正月闰，壁是也。

假令二月五日以魁临卯，乙上见奎星，当唱言奎一、娄二、胃三、昴四、毕五，则为月宿星，日在毕也。十二月皆持月将临卯，取乙上神所得星右行数，唯正月独卯上星数右行，不从乙也。假令正月三日登明临卯，卯上见营室，数右行，营室一、东壁二、奎三为月宿星，得奎也。他准此。

占星宿吉凶法

春三月，东方七宿为岁位，南方七宿为岁前，西方七宿为岁对，北方七宿为岁后。孟夏，二星为负冲。季夏，二星为掩冲。正月初春、夏、秋、冬效此。岁位、负冲、折冲、掩冲、岁前挟毕皆凶，岁后、岁对、天仓、天府皆大吉。日辰虽凶，不能为害也。

占天仓天府法

常以天罡临月建，大吉下二星为天仓，魁下为天府，小吉下二星为致死。仲月无天府及为冲星，孟月无致死及折冲星，季月无天仓及为英星。天仓、天府举事德及三世，大吉。致死、负冲奄句芒星，举事致死丧，大凶。

占天乙日游所在妇人产避法

天乙日游，以戊戌日上天六日，以甲辰日下地中宫居东室五日，以己酉徙居东北维中六日，以乙卯日徙居东方五日，以庚申日徙居东南维六日，以丙寅日徙居南方五日，以辛未日徙居西北维六日，以戊子日徙居北方五日，以癸巳日入中宫居西方五日。又以戊戌日上天游，不在中宫，乳妇要须出，当避之，所在之方，莫向之也。

凡产忌法，当以月将大时月将下为咸池，神后下为丰隆，大吉下为日大将，功曹下为女薜，太冲下为宫星，天罡下为天候。太乙下为招摇，胜光下为轩辕，小吉下为女天，传送下为雷公，从魁下为月杀，河魁下为日刑。

占神目空剧乳妇庐法

常以璇玑加三五，孟为寅午戌之月则加寅，申子辰月加申，巳酉丑加巳，亥卯未加亥。天罡下为天候，太乙下为轩辕，小吉下为招摇，从魁下为月杀，河魁下为雷公，登明下为咸池，神后下为丰隆，又为吴时，时刑者，寅刑巳，巳刑申，申刑寅，无恩之刑也。丑刑戌，戌刑未，未刑丑，逆刑也。子刑卯，卯刑子，互相刑也。孟月以功曹，仲月以神后，季月以魁临月建，视天上丙壬，丙壬所临地下皆空，吉，可居也。皆避雷公、招摇、轩辕、咸池、吴时、丰隆天候时刑矣。

占知臣吏心善恶法

以问时事占之。

一云：天罡加月建为重阳，天魁加太岁为重阴。罡临太岁为阳覆阴，臣欺君；魁加月建为阴覆阳，君欺臣也。

日辰上神阴得吉神将，有王相气、休气，上下相生，与日辰上神不相克，则臣下忠孝，常怀爱上敬教。日辰上阴得凶神将，有王相气、休气，下贼其上。又今日之辰自贼其日，及辰阴上日神贼上神，此臣下不忠顺，奸猾，难折勒骄，常有篡弑之心也。

假令阴上神登明、天空。贪汗慢欺；朱雀，巧言令色；天罡、勾陈，持上罪过；魁居白兽，欲为大乱。

假令九月丙午日中时占臣下心意何如，功曹临丙，太冲临午，功曹阴上神得登明，将得天乙。天乙，居日之阴神。太冲上神得神后，将为螣蛇，螣蛇辰上，辰上阴神为发用也。皆上下相生自和，遥生日辰上阳神功曹、太冲，此为臣下忠孝，安上爱下也。

此亦是两神克日，以日比为用，故用神后，子取有两子之比，主忧从外来之事也。

假令六月壬辰日入时，胜光临酉。

酉上遇后一日也。以此酉时天乙乘太冲。

传送为临壬，日上阳神也。大吉为临辰，辰上阳神也。传送阴上神，得太乙。

日之阴神，太乙发用也。

上克下，又遥贼日上神，

大吉为神之阳，其阴上见传送也。

得魁，魁为凶神。

辰之阴上神后五之将也。

今日之辰复贼日，

谓辰土贼壬水。

此为臣子不忠孝，谋欲乱君以钱财之事。他效此。

占人君欲拜暑五官法

记吏当谒时，无令所谒之官伤君年上神，到王相时为君忧患。以君年上神将为所忧刑状，当谒水官曹吏，无令火神临君年；谒木官曹吏，无令土神临君年，谒金官曹吏，无令木神临君年。

假令君年立巳，当谒金官曹吏，时功曹临巳，将为朱雀，为伤官年上神，朱雀告言口舌事也。利秋金王时，必为所言于上府，皆效之。功曹庭掾为土官，曹库吏为金官，狱曹、贼曹、仓部曹皆为水官，卧曹为木官，户曹为火官，外部吏及内不属五曹者，皆属功曹为土官。

占诸君吏吉凶法

将及小吏始入官临政视事时，慎无令人年上神贼初拜除日，又无令所出门上神贼人年上神。文官欲得青龙，武官欲得太常，与日辰相生，不欲相刑克。

《神枢》云：欲入文官武官，必今日辰阴阳中及用传中有青龙、太常者，吉也。

假令人年立丑，以甲乙日拜官署事，始到官视事时，始从魁丑临此。谓人年上神贼初拜除日也。

假令人年立亥，小吉临之而南之午地视事时，功曹临午，此所出门上神贼人年上神也。文官视事，青龙在胜光，此谓与日相生，必迁日辰阴阳传中，宜视其神所言之。欲知迁官，离青龙、太常为月期，以青龙所临辰为时期。假令从魁临未，而文官欲人官视事，胜光为青龙临辰以甲相生法迁增利日离青龙三层为三岁，辰离青龙，七辰为七月。青龙所居之神壬土其日戌巳青龙加辰为时期，后三岁七月戊己日辰时迁太常效青龙月生青龙太常为迁在外青龙太常生日迁在内。内者坐迁增秩，即不能备此法者，慎无令魁、罡、螣蛇、白虎、元武临日辰人年立行恶加其墓即不可用也。甲乙墓在未，丙丁墓在戌，庚辛墓在丑，壬癸墓在辰，戊己墓亦在辰。

《神枢》曰：凶期以青龙、太常所畏为忧。期以四时之气，休老日死为所坐轻重。他效此。

占诸吏吉凶迁否法

以月将加时日辰及人年上得吉神将，上下相生，即大吉。其神又有王相气时，加王相之乡为得迁，非此者皆凶。得休气，且免官退罢。囚气，且系上下，又相贼，有罪。死气，凶恶神。传得吉神将有救为忧。外日上神将王相，吉。为迁年上神将王相，吉。亦迁日年上神，皆凶。辰上神虽善，为不迁；日辰年皆吉，为迁，不疑也。欲知迁期，以魁离今日之辰为期。

假令今日之辰是寅，魁加午为在向后五日，若五月。他效此。

《金匮》云：迁不迁，问何官？谓问文武之官也。说曰：日辰上皆有王相气，迁文官；若阴上神有王相气，迁武官。日辰及阴上土神俱相重迁用神，加孟、仲，迁在内；加季，迁在外。

占诸君吏安官舍欲知家内吉凶法

日辰上之阴得吉神将，有王相气者，吉；休囚，皆凶。次神将言其形状。

假令得天罡为白虎，主死丧；元武，言亡遗矣。欲知衰吉是谁，以年上神言之，阳神为父，阴神为母。

《神枢》所谓安不安，以神言。则是此篇之例也。

占诸吏安官否法

日辰人年上得吉神将、休气，上下相生者，为安官。其有王相气，迁其神将，凶，有王相气，上下相生，亦安官。上下相贼不安官，吉神凶将俱有气。又上下相贼者弥不安也，得传送，有行来事。得朱雀，口舌言讼事。得元武，亡遗盗忧疑事也。

《光明符》云：以月将加月建，行年上见休老之气者，免官。

《神枢》云：日辰阴阳俱囚休废者，当失职矣。

占君吏欲刑戮举事法

人君及部吏欲得行刑，推问当事时，无令天乙吉神将及王相之气临今日之辰。吉神者，谓功曹、胜光、传送、神后、大小吉也。吉将者，谓天乙、六合、青龙、太常、太阴、天后也。皆不可使临今日之辰与辰之阴。又辰阴上之神不可使克人年上神。克人年上神，必还害身也。

假令人年立未，太冲临之，今日之辰，巳也。大吉临巳，大吉。阴在丑，从魁加丑，此为阴上之神克人年上神。法行此事，吉神将及王相气临今日之辰，与辰之阴上神贼人年上神，谓从魁克太冲也，殃及后嗣，害子孙。人年，谓人君及部吏之会也。他效此。

占诸郡县有盗贼否法

正月辰时，腾蛇临今日之辰，若元武在日辰阴阳，皆为有贼盗。欲知何党贼，以用上将言之，得白虎，杀人贼；朱雀，烧人贼；元武，小盗。在阳，且有；在阴，已有。传得六合为不发。若用神为囚气所胜，狱囚且阵亡，君欲谋下害吏者，皆以用神处，其福奇所在。假令功曹为用而得勾陈，当有贼在东北角。他效此。

占杀人亡命可得与否法

以其杀吉时正月辰，以元武为主日辰。又其上神有制元武者，为得日辰；上下不制，元武所临为亡人。

假令二月丙申日人定时，河魁加亥，有杀人者。时登明为元武，阴临子，亡人在北方。丙上得天罡，申上得小吉，皆为土神，并克北方，能制登明。法为戊己日得。他效此。

占被盗无名盗可得否法

以其亡时占之，若不知亡时，以来人言时占之。正月时，以元武阴上神为盗神，日辰及年上神有制盗神者可得。

假令十月甲子日人定时，功曹加亥，亥上得后五将。此时射盗，太乙为太阴临甲，太冲为太常临子，天罡为元武临丑。法以元武阴上神为盗贼，小吉为天罡阴上神。小吉即盗也。家在西南，为人黄色，羊目多鬓，好出行，今日甲木也，为制盗神，子上神得太冲，太冲，木也，亦克盗神，凶。盗不出刑，中必得之。日辰及年上神不制盗神及元武者，贼不可得也。他效此。

占闻盗吉凶亡人所在欲捕得否法

以闻知之时射之，今日日辰上神有克元武所居神者，即得日辰及其上神，无贼，元武所居神者不得。

假令九月甲午日日昳未时，太冲加未，闻贼在其家。魁为六合临甲，功曹为天后临午，天罡为元武临申。天罡，土神也。甲，木日也。功曹临午之木神也，并克元武所居神，为得贼，不敢格战，当将兵马围贼家时，兵马主当居神后上击胜光下也。

假令到贼家时，神后临酉，宜居贼家。酉上东向击卯地，必胜获之。他效此。

假令五月甲寅日巳时，小吉加巳，魁为元武。甲寅，木日辰也。并制元武日，贼必不敢斗也。法皆水攻火，又见今日辰及起其后二，攻其前四。

假令今日甲子后二在戌，当从戌攻辰是也。又无令囚对王相攻。言夏壬癸不可向四维也。他准此。为囚死当王，如秋甲乙，不可西向攻盗贼也。必以阴攻阳背子亥，登明、神后向胜光、太乙攻，此当慎之。自五月巳下，皆《式经》正文。

占问囚徒知得实情否法

正月时四面有席，疑欲令今日之日自制其辰。

如甲辰、丁酉、乙丑、甲戌、戊子、癸巳、丙申之例是也。

问者吏居青龙及功曹下，置囚于勾陈及天罡、白虎下，必令元武居无气之神，即元武所居之神畏今日日辰及青龙所居神，囚即翰冒辞，不敢更言。

假令神上将得天空，囚忍痛怀漫。得朱雀，囚空，言自诬。得螣蛇，囚惶怖稍伏。得白虎，自杀。

假令正月甲辰平旦，登明加寅，吏欲问囚今日甲木制辰上功曹在巳青龙居胜光临于酉责问囚时吏宜居巳及酉。天罡在未，勾陈在申，使囚居未地，若申地传送为白虎在亥巳问囚宜于亥地上为元武丑日甲克土，土神畏今日甲申有王气，问囚，囚不敢欺也。他效此。

占六畜放牧自亡

正月时，为责胜光之地，牛责大吉，犬责河魁，鸡责从魁，羊责小吉，猪责登明。欲知东西南北，各随其神所临。在所胜之地为放纵，在所畏之地为拘系，在所生所喜之地，为人逃匿之。天一，顺治责螣蛇，逆责元武，为各随其所居神日辰上神，有制螣蛇、元武及物类神者为得，不制者不得。其物类神自临其日辰者为归家。其神与白虎并临囚死之地为死亡。其神与六合、太阴并为人欲隐藏之。欲知远近，以其物类神所临，上下相乘为道里数，日辰上制物类神为得日期。

假令三月壬申日中时，从魁加午时马自放，责胜光，胜光临卯，为在东方，胜光为午数九，卯数六，六九五十四里。今日之辰申上神，得登明为制胜光。法壬癸亥子日寻得。假令先得壬癸，壬癸日得；先得亥子，亥子日得。又一法：以其神所来乘为道里数，临子午九、丑未八寅、申七、卯酉六、辰戌五，乃至巳亥四，此并为道里数也。他效此。

假令今日日辰上神但制元武、螣蛇，不制物类之神，亦为得。若制元武、螣蛇，元武等亦得两制者，保十必得无疑也。

物类若驴骡，当责太冲也。一云：从魁为刀，太冲为项，神后为屠，太乙为斧。刀临项，死；头临刀，不死。屠临釜，死；釜临屠，不死也。

假令六月壬寅日巳时占失猪，天乙居太乙而加辰为顺治，合责螣蛇；居天罡而加卯，太冲为辰之阳神而克天罡，此为日辰上神制螣蛇，所失猪果自归，为登明加戌，戌与亥相近故也。他效此。

占诸欲知病人生死法

当以其初得病日时占之。

假令螣蛇、白虎、魁、罡克初病日及占日，日上神人年所立辰，辰上神者皆为死。白虎所居神王相，而贼初病日及病人年，白虎阴上神，又有气佐白虎，共克病日人年者；急呼妻子出病者，必不起，立死也。死气为白虎克人年病日者死。又魁、罡为白虎，加病人元辰者，立死。白虎非必在日辰阴阳中也，视直所居神与病日人年相克与否。假令不知初病时日，以今日日上神诀之。今日日上神克用人行年及年上神者，死。阳命男，阴命女，以前八后六为元辰；阴命男，阳命女，以前六后八为元辰。

假令阴命未生男，即从未至子为前六后八。他准此。白虎所居神贼今日及人年上神，亦死。若独贼病日之辰、不克今日为愈。说者云：白虎生初病日，病日生白虎，皆为病愈。白虎贼病日人年，一一皆死。白虎与病人年日辰相生，皆为愈。与病日同类，为安久。假令甲子日占病，登明、神后为白虎者，此为白虎生病日，病者不死春。以胜光、太乙为白虎者，此为病日生白虎，病者皆愈矣。功曹、太冲为白虎者，此为同类，为病久。白虎阴阳皆有气并伤日，立死；不伤，立起。白虎无气，病者愈。

假令白虎所居神金也，时秋有气，若以甲子日占之，虽年及甲上有火神、火将，恐死。谓火至秋无气，恐不能救有气也。此并《式经》文也。

假令不知病日人年所居立之辰，以今日用神诀之，三传终于白虎，若日入墓者，为知吉凶期，以用神言之。

假令功曹直用当丙丁日，愈；庚辛日，死。又天乙为用，生气在丑、未、辰、戌之日，螣蛇为用，死在巳、亥日。他效此。

又一法：不知初病日时，以人来问时占之，日辰人年临其墓，亦为死。日人年所立辰之阴阳神入其墓者，亦死。日墓还临其日辰者，亦死。年墓还地年者，亦死。

假令甲乙日射病时，天上甲乙临未，为日入其墓；若小吉临甲乙，为墓其日也。

假令病者年立子问事时，神后临辰为年所立之辰，阴阳神入其墓，若天罡加子为墓临其年，皆死。辰墓效日墓之例。

又一法：用神始终得日墓，皆凶。天罡击今日日墓为墓门开，亦死。甲乙寅卯，木墓在未；丙丁巳午，火墓在戌。小吉，木墓；河魁，火墓；大吉，金墓；天罡，为水土之墓。

《式经》曰：白虎阴阳有气伤病日人年者，死。人年上神王相克白虎者，愈。病日生白虎者，亦愈。白虎生病日者，死。白虎与病日同类者，为之安久也。

占知囚系罪轻重法

《式经》云：先建系日日辰阴阳，而取其当者，而传其始终于休。罪重终囚，加罪终死，罪重后轻。

正日时视用神，终于王相之气，贵人救之。无罪终于休气，罪重终于囚气，加罪于终于死气，先重后轻。终于螣蛇，罪重无疑，必死。终于朱雀，数见掠笞。终于勾陈，有所勾连。终于元武，置辞而亡。终于天空，空无所有。终于白虎，被罪至死。终于吉将，传得其子，为有救，罪得解。传入其狱，为有罪。传得他狱，为移狱所。所为狱者，墓也。

假令功曹、太冲、小吉为狱，登明、神后即天罡，是其狱也。例此所谓移狱者，假令起功曹，终于河魁，为移狱。一法：以初系日占之，各以其所犯为坐。假令斗伤人以勾陈，杀人以白虎，窃盗以元武，相告罪名以朱雀，假令犯坐伤，以勾陈所居神贼系日，即论也；系日贼勾陈者，不论也。勾陈与日同类，为系久。传神得其狱者必论。假令以甲乙日系天乙居小吉临未；系日丙丁，天乙临戌；系日庚辛，天乙临丑；系日壬癸，天乙临辰；系日戊己，天乙亦临辰，为必离讼狱。传勾陈之阴得白虎。白虎所居之神与勾陈并贼其系日者，死。

《式经》曰：假令以甲乙日系勾陈所居在金神上者，此为勾陈胜系日者，即被论罪也。若勾陈居土神上者，此为系日胜勾陈，即免被论罪也。

传勾陈之阴得天乙，天乙生系日日辰者，为贵人救之也。

传勾陈得系日，子母人将哀，哀可为上书也。

假令七月己未日食时，传送为太常临巳，

谓日辰上共得后四之将。

神将不相刑，又有王相气，谓金王故也。天罡为勾陈加卯，传得其母。

谓辰上得太乙也。

勾陈与日同类，法为安人，不然蒙听令欲之吉凶之期者，以用神传终，为有救神期也。

假令七月己未日酉时，天乙治神后加于辰，太冲亦加今日日辰，神将不相刑，有王气，传得其母。登明加卯故也。勾陈与日同类，法当系久，然蒙得出传，而得传送天乙为移狱也。

占诸欲远行使出吉门法

始行时，欲令今日日辰人年上得吉神将，有王相、休气而出，小吉；得传送下，即大吉。慎无令魁、罡临所出门上。所出门上之神，又不可伤行者年上神、门上神者所出入门也。

假令八月甲申日时卯正日时行者年立戌，戌上得登明，欲南行之午，午上得小吉，小吉伤登明，此为门上神伤行者年上神也。门伤行者之年，道必有殃。年伤门行者，不安，必有疾病而还。

此所谓年上神伤门上神也。

又到日无令贼初令之时，假如始行之日以甲乙时加寅卯，慎勿以庚辛日申酉时到也。若到时贼初发之日，咎及失君。又勿令阴阳中绝其类，谓凡欲出行，欲今日辰阴阳中有传送，传送上遇吉将，则行者吉；有凶将，则行者凶也。

假令行时传送不在日辰阴阳中，直视传送上有吉将，亦不可有恶将也。

假令遇凶将是螣蛇，为惊恐。朱雀，口舌拘留。勾陈，见斗战。元武，亡遗。天空，见耗病，所求不在。白虎，死丧也。他效此。

又法：欲将帅出行，欲令天罡临四季为神，在外百事吉。

《神枢》又云：无令所之之乡伤其年，乃有喜。假令欲行，行人年立四季，此为所之之乡伤其年也。他效此。

占诸欲行求事者法

以始行正日时，无令今日辰上神伤行者年之所立地辰，所立地辰亦勿令伤辰上神。若伤辰上神，是谓相刑，其事不成也。

假令年立巳而今日丙寅，神后临寅，此辰上之神伤人年所立地辰也。

假令是日时神后临寅，人年立辰，此为年所立地辰伤辰上神也。法欲有求作者，欲令今日日辰阴阳及用传中有其事类。事类者，谓求财欲得青龙、小吉，求缯彩欲得太常，求蚕欲得胜光之比也。故《式经》云：辰上神伤其地年，所求难得，后自亡遗。

占诸望行者吉凶来否法

必当视所至地之阳神，以卯为限，以子午上神为至期。东方、南方以酉为限，子上神为至期；西方北方以卯为限，午上神为至期。

假令望酉地人，从魁加戌为已发，加子为半道，加卯为得限当来，以午上神为至期。午上神得神后，以壬癸亥子日至。

假令望巳地人，太乙加午为已发，加酉为得限当来，以子上神为至期。子上神得传送，期庚辛申酉日至。

假令望寅地人，功曹加酉为来；望申地人，传送加卯为来；望子地人，神后加卯为来；望午地人，胜光加酉为来。皆以子、午上神为至期。诸望行者，过限皆以为闻其闻为不来也。要所至事类度为不来。所为事类者，望贵人以天一，望父母以太常，望兄弟以太阴，望妇女以天后，望子孙以六合，望友及夫、钱财、二千石等以青龙，望盗以元武，望死丧以白虎，望奴婢以天空，望吏捕以朱雀，望行道还以螣蛇，望斗战以勾陈，并以所加今日日辰皆以此为来。传以为至期度限为不来也。

《集灵记》云：凡望行人，以甲乙日占，用得巳午神者为将至。用亥子神者为背日。背日，为不至也。《金匮》云：至不至，问前四。言甲午日前四戌，戌上所见神为至期。假令戌上见功曹，则寅上至。一说云：至应而不至，乃用此法也。又云：占行人，以生旺为至期。假令用起水神，则甲子日至；遇墓者，则不来。假令壬癸日月起天罡，为遇墓。遇墓则至而不来。史苏经曰：卜外生以人王至，而卜家人遇墓亦至也。凡占吉凶赊促所之远近，皆以计神占之。计神者，河魁是也。故《金匮》云：数以魁离日。假令魁加未，未数八，魁数五，五八四十，为吉凶在四十日内。行人当之，为四百里也。他仿此。一说云：魁、罡离初发日为期日，临初发日即日至也。

又法：居外望内人，以夏至辰之阴神；若内望外人，以冬至辰之阳神。临今日日辰，日辰与太冲临未，皆为来。

假令夏至以卯，卯之阳神太冲。今日丙丁，太冲临寅为本，临午为中，临戌为末，皆为来也。假令太冲临午，当以丙丁巳午日至，月期五月。假令冬至以午，午之阳神胜光也。今日甲乙，胜光临亥为本，临卯为中，临未为末，皆来。假令胜光临亥，当以壬癸亥子日至，月期十月。

一法：望行者，天罡系今日日辰，为今日至。顺系日辰至，逆系日辰为不至。所谓逆顺者，假令望西方人，天罡系北方、东方日辰为顺，顺即来；系南方、西方为逆，逆不来。天道左游，天罡为逆，天罡临月辰人年，悬门候之。望西方、北方人，以卯为门，午上神为至期。望南方、东方人，以酉为门，子上神为至期。凡所望神入其门，即为至。凡望不至者，皆云刑人以刑。假令望寅地人，寅上有凶将，以凶事留；有吉将，以吉事留。青龙、太常为钱财、酒食，为吉。他效此。

假令白虎为死丧，勾陈为斗战，朱雀为口舌对吏。望吉人得吉将，凶人得凶将，即来。他效此。

占诸欲知行者吉凶法

审知行者年所立辰之阳神与吉将并临有气之乡，上下相生，即吉无过。与恶神将并临囚死之乡，上下相贼，又临年墓、日墓者，皆凶也。

假令行者年立寅占时，而功曹当与白虎并临未者，此为与凶将并临其年墓也，大凶。又一法：若不知行者年，以日为行者身，辰为行者日之辰，阴阳得辰之神阴，为与吉神将并，即吉；与凶神将并，即凶也。

占诸行者欲知家内吉凶法

正日时辰上神之阴，得吉神将王相、休气，上下相生，即吉；得凶神恶将，即凶。以其极而论之，假令得白虎，死丧事；得大吉及休气，为耗病。各以善恶将言之。他效此。

占诸架屋举百事吉凶法

正日时，无令今年太岁阳神临，今日日辰及欲所治地，即十二岁灭门。又无令魁、罡、螣蛇、白虎临今日日辰，大凶。欲使大吉、胜光、功曹在日辰阴阳中与日辰相合，即大吉，非此者皆凶。欲入庐舍，效此。以日辰上神将言其吉凶，将得白虎多死丧，将得元武多亡遗，将得勾陈多斗讼，将得朱雀多口舌、县官，将得螣蛇多怪，将得天空多衰耗，治生不成，六畜不蕃息。朱雀与登明、天乙并，合宅见诛。直用神传中有救为后起者，当避之。

假令今年太岁在卯、八月甲戌日日出时，天罡加卯，欲架屋及盖屋，太冲为太岁阳神临甲、将得朱雀，魁为元武临酉，日辰阴阳中无大吉、胜光、功曹，又太岁阳神下临日，以举百事，大凶。

假令是日时欲治寅地居，为在太岁阳神下，亦大凶也。他效此。

占宅舍可居否法

正日时，视日辰上神，神阴得吉神将，有王相、休气，上下相生，可居，吉。若凶神，有囚死气，上下相贼，即凶。不可居。以尤者言其形状。

假令白虎死丧，天空虚耗。他效此。

占田蚕种五谷好恶法

正日时，欲令今日日辰上神多王相气，与所欲为物类相生，又欲天乙所居神与太岁上神相生，物类神即大吉。日辰阴阳及用传中有其物，必成熟也。无令魁、罡、螣蛇、白虎、囚死之气临日辰者，凶。物类者，谓蚕以胜光，禾以功曹、太冲，黍、小豆以太乙、胜光，麦以传送、从魁，稻、大豆以登明、神后，麻以小吉、大吉。

假令欲占蚕，日辰阴阳及用传中有胜光，因而三传，胜光皆得吉神将，得天乙所居神与太岁上神相生，胜光即大吉也。

假令太岁在辰，四月戊辰日中时，传送临午，占蚕善恶何如，胜光临辰，此为有其物类。太岁上神自得胜光，将得青龙，神将相生，天乙在大吉，不与胜光相克，则为太岁日辰上神皆有王相之气，无有灾害，诸物类等并效此也。若物类神与太岁上神相贼，天乙所居神克，日辰阴阳中无其事类，则为大凶败也。

占今年举百事商贾田蚕法

皆以日辰及家长年上神将言之。

假令得传送、青龙及王相之气，可为商贾。得胜光、大吉神将，皆宜田蚕，亦以所欲为类神上得凶者，言所生得元武为亡遗。余效此。

占诸市贾求利吉凶法

正日时，欲皆令今日之时辰，上神及人年，上神与所欲为市买物类相生者，吉。又欲今日日辰阴阳中有小吉、青龙，青龙所居神与今日日辰上神相生者，吉。太岁上神不克人年上神，人年上神不制青龙者，吉。又欲令所往至之地上有吉神将，有王相气，与人年上神不相贼，市估有利。

假令九月戊子日日昳时，太冲加未，欲为估市人年立巳，太岁在寅，大吉为天乙临于戌，传送为青龙临子，此为有其物类，其日辰与人年上神及青龙所居神相生，大吉。临人年，魁临太岁，不与人年神相贼，而北出传送下，大吉利。虽先备二吉一凶可用，务令日辰人年上神相生，物类者可用也。

《式经》云：审问所之之乡，东西南北四维得与年相生，多王相之气者，即有福，估市有利，不逢贼盗，所居见好，所欲者得，但青龙居有气之神而加有气之乡，即得财；若青龙制人年，即无所得。

占诸欲畜集何者好法

正日时，各以其事类在日辰阴阳及用传中有其物类，物类又与人年上神相生者，吉。利可为畜积也直用神始于无气，终于王相，即前利少，后利多，非此者皆凶。所言物类者，粟以木神，黍、小豆以火神，麦以金神，麻以土神，稻、大豆以水神，丝棉以太常，布帛以神后，皮革以白虎，田蚕以胜光。假令七月甲子日鸡鸣时，太乙加丑，谋欲收麦。天罡加子，阴上神得传送。传送金神为麦，类在用神阳，阳中人年立申，申上得神后与传送相生，为物类，与人年上神相生也，是为可收也。用起天罡，天罡气休老传终皆得王相气，为后多利。他效此。

占诸欲畜生类可得否法

正日时，视日辰上神无魁罡、螣蛇、白虎，即吉，可畜收。视其物类神王相，临有气之乡，为吉多利。魁罡所加，不宜畜也。

假令魁罡加未，羊不可畜；加亥，猪不可畜。他效此。

占欲买车舟吉凶何如法

正日时，视日辰上神阴阳及用神传中有六合、太冲与吉将并合，又与日相合者，吉，可乘，为使利主。与凶将并贼今日者，损主，勿乘之。

假令太冲与元武并者，乘而亡之。与白虎并，数载死人，宜丧事。他皆效此。

第三十章　术数汇考三十

《龙首经》二

占马吉凶法

正日时以胜光占之，胜光与吉将并临所生之乡，即吉；与凶将并临所贼之乡，即凶。以胜光上将及所临之乡吉凶深浅言之也。

假令胜光与青龙、太常并临木火神来未之地，即吉，是为良马也。若临金乡，即咬人；临戌，踬戾；临水，为病；临丑，喜走。与元武并，因放自亡；与白虎并，且死；与螣蛇并，惊，败事。他皆效此也。

占牛善恶法

正日时以大吉占之，大吉临木，为病；临火，且惊，以得卖；临金，且欲卖之；临水，田牛也；临土，畜也。若天地吟且用，神与天一并临有气之乡，且人县官；与白虎并，为自死；与勾陈并，为抵触人；与螣蛇并，时时若惊；与元武并，且亡遗。他效此。

亡遗，责大吉。大吉，湖神也。一法又责轸星，下亦责太冲也。

占羊可养得否法

正日时以小吉占之，加金，欲畜之；加木，欲杀之；加火，可畜；加水，为衰耗。与吉将并临有气之乡，即吉；与凶将并，即凶。得白虎，为死；加寅戌数，逢狼；加辰，入墓，亦死。

占猪善恶法

以登明加巳午，即放；加水乡，混豕；加金、木，可畜；加土，为病死；加王相乡，欲与天乙、太阴并为祀豕也。与凶并临囚死之乡，为凶。登明与白虎并，即走失。欲知生死，以气言之，有生气，生；有死气，死，自死。与腾蛇并为惊亡，加日辰人年入墓，亦死。

占亡失，登明加酉不得责，未上从魁不得责，巳上小吉，日辰阴阳能制之即得。

占犬可畜否法

正日时以河魁占之，子能捕鼠，加卯，能走猎；加巳午，善声；加未，能斗；加辰，自死；加亥，卖之；加寅，狂走；加戌，啮人。与太阴并为用祷祀也。

占鸡可畜否法

正日时以河魁占之，子未能斗，加金水，可畜；加丑，为自死或被杀；加辰，为子；加未，欲用祀。与吉将并，临有气之乡，即吉；与凶将并，又临囚死之乡，即凶。

假令与腾蛇并，为好惊，作怪祟；与朱雀并，非时好鸣；与勾陈并，雌鸡坐鸣；与元武并，且亡走；与白虎并，为狸所食也。

占奴婢下贱利主否法

正日时视其日辰阴阳及用神传中，从魁与吉将并，有王相休气。与今日日辰相生，宜主。直用神，上贼下，皆为吉，深利，亲附甚蕃息。从魁不在日辰阴阳及用神传中，又与恶将并而贼。今日又用神，贼上，其为慢谄，欲害其主。

假令八月壬子日日昳时，天罡加未，占奴婢吉凶，传送为元武临壬，从魁为太常临子，正魁与壬而王相相生，又在日辰阴阳中，胜光为用而临酉，上贼下。此时占下贱者，皆好。

假令十月乙卯黄昏时，功曹加戌，上贼下。从魁为六合临巳，不在日辰阴阳中，又贼。日小吉为用，临卯，下贼上，皆为慢诞，欲害其主，不可畜也。

占买卖财物六畜知售否法

卖者欲使今日之辰王相，买者欲使今日之辰囚死，皆令物类之神在日辰阴阳及用传中，与今日日辰相生，即吉，卖者可售，买者可得。若物类神不在日辰阴阳中及用传中，又与日辰上神相贼，买卖俱不得其所。假令十月癸亥日日昳时，功曹加未，占人买卖牛，小吉临水阴上神，得功曹；胜光临亥阴上，得大吉，为在阴阳中，又与辰上神不相贼，卖之与买，两得其所。

假令是庚辰日卜卖牛，太冲临庚，阴上神得河魁。登明临辰，阴上神得胜光。大吉不在日辰阴阳中，是无其类也。日辰上神皆与大吉相贼，买卖两不得所。

假令今日日上神贼大吉，客不肯取。辰上神贼大吉，主不肯与。日辰上神俱贼大吉，妄有所语。他效此。

占人亡所在吉凶法

正日时视所问人乡上神，与今日比者在，不比者为不在也。假令今日甲也，若问午地人在否，午上神得传送，与甲为比，比谓有甲申之例也，则所问人在矣。

假令午上神得大吉，无甲丑，为不比，所问人不在。

又一法：欲行诸人家知人在否，正日时，神后临日辰，与妇女欲饮酒。天罡临日辰，在后家欲讼钱。太乙加日辰，其作小车若木器。小吉临日辰，行不在。从魁临日辰，其人在床上，卧未起。传送临日辰，行不在。从魁临日辰，在后家。天魁临日辰，其人病。登明临日辰，其人在上上数钱。大吉临日辰，在吏家，须臾还。功曹临日辰，在吏家与长者客语。太冲临日辰，见在门中。

占欲上书奏记见贵人法

欲上书奏记及见贵人，皆欲令所见事类神将上下自相好，所临上下相生，即大吉得福，非此者凶。

假令上书欲见王者，天乙居金火土而加金火土之辰，见诸侯以太常。见将军以勾陈。见二千石以青龙。见令长以朱雀。效此。非必在日辰阴阳中，宜视其事类神将，观其所喜善恶也。所应喜善恶也，所应喜归母子。

占人奏文书劾事解否及何时来报法

日辰上得吉神将，有王相相生，即为吉。功曹与吉将并，青龙与吉神并者，皆吉。及直用神，终见其子。有救者为事解，无救者为不解。

假令望文章所在之乡在南方，否。功曹、登明，若青龙在北方下，为且至。以功曹、登明临日辰为至期。法以传终救神为至也。

占词讼吉凶事胜负法

以日上神为客主，上贼下，先者胜；下贼上，后者胜。胜者不可令先者年上下相贼，上下相贼虽胜，后必败殃。日辰上下不相贼，两解不斗。

假令八月丁巳日时加巳年立卯，功曹加之，胜光加丁，日辰之阳神并比和，此为两解者。准此，若欲以长幼，则知胜负以今日长年，辰为少壮也。日胜辰，长者胜，谓日胜辰上神也。辰胜日，少者胜，谓辰胜日上神也。以日辰上将言之，以知其胜负。

假令将得勾陈，见以斗争事相告也。勾陈将得白虎，忿争至死。将得螣蛇，恐死有罪，罪谓被笞也。将得天空，所言非是，谓以论长短相告也。将得朱雀，当狱讼，谓争口舌事也。将得元武，冒辞而亡，亦主妄言。

假令讼者年立卯，传送临之为年，上下相贼，先者为客，后者为主。

占诸吏谋对计簿当见上官知喜怒法

正日时视日上得吉神将，有王相及休气，与所欲见事类神将相生，即吉。

假令欲见王者以天乙，诸侯以太常，将军以勾陈，卿相、二千石以青龙，令、长以朱雀，与日辰人年上下相生，即喜悦，所言并见听，非此者皆凶。

假令欲见将军，勾陈所居神贼日辰人年上神，即怒也。日辰人年上神贼勾陈，则将军不肯见人，虽不相生，不欲相贼。

占诸欲攻仇报隙法

无令谋事类神贼谋事者，年上及地下辰皆凶。

假令诸欲报谋者之年立寅，白虎在传送上，此白虎所居神贼人地年也。

假令谋者年立辰，功曹临之，而白虎所居神贼功曹，为贼人年上神，皆凶不可行也。

假令数人谋系在各以其年上神与所立之辰，与白虎所居神相贼，则凶；不相贼，有王相气，则吉。王相者，则谓人年上神将也。谋杀人以勾陈，盗人以元武，谋烧人屋以朱雀，匿罪人以太阴、六合，谋娶妇女以天后，谋所造为事类，皆欲令贼事。事者年上神也。各取其事类神三传之，终于王相，为有福；于囚死，为有贼也。他准此。

占诸被贼围邑陷阵客主胜负法

正日时斗加四季，利为客，可先起兵。斗加四孟，利为主，宜后起兵。兵常背神后，系胜光、大吉也。斗加四神，不可起兵，客主俱败也。若时迫不得不战，即背小吉，系大吉，此为逆兵也。天地吟，无举兵行伐，必见围也。若日暮欲休息者，兵将常居今日小吉时前三辰是也。

假令正月中大战，暮欲宿兵，将军常居卯辰巳宽坐，不可伐，小时常与月建俱也。他皆仿此。

占欲献宝物以遗尊贵知胜吉凶法

今日之辰王相，又欲今所遗神好辰之上神及其所奉物类神，即见物喜而爱敬也。

假令奉王者以天乙，诸侯以太常，及至令、长、丞、尉以朱雀，皇后夫人以天后，庶人妇女以神后，此为诸所遗者也。

假令欲献妇女物类等，谓田宅以胜光，谷米、牛以大吉，鸡、狐、犬以天魁，豕以登明，羊、雁、酒食以小吉，奴婢、飞鸟、虫豸以从魁，虎狼、野禽以功曹，船车、狢兔以太冲，刀兵、璧玉、玃以传送，蛟、鱼、水虫以天罡，布帛、衣服以太常，钱财宝物以青龙，丝帛以太常，布物以神后，皮革以白虎，田蚕以胜光之类是也。皆不欲令所遗神好之辰上之神将得天空，物损而无得，若相好而受者，即蒙其福也。假令三月辛卯日食时从魁加辰，欲遗二千石以璧玉，功曹为太常临酉，传送为朱雀临卯，登明为青龙加午，青龙为所遗神，传送为奉物，又为辰上神，而青龙所居神好之，二千石必喜所奉物，必得福报也。

《神枢》曰：假令二月乙卯日午时传送临辰，欲遗二千石璧玉，传送为所奉之物，又为辰上神，而青龙所居神好之，此为二千石必悦而受之也。好之，谓相生也。彼人克所贡之物，为贪而受之；若畏所贡之物，物克之，则不敢受也。所为皆欲令今日之辰王相及所贡之物类与彼相好，即悦而受之也。

占求妇女法

正日时视阴中有天后神上下相生，日上神与辰上神不相克贼，即可得也，若日神阴阳中无天后神，天后上神与辰上神相贼者，不可得也。

占求妇女有两三处此妇女可取谁者为良相宜法

欲取求其乡上神有与天后神后相生者，可取也。

假令九月甲子日平旦时太冲加寅，求申乡女、午乡女、辰乡女者，以神后为天后临亥，申乡上神得从魁，午乡上神得小吉，辰乡上神得太乙。小吉土，太乙火，与天后神相克贼独从魁金，与天后神后相生，即取申乡上女为吉，欲知妇好丑，天后王相者好；囚死者丑也。欲知其颜色者，以年上神言之。

《神枢》曰：天后在阳，或乘王相之气，为好而且少也；若天后囚死，为丑老。又神后加孟，长女加仲，中女加季，少女亦柔以天罡年上神，遇火，火加金，为色赤白，亦柔以天罡所临加之。凡太冲、从魁、登明、小吉为太阴，或用此者皆阴医妇人之位，其人主为再嫁之象。

占夫妇相便安否法

各以其年上神相生，即吉；相贼，即凶。夫年上神贼妻年上神，妻有咎；妻年上神贼夫年上神，夫有咎。

《神枢》曰：去与留，视喜忧。注云：夫妻和睦为留，不和者为去，皆视日辰。若吉神善将临日辰上下相生者，留；若恶神将临日辰上下相克者，为去而不睦也。一云：天后克六合，妇妾将奔随人；若六合克天后，自诱他妻妾也。一云：三传内人本命，相入者为和，反吟为不和。一云：日辰上神相生，与吉将并者，妻妾安其室；日辰上下相克，神将内战者，煎熬不宁。不宁，为不安其家室也。一云：传

占怀孕为男为女法

正日时视时下之辰，与今日比者男。

假令甲日时加午，甲午为比，比者生男。

假令今日甲时加未，未为时下之辰，无甲未为不比，生女无疑也。又一法，以天罡占之，天罡加阳为男，加阴为女。旧说云：传送加夫本命，妇人游年上得阳神为男，得阴神为女。

占诸贵人欲救罪人得否法

正日时以直神言之，传得其子，即有救。

假令木神直用，传得水神将，而火在其上，他效此。传得其胜，其子为将，但许人耳，而心欲相赚也。

假令木神直用，传得土神，而火在其上，所谓用神得其子。

假令正月丙子日从魁辛亥食时登明加辰，胜光临亥，下贼上，用传得其子为救。

假令正月丙子日从魁加甲，大吉，子上贼下，为用。子水，怀忧。大吉传得功曹得忧者之子，为有救助，用神，终不见忧者之子，忧不解也。他效此。

占居处去留所宣法

视日辰上神将无王相休气、上下相克，宜去；日辰上神之阴得吉神将王相休气、上下相生者，宜留。以阴阳神将言其形状。

假令白虎在阳以去者死丧，不在阳可留。他效此。

占诸闻王甲有罪吉凶法

视日辰阴阳中有其事类，与今日日辰比者，是也；不比者，不是也。假令闻某为盗，今日甲也，而胜光为元武，在日辰阴阳中，即是也。胜光午有甲，午为比，太乙为元武，无甲己为不比也。

说云：或闻所议死，若白虎所乘神与今日合则死，与今日比亦死。今日子，子与丑合，为白虎是也，非此者皆虚。闻子孙吉凶，亦同前比合之法。若闻吉事，视青龙与六合临日辰者是实也，非此者不是。若闻凶事，传视白虎所临辰上神占之，得青龙、六合与今日比者，则所闻者不吉是实也。然此例多不可备举，并在《神枢》第五占所闻虚实篇。

占人所造为事成否法

视其事类，在日辰阴阳中，与日上神相生者，即吉；若日辰阴阳中无其事类，又与日上神相克者，不成。

占人有忧事得解否法

以问事时占之，正日辰视日辰上及人年上，得吉神将，有王相气，直用神，传得其子，为忧解。用神为王相气，所传得其子，其子无气，虽解犹难。无气不能制有气。用神为囚死所贼，传得其子，其子囚死俱有气，为可解，其子王相为忧，两解。

假令十月丁亥时加未占忧疑，胜光临亥，下贼上，为王相所克，传得大吉，为得其子，其子囚死气为忧，有解意，然亦难。

假令四月丙寅日丑时神后临丙，上克下，为囚死，所贼，为用。火，怀忧。传得小吉。小吉，火之子而有王气，为忧两解也。欲知解期，视用神所生为吉期，所畏为凶期也。以用神所临地辰所生为吉期，所畏为凶期。

假令胜光临水为用，以戊己为吉期，壬癸为凶期。胜光临金为用，以壬癸为吉期，丙丁为凶期。他效此。

占捕前事得否法

行时欲今日日辰上神与人年上神贼所求物神，即日得；若物类神贼日辰上神，又害人年上神，为凶。凶即不得也。所谓物类者，虎豹以功曹，鹿兔以太冲，野兽豕以登明，鸟以从魁，马以胜光。

占人始欲带制新衣吉凶法

正日时欲令日辰上得吉神将，有王相气，又令青龙、太常在日辰阴阳中，阴阳中所居神与今日日辰相生者，吉；非此者凶。纵青龙、太常不在日辰阴阳中，宜视青龙、太常所居神与今日日辰相生者，亦吉也。

占弟子始事师得成达否法

以今日之辰占之，日为弟子身，辰为所学者。时下辰为师，欲令其子加母时，必见受道成于师。又顺天道，又欲令日辰上得吉将神，有王相者休气，上下相生，其用神终于吉神将，有王相气者，吉。无令辰上神上下相贼，其发用神，又终于神上之墓而无气者，忧学不达也。

假令正月丁卯日日出时登明加卯，丁为弟子身，卯为所学者。时下辰为师，丁日加卯者，子从其母也。卯上神上下相生，用终功曹将得金神不相刑，又有王相之气，此为学者达矣。

占内寄者吉凶法

内寄者，无令五行加其所忧及今日之辰，阳神所临之地辰贼今日日辰，皆为害主人。

假令九月甲寅日时加酉内寄者，此为五行加其所忧，又今日日辰，阳神功曹临申，申为金，贼今日甲寅木，此为临地辰贼今日日辰也。他效此。

又《式经》曰：凡有室宅欲内他人者，慎无令时下辰之阳神临日辰，皆今日日辰为害辰。假令十月甲寅功曹加申，此为时下之神害今日之辰也。谓申上之神传送加寅之上下克日辰，日辰复在申上被克也。时下者，诸日所加十二辰也。辰之阳神者，今日时下支上神也。谓不欲此支上神令加其所临日辰伤今日辰也。又各从豹尾来，不可。诸物皆同。假令十月丁巳日申时以月将功曹加申，太乙临亥。太乙，巳之阳神火也。亥，水也。亥遇克丁巳为害主，为所临日辰害今日日辰也。他准此。其合主一贼入家，假令七月癸巳日太乙加此合仿之。《神枢》曰：若欲寄止于人家，神后临行年者，主人欲谋危客。日辰上见天魁、白虎者，主人欲谋杀客。日辰上见登明、天空者，主人欲谋诱客。并宜急去。若日辰上见吉将，王相相生者，并吉，无他故也。

占怪祟恶梦法

正日时视日辰人年上神将有王相休气，上下相生者吉，非此者凶。魁、罡、螣蛇、白虎临日辰人年者凶。

其神将王相，忧王事，死丧，囚气主亡遗病伏废，忧六畜也。

其用神在阳为忧外事，在阴为忧内事，各以其家人年上神言之。假令年俱立恶将下，未必俱恶，以天罡所临别加阳，忧男；加阴，忧女。加孟为长；加仲，伤家母；加季，忧小口。

《式经》云：神在外，比邻受殃；在门，家人受殃；在内，身受殃。又曰：人年日辰上见戌，犬怪；见酉，釜鸣；见申，兵刀、不葬鬼怪；见未，墓鬼呼怪；见午，马血怪；见辰、巳，龙蛇怪；见寅，鸟兽怪；见丑、午，畜风尘怪；见亥、子，猪风怪也。

占知死人魂魄出否法

正日时时下辰为死，加辰上神胜日上神及时下辰者为复杀。

《式经》云：以家长行年加子，若太岁人年命日辰上见魁、罡、小吉、螣蛇、白虎，有鬼。

天罡加阳，男坐之；加阴，女坐之。加孟，为家长；加仲，伤家母；加季，忧小口。天地伏吟，杀不出；天地反吟，虽出复还。魁、罡临日辰为复重杀；非此者，皆为出也。欲知所牵为魁、雄为罡也。欲知凶鬼在家处所，法视天上鬼星临，即是鬼所居处。

《式经》曰：魁、罡临甲鬼在门，临乙在户，临丙在堂屋，临丁在灶，临戊在庭及房，临己在碓砸，临庚在鸡栖，临壬在猪圈，临癸在厕。

又一法，欲知死人家有余殃己否，正月以将加死时，魁、罡加日辰。重有死者，欲知在何日月祸至，视所加日月，为阳取男，为阴取女。

又一法，欲知雌雄所起，雌在午，雄在罡。

占葬事法

必先定五行，若胜光时下辰与今日日不比及推式，慎无令魁、罡临今日日辰，又勿令白虎临有气之乡，即大吉，后乃无咎。不如法者，祸起之始。

假令十一月乙酉日申时欲令葬埋为日加申，申为时下辰，与乙为不比，太乙为白虎，太乙火冬死为无气，此时葬，大吉。欲知蒿里道，常以天罡加太岁月建，功曹、传送下地为蒿里道，可葬其下，大吉。又后世不得蒿里道，死不止，无后嗣，绝烟火也。

假令神后加太岁，功曹传送下地，是为地中蒿里道，丧其下，亦吉也。为葬埋者择时，常令魁、罡、螣蛇，白虎此四神藏没四维中，乃大吉。推葬日，常以魁、罡加月建、功曹神，大吉。下日辰，推月吉，常以魁、罡加月建、功曹、传送下日定开之日，可葬；胜光、神后下满成等日，可娶妇。

占始举事有风雨否法

常以始举事时正日辰，功曹临今日日辰在天乙前，即风起矣；传送临今日日辰在天乙后，即雨至矣。

又法，得阳凶逢风，得阴凶逢雨。日辰上得阳神将为阳凶，得阴神将为阴凶。若天旱，欲知何日雨至，以问时占之。其用神传终于有水神上者，即有雨气；非水神者，无雨气。必欲知何时雨者，假令传得登明、神后即雨，传视其阴得何神而知时也。

假令得胜光，以丙丁日雨。得金神，庚辛日雨。得木神，甲乙日雨。得土神，戊己日雨。得土神，然虽雨犹旱。若得水神，以壬癸日雨。传终无水神及得土神者，并为旱也。欲知旱几时当有雨，以九九算之。

假令用神传得大吉，大吉神临子，大吉丑，丑数八，子数九，八九七十二日当雨。

若大吉临巳，巳四，四八三十二日当雨。

欲知今月雨多少何如，以问时占之。用神传终，有水神即雨多，无水神即雨少。

又一法，以月将加时，龙在前三前五者，雨。在后二后四者，风雨。旱虎在前，亦风。功曹为龙，传送为虎。卯为雷，子为云。云从龙，风从虎。虎龙所乘神有气，必有风。龙虎兴，云雷并者，必有大风雨。又云：传送加日辰在天乙后者，雨也。功曹临日辰在天乙后亦尔。

又法，欲知何日雨，以大吉加月朔，神后下大雨，太冲下小雨。

又法，占雨何时止，以月将加时，视魁加，四季不雨。加申雨止。加子为阴。加巳、午为旱。加神后，雨后有风。加寅卯，见白日。义法，以月将加月建，辛癸加地下辰，晴。求雨亦尔。

又法，魁、罡加季，止；加孟，不止；加仲，已不已。

又法，月将加月建，视天下壬癸下加地辰，是晴日。壬子所临，亦雨也。

占欲入山取物法

正日时视日辰上神，阴得吉神将，王相休气，上下相生者吉，为得物多矣。阴得凶神将，囚死，上下相贼者，即凶，必为阴雨泥涂为败。此谓阴凶。逢雨将得白虎，逢恶禽兽将得元武，为寇盗。日上神凶者尤甚辰上神。阴凶可忍，俱凶大恶。

假令七月庚寅日平旦时太乙加寅，登明为朱雀临庚，太乙为太常临寅，功曹为天后，为登明阴，传送为青龙，为太乙阴，皆所求得遂。日辰俱吉者尤吉，俱凶者大凶。

占欲入深水渡河法

正日时视日辰上得吉神将，有王相及休气，上下相生者，即吉，反此者大吉。以风波为败，谓阴阳也。

假令八月甲子日天罡加未，登明为太阴临甲，从魁为太常临子，传送为白虎，为登明，胜光为青龙，为从魁，此为阴也。《神枢》云：支伤干，吉更长；干伤支，吉欲减；支、干俱伤，亦减，并吉也。

占驰使往来信实否法

以使来时占之，时胜日上神，如其所言；日胜时上神，所言不实也。辰上神亦如所言，时与日辰相生，欲来和合也。又云：辰上神与日上神相生者，亦欲如其言也。太阴、天罡临日辰及将军年上，其言不信。传送为朱雀、天空加日辰者，其言反覆，口舌来为奸诈，不自奸所，左右边即奸诈人也。

又占欲逃亡战斗，当避太乙，向之，败也。太乙正月在子，二月丑，三月寅，四月卯。审贼来否，若太乙、神后，加今日干，天罡、小吉前，若刑杀凶神，俱加今日干，为贼今日至。支干上不见此神，为不来。望见道上人，疑是贼否，支伤径可前，干伤径不可前。又道上望见人，以月将加时，视日上辰加功曹、传送、登明，见吏。若神后、太乙，奸人盗贼。魁、罡主丧若病人。从魁、胜光、太冲、小吉，白衣人。神后临卯，为冤家也。

次客一用起神后，二从魁，三功曹，四登明，五天罡，六大吉，七胜光，八太冲，九传送，十太乙，十一天魁，十二小吉。阳取后三，阴取前五。

《五变中黄经》

释己身章

日为己身最要明，

以日干为占者之人，按《灵支指龟》云：先寻日上鬼，后寻冲破刑害，次看二马五气，三传年命。若灾福不在三传内，筮卦之人没奈何矣。假令甲日甲课在寅，便论地下寅上仰见是何干支，是何将，若克今日干，更有气凶如白虎乘墓神就日上克，必主官讼。若元武加日，克今日之财，主损财；如不克财，只克日干，即主恶入挂惹口舌。假令甲日戊为财，庚为元武加日，是损财。三传中无戊，即主恶人口舌。若青龙乘旺气克日，主因财物官司，或因官司破财。如见太阴、天后、六合此三神，就克战当日妻财，必主损财妻厄。假令甲日以己为妻，三传中建己日上见此三神，建得乙为之，主妻生事。若有朱蛇常空，可论小儿事决矣。次论天上日干所行，临地下支辰两位相加之地，不得交相克，若所行之地有上下克制，事宜守旧，不得进用。假令天上日是木所临地，下是金带勾陈，便忧官事。若三传行年本命，更有朱雀、天空、太阴，或有寅辰，更不取别凶便是官事。如见地下金克天上日，若天上日是白虎、天后、腾蛇，更日行墓、绝、死、病、衰，即主身病。若更天上三传见白虎建干克日，即死。若是六合克制，主和合中起口舌。更五神不正，主奸淫。若青龙、太常有克制，多主筵会酒食口舌。元武、天空克制，主失脱破财。若天上日与地下日俱不克战，则吉。

三传无系克无制。

三传上下，若无克日干，即吉。克日即凶。兼行年本命上有一处克日，合凶。却三传上下自制兼系，与将不和，名曰内战。虽有克日，亦不为凶。假今日丙或初传见壬，壬是白虎，合凶，却末见戊丑未辰戌为解，反吉。如中传是金，金又生壬助鬼，即凶。末传旺土，即为自战。又上下所乘，不和，亦名自战。凡三传为他人兄弟外亲事，不要克日则吉，若有一传克我即凶。三传助克，为凶。若一传克日，却与二传不和，即为救。为他人兄弟不和，即为我者，故曰自克自系，合吉。

上下吉神兼吉将，自然求遂得安宁。

要三传上下神将俱不克日，又要天上日与地下日神将相生，不战，则所求皆吉。如三传不旺，兼克日干，或天上日不得地落空亡，求事断凶。假令十一月丙寅日丑将戌时，地下日复见天上日入庙，兼带财还家。盖日上申丙，日遁得丙，申丙临丙，是地下日复见天上日入庙也。丙以申为财，申加巳是带财还家也。又丙寄巳，天上巳起临寅，亦所行有财有禄。丙日遁得庚寅，庚乃丙之财，巳为日之禄，地下寅又生天上丙火，是上下神将相生也。故曰：上下吉神兼吉将。是所求成遂也。

释他人章

三传年命克我身，

课忌三传干支及行年本命上神建干，克今日日干，地下干，为宅，为己身，以天上日为我所行之地，更得见何干，视有气无气，克与不克，若有一处克地下日干，为克己身也。再以时遁见天上时干有何变动，如十一月丑将甲午日壬申时，以壬申时遁起庚子至亥上得甲辰临亥，今日甲干立长生之地为有气，吉。

只为他鬼莫相亲。

以年命三传上建干尽皆他人，如克我今日干，凶。余虽有克我，无路，何畏之有？不在三传年命，虽有克无路，是不亲也。

克我无气身自喜，

要今日鬼在无气之地，日干上下有气，更日不在衰绝病败之乡，是以克我无气，我身自喜矣。

我复克兮不害人。

三传年命建干，切是要我克为财主吉，故曰不害人也。

释宗亲章

莫执行年本命亲，

行年本命克日，主亲人相害，其理全在支干三合。六合有德，方可言亲。若无干支合，兼无德，虽有年命上神克日，只为外亲，不在宗族之类是也。

建干合之带支分，

假令十一月丑将甲戌日巳时初传戌临寅，得甲戌，下得丙寅，戌中有辛合丙，将得六合，辛金克日干甲木，是主亲人因和合事起口舌，喜。丙火生寅，辛金绝寅，不能相合，未足为害。又中传午临戌，得庚午为白虎庚金克甲日，主因亲人和合，得病难瘥。午临戌为五行入墓，凶，终不死。若专言甲在寅，又，临午，合死，所谓不死者，以白虎乘午自战。又天上甲在戌，戌居寅，病。甲木临寅，为入庙，亦主不死。

干合支合为亲类，仔细消详论假真。

论亲疏人相害，要今日鬼在支干三合，六合兼有德有贵，方可断是亲人相害。若今日鬼所临之地在六害，刑冲兼干冲战，又坐四杀处，上下克制，亦不亲也。如甲戌日以戌中辛金克日为鬼，戌临三合，主亲人。如戌临酉乃自刑，亦害，为不亲也。或戌立于丑，甲虽畏戌中辛，若行年是戌，合亲。谓甲至丑得贵，辛至寅有贵，是有德合，主因亲人凶事。若戌立于丑，不临年命，亦非亲也。谓丑是戌之刑，又为辰戌丑未四杀，刑害带杀，是不亲也。故曰认假真矣。

凶神克害日辰上，与日何类辨元因。

不见克今日鬼今日干上又无制剥即吉，亦恐有克日上之神类，看是何宗亲，有凶，取五刑断之。假丙日是火，三传年命不见水，即吉。再论日上建，若是土干，又三传俱旺土，主子孙之凶。日上丁火，三传阴火，主妻灾旺；阳火，主父凶。日上建得木，三传俱旺木，必主是妻之外亲相害。日上建得金，三传俱旺金，主母凶。日上见阳水只取为鬼阴水，为兄弟争竞。若不见今日鬼，先寻克本元神定之，可知其何亲属主灾。盖课中遇蛇勾空元虎为凶神，不见克日，必无伤于我。当看其凶神所克者是何亲，所主灾咎，以类言之。假如十二月子将丙寅日申时占干上酉三传酉巳丑卦名从革课传无水不见克日之鬼，朱雀临酉金发用，所克者卯木。其日干丙火，以卯木为母，必当其咎。朱雀主官非合断其母有口舌官非。

生我即须寻父母，克我相伤觅子孙。同类事从兄弟起，干合多在妻妾身。

如甲日，三传不见克日，如寅上有己，三传见木克己，即主妻灾。又加寅上无己却是戊，主妾灾或主父凶。如寅上有庚，三传旺火，甲日以癸木为母，临在日上，被三传旺土来克，应在母凶矣。此以生干为母，克母者为父，克干为嗣，我克者为妻之论也。

生我凶因途远外，

所有一鬼克今日，复有他人生于鬼，即主远人来害。如三传神克日剥将，亦主远人将克神为近人，日上将生鬼为远亲，或远人相害。

我生须忧在比邻。

将生神相，害在比邻。神生将损我，人在他乡，虽见克我之鬼，却化于他处，即主相害人近处起，谓化而其势不长，合近若事转生鬼，其势大厚而长，主鬼贼远来。如金为鬼在传坐，在水上为化于他处，主近坐在土上，谓事转生鬼，主远。又鬼无气合，主官事起近，谓无气，是不远矣。虽甲日以庚为鬼，甲上有壬癸亥子，庚至子化水，无气不长，是鬼不行兼生日上，是以鬼起在比邻。经云：鬼旺势行远，其鬼远来。鬼衰不起，其凶在比邻。

释推占门类诸人章

寅在长生道人士，

建寅干临长生，行年入华盖，更初传是亥，中传寅加亥，临长生克日，贵神失地或落空亡，不能制鬼，合主一道士相害也。假令十一月丑将戊戌日戊时占卦弹射，初传癸亥临申，坐长生，作勾陈，中传甲寅临亥，坐长生，作白虎克日，末传丁巳临寅，亦坐长生，作太阴。夜占贵人在未临辰，坐空亡，其人行年在丑临戌，是华盖，且末传寅木临长生为鬼克日，我之行年又就华盖，故合取一道士相害也。又寅坐华盖克日，亦取为道士相害。

临申死绝行僧尼。

申建干在死绝之乡，本命在空亡，行年遇华盖，初传入今日孤辰寡宿，或有辰巳亥三传，即为僧相害。又申金无气，临华盖孤寡克日，亦取为僧。假令十一月丑将乙丑日未时课，初传戌临辰朱雀，中传辰临戌太常，末传又戌临辰，行年本命在辰，临辰临戌，其课建干甲申，又复建庚申，申绝于寅克乙，初传戌是寡宿，又行年本命临戌空亡，是以取一僧人相害。

天罡生旺为公吏，

天罡乘吏神，贵神克我今日行年，禄财为吏也。建辰干坐贵，行年复食贵神，初传是今日印，或建干在劫亡刑杀上，即可取为有禄公人。若建干不在贵神，或行年不食贵神，只建干克日，带劫杀亡神三刑六害，为无禄公人。若依前建干，带劫亡克日，更乘天驿马，主走公吏人也。

戌加四孟主为军。

戌加四孟，坐亡神劫杀，行年遇金神贵神，禄财入空亡为军也。又建戌中干克今日，加劫亡阳刃，行年食贵神兼太岁，初传为悬针，若戌为勾陈尤的。假令十一月丑将乙亥日丁亥时占，行年四十五岁，初传申临午，做贵人，为重悬针，中传戌加申，为戌加四孟，行年亦戌加申，乙亥日申为劫杀，四十五岁，行年戌得庚，戌贵神，是申建戌申，庚被戌食，名曰行年食贵神。又申与庚皆金，故曰行年金神贵神。是以此课戌加孟，更在劫杀上，初传悬针，是合有一纹面军人相害也。

贵神带印克今日，便是终身有禄人。

初传见贵神克日，却有建干与今日为财，名曰贵神自战。又初传生日或贵神坐处不旺，必主有禄官人争财。或贵神克日，却贵神无气，三传无禄，或贵人坐落空亡，即虚名官人也。假令甲日丑为贵神临申，名曰坐印，谓甲日遁得乙丑，乙取壬为印，甲得壬为印，丑坐申，甲日遁得壬申，故曰贵神坐印。假令十一月丑将甲子日戌时占，贵神是未，建干得辛，未加辰遁得戊辰，辛金见戊土为印。故曰贵神带印，为主贵神相害也。

申午相加作天后，用神大吉媾匹亲。

申午为媒人，若申午为鬼，兼与日暗合克日，主相害人曾作牙人与媒人。又初传是大吉，准此。假令十一月丑将乙丑日亥时申加午为初传，申金克乙木为鬼，中有寄庚天上日酉，克酉建乙是合，来日上克乙，故主媒人也。

戌加亥子元合位，铸印乘轩作匠人。

戌为万物始成，兼是巧用之煞，书云：魁首也。亥，始萌之象。子，迁流动变。元武，取机巧之人。六合，终日须了合聚之事。若戌加亥子处，见六合、元武应尔。又云：戌加亥子见金木，将得六合，主木匠。金火银，铁匠；火土窑，冶匠；金木相加，主刻匠；水火，杂匠；浮火，高匠；纯土，石匠；纯金，铁匠。

天地医同入空亡，若论须加旺相神。

天地医神落空亡为鬼，克今日，即主医人口舌。

有时得戌戌克日，绝败空亡是贫贱。

假令十一月丑将庚寅日寅时占，子亥戌为三传，庚日遁得丙戌，丙戌克庚金为鬼，合凶。谓加亥丙火临绝地，主贫劣人相害。若更初传临沐浴或上下干，建二阳干、一阴干，即主男子为妾所生，女人必贱，依此断之。

课中端的无差误，即把当时建一旬。

用建干复运一旬之例所见用之，则无差矣。

释年命建遁章

行年本命亦行建，

本命从日建一同，更不别取矣。行年只从小运干头复遁于天干上，行年可取矣。假令三十一岁行年丙申，却取天上申行至地下申是。

三传神上福来见。

若三传是日上辰上为用神克日，不见解神，即凶。若辰中复克，三传自战，凡凶事灭，为吉利矣。

内有救神亦主凶，

三传在辰上克日，内有救神，亦凶。

伤不伤人看家眷。

谓行年本命主亲，故言看家眷。假令甲日寅上有乙，传中见乙庚，合大凶。

释主事章

要知灾福休和日，先以鬼贼分端的。

起初先看初传，主年月日时，更上下支干，若不在真个年月日时，此外初传在前，末传在后，只主初传过了月日；初传在后，末传在前，只主末传过了月日矣。假令十一月丑将丙寅日申时，初传子临未作天后克日，主女人口舌。吉凶，主一月应。中传巳加子作天空，主女人虚诈口舌。末传戌加巳作螣蛇为救神，土克水制鬼，是凶并解为平平矣。此课一月内忌申日，口舌添，壬日更重，宜避之。戌日必见喜。谓伤壬癸，克天后子水，更克天空、地下子水，是以吉也。余仿此。

次看初末发休期，会者万中无一失。

又先看初传主何年月日时发端，更看末传何年月日时了决，又看日上与鬼贼生合，若此处取得，是当应期无一失也。假令十一月丑将壬辰日子时占，丑临子，初传；寅临丑，中传；卯临寅，末传。论三传皆克壬。初传太阴，主先是东北一妇人生得头员眼大相害。次主东北寅中有天后，又是一妇人相害。末贵神卯中有辰，土又克日，故主女人官事起自东北，初传是主十二月一月之事。月为太阴，主事迟缓。至得二月节，官事解矣。谓末传是卯，故收因结果在卯，合主二月。若取了当吉日，二月庚申，辛巳日最吉。余仿此。

释吉凶实意章

占课类因何事起，

言发用，看取三传年命，各有异常灾福，取克今日者，即为凶事；无克今日者，虽三传元虎勾雀，并无事矣。

细看鬼贼神将理。

青龙克日无救，必主损财帛。若青龙生日，即宜求财。或朱勾克日，主官事口舌；若不克日，有媾匹远行之喜。依十二神断之。

三传年命动伤时，更伤日干凶难止。

若所动之鬼当时克日，则凶决矣。若不克日，只克时，亦凶。若当时之鬼不得地，虽凶起，亦自休矣。

往来相乘反争战，

假令戊子日上得酉，又亥上见卯来克戊，合凶。却畏戊上酉克卯，故卯不敢相害。又酉上见丁，丁酉自战，却得亥卯。癸复克丁，酉却克戊，卯却克戊，故曰往来相乘，反复争战。看三传中有偏助一处，得助者吉，失助者凶。

克伏交加用囚死。

论官鬼克我者，内有一衰一旺。假令庚辰日九月卯将未时占，甲寅生人三传子申辰，卦名润下，又名重审可言庚日还家吉。畏日遁之鬼，初传丙子本命见丙戌生寅，与支神相冲有路；丙子坐辰与三合有路，丙子作螣蛇，丙戌作六合，二丙克庚，合因小儿和合中起官事，其言未尽。然子本属水，中却有壬，又子旺壬非旺丙，其戌中丙虽旺，却被壬败。卦名润下，三传皆类化为水，二丙俱败，虽有丙，不能胜庚，金势旺，故两丙就子中生辛，随壬化矣，故言克伏交加用囚死也。

鬼贼临实更得地，吉神吉将终不吉。

若鬼贼有气，更立生旺得地，又不见下制，坐天空空亡，更克日有路，又无救助，凶神更在三刑六害相冲处，虽有三传中吉神吉将，更不取吉，乃是凶矣。

日时吉将立于生，鬼犯绝空祸不真。

言今日天上日干寄宫干所临之处，要生旺得地，又无下克，更与初传各当时虽有别方鬼克事，不为凶。若三传年命是建鬼克我，却鬼立在空亡败绝，或有制下，克亦不为凶，所求皆吉也。

战斗吉凶谁得地？

论今日与鬼贼之神谁得地，谁有理。得地不如得太岁，尊神生我，带德合为亲，万祸不能侵也。假令十一月丑将癸亥日寅时占，丁未生人，初传戌加亥，白虎；中传酉加戌，天空；末传申加酉，青龙。本命在未，午加未；穴合；行年在午，巳加午，朱雀。贵神卯加辰，其日是癸，天上癸在亥，临壬子；地下癸寄丑，上壬子，二者皆为得禄。乘旺即为日有气，有凶亦不敢来伤。又贵神卯为癸所生之地，名贵神相会。更行年本命上得巳午火为今日之财。又中、末二传皆金生癸水，都合取为吉利。此是术人不知合使不合使合从不合从依六壬。《金华宝鉴经》云：财莫与日相冲，生旺莫犯四煞。吉中即不从我，反凶。又云：鬼贼要立空绝，则祸变不凶。依此看之，虽天上、地下，二癸并吉，奈何却巳午子亥冲战不从子亥癸反来投戌，戌见午巳转有势，谓火来生戌寅午戌合也。又巳午败克酉申，酉中畏巳午旺火，不敢来生水，故亦从戌外，贵神卯加辰为入狱，是贵神不得地，却戌中有辛克贵神所乘之神，不亲。是以合戌与之俱旺，戌为白虎旺克日，故为合死之课。此课合从，戌乃鬼旺也。

祸囚福旺喜皆亨。

凶神、凶将常要囚制自克，不害今日，便是祸囚矣。吉神吉将要生今日，不临战制，必作福旺矣，故喜。

吉凶力平神将等，

假令十一月丑将戊子日午时占，戊畏末传螣蛇、寅鬼来克，主小儿惊恐。是癸丑人占本命，申加丑，申金克寅木，即为救矣。再论所立之地得失何如，其寅立未，申立丑，各自坐墓，其力平矣。

切分远近路无程。

前课二神力，并有路者先至，无路者不来。若鬼与吉煞齐等，用正时所居者先至。又或时助时生者为后至，无路也。

路若有程时齐至，

论鬼贼救神，齐至所行之地，更立并而坐处一般，兼日上下不相克制，故云路齐至。加临魁、罡之法看之矣。

加临魁罡指其情。

言鬼贼在三合，救神亦在三合，看二神齐至，如何取吉凶。救神先至，则其祸不来；克我者先至，则救神不来。要各有稳便后，便以为人祸福。其已身未能安，先有伤陷，何敢与人为祸福？己身安，见人不是，须是整齐他人，须得有权势，或朋友相辅后，方可与人为吉凶。其前言鬼贼与救神一般立生旺，一般有气，一般有路齐来，谁吉谁凶，则得大人势要指挥者先来至日。何谓势要？贵神是也。将河魁加于卜课正时，再看天上贵神所立之地，贵顺，福先行；贵逆，祸先至。言甚有理，不许人乱传。若以斗罡指福，福至；指祸，祸至。此则无理莫用矣。

官病万类断何事，龙虎元常最要明。

若指正时，合吉言吉，合凶言凶，故龙、虎、元、常最要明。

释论四时旺相章

五行俱旺四时中，

此说不论春木、夏火、秋金、冬水，四时得令为旺。且如寅木加亥，虽七月占，更三传，水旺生木，便言木旺，不可言七月金旺木绝也。此言五行四时有旺有衰也。

莫指东方木旺春。

木虽逢春令，如甲乙寅卯，木坐于庚辛申酉，金又三传克剥，虽春占，亦不可以旺言也。此言五行四时，常旺常衰，不可执于一端。但坐处逢生得地即为旺，受制失地即为衰。鬼不旺，吉；反此，凶矣。

用神旺处鬼无克，自然凶祸不为殃。

言克今日鬼，若更初传生鬼，便是鬼有气，若初传克鬼生日，便是我有气也。盖初传生我则吉，虽有克处，不敢伤害我也。又看坐处同断。

释五行章

莫把东方木作名，木中生火克金形。

甲乙寅卯，逐类所行，随月将与时变动。十干寄宫不动，即死法。是以干皆遁变十二支，循环而行课。干支动中，即有金木水火土也。是以不可专言东方属木。

时至类物随时变，一物相合万物生。

看月将加正时，得子时便复建。又如得申时课，随月将再行，名曰建，合同用矣，故曰随时变也。假令十一月丑将丙寅日辰时占，卦名蒿矢，初传亥加寅，作贵人克日；中传申加亥，作元武来；末传巳加申，为日干，作天空。又取时至物类随时变，如本命甲午上见卯，作勾陈，卯上有子属勾陈，阴神为真水；日干上得寅，作六合，寅上有亥属六合，阴神又为真水。十一月占，亥子水得时木却变水，是时至物类随时变也。其课亥、寅、卯三鬼皆自立处无制克，俱来克日，主官事起于和合，若要免其事，除非出外可解。谓天上日临申，见天空，天空属戌，戌土是三水，不敢害。丙日日行六道，解三水，是合出入，更课己亥发用六合出入，若今日所行天道，下克上，便出入不能去矣。

休道南方午火尊，火旺正时反伤壬。尽言亥子原是水，水性柔和动则止。

言五行不定，各随时而变。

只在五行真假位，除是建作真合鬼。

假令十一月丑将乙酉日申时占，乙日遁得乙建在酉，起加地下辰。乙日遁得庚辰，乙与庚合，故曰建日合。复取三传年命，有建丙辛，即凶。如本命庚子巳加子，乙日遁之，建得辛巳，下有子遁，得丙子本命上辛干克乙木，下丙干克庚金，是上下建干各交相克，谓之建合鬼，即吉

莫把水火相刑克，是物皆能化五行。

言五行逐时变动，中有建物即与之皆变，有自战，不可不看五行是谁。有克即凶，无克即吉。如两者势均力并，先取初传助谁，得助者必胜，失助者必败。

谁道西方体是金，金中建作火干凶。且如火再运为水，水干故言火中凶。申酉能克四方物，四方俱伤庚辛金。误传四季是真土，土旺能伤金火木。

申酉中看时所遁建得何干，若得金干必克木，得木克土，得土克水，得水克火，是申酉并克，得五行矣。若申酉建处，不可内战，如内战，从长可矣。

尽若变动不同情，后学之人多执误。

谓十二支上遁干变自不一，后学不得执亥、子水，巳、午火，寅、卯木，辰、戌、丑、未土，申、酉金，是逐日时建，五行便变动不同矣。

释论建真鬼章

五行真假莫执一，

言莫执寅、卯是木，巳、午是火，申、酉是金，亥、子是水，辰、戌、丑、未是土，乃支中寻建遁之物，金或化火，木或化金，故言真假莫执一，是有变化之情也。

先寻五行建合真。

论天地之遁干合使谁当用直辰、本支谓子、丑、寅、卯、辰、巳、午、未、申、酉、戌、亥，遁干随化，故曰先用各干，次用本支。是言直神干也，遁吉，畏支相克也。

建支五元与日比，自是灾凶福禄宜。

遁干临支，先要不相克，次要乘吉将，更要与日不相克，又要生今日，是事吉庆福禄长进矣。假令乙日乙在亥，是乙木生于亥，我吉矣。却建得癸为初传将得六合，凡事和合吉庆，纵有中、末二传克癸乙，不当用，不在日上，亦不为凶。夫克癸谓之克本用神，凶；克乙是伤我，不吉矣。又云十二支寄干是真我也，所在再用者，干运也。伤我即小滞伤，干运即不利财帛。初传建与日两比和，大吉。两战克，凡事宜守旧。今日三传若建他鬼，克财主破财，克禄主病，克下地道亦主病。

释鬼合复有建合鬼章

五行建合少人知，

建合主取今日，合者为鬼。又言合使者使，不合者弃，两说也。假令十一月丑将庚子日申时占，遁得庚辰，辰上酉，遁得乙酉，乙与庚合，故曰建合。是夫妇相见，单丙不敢克庚，故以一鬼不克夫妇二位，须两处见，两丙却克庚有理。旧说谓丙处二心，夫妇相见一心，故不敢为鬼。是以却取丙辛上下合处为鬼，丙使克辛，庚辛使克乙，此课中传戌临巳，戌得丙戌，巳得辛巳。又初传巳临子，遁得丙子，巳亦有辛，巳上之辛金克酉上之乙木，下之丙火克下盘之庚金，乃建合鬼，复克今日上下，主因酒食中和合起官事，末传太常，中传六合故也。其理犹未尽，依果子生先生异变经解其理，日上之神与日合即为己身，不合则不是。以建合干就日上合，名曰合神。若合处却有暗下克上，则为凶；上克下即为平矣。若克战力停，当取旺者为主。

建旺难逢合使支。

看合使天上建干支，合使地下建干支，取得胜者为我，无克我者甚善，有克我者一切凶矣。

建得一鬼来伤我，复来救助我无疑。

若逢得一鬼克日干，却生日上，有克上见鬼，是救神助我，必不成灾厄矣。

建合又复建合鬼，伤我今日救不止。

言日遁与时遁上下建得鬼相合，即言伤我今日，更无救解。假令十二月子将己未日巳时占，以日遁干在己巳起加戌，遁得甲戌，甲巳为合，是今日建合为一处相合矣。又正时己巳，巳中有己，上得子，子中有甲，是日时建合又复一合矣。纵有克己之鬼，亦不敢为凶，名曰日建合重，大吉。假令十月戊戌日寅将己未时占，卦名重审天上午遁戌临地上亥，亥中有癸，名曰建合。又初传子临巳，将得腾蛇，时建子中有甲，巳中有己，一重建合，克戊癸，主小儿惊犹不惧。建合中力停。中传未临子，天空凶，不主事。末传寅临未，日建干寅中有甲，未中有己。又是一重建合鬼伤我今日也。细解今建鬼与时建同一位有气克今日，纵有救，亦不解凶，只是凶应矣。

便是龙常作福难，日纵生旺亦须死。

若依前有复建合鬼贼日，虽有青龙、太常，更不取福，只主破财官灾。虽今日有气，亦不解重叠之祸，谓两重建干克日也。

释行人章

年久出，不知存亡何方，即取去人行年所临处为去者方位，若行年立处下克上，更今日干落空亡墓绝，必死也。若行年立处无克战，即下便是去方位。若问远近过期不来，虚加一十，更上下乘行年数合一处言之，里数依本限人还家本宫来门上神克行年，即不敢来。主克行年立处之神，月建必改移动于行年天上财下方去。若初去行年下立合神，便不改动，只在此处，若在改动处有财合相生，便不移动别处，若至此立处有克剥损害，用天马临著天上有移身于今日干天上财下去位，便其下更有生旺合财，亦至未年旺，行年月日必再移身于行年元干与天下元干，行年天上合神临处为去处。若天下合神却克行年，复改移身于元行年去处也，更不改动，亦有还家之心，谓诸处不和矣。初行年立处至诸方位住处支干被太岁生者，应待是年得意还家。若见月德月合游戏神或天驿马临著处，是来者月。四神有克处，不用；无克处，用。欲知日期生行年或日前四神，是来家日。又行年处生太岁，却制剥门上神。又元年立己亥，必难还家。类神临处，便是来者月日，便用行年与初传相生，兼行年立处，便是起发日月矣。父母问儿女出行，第一依经用，六合与日干合者，来；六合临卯，二月来；临辰，三月来。若子望父母，以太常下取来家月日。夫望妻，以天后下取。妻望夫、兄弟、朋友，俱以青龙下取。主望奴，以河魁下取。奴望主，以贵神下取。

言行人何年月归家，前说龙常等将临处为来期，更游戏神、天释马又是月期，《法神悟经》以申、子、午三神为道路入传主行发。《心镜》云：问三千里外行人，用将军煞下为来者日期；一千里，用太岁支临处为日期；五百里至一千里，用月建临处是也；百里至五十里，以今日支临处为来期。若二三里，以罡下临处为来期，五十里用时支临处为来期。将军是百煞，若此煞临门，主行人欲至门。

若欲知久远出入安乐否，取依限临著处是还家月日。若知行年存亡，不用此法，其后别说。最紧用，看日干与所望者行年与日上两下不相制；又最紧望者，行年天上支还地下支，无克制，必来。要知何月日来，前说青龙临处与类神临处为来月日，其理谩用，合用游戏、天驿马临处为月期。中先寻生著望人者日便是起处还家日也。若行年处又在日前，四神生日上神却还家，行年立日前，四神上下有制克，必中路有阻隔。看上克下，取上支是几数；若下制上，取下支是几数。看为何事阻隔，如青龙断之，若行年在日前四神上下，合在有气处，更乘龙、常贵合后必为亲人兄弟留连。

释十二将章

凡十二将固喜生日，亦要与乘神相生，不喜战克，如蛇乘木神则喜，乘水神则战。余仿此。又蛇上下带木火，更乘天地火，杀可取火厄。若在日上，宅上无元后、亥子水神解救者，必主火灾无疑。宅神，岁前五辰是也。火光煞正月在戌，逆行十二支；火烛杀正月起巳，顾行十二支。更乘此煞克日辰，即应，不克日，则不用矣。克人伤人，克宅焚宅。

朱雀飞腾道路，言有远信，若更乘天马，尤的。又作三六合为交易文书。

六合不克日，所求和合。克日，见财主和合，破财。克禄，主官事。克日，又主夫妇口舌，若四绝神、离神，主夫妇别离。乘巳亥，更加天驿马，或初传是道神，主有远行。

道神：正庚，二辛，三甲，四癸，五壬，六乙，七丙，八丁，九戊，十己，十一庚，十二辛。

勾陈若在初传日辰上克日辰，为鬼凶。

青龙克日，主破财，如作白虎阴神克日，必死，落空亡则不凶。

天空，白虎，阳神克日，主女子死；阴神克日，主男子亡。

太常，元武生日，宜求横财于阴私中。

太阴克日，主奸私，若乘奸神邪神，必有是事奸神。春寅，夏亥，秋申，冬巳，邪神正起未，逆行十二支。

天后克日，主妇人口舌，不明事。若临沐浴、咸池，或乘亥子卯酉克日，主淫乱，起口舌。若无克战，宜求婚姻，又宜求妇人之财也。

《六壬金口》

云霄赋

论人生五行之祸福，详课体克战之兴衰。

相生则喜，克战为危。

月将与地分分其高下，人元与贵神定其尊卑。

臣犯于君，己欲侵人；君陵臣下，人来害己。

人元克六阳之神，阳男有祸；天干战六阴之将，阴母逢凶。

泉沉蛇马，定生眼目之灾。

壬癸为龙泉，巳午为蛇马，亥子加巳午上，故有眼目之灾。

虎负冈岿，必主赢瘦之症。

甲乙木克辰戌土。

红马登途，行商外病。

丙午火克庚申金。

赤蛇入户，闺妇内灾。

丁巳火克辛酉金，主暗昧之灾。

西女来东户，狂病伤蚕。

辛酉金克乙卯木，蚕不收也，主风瘫之狂病。

白道映绿林，老翁路损。

庚辛金克寅卯木，寅为山林，申为道路，损害老翁者，神树寅木也。

东方贼子，园中盗粟偷挈。

卯加丑，丑乃金库，又为粟园。

未地勤儿，店内搬食弄酒。

未地井宿，乃酒食之神。小吉，酒店也。

产痨病患，因井宿入天门。

巳未入癸亥也。

鬼蛊气疾，为土星镇北海。

辰戌土克亥子水也。

土牛逢江猪，贼入自败。

丑属牛，亥属猪，乃丑入亥也。

火宿遇波涛，阴妇井溺。

丁巳火入亥子水也。

南方赤马，怕北海之浮波。

丙午火怕逢壬子水也。

寅地青龙，畏西方之恶吼。

青龙畏白虎也。

龙虎交加，老来伤害。

甲寅木见庚金也。

丘坟倚叠，衰后独孤。

辰戌重加是也。

天冢为僧道，犯阴后必主奸淫。

辰戌为天冢，寺观若六合，天后太阴临或值天空，奸淫之兆，又卯酉为门户之神也。

金井饮牛羊，牧坟冈定然鳏寡。

丑未辰戌相加，丑未为牛羊，辰戌为坟冈，金井乃未也，犯之，主二姓三名，男鳏女寡。

青龙人户，接脚老翁为夫。

寅入卯，主接脚夫也。

神树临池，应得阴人财宝。

寅入亥，男得阴人财物也。

负水浇林木，徒养他人；扬波溢苑中，终伤自己。

子水至卯为死。又子卯相刑，水浮，泛滥故也。

大门木户，相见两和。

指卯亥也。

醴酒元浆，相调两便。

未为酒，亥为水，未亥和合，富贵昌盛。

内室专权，有仙女跨云之象。

巳到寅也。

行商得利，逢坤门洒酒之徵。

未为酒神，加坤方，主利禄非常。

木象化天门，经营自变。

未土克亥水，亥旺得卯，三合成木象，是化于天门也。

白虎嫌黑水，祸患相仍。

申虎到亥水之乡，是金体衰，必有祸患。

当途决水，享耄颐之遐龄。

申为道路，水至申旺，金水相生而有眉寿。

生地安坟，乐绵眦之旺续。

辰戌为坟，加申，取生息也。

阴人疤面，赤蛇走入金门。

巳加酉，丁加辛。

姜女失暗，白雉飞来巽户。

酉加巳午，克之，主有此兆。

玉女游斗宿之宫，阴权大富。

酉与丑三合，丑又为食库。

牵牛至金门之路，血畜尪羸。

丑至酉而无气。

仙女游园，乐生产充盈之兆。

巳火双女官至丑，乃因火生土而财帛充盈。

土牛奔火，恐亏负暗昧无言。

丑土入巳，丑为巳火之炉，未为木墓，必伤身也。

土多乏嗣续，

土孤独也。

水盛好荒淫。

水泛滥也。

木众枝繁，金多体折。火气炎炎，人多性躁。

水形泊泊，性主必柔。

五行大忌结胎逢刑，四位切防无权交战。

金临丑地，木人遇肢体不全。

金旺若木人遇之，主伤筋损骨，肢体不全。

水至申宫，木命值飘蓬无定。

水旺若木人遇之，男主为盗，女主娼淫。

火炽伤金，边塞奔驰之子。

卯荣破丑，田园耗散之人。

独木遇三金剑刃，须防有鬼祸。

一金遇二火铄销，切备值天灾。

孤土入败绝之乡，见木多传尸久患。

弱木临休囚之地，逢坤常呕血之忧。

五行最要相生，四位偏嫌杀战。

果尔留心留意，自然无惑无差。

三才赋

金口元妙，入式幽微。能决有疑之事，先知未见之情。指方定位，神将成课体之机；验煞推元，吉凶妙鬼神之用。

干神将位，当立贵贱尊卑；四象三才，须分高低上下。干克神而剥官，人谋害已；神克干而进职，已欲侵人。将克神，不求财当言身病；神克将，非捕盗必主妻伤。位克干而神克位，疾病官灾；位生神而将生干，求财喜庆。

将克干方，损妻妾而牛失马倒；

干克神位，防盗贼而财散人离。

位生干兮，印绶迁而子孙弱；

干生位兮，嗣续旺而名位卑。

木音全见，妻儿难保长年；

妻旺官衰，父母恐防不寿。

金纯而道途分异，木全而官事缠身。

水多败散，主痔病儿童；

火盛惊忧，应伤残妇女。

纯土乃丑妇当权，孤立则尊人不利。

土入木乡，争讼田宅之兆；

火加水上，生育产难之惊。

水入土乡，疮灾牢狱；

火临金地，劳患缠萦。

金加火上主销熔，木到水中为飘荡。

水临火地，寒热往来；

木入金宫，口舌争辩。

水加土上，争竞田畴；

土人水中，多生肾病。

欲尽吉凶,再推神将。

大抵功曹主文书木器。

传送为信息行程,太冲盗贼及车船,从魁金银与奴婢。

辰为斗讼,兼主犯丧;

戌乃奸欺,或称印绶。

登明征召,太乙非灾。

胜光鬼怪连绵,神后奸淫牵惹。

未为衣服筵席,丑为田园苑圃。

大吉小吉为勾陈,争讼田宅;

河魁从魁化六合,逃亡奴婢。

寅辰若遇勾陈,官刑禁系;

亥寅如逢白虎,疾病惊忧。

子卯与元武同传,当逢贼盗;

巳亥逢驿马并驾,在路奔腾。

丑未之临朱雀,口舌咒诅之非;

未酉之加隔角,夫妇休离之患。

丑寅辰巳戌亥未申入之者也。

魁罡临处,多生词讼;

申午并交,当有狐疑。

原夫天乙所占,官宦遇克,必定官嗔;

螣蛇为上,惊忧逢刑,决然火怪。

朱雀文书口舌,六合喜庆婚姻。

勾陈主斗讼勾连,青龙应婚姻财宝。

天后奸心暗昧,太阴隐晦阴私。

元武防盗贼以侵凌,太常有酒食之筵会,

白虎主死丧之道路。

天空主欺诈之逃亡。

将神更忌刑冲,干位仍防带煞。

将带神兮神带将,于中元妙;

干被刑兮位被煞，就里幽微。

天上神将，有加临幽显之微；

地下支元，有隐伏不明之意，是故太岁受克，尊人有不测之灾；

月建遭刑，兄长有沉溺之祸。

凶神同居白虎，哭泣临门；

丧吊相并鬼乡，哀戚动地。

月建号曰青龙，遇吉将资财进益；

月破名为白虎，逢凶神疾病崩摧。

枉横死于灭祸，

阳月前三辰为大祸，后三辰为灭门；阴月前三辰为灭门，后三辰为大祸，即平收也。

淫乱发于奸私。

破耗失畜亡财，

岁前五辰为小耗，六辰为大耗，即执破也。

青龙添人进口。

丘墓丧车，并煞病者，必临孝帏；

丘者，春丑、夏辰、秋未、冬戌。墓者，春未、夏戌、秋丑、冬辰。丧车者，春酉、夏子、秋卯、冬午是也。

德合解神，诏赦因人，定主脱灾。

天医宜占疾病，丧门不免惊忧。

游魂哭煞，非灾有难；

亡神月厌，祸患难逃。

星月为刑为煞，太岁为祸为奇。

天马驿马入垣，所占迅速；

孤虚死气同传，谋举逗遛。

德合生神，临用占事有成；

煞并天空，四课有像无依。

五行衰败之乡加临，人情断绝；

四位生紊之处相逢，事体光辉。

将神沐浴之处，所占事为露机。

功曹加毕昴之位，河魁属氐房之方。

重关用锁于西方，见金则斩关不闭；

寅卯加酉为关，上乘金将为斩关。

设隔致防于东位，见木则毁隔无防。

辰戌加卯为隔，上乘木将为毁隔。

酉加卯上为锁称，上再见火破锁名。

申酉加卯为锁，上乘火将为破锁。

元武与壬于窥户，当忧盗贼；

卯酉上为窥户。

白虎同传送临门，须防疾病。

子午卯酉上见。

煞神既定，象类更详。

合局则事从众起，分局则分劈支持。

重叠则事多重叠，

二三神将同。

交互则宛转无依。

上下交克。

若占脱走逃亡，别课体兴衰可见；

如占求财见货，视将位有气方知。

进表投书，详君臣察其善恶；

战斗博戏，认主客定其输赢。

贼盗若值孤虚，追之莫捕；

死气加诸墓绝，病者不愈。

详天禽地兽之形，察人间隐伏之状。

明此祸福之原，细究五行之理。